Belas Letras.

MÚSICA CULTURA POP ESTILO DE VIDA COMIDA
CRIATIVIDADE & IMPACTO SOCIAL

Neal Preston

C. M. KUSHINS

BONZO

JOHN BONHAM
E A ASCENSÃO DO LED ZEPPELIN

Tradução
Paulo Alves

Belas Letras

Título original: Beast: John Bonham and the Rise of Led Zeppelin

Publicado mediante acordo com Hachette Book Group, Inc.

Este livro é o resultado de um trabalho feito com muito amor, diversão e gente finice pelas seguintes pessoas:

Gustavo Guertler (*publisher*), Marcelo Viegas (edição), Celso Orlandin Jr. (capa, projeto gráfico e diagramação), Paulo Alves (tradução), Tanara de Araújo (preparação) e Lucas Mendes Kater (revisão).
Obrigado, amigos.

Foto da capa: Neal Preston

2023
Todos os direitos desta edição reservados à
Editora Belas Letras Ltda.
Rua Antônio Corsetti, 221 – Bairro Cinquentenário
CEP 95012-080 – Caxias do Sul – RS
www.belasletras.com.br

Dados Internacionais de Catalogação na Fonte (CIP)
Biblioteca Pública Municipal Dr. Demetrio Niederauer
Caxias do Sul, RS

K97b Kushins, C. M.
Bonzo: John Bonham e a ascensão do Led Zeppelin / C. M. Kushins ; tradutor: Paulo Alves. - Caxias do Sul, RS: Belas Letras, 2022.
496 p.

Título e subtítulo originais: Beast : John Bonham and the rise of Led Zeppelin
ISBN: 978-65-5537-271-7
ISBN: 978-65-5537-273-1

1. Rock (Música). 2. Músicos de rock - Inglaterra – Biografia. 3. Led Zeppelin (Conjunto musical). 4. Bonham, John, 1948-1980. I. Alves, Paulo. II. Título.

22/71 CDU 784.4(420)

Catalogação elaborada por Vanessa Pinent, CRB-10/1297

Para Kristine —

Do mundo todo, minha:

Quem nunca parou

de ouvir as melodias dos tambores

OS DIAS E AS NOITES PASSAVAM COMO CLARÕES PRETOS E BRANCOS.

CERTA MEIA-NOITE, UM LEÃO CHEGOU E PAROU DIANTE DELE, SACUDINDO A JUBA ORGULHOSAMENTE. TINHA A VOZ DE UM HOMEM...

"QUEM É VOCÊ?"

"SOU VOCÊ MESMO – O LEÃO FAMINTO NO SEU CORAÇÃO E SEUS ÓRGÃOS, QUE À NOITE RONDA OS REDIS DE OVELHAS, OS REINOS DO MUNDO, E PONDERA SE ENTRA PARA COMER."

— NIKOS KAZANTZAKIS, A ÚLTIMA TENTAÇÃO DE CRISTO

DO MEIO DESTE ESPLENDOR VIRÁ O SOM HABITUAL DA REALIDADE, REVERBERANDO COMO MILHARES DE TROVÕES SIMULTÂNEOS. TRATA-SE DO SOM NATURAL DE TEU PRÓPRIO EU VERDADEIRO. PORTANTO, NÃO TE INTIMIDES, NEM TE ASSUSTES, NEM TE IMPRESSIONES.

— O LIVRO TIBETANO DOS MORTOS

SUMÁRIO

Neal Preston

PREFÁCIO

"OK, Dave... pronto?"

O sotaque italiano carregado de Andrea pairava no ar do depósito frio e cavernoso enquanto eu dava um último pega no baseado, assentia e esperava pelo zumbido penetrante e elétrico da máquina de tatuagem caseira dele (feita a partir do maquinário recuperado de uma campainha) tomar o recinto. Tenha em mente que não se tratava de um estúdio de tatuagem autorizado e licenciado. Era uma agência dos correios abandonada no centro de Amsterdã, de nome "Van Hall", que um grupo de punks ocupou em meados dos anos 1980 e, naquele momento, servia de base para a minha banda Scream durante minha primeira turnê pela Europa, com tenros 18 anos de idade. Não era o cenário mais asséptico para tal procedimento cirúrgico, mas, assim como a maioria dos roqueiros inexperientes, eu desejava ser marcado havia anos. Em questão de segundos, a ardência da agulha me arrepiou inteiro ao entrar na pele macia do meu ombro direito, mas permaneci imóvel, concentrado na dor lancinante enquanto a mão de Andrea traçava graciosamente o desenho intrincado que eu escolhera cuidadosamente como minha primeiríssima tatuagem: os "três círculos" de John Bonham.

Não foi por acaso que escolhi esse símbolo icônico. Ao inspecionar o trabalho de Andrea no espelho sujo ao nosso lado, refleti sobre o fato de aquela não ser a primeira impressão indelével que John Bonham deixava na minha vida. Seu jeito de tocar penetrou muito mais profundamente do que apenas alguns milímetros debaixo da pele desde a primeira vez que ouvi "When the Levee Breaks", aos 12 anos, e acabou por se entocar na minha alma e transformar tudo o que eu sabia (ou achava que sabia) sobre bateria. Daquele dia em diante, a música não era mais apenas o som que havia entre os sulcos de um disco; era uma forma sublime de expressão humana. O peso e o eco da bateria trovejante de Bonham pareciam mais uma força da natureza do que um instrumento, atravessando minhas caixas de som com a força de um furacão enquanto eu ouvia maravilhado, pois nunca havia imaginado que um ser humano fosse capaz de criar algo tão místico. Minha mente foi aberta, e assim começou uma vida inteira de tentativas de traduzir o que eu considerava uma língua própria, de horas e mais horas tocando junto com cada álbum do Led Zeppelin, de estudos de cada gravação como se fosse um texto histórico, na esperança de um dia talvez canalizar aquele sentimento, antecipar seu instinto e encontrar aquele som.

Não demorou muito até que eu me desse conta de que isso era absolutamente impossível. Além das habilidades intimidadoras e sobre-humanas, logo descobri que há coisas na vida que simplesmente não podem ser reproduzidas ou compreendidas por completo. Como uma impressão digital ou uma cadeia de DNA, às vezes só há um, único. Isso é absolutamente verdadeiro no caso de John Henry Bonham, e é aí que jazem o mistério e o conceito indefinível de sua "pegada".

Sabemos que cada músico toca de um jeito diferente, mas deve haver algo intangível que diferencia a música escrita numa partitura daquilo que é criado por um baterista e outro. Seria o modo como cada mente interpreta um padrão? O relógio interno definido pela constituição física e emocional de alguém? A forma como se vê o espaço entre as notas? Observei muitos produtores tentarem explicar e fabricar a "pegada", mas estou convencido de que intelectualizá-la demais é inútil. Trata-se de algo divino que só o universo é capaz de criar, como uma estrela ou as batidas de um coração. Um desígnio solitário dentro de cada músico, que é só dele. Comparo a "pegada" à cadência da poesia, às vezes reconfortante, às vezes inquietante, mas sempre um presente de uma alma para outra. Um romance entre emissário e receptor que serve como a pontuação para a verdade de alguém.

A meu ver, para se testar um grande baterista é preciso um exercício curto de cinco segundos. Feche os olhos, dê play e, se em cinco segundos você conseguir dizer quem está tocando, é porque "o som" foi alcançado. É isso que chamo de grandeza, não importa a proficiência. Uma assinatura sônica. O DNA de baterista; a impressão digital. E não há exemplo melhor disso do que a graça e a fúria capturadas por Bonham nos oito álbuns de estúdio (e quatro ao vivo) do Led Zeppelin, gravações que mudaram o rumo da história da bateria para sempre.

Do suingue sedutor de "Since I've Been Loving You" e "I'm Gonna Crawl", ao funk potente de "Trampled Under Foot" e "The Wanton Song", à pulsação hipnótica de "Kashmir" e "In the Light", o som de Bonham é completamente dele, demonstra uma gama de emoções e dinâmicas que não só deixa no chinelo todo baterista que já existiu, como revela um senso profundo de empatia pelo ouvinte. São coração e alma expostos para todos ouvirem, uma série de confissões retumbantes de um homem que não precisava de microfone ou caneta para se descrever, apenas uma bateria e duas baquetas (que, às vezes, ele dispensava para usar apenas as mãos). A cada bumbo e caixa sísmicos, ele transcrevia uma espécie de eletrocardiograma melódico e nos mostrava um lampejo daquilo que o movia. Do *seu* DNA. Ao fazer isso, Bonham dava aos ouvintes a oportunidade de eles mesmos se abrirem para suas próprias emoções viscerais – luxúria, fúria, dor. É aí que entrava a empatia.

Acredito que a conexão entre o coração e as mãos de um músico pode servir como uma janela direta para a alma e, se essa janela é aberta, a verdadeira voz pode ser revelada. Ao longo dos anos, descobri que é possível aprender mais a respeito de uma pessoa com instrumentos do que sem, encontrar uma intimidade e uma intuição que só podem ser atribuídas à comunicação musical sem amarras, algo que o Zeppelin claramente possuía em abundância. É rara, mas, quando encontrada, é capaz de eclipsar a maioria das outras conexões que existem na vida. Uma linguagem aprendida de ouvido. Felizmente, o mundo foi testemunha disso sempre que Jimmy Page, John Paul Jones, Robert Plant e John Bonham tocavam uma música juntos.

Já se falou muitíssimo da potência e da precisão de Bonham, mas, para ser sincero, nunca fui afeito à introspecção técnica. Não me importa como uma parte foi tocada. Prefiro saber por quê. O que leva um músico a fazer o que faz, do jeito que faz? Será que foram todos os dias que antecederam aquele momento? Toda palavra já dita por ele? Todas as pessoas que ele já amou, todos os sentimentos que ele já teve?

Bonzo, de Chad Kushins, é um mergulho profundo e divertido na vida de John Bonham, que caminha com ele até e por entre a época do Led Zeppelin. Ler *Bonzo* é acrescentar mais uma dimensão a John Bonham, lançar mais luz sobre o que o inspirou a tocar aquelas batidas icônicas, e serve como um complemento valioso à sua obra fonográfica, que é a maior história de todas. E, à medida que prosseguimos em nossa busca contínua por traduzir sua linguagem, decodificar a mágica de sua pegada, vamos permitir que sua música sirva como a celebração do homem por trás do mito, o maior baterista de todos os tempos. Afinal, só pode haver um.

Já faz trinta e quatro anos daquela noite em Amsterdã, quando fiz minha primeira tatuagem, e sempre que olho no espelho sou lembrado do que ela significa. Com o tempo, inevitavelmente as tatuagens desbotam à medida que a tinta começa a borrar e estourar. Há um limite para o quão fundo a perfuração superficial de uma agulha é capaz de ir; já o coração é marcado para sempre. E todos nós podemos agradecer a John Bonham por isso. Assim, vamos começar.

"We've done four already, but now we're steady, and then they went... 1... 2... 3... 4..."[1]

— Dave Grohl, 2021

1 "Já tocamos quatro vezes, mas agora estamos firmes, e aí eles contaram... 1... 2... 3... 4..." Da abertura da música "The Ocean", do disco *Houses of the Holy*. (N. do T.)

PRÓLOGO

UM MOMENTO DERRADEIRO E RADIANTE

Domingo, 17 de julho de 1977
The Kingdome
Seattle, Washington
22h20min

Com duas horas e meia de show, debaixo de dezenas de luzes quentes – cuja abundância de cores lançava seus raios sobre os quatro homens –, milhares de pontinhos brilhantes na vasta escuridão formaram um oceano trêmulo de incandescência, como um mar cheio de estrelas. Os isqueiros entre os 62 mil presentes tremeluziam desde o começo da música – logo que os fãs ouviram o som da bateria retumbar e assistiram à pirotecnia iluminar o palco. Os trovões e os relâmpagos.

O loiro esbelto tomou o centro do palco, levando os cachos úmidos para trás da orelha com um movimento rápido do pulso, um floreio da mão esquerda antes de se dirigir ao microfone. Os gritos dos milhares ressoaram no eco da arena como uma pulsação ensurdecedora generalizada. Ele estava visivelmente esgotado. Cansado das 13 músicas que já tinha tocado, dos 39 shows que compreendiam aquele braço da turnê pelos EUA, de mancar persistentemente – recordação do acidente de automóvel que deveria tê-lo matado.

"Esta próxima música apresenta o homem que não precisa de muitas apresentações", anunciou Robert Plant. "O homem que tocou pandeirola em 'Battle of Evermore' – *John Henry Bonham! 'Over the Top'!*"

A última palavra foi repetida eletronicamente pelo sistema de alto-falantes da arena, guinchando até se tornar um alarme em falsete – *"Top-op-op-op!"*.

John Bonham tinha uma crença de que o baterista de uma banda deveria ficar na frente e no centro do palco, conduzindo simbolicamente os outros músicos, como o motor do grupo, e ao mesmo tempo deixando o som da bateria ainda mais alto para o público. Em qualquer apresentação do Led Zeppelin havia um ponto no *setlist* no qual ele tinha a oportunidade de fazer um solo tão longo, bruto e cinético quanto quisesse – a coisa mais próxima de se tornar o núcleo visível que sempre imaginara. E ele aproveitava essa oportunidade ao máximo: ao longo dos nove anos de existência da banda, o tempo de Bonham sob os holofotes passara de dez minutos para quase uma hora.

Os companheiros de Zeppelin – Robert Plant, o baixista John Paul Jones e o líder, tanto na guitarra quanto na direção criativa geral, Jimmy Page – não se importavam em sair de cena por uma pausa tão grande; isso significava uns bons 20 minutos no *backstage* para se sentar, recuperar o fôlego, fumar um cigarro ou virar algumas doses antes de retornar aos olhos do público. Primeiro, porém, Page abriria caminho para o solo de Bonham com duas rodadas incendiárias de "Out on the Tiles", na qual as luzes revelariam a própria presença de Page por trás de Plant em uníssono com a primeira explosão da Gibson Les Paul Standard de 1959 do guitarrista, num contraste cálido e marrom com a imagem gritante de seu macacão branco de dragão – o "traje da heroína".

Daí em diante, John estaria sozinho.

Esta noite não seria diferente. Ao se lançar numa versão de 24 minutos de seu famoso solo "Moby Dick", Bonham não sabia que aquela seria uma das últimas vezes que um público americano teria a chance de vê-lo em toda sua glória escancarada. E embora sempre houvesse detratores que torcessem o nariz para suas lendárias maratonas de solos, acusando tanto ele quanto a banda de autoindulgência, a maioria ficava maravilhada diante daquela demonstração de fogos de artifício humana que dominava seus sentidos. Sempre fora esse o intuito da música: a mistura elaborada pelo próprio Bonham, que não só exibia suas habilidades e seu virtuosismo, mas demonstrava para fãs, críticos e inúmeros bateristas invejosos o quão inovadora sua técnica poderia ser.

Há anos ele vinha elaborando aquele solo estendido, copiando alguns *licks* de Art Blakey e movimentos de Gene Krupa, concomitantes aos seus próprios *paradiddles* metralhados numa velocidade violenta, compondo um espetáculo quase transcendente após realmente pegar o embalo: abandonava os padrões lineares tradicionais em favor de seu próprio estilo em camadas, usava o pé, de bota, para dobrar o bumbo numa virada audaciosa que mais se parecia com caos controlado. Ao mesmo tempo em que arrebentava os tons da bateria em círculos relampejantes no sentido horário, John acrescentava um ostinato cada vez mais rápido com o pé, levando a composição feita para sua esposa Pat ao clímax num fluxo de potência. Na metade, jogava as baquetas e atacava os tons com as mãos, que acabavam manchadas de sangue, tal como o corpo coberto de suor.

Quando John se apaixonou, foi divertido entreter a futura sra. Bonham com o show de um homem só, e ela curtia tanto que, originalmente, ele batizou a faixa com o nome dela. Assim que o Led Zeppelin decolou, ele tocava "Pat's Delight" em todas as apresentações. Jimmy também adorava. Quando o misterioso guitarrista e produtor optou por incluir a música no segundo álbum do grupo, John havia trocado o título para acompanhar a observação inocente de seu filhinho Jason. De fato, o solo trovejante era, como a criança afirmara, tão grande quanto a mítica baleia de Melville. "Moby Dick" se tornou um clássico quase instantâneo da bateria.

Na turnê norte-americana de 1977 do Led Zeppelin, John já a tinha refinado para uma performance imensa, integrando elementos eletrônicos, trechos estendidos e permitindo que as canoas incrementadas de sua recém-adquirida Ludwig de aço inoxidável tornassem a bateria ainda mais alta. Ao ouvir o novo som antes de sair em turnê, a banda renomeou a música mais uma vez: "Over the Top"[2].

O título era mais do que apropriado; dizia muita coisa sobre o estilo de John – e da própria banda. A tendência notória do grupo a farras pesadas e a uma vida mais pesada ainda vinha lentamente cobrando seu preço. Essa turnê, a 11ª pelos Estados Unidos, parecia condenada desde o início: *as falhas no amado Boeing 707, o* Starship, *que o deixaram permanentemente em terra... as vendas não muito boas do álbum mais recente, para desgosto de todos... os tumultos em Cincinnati e Tampa... a "intoxicação alimentar" de Jimmy e os shows cancelados...*

Parecia que a única coisa que ia bem naquele momento era o dinheiro, sempre o dinheiro. O empresário cuidava disso – do alto de seu 1,82 m e 136 kg –, e qualquer coisa que pudesse ao menos ser atribuída a um cifrão era monitorada rigidamente por ele com a ajuda de seus notórios capangas.

Porém, o pior da turnê – a derradeira do Led Zeppelin – ainda estava por vir. Em poucos dias, Robert Plant receberia um telefonema na estrada com o comunicado de que seu filho de cinco anos estava morto – e John seria preso nos EUA pela primeira vez, encarando um processo por se deixar dominar pela fúria. Houve um tempo, pensou, em que este país nos amou.

Enquanto John fazia aquele solo, nada disso existia: nem os pecados do passado, nem os crimes ainda não cometidos. Naquela noite, só havia a música – a performance, a tempestade ascendente que trouxera John aos EUA do pacato vilarejo inglês onde ele era conhecido simplesmente como o carpinteiro afável que adorava carros e ternos de grife.

Naquela noite, só havia isso – o momento derradeiro e radiante em que a música e seu poder ainda eram capazes de conter a fera.

---

2 Expressão que designa algo excessivo, exagerado, extremo. (N. do T.)

PARTE UM

FAGULHA

1948–1968

O Voo do Foguete

Capítulo Um

MAIO DE 1948 – DEZEMBRO DE 1965

John Henry Bonham III nasceu para trabalhar com as mãos como que por predeterminação.

Cada elemento de seu ser evocava trabalho duro. Foram 26 horas de trabalho de parto para, então, seu coração parar de bater de súbito. Como o médico já havia ido embora, as enfermeiras tiveram de buscar freneticamente um substituto. Quando enfim encontraram outro médico, o bebê foi revivido. E assim, no dia 31 de maio de 1948, John Bonham nasceu, morreu e voltou a viver em Redditch, Worcestershire, nas Midlands da Inglaterra. Veio ao mundo com o que foi considerado um crânio extremamente aumentado e machucado. A enfermeira disse aos pais da criança, John Henry II (Jack ou "Jacko" para os amigos mais próximos) e Joan Isobel, que a sobrevivência do filho fora um milagre – um milagre de 4 kg e 650 g.

Apesar do número, John recebeu o nome do pai, mas não o do avô. Desprezando a cronologia, os jovens pais deram ao recém-nascido o nome de seu tataravô. O primeiro John Bonham morreu em 1871; Jacko Bonham nasceu em 1918, exatamente 200 anos depois de o primeiro Bonham – Thomas, de Oxfordshire – ter aparecido nos registros das Midlands. Jacko foi também o caçula de três filhos, todos nascidos e crescidos em Worcestershire. Seu pai, Albert, teve sete irmãos. De fato, as raízes da linhagem da família Bonham permeavam o solo das

Midlands como os sedimentos de argila vermelho-sangue do rio Arrow, afluente frequentemente transbordado do grande rio Avon.

Redditch, a cidade natal dos Bonhams, era bastante apegada às superstições, mas nada acostumada com tais milagres. A primeira menção da cidade na história remonta à Idade Média, ligando para sempre aquelas terras à propagação da Peste Negra. Séculos antes, os romanos haviam aberto uma estrada pela região, usada como a principal via de comunicação com a cidade ocupada de Alcester. Na era atual, o trecho é conhecido há tempos como Icknield Street, a estrada romana engolida por trechos das autoestradas A38 e M5. Ela começa em Bourton on the Water e termina em Rotherham, onde antigamente sais minerais eram transportados em carroças e hoje trafegam caminhões de frete. Da mesma forma, a cidade de Alcester foi depois rebatizada de Derby – e então, por fim, de Birmingham.

Localizada a apenas 16 km ao sul de Birmingham e a sudeste de Kidderminster, a cidade industrial fica bem no centro do Black Country – as regiões ao norte e oeste de Birmingham, assim chamadas pela fuligem e fumaça densas que emanavam do mar sem fim de chaminés de fábricas, estendendo uma escura mortalha permanente no céu. Em 1830, os 210 km^2 de campos vastos do Black Country já tinham sido transformados numa paisagem definida por minas, fundições e fábricas – uma consequência de se encontrar acima da camada de carvão mais farta do país.

Embora os dias de glória da indústria mineradora do Black Country já tivessem passado quando John Henry III nasceu, os trabalhadores ainda tiravam carvão orgulhosamente do rico solo da região. Ferro e aço foram produzidos com intensidade por décadas nas fábricas locais, até que o vidro os superou como o maior produto de exportação da área. Para muitos, o sangue e o suor decantados no interior do Black Country fundaram a riqueza e o luxo do Império Britânico: as âncoras e correntes do RMS *Titanic* foram forjadas na cidade próxima de Netherton, enquanto os afamados vidros e taças do navio foram moldados em Stourbridge, também perto dali. Ao mesmo tempo, Redditch florescia como o centro da indústria de agulhas e anzóis. Quando o terceiro John Henry Bonham nasceu, a produção desses itens já se tornara a força vital da cidade que ele chamaria de lar. Foi graças às raízes trabalhadoras que Redditch se manteve próspera durante alguns de seus anos mais economicamente angustiantes após a Segunda Guerra Mundial. Em 1939, Redditch tornou-se o lar temporário do "Martelo de Erie", maquinário de última geração e 400 toneladas, construído do outro lado do Atlântico, nos EUA, e enviado peça a peça para as Midlands. Os jornais chamaram a construção monolítica, usada pelos Aliados para fabricar com rapidez os pistões dos motores da Força Aérea Real, de "o maior martelo do mundo" – cujo tamanho e poder seria capaz de rivalizar até com o de Mjolnir, arma de preferência do deus nórdico do trovão, e com habilidades que ajudaram a derrotar os exércitos do Eixo.

De fato, quase uma década antes do nascimento de John Henry Bonham III, Redditch já havia sido o lar de um martelo dos deuses.

⁂ ⁂ ⁂

Os Bonhams moravam numa pequena casa geminada de três quartos em Hunt End, distrito nos arredores da cidade e a cerca de 30 km de Brum, como os habitantes se referiam carinhosamente a Birmingham. Jacko era carpinteiro de profissão e dono da firma de construção da família, a J. H. Bonham & Son, companhia antiga e estável o suficiente para a família permanecer relativamente confortável ao longo de boa parte da juventude de John – algo raro entre a comunidade de classe majoritariamente trabalhadora. No entanto, todos os integrantes da família Bonham ajudavam – Joan (sobrenome de solteira Sargent) trabalhava como gerente de uma pequena loja de jornais da região, e tanto John quanto seu irmão mais novo, Michael (Mick), passaram a trabalhar ao lado do pai assim que chegaram à adolescência.

"Na infância, íamos até os canteiros de obras por causa da firma do nosso avô, que era tocada por papai e pelo nosso tio Ernie", Mick Bonham se recordaria futuramente. "Pareciam megaparques de diversão, e eu e John sempre brincávamos por lá." Haveria muitos, muitos outros playgrounds para os irmãos Bonham desfrutarem na juventude. Com o fim da Segunda Guerra Mundial, a paisagem do Black Country mudou para sempre – incluindo Redditch. Embora a guerra tivesse sido vencida, seus efeitos posteriores podiam ser sentidos por centenas de famílias. O racionamento de alimentos, como carne e laticínios, prosseguiu na Inglaterra até 1954, quando os irmãos Bonham já estavam na escola primária.

Durante os primeiros anos de John e Mick, muitas das cidades e vilas por todo o Black Country ainda exibiam as cicatrizes de seis anos de guerra: como um dos maiores fabricantes de munições, o núcleo industrial do Black Country foi um dos principais alvos dos bombardeios alemães. Embora Redditch tenha tido a sorte de reter a maior parte de sua beleza natural, muitas de suas comunidades irmãs estavam pontuadas por casas destruídas e pelas carcaças de prédios abandonados. Era corriqueiro que crianças, ao brincar na rua, encontrassem caudas de bombas usadas e estilhaços retorcidos e incinerados.

⁂

Os irmãos Bonham foram matriculados na Wilton House Private School, perto dali, na Worcester Road, que depositava altas expectativas nos alunos e exigia um uniforme, segundo a recordação de Mick, "marrom, branco, com listras azuis e uma boina combinando". Dois anos mais velho que Mick, John começou a educação formal em 1953, numa experiência que consistia principalmente em "três salas de aula com três professoras e uma diretora matronal que", Mick afirmaria mais tarde, "para nossa sorte, não acreditava em dar palmadas em crianças arteiras".

"Tínhamos de passar perto de outra escola no caminho, a St. Stephen's", recordou-se Mick, acrescentando que o trajeto diário dos garotos sempre os levava pelo centro da cidade até terminar na casa deles, na Easemore Road. "Íamos à escola chique e havia um contraste com a classe social dos outros meninos. É claro que eles gritavam: 'Vocês vieram de pijama?'. O nosso John sempre me dizia: 'Vamos, moleque, vamos dar uma lição neles' – e eram uns dez!... Precisávamos passar por um corredor polonês toda noite."

Entendia-se que, não importava o quanto uma situação fosse espinhosa, os irmãos Bonham se mantinham juntos. "Nós tínhamos nossas brigas", Mick explicou mais tarde. "Mas todos os irmãos têm. Num minuto, vocês se amam, no minuto seguinte, estão surrando um ao outro... Quando trabalhávamos nas construções, era comum trocarmos socos, e ele me derrubou mais do que a qualquer outra pessoa."

"Na época em que íamos à escola juntos, John podia me dar umas baitas surras, mas se chegasse alguém perto de mim, recuávamos. Ele sempre me defendia." Mick e John passaram a chamar essa nova fase de provocações da vizinhança de "começo das Brigas Feias" – e parecia que ela nunca iria terminar.

⁂ ⁂ ⁂

Em 1960, John foi mandado para a Lodge Farm County Secondary School, onde começou quatro anos de estudos intensos sob a tutela do diretor Gordon Antiss, que era especialmente rigoroso, "um homem alto, esguio, que educava com a palmatória" – e, certa vez, disse ao jovem John que ele "provavelmente não serviria nem para ser um bom lixeiro". Já Mick, mais jovem, foi matriculado na Ridgeway School, perto de casa. Para os irmãos, era tanto um luxo quanto uma necessidade frequentarem escolas particulares de tamanho prestígio, uma vez que a nova década chegou com um aumento notável da população do Black Country e uma superlotação dos distritos escolares. Poucos meses antes de John se formar, em 1964, Redditch foi oficialmente declarada uma "nova cidade" pelo New Towns Act do governo britânico de 1946, uma lei que, depois da guerra, buscava realocar as famílias que tiveram a moradia bombardeada. O mandato do New Towns levou a população de Redditch a crescer dramaticamente durante a adolescência dos irmãos Bonham, com um aumento de 32 mil habitantes para cerca de 77 mil habitantes ao longo de todos os municípios do Black Country. Conjuntos habitacionais da região, como Church Hill, Matchborough, Winyates, Lodge Park e Woodrow foram criados para acomodar a grande enxurrada populacional de Birmingham, provocada pela expansão industrial. Redditch havia sido pensada como uma cidade modelo e construída com novos métodos de planejamento urbano: as vias principais eram inclinadas para reduzir o barulho nos novos conjuntos habitacionais e a cidade foi toda planejada. O fato de a economia estar nacionalmente em alta e de os salários para o trabalho qualificado terem aumentado só ajudava. A euforia dos britânicos pela ascensão social abriu um vácuo para trabalho não-qualificado, preenchido por governos sucessivos com mão de obra imigrante provinda do Commonwealth. Com esses trabalhadores povoando as indústrias e fábricas – automotivas também –, as vilas e cidades do Black Country logo figuraram entre as áreas mais multiculturais do país. Pela primeira vez em sua história, o Black Country abrigou famílias caribenhas, indianas e paquistanesas – criando um verdadeiro caldeirão multicultural e afirmando o status de Birmingham como a cidade mais populosa do Reino Unido depois de Londres.

Sob a nova lei, a família Bonham prosperou; para a sorte de Jacko, o influxo de novas famílias pedia a construção de novas casas. De forma incomum para a época, especialmente dentro daquela comunidade, os irmãos Bonham desfrutavam de uma existência confortável, com direito à escola particular e três férias ao ano. O jovem John Bonham foi criado com a expectativa de que um dia entraria para o negócio da família e se firmaria em "um emprego de verdade", que garantiria o tipo de estabilidade a que tantos naquela região almejavam e com a qual os Bonhams haviam sido abençoados.

John, no entanto, já pensava de forma bem diferente, recordando--se mais tarde de que "eu estava determinado a ser baterista assim que saísse da escola. Era tão ávido que teria tocado de graça. Na verdade, toquei por muito tempo. Mas meus pais ficaram do meu lado".

⁂

A obsessão de uma vida inteira de John pela percussão começou aos cinco anos, quando ele batucava em potes de sais de banho, amarrando arame na boca do recipiente para filtrar o sal depositado no fundo; também começou a marcar ritmos em latas de café com talheres, reproduzindo por instinto os sons de uma caixa. Nessas primeiras buscas por um som satisfatório, John brincava pela cozinha batendo em todos os potes e panelas e deixando os pais malucos. Porém, em seu aniversário de dez anos, Joan cedeu e lhe comprou uma caixa de bateria de brinquedo – que ele destruiu com o tempo de tanto tocar. Cinco anos depois, foi a vez de seu pai lhe dar a primeira bateria de verdade. "Era quase pré-histórica", recordou-se John posteriormente. "Quase toda enferrujada."

Segundo Mick relembraria mais tarde, os primeiros ensinamentos verdadeiros que John teria viriam de um amigo próximo. Jacko Bonham guardava o trailer e o barco da família, o *Isobel*, na cidade de Stourport-on-Severn, à beira do rio. Foi lá que conheceram Charlie Atkins, um homem "adorável" que alugava um trailer ao lado dos Bonhams nos feriados e finais de semana de verão. Atkins era o líder de uma banda de baile de Birmingham especializada em tango, valsa e foxtrote, aquele tipo de grupo que, recordou-se Mick, "usava brilhantina no cabelo e o baterista tocava com vassourinha". Durante essas visitas, Atkins sempre estava disponível para falar de música com os irmãos Bonham e se interessava avidamente pela obsessão do jovem John pela bateria.

"Pode não soar empolgante agora", Mick admitiria mais tarde, "mas, para John, era o grande negócio, e ele ouvia Charlie falar de *paradiddles* e outras terminologias de bateria por horas a fio. Foi num desses encontros que Charlie deu a John seu próprio par de vassourinhas, o que, por mim, era ótimo, pois não tinha como elas machucarem mais do que baquetas".

Atkins também deu de presente a John uma caixa branco-pérola para sua pequena coleção; o garoto já tinha usado os trocados que economizara para comprar uma caixa, um bumbo e um surdo. Quando John tinha 11 anos, Atkins já tinha confiança o bastante em seu jovem pupilo para convidá-lo a fazer sua primeira apresentação, uma canja com a banda num baile para membros do Caravan Club. "Acredito que esse tenha sido o ponto de virada para John Bonham", apontou Mick, "e acho que, daí em diante, nada nem ninguém conseguiria impedi-lo de se tornar baterista".

Aos 14 anos, John já tocava com bandas da região e em eventos escolares. Apesar da reputação de desordeiro, ele até ficou encarregado dos efeitos sonoros para uma peça de Natal da escola e tocou sua amada bateria ao lado do palco.

Embora John demonstrasse aptidão e entusiasmo genuínos pelas aulas de carpintaria que tinha com o pai, o talento natural na bateria já havia direcionado sua atenção para um futuro na música. Naquele ano, quando a escola perguntou aos alunos o que eles queriam fazer depois de se formar, só John tinha uma resposta pronta: "Quero ser baterista".

⁂

A MÚSICA SEMPRE ESTEVE PRESENTE NO LAR DOS BONHAMS, EMBORA A TRILHA sonora fosse limitada. John e seu irmão mais novo buscavam alento nos sons cambiantes das ondas do rádio, que sempre traziam para dentro da casa as primeiras posições das paradas de sucessos. À medida que essas ondas se tornavam mais diversificadas, a música popular na Inglaterra virava um caldeirão multicultural tanto quanto Birmingham. Nomes consagrados do pop, como Nat King Cole, Doris Day e Frankie Lane logo foram postos de lado, enquanto Little Richard, Bill Haley e Elvis Presley tomavam a dianteira. Em Birmingham, a "cena de Brum" também viu surgir novos artistas, músicos mais jovens inspirados pelo que ouviam no rádio; nomes locais como Lonnie Donegan, Adam Faith, Cliff Richard e Marty Wilde logo dominaram a base de fãs da região.

O próprio gosto musical do jovem John Bonham era decididamente eclético, graças tanto ao caldeirão multicultural do rádio britânico quanto às preferências pessoais de seus pais. As influências musicais de John logo passaram a se estender até a Edmundo Ross e sua orquestra – um dos primeiros sucessos de música latino-americana no *mainstream* –, cujos *riffs* de bateria e percussão pesada inspiraram as experimentações técnicas de John. "Sentávamos diante do rádio todo sábado e ouvíamos o programa de Edmundo", recordou-se Mick, "o que era um deleite raro, visto que só havia três opções de música em casa: os álbuns de Lena Horne, de Jacko; os de Frank Sinatra, de mamãe; e os discos infantis para nós. Ainda assim, tudo abria caminho para uma nova era sonora vinda dos EUA, em especial o rock 'n' roll".

Na época, a música mais amplamente aceita aderia às normas sociais típicas da Inglaterra dos anos 1950 – rígidas e "engomadas". Entretanto, tudo isso começou a mudar com a ascensão de Elvis Presley, cujos primeiros lançamentos, no verão de 1954, conduziram diretamente a novas misturas de soul e blues negros com os sons "brancos" do country e do *honky-tonk*. Os EUA chamaram isso de rock 'n' roll – e o apelo internacional de Elvis logo foi seguido por outros roqueiros como Jerry Lee Lewis, Little Richard e Buddy Holly. O primeiro infiltrado do rock 'n' roll em Birmingham chegou em fevereiro de 1957, na forma de Bill Haley, de 32 anos, cujos compactos "Rock Around the Clock" e "Shake, Rattle and Roll" se tornaram sensações instantâneas e inauguraram as mudanças vindouras na cena musical americana. Quando Haley e sua banda se apresentaram no Birmingham

Odeon naquele inverno, os jovens da cidade formaram filas de virar o quarteirão para comprar ingressos.

Porém, de todas as primeiras canções de rock 'n' roll, a que realmente pareceu atiçar os ouvidos críticos de John foi a instrumental "Teen Beat", do baterista Sandy Nelson, de 1959, repleta de percussão. Assim como o sucesso guitarreiro "Rebel Rouser", de Duane Eddy, um ano antes, o sucesso temporão de Nelson ressoou nos adolescentes que queriam sair para dançar e chegou à quarta posição da parada de compactos do Reino Unido. John ficou "hipnotizado" pela música e passou três dias seguidos na bateria até que conseguisse reproduzir com perfeição os padrões percussivos singulares da faixa. Depois que ele a dominou, sua ambição se tornou "como o arranque de uma Harley-Davidson", segundo Mick, que acrescentou que, em pouco tempo, John afirmou que "formaria uma banda".

Mesmo sem um grupo próprio ou aulas formais, John se direcionava instintivamente para qualquer gênero musical que apresentasse um desafio a suas habilidades naturais e a quaisquer noções de bateria preconcebidas que ele já tivesse ouvido. Tinha uma obsessão particular pelas técnicas de jazz de Gene Krupa e Buddy Rich e pela exuberância que ambos traziam ao instrumento, demonstrando o espetáculo que um virtuoso da bateria era capaz de conduzir ao agir como a força motriz de um grupo musical.

"Gene Krupa era Deus", recordou-se o irmão Mick, acrescentando que foi a cinebiografia *A Música Irresistível de Benny Goodman*, de 1956, que despertou o amor de John pela bateria de jazz – em particular uma cena com Krupa tocando tons em sua música tema "Sing, Sing, Sing". John também se apaixonou por um trecho do filme *Beat the Band*, de 1947, no qual Krupa batuca em canos de uma sala de caldeiras com baquetas. "John decidiu que aquele era o baterista que ele queria imitar", disse Mick, "e passava horas ouvindo e aprendendo a técnica de Krupa".

Anos mais tarde, a irmã caçula de John, Deborah, também se lembraria da afeição do irmão pelos dois gigantes do jazz, cuja música se tornou constante na casa dos Bonhams. "John foi influenciado por Gene Krupa e Buddy Rich, porque papai e mamãe ouviam aquelas bandas de jazz o tempo todo", Deborah afirmaria posteriormente. "Adoravam o grupo de Tommy Dorsey e Glenn Miller, Harry James e Frank Sinatra... E era isso que John ouvia para tocar junto, na oficina, até os vizinhos começarem a bater na porta e reclamar para minha mãe: 'Diga a ele para baixar o volume!'"

Ainda na adolescência, John poderia ser visto imitando a postura clássica de Krupa à bateria, debruçando-se sobre os tambores. Assim como Krupa, ele queria tirar sons sutis e reverberações controladas do kit ao invés de apenas descer o braço. Foi uma exploração de uma vida inteira, que frequentemente confundiria outros músicos e criaria uma noção desavisada de que a contundência de John seria a fonte de sua potência. Quando a família Bonham foi a um show de Harry James a 30 km dali, no Birmingham Town Hall, o jovem John ficou impressionado com o baterista de James, Sonny Payne. Ao testemunhar Payne executar uma de suas principais acrobacias – quicar as baquetas nas peles e pegá-las pelas costas –, teve a prova de que o baterista de uma banda não era apenas um membro de apoio na seção rítmica; com a presença de palco certa, o baterista poderia ser também um solista – poderia ser a atração principal.

Outro nome que ajudou a moldar a visão de John sobre exuberância foi o roqueiro extravagante Screaming Lord Sutch. Na época, o bizarro artista – nascido David Edward Sutch em Hampstead, Londres, em 1940 – abria caminho lentamente para o "*shock rock*", ganhando manchetes por todo o Reino Unido com seu espetáculo inspirado em filmes de terror. Depois de sair de um caixão preto vestido como Jack, o Estripador, Sutch exibia objetos de cena macabros diante do público, como adagas e crânios, enquanto bradava letras de rock 'n' roll com toda a loucura de alta octanagem de um Little Richard. Sutch inspirou mais polêmicas com suas tentativas amplamente divulgadas de se tornar membro do Parlamento por meio de um partido criado por ele mesmo, o Monster Raving Loony Party[3], demonstrando como uma *persona* cuidadosamente elaborada só acrescentava à imagem e à mística de um artista fora do palco.

John ficou fascinado, para dizer o mínimo. Desesperado para ver o *shock rocker* ao vivo e, com sorte, conseguir chegar ao *backstage* para pegar um autógrafo, percorreu quase 80 km, ida e volta, de bicicleta para assistir ao show de Sutch com os próprios olhos. Ainda naquele ano, durante uma viagem de família a Brighton, na Costa Sul da Inglaterra, John e Mick também tiveram a oportunidade de conferir a apresentação de um herói local do rock 'n' roll, Joe Brown, cujo compacto de 1960 "Darktown Strutters Ball" foi um rápido sucesso. Os irmãos Bonham testemunharam Brown e sua banda The Bruvvers mandarem ver no *cover* de "Hava Nagila", dos Spotniks. Durante a música, Brown girou a guitarra e fez um solo escaldante com o instrumento atrás da cabeça.

Foi depois de voltar dessa viagem que John Bonham tentou formar sua própria banda de rock 'n' roll pela primeira vez. "Ele retornou à escola e fez amizade com outro jovem aspirante a músico, John Hill, que tocava guitarra", afirmou Mick Bonham. "Juntos, decidiram formar um grupo, mas antes mesmo de começarem, passavam muitas noites montando a bateria, apoiando a guitarra nela e observando esse palco de mentira – que mexiam aqui e ali de vez em quando para dar um efeito... O nome da banda seria 'Avengers', mas infelizmente eles nunca conseguiram fazer um show."

* * *

Embora tenha aprendido a tocar predominantemente por conta própria, John enfim decidiu pedir conselhos a um baterista da cidade, considerado um dos melhores em todas as Midlands. Em 1962, bateu à

3 Em tradução livre, algo como "Partido Lunático Delirante dos Monstros". (N. do T.)

porta de Garry Allcock sem pensar duas vezes, certo de que tanto sua seriedade em relação à bateria quanto a paixão por carros velozes que compartilhava com Allcock justificariam a intrusão de supetão. Para a sorte de John, justificaram.

"A campainha tocou e lá estava um rapaz à porta, perguntando: Você é o Garry Allcock? Você toca bateria? Você trabalha na Austin? Meu nome é John Bonham. Sou baterista e doido por carros", recordou-se Allcock. "Ele simplesmente apareceu em casa e se convidou para entrar."

Também nascido em Redditch, Allcock tinha se casado recentemente e concluía um estágio de engenharia na Austin Motor Company. Começara a tocar bateria em 1951 e gostava muito de *big bands* e de jazz. "Eu já tocava com orquestras havia alguns anos", recordou-se. "Na época, John trabalhava numa construção – era obviamente muito mais novo do que eu, mas alguém lhe dissera que havia um baterista que morava em Astwood Bank com quem ele deveria bater um papo."

A técnica de Allcock era fortemente baseada na bateria tradicional de jazz, cujos fundamentos John estava começando a mesclar com os trejeitos de rock 'n' roll estudados pelo rádio. "Para ser sincero, nunca achei que John fosse muito bom, embora aprendesse rápido", disse Allcock. "Por ter crescido ouvindo Count Basie e Stan Kenton, eu curtia bateria de *big band*. Para mim, todo aquele negócio dos grupos *beat* era fácil, em comparação... Passávamos metade do tempo falando de carros. Eu podia ver por que ele viera atrás de mim, porque eu era um baterista que fazia um estágio de design de carros."

Para o desgosto da jovem esposa de Allcock, ele e John montavam dois kits na sua sala de estar. Conviver com aquele baterista mais velho também despertou em John o interesse em ouvir outras bandas de rock 'n' roll. Embora ele não fosse purista de forma alguma, o jazz lhe dera inspiração o bastante para começar a tocar com os sons de um kit tradicional e a logo integrar técnicas e floreios de jazz ao rock 'n' roll mais moderno e primal.

Ao longo de uma amizade que duraria décadas, Allcock observou que o jovem John não estava muito interessado no estilo sincopado de tocar jazz, que ele preferia, mas estudava as regras admiravelmente no intuito de quebrá-las com sucesso. Como expressou nas primeiras conversas com Allcock, John já acreditava que o baterista era colocado à frente e no centro por um motivo: roubar a cena. Dentro de um ano, essa filosofia traria retorno, e ele logo seria bem requisitado entre as bandas que precisavam de substitutos de última hora. O objetivo de John, no entanto, nunca foi apenas participar de *jam sessions*; desde o início, ele pretendia levar sua notável veia competitiva para o palco.

⁂

"Há muito trabalho honesto por aí, John", Jacko sempre lembrava a seu filho mais velho. "Você consegue ganhar a vida de forma decente se realmente quiser."

Apesar de todas as *jams*, de toda a prática e autodisciplina à bateria, John ainda não tinha encontrado um meio estável de transformar a música num ganha-pão. Depois de ele ter se formado, a pressão da família começou a aumentar. Para ganhar tempo e evitar a importunação constante dos pais, John contou com a dependência da firma de construção do pai. Por anos, manter um pé na função de aprendiz de carpinteiro seria sua única fonte estável de renda.

Atuar nos negócios da família, porém, não dava a John um passe livre para ir e vir como bem entendesse; Jacko Bonham se certificava de manter ambos os filhos na linha nos períodos em que trabalhavam para ele. Em pouco tempo, John se acostumou com uma rotina diária na qual acordava às 7h da manhã para trabalhar numa das muitas obras do pai até chegar em casa ao pôr do sol, tomar um banho e sair para tocar a noite toda com diversas bandas locais de rock 'n' roll. Na maioria das vezes, ele só voltava para casa ao amanhecer, de forma que só tinha duas horas de sono até acordar de novo para cumprir a próxima tarefa puxada para Jacko. "Fui trabalhar para o meu pai no ramo da construção, mas a única coisa em que eu era bom era a bateria, e foi com ela que fiquei", disse John a um repórter mais tarde. "Então, gradualmente, era mais música e menos construção, mas eu sempre trabalhei duro o tempo todo."

Enquanto o trabalho braçal rígido do ramo da construção lhe trazia força e resistência, as incursões pela cena de clubes de Brum o transformavam num rosto conhecido de diversos músicos respeitados da região. Garry Allcock pode ter sido o primeiro amigo a servir de mentor, mas, pouco depois, John fez amizade com outro baterista, Bill Harvey, no clube de jovens da cidade, em 1963. Segundo Mick Bonham, o Redditch Youth Club era o melhor lugar para músicos novatos como seu irmão estabelecerem contatos e conseguirem testes, já que era a única casa da cidade que recebia consistentemente novos artistas, como o Blue Star Trio, de Bill Harvey.

"O grupo era composto por Terry Beale e Mick Ellis, dois guitarristas e cantores que se apresentavam juntos depois de deixarem os Nighthawks", explicou Mick mais tarde. "Alguém sugeriu que eles soariam melhores se tivessem um baterista, eis que entra em cena Bill Harvey."

⁂ ⁂ ⁂

Aos 23 anos, Harvey tinha oito a mais do que John, mas já se estabelecera como um dos melhores bateristas de Redditch, além de ser membro fundador do popular Blue Star Trio – pequeno conjunto de rock que contava com um bom tanto de fãs adolescentes por todo o Black Country. "John era um pouco mais novo do que eu", Harvey apontaria mais tarde. "Eu já tinha mais de 20 e não deveria mais estar no clube de jovens, mas ia porque era um lugar onde se podia tocar. Recebiam uma banda diferente toda quarta-feira, e Roy Wood e Bev Bevan se apresentavam por lá."

Segundo a memória de Harvey, foi durante o período no qual empresariou outra banda de Redditch e costumava ensaiar num clube chamado The Cellar, na Queen Street, que seu caminho cruzou com o de John Bonham, de 15 anos, pela primeira vez. "John apareceu lá certa noite. Era um rapaz minúsculo, embora tenha amadurecido depois. Acho que éramos meio desconfiados um do outro, mas fizemos amizade. Eu tocava havia alguns anos, e ele, já naquela época, era bem insistente."

Foi justamente numa apresentação do Blue Star Trio que John enfim teve a oportunidade de mostrar à banda o que era capaz de fazer na bateria. Pouco antes da hora do show, Harvey teve uma discussão acalorada com a dupla de guitarristas, Beale e Ellis. "Eles eram um pouco preguiçosos para ajudar a carregar o equipamento", esclareceu Harvey, "então disse: 'Se vão ficar com essa atitude, vão se ferrar'. A van era minha, e eu ainda tinha de carregar e descarregar os equipamentos toda noite. Simplesmente fiquei farto daquilo e perdi a calma".

John, que testemunhou o bate-boca, foi rapidamente convidado a tocar no lugar de Harvey, que se recusou a entrar no palco. "Quando fui para o clube, passei mal de ver John tocando no meu lugar", ele se lembraria. "Mas ele me disse: 'Qual é, vamos fazer um solo juntos – só estou te substituindo hoje'. Então nós dois assumimos a mesma bateria. Toquei os dois tons, enquanto John tocou a caixa."

O público adorou. Inspirado pela reação da plateia, John imediatamente sugeriu que os dois passassem a se apresentar juntos com regularidade, ao que Harvey concordou entusiasmado. Depois de ensaiar toda quarta-feira por semanas a fio, a dupla viu os frutos desse trabalho: além dos shows de rock tradicionais do Blue Star Trio, John e Harvey conseguiram diversas apresentações próprias em paralelo. "[John] me chamava do meio do público", contou Harvey, "ou eu o chamava, e a gente fazia um grande solo juntos. Todo mundo se perguntava: 'Ei, como eles fazem isso?'. Não se davam conta de que havíamos ensaiado por horas. E parecia que éramos rivais, que tocávamos um contra o outro... [O público] nunca notava que éramos melhores amigos."

Antes dos 16 anos, John já começava a ganhar sua primeira legião de fãs, bem como o reconhecimento na imprensa; quando um anúncio da residência do Blue Star Trio no Redditch Youth Club foi publicado nos jornais da região no dia 16 de julho de 1963, ele foi retratado como um membro definitivo do grupo – de barba feita e vestido de terno e gravata.

Talvez houvesse um futuro na música para John, refletiram Jacko e Joan Bonham, expressando aquela fé recém-descoberta com um presente simbólico – uma bateria Trixon vermelha cintilante novinha em folha.

⁂ ⁂ ⁂

"Quando eu tinha 16 anos me dediquei em tempo integral à música por um período", John recordaria mais tarde, "e nós tentamos fazer sucesso como grupo profissional. [Mas] aí era preciso voltar a trabalhar de modo a ganhar algum dinheiro para viver. Depois de cair na estrada, chegaria um momento no qual não haveria mais shows e não entraria mais dinheiro, e você voltava à estaca zero... Era preciso fazer isso para sobreviver e tocar localmente".

Embora seus pais agora apoiassem a carreira de baterista, John continuou a tirar um troco nos rigores diários das obras de Jacko e sua equipe. Afinal, só havia um ano que estava fora da escola, e as aspirações ao superestrelato do rock não vinham com garantia alguma. Ao mesmo tempo, ele continuava a tocar tanto com o Blue Star Trio quanto com Harvey, além de praticar novas técnicas e estilos. "[John] era muito adaptável", apontou Harvey. "E ainda era autodidata, o que fazia uma baita diferença, porque você conseguia pegar as coisas no ato – não precisava ensaiar muito. O que o destacava naquele momento era sua técnica de bumbo, que deixava todos nós embasbacados, o jeito como ele tocava tercinas naquele bumbo. Uma vez perguntei como ele fazia, e ele respondeu: 'Ah, não, não vou te falar, mas vou te contar o que fiz.

Tirei a correia de couro do pedal de bumbo e, no lugar, coloquei uma corrente de bicicleta'. E é claro, hoje todos os pedais de bumbo têm correntes. No meu entendimento, ele foi o primeiro a usá-las."

Assim como Garry Allcock antes dele, a influência de Bill Harvey no jeito de tocar de John ia além de apenas dicas práticas. Enquanto Allcock havia compartilhado a afeição por músicos de *big band* com John, Harvey apresentou ao baterista mais jovem os estilos de seus músicos de jazz favoritos – com Joe Morello, do Dave Brubeck Quartet, no topo da lista.

"Joe tinha um jeito de tamborilar em que ele molhava o dedão e esfregava na caixa para produzir o som de um rugido de leão", recordou-se Harvey. "Imitava um arco e flecha, além de fazer um ritmo africano com os dedos que era absolutamente fabuloso."

Morello também era bem conhecido entre os aficionados por jazz devido a seus compassos incomuns em diversos sucessos de Brubeck que ultrapassaram as fronteiras do público de jazz, incluindo "Take Five" e "It's a Raggy Waltz". Além disso, desenvolvera uma técnica singular de controle de dedos que permitia que ele tocasse tercinas em alta velocidade com uma baqueta na caixa, ao mesmo tempo em que invocava toda uma gama de sons diferentes. Foi essa técnica particular – as tercinas – que teve o maior impacto no som pesado de rock 'n' roll de John Bonham.

Bill Harvey ainda ensinou a John um dos truques de Morello para golpear os tambores com as mãos e dedos sem se machucar. Sempre determinado, passava dias na bateria Trixon sem fazer pausas, dominando lentamente os dedilhados e ritmos intrincados apenas com as mãos. Quando Harvey foi visitá-lo, alguns dias depois, John abriu a porta com os dedos envoltos em bandagens. "'O que aconteceu?', perguntei", recordou-se Harvey. "Ele tinha cortado as mãos na borda dos pratos." John logo ficaria conhecido por solos tão enérgicos que, ao final, suas mãos saíam manchadas de sangue.

⁂

John também gostava de bandas britânicas da época, como The Hollies, Johnny Kidd & The Pirates e The Graham Bond Organisation, mas era o rhythm and blues (R&B) americano que mais o fascinava naquele momento. "Aquela sensação, aquele som", afirmou ele. "Eu disse a mim mesmo que teria aquela sonoridade." Foi o começo de sua busca por um timbre de bateria amplo e aberto, que o conduziu a tambores grandes, sem os abafadores que os *roadies*, técnicos e engenheiros de som gostavam de infligir nas baterias na tentativa de controlar o som. Quanto à sua abordagem da execução, John posteriormente a resumiria da seguinte forma: "Acho que sentimento é muito mais importante do que técnica... Se você toca de forma técnica, soa como todo mundo – o que conta é a originalidade. Eu rujo como um urso ao tocar, para dar um gás".

"Gosto de tocar como se fosse uma tempestade."

⁂

Entre as noites de apresentações constantes e todas as formas de estudo pessoal nas raras horas de folga, John começava a mesclar as influências da variedade de músicas a seu redor e as práticas de outros bateristas tanto em seu próprio jeito de tocar quanto nas customizações singulares que fazia na bateria. Bill Harvey lembrou-se de um posicionamento estranho que John adotou para a caixa, colocando-a mais perto do chão do que qualquer outro músico – além dos efeitos caseiros que ele insistia que tornavam seu som distinto. "Nós discutíamos a respeito disso", Harvey diria mais tarde, rindo. "Sempre me falaram para deixar a caixa o mais alto possível. E John perguntava: 'Por quê? Eu gosto da caixa praticamente no colo'. Tentei explicar que isso exigia uma distância maior entre as batidas. A caixa mais alta facilitava a execução de *rimshots*... 'Ah, que besteira', ele respondia."

Certa vez, Harvey quis saber sobre sua habilidade impressionante de criar as tercinas, e John se esquivou em tom de brincadeira, como se o amigo lhe tivesse pedido para revelar um truque de mágica. "'Como você faz essa tercina no bumbo, John?'", Harvey recordou-se de ter perguntado. "'Ah', disse ele, 'você precisa ter a técnica', e só riu. Ele não contava o segredo, nem em troca de algum outro. Talvez imaginasse que o futuro da bateria de rock estava na potência do pé ao invés de no controle dos dedos... A sensibilidade dele para o rock era inacreditável."

Em vez de divulgar os segredos do seu ofício, John concordou em substituir Harvey em algumas apresentações avulsas, agora que era capaz de tocar qualquer estilo ou gênero com que se deparasse – a ponto de ver cada um deles como um novo desafio. "De vez em quando eu saía com ele à noite para ver alguma banda, e a primeira coisa que dizia era: 'Este baterista é péssimo'", relembrou Harvey. "Quando faziam uma pausa, ele ia direto até o líder e falava: 'Seu baterista não é muito bom, né? Se me deixar tocar um pouco, vou te mostrar'. Ele então se sentava à bateria e todo mundo ficava maravilhado. Aí o pobre coitado era despedido e John tomava o lugar dele."

Junto de sua reputação crescente pelas Midlands havia um novo apelido para combinar – que lhe acompanharia pelo resto da vida. Se alguma banda de Birmingham precisasse de um baita baterista de última hora – ou se um novo concorrente ao título de melhor percussionista da cena de Brum perguntasse com quem deveria tomar cuidado – eram orientados a procurar por "Bonzo".

⁂

Em seguida às temporadas com o Blue Star Trio e ao show de bateria tocada a quatro mãos que elaborara com Bill Harvey, John começou o que seria uma prática comum nos seus primeiros anos: saltar de banda em banda na esperança de conseguir um trabalho estável e lucrativo – e desafiador. Em meados de 1963, fez alguns shows com Terry Webb & The Spiders – cujo cantor usava um paletó de lamê dourado, enquanto o resto da banda trajava paletós roxos com lapelas de veludo... no popular estilo "*teddy-boy*", com direito a gravatas *bolo tie* e cabelo penteado para trás com brilhantina. Na tentativa de se encaixar, John até topou vestir o paletó roxo para as apresentações. Além disso, os shows que Terry Webb conseguiu em torno da cena de Brum só somaram à exposição de John no circuito, o que acabou por levá-lo à primeira experiência de abertura para *headliners* genuínos – Brian Poole & The Tremeloes.

Os Tremeloes eram vastamente conhecidos como a banda escolhida no lugar dos Beatles para um contrato exclusivo com a Decca Records, e muitos apostaram no potencial de longevidade deles no mundo do rock 'n' roll. Só em 1963, tiveram sucessos consecutivos com compactos pela Decca, incluindo o *cover* do sucesso avassalador dos Isley Brothers, "Twist and Shout", e do *hit* dos Contours, "Do You Love Me?". Tal oportunidade não vinha sem pressão. "Eles ensaiaram muito", lembrou Mick, "determinados a não ferrar o *set*, e falava-se muito que aquela seria a grande revelação deles, mas, quando chegou a hora, todos partiram para o show de paletós roxos e nervos em frangalhos... Isto é, todos, exceto John."

Como era seu costume na época, John foi o último membro dos Spiders a chegar para a grande noite de abertura para os Tremeloes, descobrindo que faltava pouco para que o baterista Dave Munden o substituísse no palco. Com apenas segundos a seu favor, John vestiu o maldito paletó roxo, se sentou à bateria e mandou ver na primeira música, sem titubear.

Em questão de poucos meses, a dedicação de John lhe deu a chance de gravar pela primeira vez, tocando e fazendo *backing vocals* numa faixa de outra banda da região, The Senators, conhecida entre os adolescentes das Midlands pela residência contínua no Navigation Inn, em Coventry. John, que nunca jurava fidelidade a um único grupo, já tinha feito *jams* com os Senators algumas vezes, e, quando eles tiveram a chance de gravar uma faixa para uma coletânea que sairia pela influente revista *Brum Beat*, Terry Beale – ex-Blue Star Trio – insistiu para que "Bonzo" fosse o baterista. O baixista original dos Senators, Bill Ford, diria mais tarde: "Naquele momento, em 1963, os Senators ainda tinham um baterista pouco confiável, que havia deixado a banda na mão em diversas ocasiões... E nos decepcionou mais uma vez numa noite em que tínhamos dois shows para fazer. [O vocalista Terry Beale] teve de tocar bateria no primeiro *set* no Perry Hall, em Bromsgrove. No intervalo, ele saiu de carro em disparada para buscar um 'amigo' que, segundo ele, sabia tocar bateria. Voltou 20 minutos depois com um rapaz chamado John Bonham. Começamos o segundo *set* e foi como se alguém tivesse colocado combustível de foguete nos nossos drinks! Arrebentamos, e John virou nosso baterista ali mesmo".

Na época, a formação dos Senators também incluía Trevor McGowan na guitarra solo e Graham Dennis na guitarra base – além de Beale, que conhecia John do Blue Star Trio. Para a gravação inicial de "She's a Mod", o grupo se reuniu no histórico estúdio Hollick & Taylor. Construído quase um século antes, o prédio vitoriano ornamentado na Grosvenor Road, número 16, fora transformado numa meca de gravações de última geração em 1945 e atraía bandas e artistas solo de toda a região das Midlands. Perdendo apenas para o Abbey Road, logo foi reconhecido como o estúdio em funcionamento mais antigo do Reino Unido e, com 288 metros quadrados, era também o maior espaço de gravação das Midlands.

"Com essa última formação, tocamos regularmente em muitos dos clubes e pubs de Birmingham – as casas de Ma Regan –, o Ritz, o Plaza e o Cavern, o West End Ballroom e o Moat House Club, para citar só alguns", relembrou Ford. "Tínhamos uma boa base de fãs lá também – tocávamos com frequência no Redditch Youth Club, no Alcester Trades e no Labour Club, e em outros pubs e clubes na região de Worcestershire."

O carinhosamente chamado "Circuito de Ma Regan" era lendário tanto para os músicos quanto para os adolescentes das Midlands. Ganhou esse nome por causa da proprietária de diversas casas da região, que gerenciava com o marido, além de ser a responsável pela agenda de várias delas. No início dos anos 1960, todas as bandas locais aspiravam tocar nesses lugares, e, se o seu grupo conseguisse uma data numa delas, shows nos demais estabelecimentos eram quase garantidos, o que significava um trabalho bem lucrativo.

⁂ ⁂ ⁂

Ainda pulando de banda em banda, John foi parar, em seguida, no Nicky James Movement, mais um grupo pop bem conhecido da cena de Brum. James – nascido Michael Clifford Nicolls – havia criado o conjunto em Birmingham após sair do Denny & The Diplomats. No período em que tocou com ele, John ficou bastante próximo do cantor, e os dois eram unha e carne a ponto de chegarem juntos às apresentações. Certa noite, James estava em casa, preparando-se para um show no Adelphi Ballroom, em West Bromwich, quando o telefone tocou em cima da hora de ele sair.

"Nicky, você precisa me ajudar", a voz de John suplicava.

"Por quê?", perguntou James.

"Porque meu pai não quer me deixar pegar minha bateria."

"Por quê?"

"Porque amassei a van de novo." James já sabia que era um hábito de John bater a van de Jacko – e esta última vez havia sido a gota d'água.

"Seu idiota", disse ele.

John bufou do outro lado da linha. "Não me chame de idiota ou eu te quebro a cara."

"Que Deus o tenha, ele sempre me batia, e a gente acabava brigando no chão", James se recordaria. "Aí então caíamos na gargalhada e saíamos para tocar. E quer saber? O show era sempre melhor. Juro que era uma coisa divertida. Enfim, John disse: 'Meu pai trancou a bateria na oficina no jardim'. Perguntei se ele não conseguia pegar a chave. 'Não, porque, se eu entrar na casa, ele vai saber da minha intenção e vai esconder as chaves, ou guardar no bolso.' Então elaboramos um pequeno plano. Tínhamos uma van Bedford preta e marrom, com portas nas laterais, aí estacionei no beco que dava para o jardim e encontrei John na esquina."

John pulou de trás de uma árvore e correu com James em direção à oficina. Depois de escalar o muro mais próximo dela, James levantou o teto para que John entrasse e passasse a bateria, peça por peça, pela janela. "Ele berrava: 'Rápido! Pegue isso aqui', e começou a entregar os equipamentos para mim... Saímos correndo pelo beco, batendo nos muros e grades, e, enquanto guardávamos tudo na van, ouvimos alguém gritar: 'Chame a polícia!'. Então saímos em disparada, morrendo de rir com o acontecido. Quando chegamos ao show, John começou a descarregar a bateria e percebeu que havia deixado a maior parte das peças para trás."

John só conseguira afanar da oficina de Jacko a caixa com suporte, um bumbo e um pedal, mas nenhum prato, nem o chimbal – e, pior, nem as baquetas. Como não havia outro baterista no local para emprestá-las, James sugeriu brincando que John tocasse apenas com as mãos. "Eu já o tinha visto fazer isso algumas vezes e perguntei se doía", recordou-se. "Ele respondeu que não e disse: 'Na verdade, quando toco assim, é uma trovoada'. Bem, naquela noite, ele teve de provar – e foi aí que começou a arrebentar a bateria com as mãos. Fez o show inteiro só com as mãos e os dedos, e foi o show mais emocionante que fizemos. O público ficou absolutamente apaixonado por ele... Há bateristas de habilidade extraordinária por aí, mas John foi o primeiro, o homem que começou tudo para todos... John foi um desses bateristas. Ele estabeleceu um patamar, assim como Gene Krupa."

À medida que o ano chegava ao fim, John mais uma vez procurou trabalho em outro lugar. Quando os membros da banda de Nicky

James se separaram, no ano seguinte, dividiram-se em dois grupos bem-sucedidos: Roy Wood e Bev Bevan no The Move e, mais tarde, no Electric Light Orchestra (ELO), ao passo que Mike Pinder tornou-se o tecladista do Moody Blues.

Bevan se recordaria mais tarde: "Minha primeira lembrança de John é de ele ir me ver tocar com Denny Laine & The Diplomats, em 1963, e com Carl Wayne & The Vikings, em 1964, pouco antes de formarmos o The Move. Eu era mais velho do que ele e me lembro de que ele ia me ver tocar. Eu era o baterista mais barulhento da região na época, e se John aprendeu alguma coisa comigo foi que a bateria deve ser atacada, não afagada... Acho que ele pegava algumas ideias aqui e ali até me superar e se tornar o melhor baterista de rock de todos os tempos". John e Bevan permaneceriam grandes amigos muito além das temporadas em que tocaram com Nicky James.

Mais determinado do que nunca, John chegou à metade da década ainda na esperança de que, de algum modo, encontraria uma banda de rock 'n' roll com o mesmo potencial de longevidade.

Capítulo Dois

JANEIRO DE 1966 – SETEMBRO DE 1968

Quase todas as noites de 1966 foram passadas no palco, de um jeito ou de outro.

Por meses, John continuou a acordar ao nascer do sol para bater ponto nas obras de Jacko às 7h30min. Embora fosse filho do patrão, o esperado era que ele agisse como qualquer outro funcionário do pai e só tinha direito a uma pausa de dez minutos para o chá, meia hora de almoço e, em raras ocasiões, uma segunda xícara de chá, trazido para os homens num balde. Às 17h30min, ele corria prontamente para casa para tomar banho e carregar a bateria para o show daquela noite.

"John achava tudo aquilo muito difícil", recordou-se Mick Bonham, "porque passava a maior parte do dia com a cabeça nas nuvens, pensando em fazer parte de uma banda. Isso não impressionava o mestre de obras, que atormentava John quando ele trabalhava para Jacko".

Juntando as poucas libras que recebia em cada show com o salário da construção, John ganhava só o suficiente para comprar cigarros, cerveja e – nas ocasiões em que Jacko ainda o deixava pegá-la – combustível para a van. Porém, os apuros financeiros dele não eram nem um pouco raros. Na década de 1960, Birmingham estava repleta de roqueiros esperançosos, todos se coçando para sair das Midlands – ou pelo menos das fábricas a seu redor. Quando a fama fracassava, a linha de produção chamava.

"Birmingham era um lugar diferente naquela época", explicou Trevor Burton, que mais tarde seria guitarrista base do The Move. "Era uma cidade muito industrial, e nós éramos muito durões. Gente de chão de fábrica... [A música] era um meio de evitar ir parar numa fábrica. Eu ganhava 15 libras por semana, duas vezes mais do que o meu pai recebia numa fábrica."

Desse desespero surgiu uma forma muito distinta de rock 'n' roll feito em casa, mais angustiada do que a de Londres e mais sofisticada do que a de Liverpool – apesar da atenção mundial que a cidade portuária recebia graças aos Beatles. Mais bandas saíam da cena de Brum do que de qualquer outro lugar da Inglaterra, e os *Brummies*[4] sabiam disso. "Nas Midlands, muita gente não conseguia sair disso, porque só o que a gente tinha por lá eram pubs", recordou-se Bill Bonham, sem parentesco com John, mas tecladista estelar da banda Obs-Tweedle. "A musicalidade era incrível. Éramos uma pequena sociedade muito unida. Porém, você ainda tinha de ir até Londres e pagar para tocar ou tocar de graça. Era muito difícil fazer com que gente [de Londres] subisse para te ouvir."

O trompetista e produtor local Jim Simpson já era um veterano da cena de Birmingham muito antes de conhecer John Bonham, em 1966. "As pessoas não se lembram do que saiu desse lugar", disse ele. "Talvez tenham se mandado para Londres rápido demais. Sempre nos diziam que Londres era mais negócio, então muitas bandas desceram para lá e fizeram discos cafonas, [enquanto] Birmingham não se mostrava o lugar mais elegante para se viver... Mas o fato é que produzimos uma variedade de grandes músicos e grupos – mais do que o suficiente. As nossas bandas eram brabas, duronas e não visavam às paradas de sucesso de forma tão disciplinada quanto aqueles *Liverpudlians*[5] bobos de franja e colarinhos estúpidos nos paletós."

---

4 Como são conhecidos aqueles que vêm da região de Birmingham. "*Brummie*" também designa o dialeto falado na região. (N. do T.)

5 Quem vem de Liverpool. (N. do T.)

⁂

Agora com 17 anos, John Bonham era talentoso o bastante para nunca passar muito tempo sem trabalho. No inverno de 1965, seu maior problema – além de não encontrar uma única banda estável – era achar um jeito de transportar sua bateria cada vez maior de Redditch a Birmingham para os muitos shows que fazia à noite. Depois de uma série de súplicas, John enfim persuadiu Jacko a deixá-lo usar uma das três vans da construtora para carregar seus numerosos companheiros de banda e os respectivos equipamentos – nesse meio tempo, um amigo e vizinho, Eddie Conoly, ofereceu-se para ser uma espécie de *roadie* e motorista em todos os shows, independentemente da banda. Porém, o acordo durou pouco, depois que ocorreu a John que ele poderia ficar com o cachê de *roadie* de Eddie se ele mesmo carregasse o equipamento, além de se encarregar da bateria. Isso também seria um jeito certeiro para se manter valioso para cada uma das bandas – carregava os equipamentos, fornecia cigarros e, por fim, atraía seus fãs leais de Brum para os shows.

⁂

Com todas as muitas bandas de Birmingham brigando por tempo de palco na cena – em particular do Circuito de Ma Regan –, havia uma cultura de competitividade onipresente entre os jovens músicos. Naquela época, todo mundo queria ser descoberto por um empresário ou representante de gravadora que talvez estivesse na plateia. As habilidades naturais de John e sua aptidão instintiva para o espetáculo e a competição nem sempre faziam dele o mais popular com outros músicos – a inveja era pesada demais. Os colegas bateristas, no entanto, logo reconheceram que John estava criando um estilo próprio e, com efeito, uma nova abordagem para a bateria.

Ao mesmo tempo, a reputação de John como um dos astros da bateria de Birmingham só era equiparada ao seu amor pela travessura.

"Ele deixava o banquinho da bateria na frente da porta de sua casa", Bill Harvey se recordaria. "Havia um plinto de concreto acima da porta, com hera dos lados, e ele escondia o banquinho por trás da hera para que pudesse sair pela janela, escorregar pela calha e pousar no banquinho, de modo a sair escondido à noite. Ao voltar, fazia o trajeto inverso. Ele me revelou isso certa noite e disse: 'Pelo amor de Deus, não conte para o meu pai'."

Harvey relembrou uma ocasião em que foi ver John tocar com a banda Locomotive, de Birmingham. "Ele foi absolutamente insano naquela noite", disse. "Costumava abrir o show com um solo – exatamente como Buddy Rich fazia. John subia no palco, ia à loucura e saía sóbrio feito um juiz no tribunal." Ao final da apresentação, parecia que já estava totalmente sóbrio.

"No Locomotive, nós o chamávamos de 'Bonnie', embora talvez o tenhamos chamado de 'Bonzo' também", recordou-se Jim Simpson, que ajudou a fundar o Locomotive em 1965, mas depois assumiu o papel de empresário quando o grupo abandonou o jazz e o R&B em favor do rock progressivo mais psicodélico. "Ele poderia entrar em qualquer banda do mundo e se sentir confortável... Precisei despedi-lo duas ou três vezes. Todos nós o adorávamos, mas ele era absolutamente ultrajante – ou talvez só desordeiro. Fomos banidos de muitos lugares por causa dele. Ele tirou a camisa e subiu na bateria na escola de dança de Frank Freeman, em Kidderminster. Frank me disse: 'Vocês foram muito bons hoje, Jim, mas nunca mais vou marcar um show da sua banda com esse baterista'."

Nas noites em que Jacko deixava, John pegava emprestado o Ford Zephyr conversível da família e sumia com os amigos e companheiros de banda, quase sempre com Bill Harvey. Naquele verão, ele perdeu a carteira de habilitação por dirigir embriagado, apesar das leis frouxas que existiam na época contra esse tipo de comportamento. Embora quase todo mundo na cena local bebesse em excesso, as bases para a dependência de álcool cada vez maior de John estavam sendo firmadas. "Ele era capaz de me superar bebendo – e eu virava um *pint* em menos de quatro segundos", lembraria Mick Bonham.

John vinha trabalhando para o pai intermitentemente por anos, mas, com os shows cada vez mais frequentes, as horas passadas nas obras começaram a esgotá-lo. Tanto para ganhar mais dinheiro quanto para ter uma agenda que lhe permitiria noites adequadas de sono, ele começou a vasculhar lojas em busca de um emprego de meio-período como vendedor. Surpreendentemente, foi contratado para ser assistente numa alfaiataria bem conhecida e de alto padrão chamada George Osbourne & Son. Embora não fosse conhecido por seu senso de moda, John ainda assim começara a notar as roupas chamativas que muitos músicos agora usavam como parte de uma *persona* de palco – a influência cultural da *Swinging London* enfim chegava às Midlands.

"Ternos e gravatas elegantes foram deixados de lado em favor de roupas coloridas e um visual mais extravagante", esclareceu Mick Bonham. "Roupas gritantes para combinar com a música barulhenta... Os Rolling Stones e o The Who agora faziam um tipo de música que deu o pontapé inicial para todo um novo esquema. De fato, John ficou tão impressionado quando viu pela primeira vez na TV o baterista do The Who, um jovem Keith Moon, que começou a experimentar coisas da moda."

Moon já era conhecido como o músico que transformara a bateria contida dos grupos *beat* no espetáculo de um homem só – tanto por seus solos insanos e altamente enérgicos quanto pelo que aprontava fora do palco e o tornara infame na indústria musical. Quanto a estilo, porém, ele logo foi superado por Ginger Baker, do Graham Bond Organisation, que rapidamente tomou o manto de Moon como o percussionista de rock mais bem cotado. Aos 26 anos, Baker já ganhara a reputação de baterista mais alucinado do pedaço – e o mais experimental no que se tratava de apresentações ao vivo. Ao se valer de uma mistura rara de controle técnico sólido e presença de palco potente, Baker nunca foi ofuscado por seus colegas de banda, Bond e o baixista Jack Bruce. "É o que eu quero ser", explicaria ele, "um membro igualitário da banda, não só alguém que marca o tempo para os músicos que estão na frente". Impressionado pela *persona* de Moon e pela habilidade de Baker, John já estava determinado a ser o próximo a assumir o manto.

Pouco depois de assistir às primeiras performances televisivas do The Who, John começou a brincar com estilos da moda que, do mesmo modo, complementariam sua extrovertida presença de palco. Para a surpresa de seus amigos e família, seus experimentos com roupas não se limitaram às apresentações, sendo frequentemente visto pela cidade cumprindo afazeres nos trajes mais extravagantes que seu novo cargo na George Osbourne & Son poderia lhe prover. Em pouco tempo, ele começou a ficar tão criativo nas customizações de seu guarda-roupa quanto era com a bateria. Numa dessas experiências, tingiu de amarelo uma jaqueta branca de segunda mão, deixando os bolsos de cor vermelho-sangue; em outra, Joan Bonham costurou para o filho um casaco comprido em tecido de cortina verde-escuro, decorado com folhas de flores de limão – *design* elaborado pelo próprio John. Porém, sua *pièce de résistance*, como seu irmão Mick se referiria carinhosamente, era uma jaqueta de veludo estilo Levi's com colarinho de couro preto – que John depois tingiria de verde. "Ele saía com aquele negócio e ninguém nunca tinha visto nada parecido", Mick se recordaria. "As pessoas olhavam, mas ele ignorava por completo... Ver um rapaz de 18 anos andando pela rua numa jaqueta malva ou um sobretudo de tecido de cortina verde causava certo rebuliço."

Precisando mais de dinheiro do que de roupas descoladas, John certa vez ofereceu uma jaqueta a Mick por cinco libras. Pouco depois da transação, porém, Mick se surpreendeu ao se encontrar por acaso numa festa com o baterista Bev Bevan usando uma jaqueta de veludo laranja idêntica. Rapidamente se deu conta de que seu irmão mais velho tinha roubado a jaqueta e a revendido para Bevan – em troca da oportunidade de ser seu substituto no The Move.

Para o trabalho na George Osbourne & Son, John baixava o tom da extravagância e optava pela combinação mais aceitável – embora não menos elegante – de terno e gravata, que agora ele podia comprar com o desconto de funcionário da alfaiataria. Como Mick rememoraria mais tarde, "ele se deu bem ali, e o emprego lhe permitia usar os ternos da moda da época, o que ele adorava... Passava horas diante do espelho se certificando de que o nó Windsor estava correto e que as dobras da calça pudessem cortar papel, para então colocar as abotoaduras e sair para o trabalho de ônibus".

⁂ ⁂ ⁂

Nas raras noites em que não tinha um show marcado, John ainda assim se aventurava pelo centro da cidade e oferecia seus serviços de baterista para qualquer banda que talvez precisasse. Como as ruas que cercavam as casas de Ma Regan estavam quase sempre repletas de vans carregadas de músicos e seus equipamentos, John geralmente tirava a sorte grande e acabava no palco. Numa dessas noites, em Kidderminster com Eddie Conly, ele se deparou com uma loira bonitinha e pequenina chamada Patricia "Pat" Phillips. Assim como John e Eddie, Pat estava passeando pela cidade com sua irmã Beryl, conferindo a cena de clubes de Old Hill. Ela e Beryl quase sempre saíam com as outras duas irmãs, Sheila e Margaret.

Assim que John a convidou para dançar, os dois se tornaram inseparáveis. Como Mick relembraria mais tarde, "ele conheceu Pat quando tinha 16 anos e seu amor por ela não diminuiu em nada ao longo de todos os anos que os dois passaram juntos... Pat ia para todo lugar com ele".

Os dois estavam juntos havia poucos meses quando Pat descobriu que estava grávida. Apesar da pouca idade – ele acabara de completar 17 anos –, John quis honrar a garota com quem já decidira que queria se casar. Deu a notícia aos amigos 24 horas antes do casamento, de um jeito tipicamente seu: apareceu no Bulls' Head, o pub local, de terno. Um de seus amigos, o baterista Mac Poole, contaria mais tarde: "Todo mundo estava de camiseta *tie-dye* e jeans. 'Por que você está de terno, John?'. 'Ah, estou treinando para amanhã. Vou me casar'".

Sem tempo para uma festa propriamente dita, John pagou algumas rodadas para aqueles que já estavam no bar. "Ele fez uma fileira de drinks e ficou absolutamente alucinado", recordou-se Poole. "Pulou na minha bateria e arrebentou o kit... Detonou por completo, o que achei bem engraçado – embora fosse o meu kit."

John e Pat optaram por uma cerimônia civil pequena, sem muito burburinho por ora e mantendo discrição a respeito da gravidez que ditara aquela decisão. Quando os dois se casaram no dia seguinte, 19 de fevereiro de 1966, apenas alguns amigos mais próximos, bem como as irmãs de Pat e o irmão de John, Mick, compareceram.

Embora já fosse um homem casado e feliz, John ainda morava com os pais e o irmão quando seu filho, Jason, nasceu em 15 de julho de 1966. Ao longo de todos aqueles meses, Pat continuara a viver com seus pais e as três irmãs em Dudley, que a ajudaram durante a gravidez, enquanto John só conseguia visitá-la quando a tarifa de ônibus de Hunt End permitia. Porém, depois do nascimento de Jason, ele foi forçado a cumprir a promessa que havia feito à jovem esposa logo no início do casamento: abandonar a carreira musical e se ajeitar num emprego de verdade, a menos que a "grande virada" com a qual sempre sonhara enfim chegasse. "É só questão de tempo", ele dizia a Pat. "Vou chegar lá se você tiver fé em mim. Não desista de mim."

No entanto, John mais tarde admitiria: "Jurei a Pat que deixaria de tocar quando nos casássemos, mas toda noite eu chegava em casa e me sentava à bateria... Eu ficaria inconsolável se não fizesse isso".

Sem economias dignas de nota, a nova família de três membros primeiro se estabeleceu na casa dos pais de Pat, no conjunto habitacional de Priory. Quando a situação ficou apertada, com as irmãs dela ainda morando em casa, o trio aceitou a oferta de Jacko Bonham para que usassem seu trailer de 4,5 metros. "Nosso pai vendera o trailer antigo e comprara um bem grande, de viagem, que ficava estacionado nos fundos da loja da mamãe", disse Mick Bonham. "Também havia uma sala de estoque anexa à loja, que nós decoramos e transformamos num *lounge*. Assim, Pat e John podiam dormir no trailer e morar na sala de estoque. Era um trailer bem grande e bem equipado."

Não querendo criar sua nova família num trailer, John fez um acordo com o pai para ficar com uma das casas em andamento pela construtora assim que ficasse pronta. Na época, a firma de Jacko estava terminando as obras em algumas casas não muito longe da loja e, em troca de trabalho, concordou dar uma para John e Pat uma vez que estivessem terminadas. Voltando a acordar ao nascer do sol, John agora passava a maior parte dos dias instalando pisos de taco. Porém, o trato com Jacko durou pouco; certa manhã, John estava tão ansioso para terminar o trabalho do dia que se esqueceu de marcar a tubulação antes de martelar os pregos no chão, de modo que perfurou os canos e ensopou os funcionários contratados para instalar o encanamento da casa. Como relembrou Mick, "ele tomou um chá de sumiço e voltou a tocar bateria".

Os pais de John e de Pat os ajudavam com empréstimos, dados somente porque agora havia um bebê em cena. Não demorou muito até que as brigas entre o casal começassem, já que qualquer fluxo de dinheiro mais substancial ainda era gasto em cerveja e novas peças de bateria. "É claro que ele e Pattie estavam sempre batendo boca, 'Como é que vamos pagar as contas?'", recordou-se Mac Poole.

⁂

Os TRÊS EMPREGOS COM QUE JOHN PODERIA CONTAR SE REDUZIRAM A DOIS – o trabalho na alfaiataria e os shows noturnos na bateria. Durante o primeiro ano de casamento, John quase nunca estava em casa, exceto para dormir. No início de 1966, ele já passava a noite tocando com Terry Webb & The Spiders, além de outros grupos de Birmingham, como Pat Wayne & The Beachcombers, Steve Brett & The Mavericks e Danny King & The Mayfair Set. Porém, ao final do ano, a promessa para Pat venceu e as excursões de todas as noites até a cidade para tocar por migalhas chegavam ao fim.

Ele começara a quebrar um galho para o grupo de Pat Wayne, os Beachcombers, na metade do ano anterior. Originalmente formada como uma banda de *skiffle* em 1957, foi idealizada por Patrick Curley, de Birmingham, que mais tarde ficaria conhecido por seu nome artístico, Pat Wayne. Ao longo dos dois anos seguintes, a banda de Wayne se transformou nos Rockin' Jaymen e, por fim, nos Beachcombers, pouco antes de receber John a bordo como baterista fixo. Ele entrou para o grupo com altas esperanças, já que o *cover* dos Beachcombers de "Roll Over Beethoven", de Chuck Berry, fora gravado no lendário estúdio Abbey Road, em Londres, e lançado pouco antes da versão de sucesso dos Beatles. Infelizmente, eles nunca alcançaram a mesma fama que os Fab Four. Os Mavericks, por outro lado, já tinham contrato com a Columbia Records e até gravaram algumas faixas no estúdio Hollick & Taylor antes de contar com John. Entretanto, nenhuma dessas bandas obteve sucesso no *mainstream*.

Em 1966, John tentou a sorte com mais uma banda relativamente estável de Birmingham, A Way of Life. Como já tinha prometido a Pat que estaria à procura de trabalho fixo e contínuo, aceitou entrar para o A Way of Life só se fosse como membro efetivo – bastava de substituições e condições temporárias. A jogada deu certo, e o período de John com o A Way of Life provou-se o mais extenso que teve com uma banda local até aquele momento.

O A Way of Life era a menina dos olhos dos irmãos Chris e Reggie Jones, de Birmingham, respectivamente o vocalista e o guitarrista solo do grupo. Para todos os efeitos, a banda já tinha muita coisa a seu favor quando John entrou. Ace Kefford, do The Move, era primo dos irmãos Jones, e o guitarrista Mike Hopkins já tinha tocado com os populares Denny Laine & The Diplomats. Com esse histórico e contatos musicais de sucesso, John procurou os Jones assim que ficou sabendo que eles precisavam de um baterista.

"Estávamos fazendo testes numa tarde de domingo no Cedar Club, em Birmingham, e uns 20 bateristas apareceram", Reggie Jones se recordaria mais tarde. "John chegou e disse: 'E então, quais os próximos shows que temos?', e eu pensei: 'Caramba, ele é convencido, hein? – Quais os próximos shows? – Antes mesmo de fazer o teste!'. Eu respondi: 'Bem, você parece bem confiante'. No final, ele conseguiu o posto, e nós fizemos um show naquela mesma noite no Cedar Club."

Segundo Jones, ele e John quase saíram no braço na primeiríssima noite em que tocaram juntos – o que levou à primeira das muitas demissões de John da banda. Desesperado para segurar o trabalho estável que o A Way of Life parecia representar, John engoliu o orgulho e acordou Jones em casa na manhã seguinte. "Estávamos tirando o equipamento da van [e] prontos para ensaiar", disse Jones, "e quem é que estava nos observando – usando o que eu chamava de terno risca de giz estilo Harold Wilson[6] e carregando uma valise? John. Fiquei com pena dele, então falei: 'Olha, se você quer fazer parte da minha banda, o que vale é o que eu digo'. Ele concordou, voltou para o grupo e ensaiou conosco naquela tarde".

O período de John no A Way of Life também marcou o início de uma amizade de uma vida inteira com o baixista Dave Pegg, que sempre se lembraria com muito carinho da época em que tocou com ele. "Durou pouco: nosso primeiro show foi em 17 de setembro de 1967, no pub Crown and Cushion, do Perry Bar, e o último foi em 23 de outubro no Queen's Head... Não tocamos muito repertório original. Fizemos *covers* do Vanilla Fudge e umas coisas do Hendrix. Tocamos em todo lugar que você podia imaginar no circuito das Midlands."

O show mais infame do grupo foi no Top Spot, clube popular em Ross on Wye. A casa abrigava um notório "semáforo" ao lado do palco – a luz verde se tornava vermelha se o som da banda ficasse alto demais.

6 Primeiro-ministro britânico de 1964 a 1970 e de 1974 a 1976. (N. do T.)

Uma vez dado o sinal vermelho, a eletricidade era cortada automaticamente. "Era um tipo de medidor de decibéis", recordou-se Pegg. "John deu uma batida no bumbo e o sinal ficou vermelho na hora. Cortaram a energia... Ninguém mais seria capaz de fazer aquilo para conseguir aquele som de bumbo. Era a bateria mais alta do mundo."

Tocar com John se tornava rapidamente uma responsabilidade para qualquer banda corajosa o bastante para tê-lo como baterista. "Tocamos no Tyburn House certa noite", contou Reggie Jones, "e o cara do bar só resmungava. Esses velhotes sempre resmungavam, mas o público, nunca. Fiquei de saco cheio e gritei no microfone: 'Vocês acham que estamos tocando alto demais?'. E o público respondeu: 'Não! Não!'. John ficou irritado e arremessou um prato, que acertou na parede e ficou preso num tijolo".

"Se você estivesse numa banda com Bonham, nunca dava para saber se ela conseguiria uma data de novo no mesmo lugar", acrescentou Dave Pegg. "Só fizemos uns 20 shows nos arredores de Birmingham. Quase sempre tocávamos apenas na primeira metade da noite, porque éramos tão barulhentos que os *promoters* diziam: 'Se vocês não podem abaixar o volume, não podem fazer o segundo *set*'. Isso ocorria em 50% dos shows, principalmente por causa de John. Era na época que tínhamos um P.A. de 100 watts [para o vocal] e mais nada era microfonado, e um ampli de guitarra de 50 watts."

Por volta dessa mesma época, John fez amizade com outro músico de Birmingham, Tony Iommi, um guitarrista canhoto que tinha a mesma idade que ele. Assim como John, Iommi começara como baterista, mas quando seus pais proibiram os sons estridentes pela casa, passou a tocar guitarra, logo fazendo *jams* com diversas bandas locais. "[John] durava cinco minutos numa banda, porque tocava alto demais, aí eles o demitiam", riu Iommi. "Em seguida, ele se esgueirava para outro grupo e, em pouco tempo, era despedido de novo pelo mesmo motivo. Ele tinha um *case* de bateria com todos os nomes das bandas pelas quais passara, todos riscados. E os nomes ficavam cada vez menores, de modo que ele conseguisse escrever todos."

Por um tempo, John viveu uma existência transitória por necessidade, sempre se alternando entre dormir na casa dos amigos depois dos shows tarde da noite e retornar para a família em seu próprio lar. "John morou na nossa casa intermitentemente por cerca de dois anos, quase como se fizesse parte da família, ficando muito próximo do meu pai", recordou-se Chris Jones. "Ele tinha uma mala com roupas que carregava para os shows, mas um dia a perdeu. Meu pai conversou com ele e lhe deu um punhado de dinheiro para comprar mais roupas. Os dois eram muito ligados, e, quando meu pai morreu, John lidou muito mal com a notícia."

"Ele de fato morou na casa da minha mãe por um tempo", acrescentou Reggie Jones. "A gente saía para beber em Warstock e Kings Heath. Lembro-me de quando ele tentou cultivar um bigode... [e] o tinha engrossado com rímel. Estava conversando com algumas garotas no bar, dizendo: 'Está muito bom, não?', e, de repente, por causa do calor das luzes e do suor por ter tocado, o rímel começou a escorrer do bigode. Ele não percebeu, mas isso rendeu umas boas risadas para o resto da banda."

⁂ ⁂ ⁂

Tocar com o A Way of Life também conduziu à maior oportunidade de John até então: abrir para os Kinks no Plaza, em Handsworth. Graças a um boca a boca forte, a banda também passou a conseguir shows que pagavam melhor nas Midlands, o que tanto inspirou John a incrementar sua bateria quanto lhe rendeu dinheiro suficiente para fazê-lo. Na época, baterias britânicas, como a Premier, eram as mais acessíveis, o que as tornava bem populares entre as bandas locais. Porém, à medida que os anos 1960 chegavam ao fim, muitos bateristas – especialmente os bateristas de rock 'n' roll – haviam começado a usar os modelos americanos, mais na moda desde que o baterista dos Beatles, Ringo Starr, trocara sua própria Premier por uma Ludwig, em 1963. Durante o período com o A Way of Life, John usou quase que exclusivamente o mesmo kit que seu velho amigo Mac Poole – uma Ludwig Super Classic. "A dele era verde com brilho, e a minha prateada com brilho", sorriu Poole. "Ele tratava a bateria de um jeito abismal. Isso porque foi o pai dele quem pagou por ela. Era aquela velha história – quando você é mimado, não toma cuidado."

O kit Ludwig de John era da linha Super Classic e contava com um bumbo de 22 x 14 polegadas, um tom de 13 x 9 polegadas, um surdo de 16 x 16 polegadas e uma poderosa caixa Supraphonic 400 de 14 x 5 polegadas e casco de metal. Os cascos de três camadas característicos da Ludwig, que podiam ser de mogno ou álamo, tinham um visual especialmente glamouroso no palco, enquanto as peles "Remo" da marca eram, em geral, consideradas mais duráveis do que as peles Everplay Extras, fabricadas pela Premier e mais comuns. Como eram importados, os kits Ludwig tinham um preço consideravelmente mais alto, o que só os tornava ainda mais cobiçados pelos jovens bateristas de rock por toda a Inglaterra. "O som era absolutamente enorme", recordou-se Dave Pegg. "Não era um kit gigantesco, mas o volume era fenomenal."

Embora Mac Poole não surrasse a bateria com tanta força quanto John, ambos concordavam que o kit Ludwig se alinhava melhor com o estilo mais barulhento e pesado de rock que apetecia a John. "Ele não era muito técnico, mas sempre quis ser um dos bateristas mais estrondosos do Ocidente", acrescentou Poole. "Estava determinado a não ser engolido pelos guitarristas, o que dava para entender. Ele até cobriu o bumbo com papel alumínio para deixá-lo mais alto."

Porém, não parava por aí. Como muitos outros bateristas, John estava convencido de que quanto mais refletivo o interior, menos som seria absorvido pelo bumbo em si.

"Ele tinha umas ideias estranhas", recordou-se Chris Jones. "Houve um show no qual apareceu com peles em torno de todos os tambores, se gabando de que aquilo era único e de que ninguém teria uma bateria daquelas. O detalhe era que as peles vinham de um casaco de vison genuíno da mãe dele, que era seu xodó."

Às vezes, as customizações de John eram apenas para causar um efeito dramático, como lembrou Reggie Jones. "Tocamos em uma festa *flower power*, numa marquise em Balsall Heath, com o The Move. Foi quando John arrumou umas grandes flores de plástico e cobriu a bateria com elas. O público não acreditava que aquele som grande e potente saía daquele monte de flores."

Se a ideia era que John ofuscasse um guitarrista solo, isso se provaria crucial, já que a nova geração de amplificadores de guitarra era poderosa o suficiente para engolir o baterista. Porém, o que John tinha em mente não era dominar o guitarrista, nem permitir que ele o dominasse; em vez disso, o que ele visava era tornar a bateria um instrumento solo secundário, contornar a noção pré-concebida de que ela era só uma parte da seção rítmica, uma mera marcação de tempo. Essa filosofia logo o destacou entre os bateristas de rock e era mais próxima dos padrões de exibicionismo e *persona* estabelecidos por seus heróis de infância, Gene Krupa e Buddy Rich. No entanto, a nova escola de bandas pesadas, em particular o Cream e o Jimi Hendrix Experience, atendiam à predominância do guitarrista solo, prática exemplificada nos shows, onde o público via fileiras e mais fileiras de alto-falantes e pedia um rock mais barulhento.

Dentro do A Way of Life restavam poucas alternativas ao guitarrista solo Chris Jones e ao baixista Dave Pegg senão dar ao povo o que o povo queria. Então ambos passaram a usar nos shows gabinetes Marshall com quatro falantes de 12 polegadas e amplificadores de 50 watts. Numa tentativa de se equiparar a seus compatriotas do rock 'n' roll, os dois queriam, na verdade, pelo menos quatro gabinetes no palco – investimento que se mostrou custoso demais para uma banda ainda regional como o A Way of Life. "Não tínhamos dinheiro", relembrou Pegg. "John disse: 'Ah, eu construo. Apenas tragam os gabinetes para o meu trailer'."

John logo provou para Pegg que o tempo trabalhando nas obras de Jacko lhe trouxera habilidades de carpintaria que poderiam, surpreendentemente, beneficiar a banda – sem contar o fato de que ele poderia cobrar a madeira da conta empresarial de Jacko. "Levei o gabinete, e John o desmontou. Na vez seguinte que fui até lá, ele tinha construído outros seis gabinetes 4x12 numa madeira de altíssima qualidade – acho que era compensado naval... Ele os fez em cerca de uma semana – eram fantásticos! E ainda tinha um amigo dele que trabalhava com estofamento e revestiu os gabinetes em couro legítimo alaranjado com uma tela verde-limão. Você passava mal de olhar. Era uma experiência bastante psicodélica."

"É claro que nós não tínhamos alto-falantes para instalar nos gabinetes", acrescentou Pegg.

John e Pegg ficaram muito amigos ao tocar no A Way of Life, sempre juntos fosse para ir ao pub ou para fazer as tarefas da banda – com Pegg como motorista, é claro, já que a habilitação de John ainda estava suspensa. Como Reggie Jones se recordou, John "viajava de ônibus porque dirigia feito um lunático. Sempre que pegava a van do pai emprestada, fazia zerinho".

Era frequente John e Pegg irem em dupla recolher o cachê do A Way of Life no escritório de um *promoter* ou agente. Numa ocasião em específico, não quiseram pagar, alegando que John havia tocado alto demais. "Lembro que John e eu [Pegg], depois de uma turnê, fomos pegar o dinheiro com os agentes na Wake Green Road. Era um pessoal que gerenciava o Mother's na época, e nós não recebemos nada... Disseram a Bonzo que era impossível gravá-lo e que ele deveria voltar a empurrar um carrinho de mão para ganhar a vida. O problema era que ele tocava alto demais e o equipamento não dava conta do volume de entrada do bumbo na mesa de som."

Segundo Pegg, o gerente do Mother's, um *promoter* local chamado Johnny Hayes, também era dono de um estúdio perto dali, mas se recusara a gravar John durante as sessões demo do A Way of Life pelo mesmo motivo. "Eu estava com Bonzo quando ele foi banido do estúdio Zella. Johnny não conseguia gravá-lo – a bateria era alta demais. Naquela época, não havia como reduzir sinais, e, como resultado, o gravador ficava sobrecarregado." Durante esse confronto, Hayes alegou que John era "ingravável" e se mostraria "incontrolável" para qualquer produtor ou engenheiro de som que tentasse trabalhar com ele. Como acrescentou Pegg, "Bonzo divertiu muita gente com essa história".

* * *

Apesar de promissora, a última formação do A Way of Life, com John Bonham, durou apenas cinco semanas. Embora a popularidade da banda na cena de Brum nunca tenha decaído, as previsões a respeito do volume ensurdecedor, infelizmente, se concretizaram. "A banda terminou porque ninguém nos contratava, éramos barulhentos demais", recordou-se Dave Pegg. "As bandas tinham seus próprios sistemas de P.A., mas só para o vocal; as guitarras e baterias não eram amplificadas por eles. Bastava Bonzo bater uma única vez no bumbo para o nível de volume disparar para o vermelho de imediato, o que cortava a energia. Isso antes mesmo de tocarmos uma música." Com metade dos shows cancelados ou interrompidos no meio, os irmãos Jones optaram por cessar as atividades.

Durante todo o tempo em que fez parte do A Way of Life, John tentou praticar sua própria forma de priorização adulta ao deixar um pé na banda e outro fora, nunca se esquecendo das duas bocas a quem tinha de alimentar. Depois que os primeiros shows receberam duras críticas por seu jeito bruto de tocar, ele nunca escondeu que continuava procurando trabalhos paralelos ocasionais com outros grupos da região. "John era conhecido por passar de uma banda a outra", seu irmão Mick afirmaria mais tarde. "Assim que recebia uma proposta melhor, se mandava. Era possível chegar a um show na esperança de vê-lo tocar e ele não estar lá, e sim em outro lugar, com outra banda, sempre na esperança de que ela conquistasse fãs e fosse chamada de volta."

Quando ele começou a vislumbrar o futuro sombrio do A Way of Life, tomou a difícil decisão de engolir o orgulho e arrumar um segundo emprego. Já não era mais assistente na alfaiataria havia muito tempo, e, embora Jacko Bonham não visse problema em deixar o filho e a família morarem no trailer, manteve-se firme na promessa de que, depois do incidente com o encanamento, John nunca mais voltaria a trabalhar para ele em tempo integral. Sem alternativa, Bonham cedeu desgostosamente ao destino expiatório clássico da maioria dos rapazes das Midlands – foi bater cartão numa fábrica, primeiro numa linha de produção de cabos de aço e, por fim, na fábrica da Associated Electrical Industries (AEI) localizada em Birmingham.

Quisesse ele admitir ou não, John teve sorte em conseguir esse segundo emprego. Pagando bem o bastante para que mantivesse a jovem família numa boa condição, o serviço tinha vindo como um favor de um velho amigo de Birmingham que também trabalhava para a AEI, Matthew Maloney. "Matthew era um dos poucos sortudos que tinha uma van e era *roadie* da banda de seu irmão Stefan quando conheceu John", notou Mick Bonham. Em pouco tempo, a experiência de Maloney como *roadie* levaria John a retribuir o favor e contratá-lo para ajudar a transportar equipamentos em vários shows – trabalho que Maloney faria, intermitentemente, por anos. Foi nessa época que John começou a fazer algumas apresentações com um grupo de blues da região que, aos poucos, vinha conquistando uma base leal de fãs pelas Midlands. O Crawling King Snakes, como se chamava, havia tirado tanto o nome quanto o *setlist* de blues do clássico de John Lee Hooker. Embora o conjunto fosse composto por músicos competentes, era o vocalista loiro, esbelto e sedutor, vindo de Kidderminster, quem atraía mais atenções no Circuito de Ma Regan. Falava-se muito dos trajes hippies extravagantes e da presença de palco andrógina do rapaz, mesmo entre as outras bandas de Birmingham.

"Todos os músicos acabavam se conhecendo", recordou-se Mick Bonham, "e foi assim que aconteceu com John e Robert Plant".

* * *

John viu o Crawling King Snakes, com um Robert Plant de 17 anos na voz, quando eles fizeram uma apresentação de 20 minutos no Old Hill Plaza. Tendo gostado do senso singular para moda e da abordagem moderna ao blues de Plant, esperou até o final do show para cumprimentá-lo. Para surpresa do vocalista, John ainda mencionou que o baterista do grupo "não tinha salvação" e que ele, John Bonham, se encaixaria muito melhor. "John me abordou [Plant] no show e disse: 'O que você tem de bom cantor, eu tenho o dobro de baterista', com sua sutileza típica."

Sentindo uma arrogância descarada que se equiparava à sua, Plant gostou de imediato do novo camarada.

Robert Anthony Plant era apenas três meses mais novo do que Bonham, nascido a 20 de agosto de 1948, em West Bromwich, Staffordshire. Contra os desejos de seus pais, que desaprovavam sua escolha – o pai era engenheiro civil e esperava ver Robert estabelecer-se como contador –, Plant tinha largado a escola um ano antes de conhecer Bonham, no intuito de se concentrar na música. Essa decisão, bem como o comprimento de seu cabelo, forçou Robert a ir embora de casa aos 16 anos e adotar uma existência itinerante, na qual contava com os sofás e o chão dos quartos de amigos.

"[John] era muito exibido, um garoto prodígio, assim como eu", recordou-se Plant. "Por causa das nossas naturezas extrovertidas e sociáveis, tocávamos o terror em cima de outros músicos se achássemos que eles não eram bons... Acredito que o lance todo, meu e de Bonzo, era que estávamos sempre tentando provar alguma coisa."

Plant logo se provou um expert em blues americano, algo que agradou a John, já que ele tinha uma predileção por jazz e R&B. Plant descobrira seu próprio amor pelo blues ao ouvir Robert Johnson pela primeira vez, aos 15 anos – embora nunca tenha perdido a admiração de infância por Elvis Presley.

Assim como John, Plant saltava de banda em banda com frequência, sempre na esperança de conseguir algo fixo que o catapultaria a um estrelato digno de Elvis e, ao mesmo tempo, o concederia liberdade criativa. Quando se juntou ao Crawling King Snakes, Plant já havia passado por diversos grupos pelas Midlands – o Delta Blues Band, no pub Seven Stars, em Stourbridge, o New Memphis Bluesbreakers, o Brum Beats e o Sounds of Blue. Depois cantou e tocou guitarra em outra banda de blues rock, a Black Snake Moan, e, em seguida, com uma chamada The Banned. Plant enfim entrou para o Crawling King Snakes no final de 1965.

Em John Bonham, Plant encontrou um novo parceiro no crime, bem como um novo chão onde dormir ocasionalmente. "Certa noite, bem tarde, eu já estava dormindo profundamente quando John apareceu com Robert em nossa casa em Hunt End", recordou-se Mick Bonham. "A porta do meu quarto estava aberta quando Robert subiu para usar o banheiro e, por engano, entrou no quarto. Acordei diante de uma silhueta que pensei ser Jesus. De cabelo comprido, ele era exatamente como as figuras que eu tinha visto na escola dominical."

Os dois provaram ser uma dupla icônica. Plant observou que "John era uma companhia muito peculiar. Ambos tínhamos muito orgulho de possuir egos inacreditavelmente enormes. Eu seria o maior cantor de onde eu morava, e ele com certeza seria o maior baterista... Se estivéssemos os dois na mesma sala, quase sempre era impossível caber outra pessoa por causa dos nossos egos, nossas personalidades e nossas naturezas agressivas. Era algo muito difícil para qualquer outra pessoa digerir".

⁂ ⁂ ⁂

Com uma esposa e um filho em casa, John não podia se dar ao luxo de ficar com uma única banda meramente por amizade ou química no palco, e a Crawling King Snakes rapidamente se revelou um uso não tão rentável de seu tempo. Em meados de 1966, John retornou brevemente ao A Way of Life, enquanto Plant se viu em mais uma banda, Tennessee Teens, que fazia *covers* da Motown-Tamla. Após alguns meses, ela mudou o nome para Listen e gravou um compacto, "You'd Better Run", mas Plant saiu logo depois, optando por gravar algumas canções ao estilo *crooner* de modo independente. Quando a empreitada fracassou, enfim decidiu montar sua própria banda, uma que ele pudesse capitanear, agir como um líder criativo visionário e que abraçasse seu amor cada vez maior pelo country rock da Costa Oeste dos Estados Unidos. Em janeiro de 1967, ele batizou o novo grupo de Band of Joy – mas ainda precisava de um bom baterista.

Quando Plant enfim conseguiu convencer John a entrar para a Band of Joy, em meados daquele ano, o grupo já havia passado por duas formações. Com John a bordo, a banda rapidamente conseguiu cravar uma série consistente de shows em dois clubes londrinos de prestígio: o Middle Earth e o Marquee. O cachê era o melhor que John e Plant já haviam recebido, e o fato de Londres estar abraçando o blues progressivo de influências hippies deles era um sinal promissor de que a colaboração dos dois estava na direção certa.

"Hoje em dia, todas as bandas se comunicam entre si, mas na época isso não acontecia muito", disse Tony Iommi. "Havia sempre uma rixa entre os grupos de Londres e os de Birmingham, das Midlands. Os músicos de Londres sempre... menosprezavam o pessoal das Midlands, e, em troca, nós víamos os londrinos como esnobes. Havia muita competição por conta disso, as bandas tentavam superar umas às outras."

Com essa ideologia bem definida, o sucesso recorrente da Band of Joy na cena londrina deixou John e Plant esperançosos de que este mais novo projeto fosse o que de fato decolaria.

"O público achava Robert um pouco experimental demais", recordou-se Bev Bevan. "Com Denny Laine e Carl Wayne, as nossas bandas só tocavam os sucessos e o que o povo queria ouvir. Trazíamos muita coisa dos Beatles, e a plateia adorava demais isso... Mas Robert e a Band of Joy tocavam coisas muito mais pesadas. Eram bastante *bluesy*, não se apoiavam na parada de sucessos, o que nem sempre pegava bem com o público."

⁂

Ao contrário da meia dúzia de bandas pelas quais tinha passado antes, Robert Plant se dedicava por completo à Band of Joy. Agora tratava-se de uma criação sua e, além do controle criativo que ele buscava para o repertório e a performance como um todo, marcava o primeiro investimento financeiro real que havia feito numa banda. Assim como John, Plant agora cedera à rotina de um trabalho diário, fazendo pavimentações nas ruas por seis xelins[7] por hora, o bastante para comprar uma van para transportar o equipamento da banda, além de sustentar a si e à namorada com quem vivia, Maureen. Desta vez, o trabalho duro começava a valer a pena. Os *covers* exuberantes que o grupo fazia do Moby Grape e do Love, mesclados a algumas composições originais de Plant, começaram a ser aceitos o suficiente pelos adolescentes londrinos para render cachês respeitáveis de 60 libras por show. Uma dessas músicas autorais era a primeira colaboração de John com Plant, "Memory Lane".

No fim, a forte competição com outras bandas locais acabou por reduzir o número de shows. Plant e John canalizavam boa parte de suas energias criativas no grupo, conflitando com suas responsabilidades familiares que exigiam um trabalho mais estável. Nem os dois shows por semana eram capazes de legitimar as longas horas de estrada e o dinheiro da gasolina das viagens de ida e volta até Londres. O grupo acabou em maio de 1968, mas John e Plant concordaram em manter contato.

Sem um escape musical, John ficou imediatamente frustrado e entediado no trabalho. Quando, a contragosto, estava se preparan-

---

7 Uma libra equivale a vinte xelins. (N. do T.)

do para vender a bateria, ficou sabendo que um artista vindo dos EUA para tocar queria fazer um teste com ele – Tim Rose, cantor folk cujas turnês anteriores pelo Reino Unido foram recebidas com elogios da crítica e um entusiasmo considerável. Rose havia começado tocando violão ao lado de John Phillips e Scott McKenzie nos Journeymen, depois se juntou a Cass Elliot e a James Hendricks para formar o Big Three. Recentemente, tinha colocado alguns compactos na parada da *Billboard*, incluindo um sucesso modesto intitulado "Morning Dew".

Nos preparativos para sua mais recente turnê pela Inglaterra, Rose soube de imediato que John era o tipo de baterista dinâmico capaz de fazer seus shows transcenderem os álbuns de estúdio. "Ao viajar pelo Reino Unido anteriormente, contei com um baterista excelente, de nome Aynsley Dunbar, que emprestara seus talentos aos Mojos, Jeff Beck e aos Bluesbreakers de John Mayall", recordou-se Rose. "Aynsley não estava disponível para a turnê de 1968, mas me lembrei de um baterista que vi tocando com a Band of Joy e pensei: 'Quero esse cara'. Consegui encontrar John e lhe ofereci o posto, com o salário de cerca de 40 libras por semana."

⁂ ⁂ ⁂

À PROCURA DE QUALQUER DESCULPA PARA NÃO DESISTIR DE SE TORNAR baterista em tempo integral, John foi facilmente persuadido – sobretudo depois que ficou sabendo que seu velho amigo Dave Pegg também faria parte da banda de Rose. "Nós o acompanhamos nos primeiros shows que ele fez pela Inglaterra naquela turnê", disse Pegg, que alternava o baixo com Steve Dolan. "Tocamos com ele em duas bases da Força Aérea em Oxfordshire, incluindo a base americana em Upper Heyford. Eu morava em Birmingham, e John, em Redditch. Ele tinha conseguido a carteira de habilitação de volta, então alugamos uma van para irmos juntos aos shows."

Mick Bonham acrescentaria posteriormente: "Lembro-me de que John pensava que aquela seria a oportunidade pela qual vinha esperando, porque, na época, uma libra comprava umas oito cervejas, um pacote de batatinhas e ainda sobrava dinheiro para a passagem de ônibus de volta. Para um rapaz casado, com esposa e filho para sustentar, era um dinheirão".

Depois de uma semana de ensaios, Rose caiu na estrada com a nova banda em junho de 1968. Ainda construindo sua base de fãs ingleses, se ateve principalmente a pequenos clubes e festivais a céu aberto, mas as resenhas eram consistentes. "Se há alguém que chega perto da definição bastante vaga de 'folk rock', esse alguém deve ser Tim Rose", escreveu Tony Wilson na *Melody Maker*. "Vocais poderosos acompanhados de sua própria guitarra elétrica, complementada por baixo e bateria em canções de base folk, tais como 'Morning Dew', 'Long Time Man' e 'Hey Joe', renderam uma apresentação eletrizante no Blaises, em Londres, no último domingo. Essas músicas mais pesadas e emocionantes foram equilibradas com outras mais leves, como 'Hello Sunshine' e 'Foggy Mountain Breakdown' com seu banjo de cinco cordas, que deram ao baterista John Bonham e ao baixista Steve Dolan a oportunidade de fazerem solos."

Agora integrante da banda de um astro legítimo, John encaixou-se confortavelmente no papel de baterista oficial de Tim Rose ao longo daquele verão, sem saber que sua carreira logo viraria de ponta-cabeça mais uma vez. No dia 31 de julho, Tim Rose e banda tinham um show no Hampstead Country Club. Na plateia daquela noite estava seu velho amigo Robert Plant, que havia trazido dois convidados – um requisitado guitarrista de estúdio chamado Jimmy Page, de 24 anos, que recentemente assumira o comando da banda britânica de blues rock The Yardbirds, que vinha recebendo cada vez menos atenção, e o empresário Peter Grant. Os dois queriam reinventar os Yardbirds como um híbrido de blues e rock relevante e experimental e foram ao show de Tim Rose por insistência de Robert, que jurava que John Bonham era o baterista do qual o novo grupo precisava desesperadamente. Tim Rose sabia da reputação de Jimmy como um dos melhores guitarristas da Inglaterra e, de início, presumiu que o trio estava ali para vê-lo. Porém, como mais tarde se lembraria, "eles não me disseram uma palavra, mas ficaram muito tempo conversando com John".

Mick Bonham também se recordaria daquela noite. "Não demorou muito para que Tim juntasse dois mais dois e se desse conta de que aqueles infiltrados estavam ali para roubar seu baterista. Ele ficou preocupado o suficiente para confrontar John e perguntar: 'Você vai me deixar para ir tocar com eles?'. 'De jeito nenhum', foi a resposta de John. 'Eu não só adoro essa vida, como o dinheiro é bom demais.'"

John passou seu tempo fora do palco colocando a conversa em dia com Robert Plant e respondendo a todo tipo de pergunta que Page e Grant lhe faziam – mas ficou de bico calado quanto ao teor delas. Do outro lado do clube, Tim Rose observava a cena com desconfiança, mas, quando John lhe perguntou a respeito da próxima data, sentiu-se seguro de que o grupo permaneceria intacto. A turnê prosseguiu até o show seguinte, em Middlesbrough. Foi só quando chegaram ao local e fizeram uma chamada que os outros membros da banda se deram conta de que John não estava lá. "Para a sorte de Tim, Steve estava ciente do que vinha rolando com o baterista e já tinha outro camarada pronto para substitui-lo", recordou-se Mick Bonham. "John estava na Escandinávia com os New Yardbirds."

Posteriormente, o próprio John relembraria aquela viagem à Escandinávia: "Correu tudo tão bem que o grupo se tornou muito forte, e nós sentimos que poderíamos recomeçar – e mudar o nome".

PARTE DOIS

INCÊNDIO

1968–1974

No Estampido das Hordas

Capítulo Três

SETEMBRO DE 1968

"Liguei para Jimmy quando li que ele iria montar uma nova banda – na época, eu fazia trabalhos de estúdio – e perguntei se ele precisava de um baixista", explicaria posteriormente John Paul Jones. "Ele me disse que estava indo até Birmingham se encontrar com um cantor que conhecia um baterista e que talvez tivéssemos uma banda quando ele voltasse. Quando retornou, me ligou para contar que John estava tocando com Tim Rose."

Nascido John Baldwin numa família do *show business* em 1946, em Sidcup, Kent, Jones se tornou a última peça do misterioso quebra-cabeça de Page quando ligou para seu velho colega de estúdio em 1968. Como muitos jovens músicos ingleses, Jones tinha ouvido rumores de que o lendário Jimmy Page queria reunir um novo grupo de prodígios para reviver os Yardbirds – valendo-se por completo do nome do qual ele conseguira obter a propriedade com a ajuda de seu empresário, Peter Grant. Porém, antes daquele telefonema, Jimmy ainda não havia selecionado um vocalista e um baterista.

Jimmy Page começou como baixista dos Yardbirds em 1966, depois foi promovido a guitarrista solo e, por fim, reclinou-se para observar a banda implodir sozinha ao longo de dois anos de turnês mundiais tumultuadas. Ao final, Page foi deixado como o último soldado em pé. Ao herdar o manto dos Yardbirds sem reservas, Jimmy entrou numa aparente reclusão após o término público do grupo. Seu plano grandioso, como ele admitiria mais tarde, era reunir cuidadosamente um conjunto de músicos profissionais capazes de ajudá-lo a "combinar blues, hard rock e música acústica, com direito a refrãos memoravelmente pesados" – e deixar os Rolling Stones, o The Who e o Cream comendo poeira. Para realizar tal feito, ele não aceitaria nada menos do que os melhores disponíveis. Primeiramente, usurpou Robert Plant do posto de vocalista do grupo de rock psicodélico Obs-Tweedle, e Plant, por sua vez, logo sugeriu que fossem atrás de John Bonham para a bateria. Porém, como John Paul Jones se recordou: "Ele não queria deixar [Tim Rose], porque era um trabalho estável – então foi preciso muito tempo e muita insistência para convencê-lo a sair".

Jones não estava exagerando. Desde aquela primeira noite em que viu Bonham tocar no Hampstead Country Club, Jimmy instruiu Peter Grant a disparar uma saraivada de telegramas e telefonemas para cima dele até que concordasse em abandonar o barco de Tim Rose em favor dos New Yardbirds. John recebeu quase 50 telegramas em casa, assim como no pub que frequentava, o Three Men in a Boat; oito telegramas foram enviados por Robert, 40 por Grant. Sem uma resposta rápida, Robert foi enviado para convencê-lo pessoalmente. "Eu tinha certeza de só ter visto um único baterista bom, que era John. Mas ele estava trabalhando com Tim Rose e ganhando dinheiro, então tive de persuadi-lo de que [nosso projeto] seria grande."

Depois de três meses sem ter notícias de Robert, John agora não conseguia se livrar dele. Era evidente que, depois de passar um bom tempo com Jimmy Page em sua casa-barco em Pangbourne, Robert estava completamente convencido do futuro brilhante que esse novo grupo poderia oferecer. Então ele não se cansava de pressionar John, apesar do fato de o trabalho com Tim Rose ter lhe rendido dinheiro suficiente para se mudar com Pat e o pequeno Jason do trailer de Jacko para um apartamento próprio em Eve Hill. Pat nunca permitiria, dizia John, agora que as coisas enfim se estabilizaram. Robert, porém, foi implacável, discursando sem parar sobre a visão de Jimmy – e o dinheiro que ela prometia.

"Meu amigo", Robert falava baixinho, olhando para John por cima da borda do copo de cerveja. "Você *precisa* entrar para os New Yardbirds."

⁂ ⁂ ⁂

Jimmy estava esgotado do trabalho em estúdio – uma combinação mortal de exaustão e tédio que resultara no nascimento de uma nova visão criativa. Apesar de todo o mistério que envolvia seu mais novo projeto, ele apreciava a mudança depois de uma década recebendo ordens de pseudomúsicos mimados e egocêntricos e de produtores e engenheiros de som que consideravam *jingles* pop o Santo Graal da excelência musical. Jimmy – um prodígio precoce da guitarra que se transformara num veterano azeitado do rock 'n' roll – observara todos eles chegarem e sumirem e, com frequência, implodirem espetacularmente. Ele não aguentava mais.

Nascido James Patrick Page no dia 9 de janeiro de 1944, em Heston, Middlesex, a iniciativa de reinventar os Yardbirds era apenas a mais recente ambição numa carreira surpreendentemente longa. Filho único, costumava viver onde o trabalho do pai como recrutador de funcionários de indústria ditava – primeiro, em Felham, a oeste de Londres, depois no subúrbio interiorano pacato de Episom, Surrey. Sem irmãos e com poucos amigos na infância, o pequeno Jimmy era paparicado e se divertia em seu próprio mundo imaginário de pinturas e livros e, assim, acostumou-se com a própria companhia. Quando um amigo da família voltou da Espanha e trouxe um violão de cordas de aço para a casa dos Pages, Jimmy imediatamente se pôs a dominar o instrumento. Passava noites sozinho, sintonizado na rádio das Forças Armadas dos EUA na Alemanha, aprendendo a tocar junto com as canções de rock 'n' roll que chegavam ruidosas nas ondas estrangeiras do rádio. E o mais importante: ele descobriu o blues americano. Começou de forma simples, ao estilo de Buddy Holly e do guitarrista solo de Ricky Nelson, James Burton, até tocar nota por nota com perfeição para, então, se apresentar à pequena comunidade de roqueiros esperançosos de West London que, assim como ele, vasculhavam as lojas em busca de discos raros de blues. Foi assim que conheceu Jeff Beck, da mesma idade, quase tão precoce quanto ele e – mais importante – tão dedicado à guitarra e ao blues quanto ele se tornara. Sob influência de Beck, Jimmy foi trabalhar como entregador de jornais no intuito de comprar sua própria guitarra elétrica: uma Hoffman Senator com um indispensável captador. Era o melhor que podia comprar, mas a falta de um corpo sólido tornava o som fraco até mesmo para os ouvidos jovens de Jimmy, então ele persuadiu o pai a ajudar na compra de uma Grazioso, cópia barata de uma Fender Stratocaster, disponível na Inglaterra. Aos 16 anos, Jimmy já fazia shows com bandas locais por West London, uma das quais – Neil Christian & The Crusaders – convenceu o adolescente a acompanhá-la numa turnê.

Jimmy gostou desse papel romântico de menestrel itinerante do rock 'n' roll, tão parecido com o dos bluesmen que ele passara a idolatrar. Mas então o desastre aconteceu: depois de uma apresentação em Sheffield, ele sucumbiu à fadiga e à exaustão dos shows constantes.

Depois que os médicos diagnosticaram sua aparência desnutrida e a tosse constante como mononucleose, Jimmy não teve escolha senão ficar de molho em casa e considerar as opções que tinha. Contrário à sua intuição, matriculou-se na escola de arte em Sutton, mudando seu foco para as belas artes e a pintura. Não durou muito; ele sentia muita falta de tocar guitarra. Com as turnês fora de questão, pelo menos por ora, Jimmy aceitou o conselho de seu amigo Glyn Johns, engenheiro de som, e passou a fazer trabalhos de estúdio, reinventando-se como músico contratado para bandas que não se dedicavam tanto à musicalidade quanto à imagem.

Embora os Beatles ainda fossem, em larga escala, o fenômeno global associado ao estrelato de rock pós-Elvis, há muito haviam abandonado as apresentações ao vivo, dispensando os estádios cheios de fãs aos berros em favor da atmosfera controlada dos estúdios. No lugar deles, os Rolling Stones e o The Who começaram a escalar as paradas e a ter ingressos esgotados rapidamente. Na época, só mais um conjunto londrino parecia um rival à altura: os Yardbirds, cuja reputação baseava-se em grande parte no impressionante guitarrista solo Eric Clapton, que Jimmy podia incluir entre seus amigos aficionados por blues. Porém, no início de 1965, Clapton expressou claramente sua reprovação sobre a mudança da banda do blues tradicional para *hits* mais pop de rádio, como "For Your Love", sucesso avassalador no ano anterior. Quando ele saiu do grupo, os cofundadores dos Yardbirds, o guitarrista base Chris Dreja e o vocalista Keith Relf logo convidaram Jimmy para substitui-lo. Fiel a seu amigo Clapton, Jimmy recusou e indicou Jeff Beck como um candidato adequado. A princípio, tudo correu bem – até que o ego inquieto de Beck tomou o controle, levando a crises e mais crises, dentro e fora do palco. À medida que o drama se arrastava, Jimmy continuava a trabalhar em estúdio, não apenas se tornando o guitarrista anônimo mais requisitado por legiões de grandes artistas – Donovan, The Kinks, The Who e Joe Cocker, entre muitos outros –, como também se aperfeiçoando como produtor. Por fim, o empresário dos Rolling Stones, Andrew Oldham, o chamou para trabalhar como produtor na equipe de sua gravadora, a Immediate Records. E embora suas muitas responsabilidades no estúdio fossem rentáveis – e lhe dessem a liberdade criativa de fazer experimentações musicais –, aquela condição de trabalho contratado se tornou penosa para Jimmy. Quando os Yardbirds trocaram de formação mais uma vez no ano seguinte, ele atendeu às súplicas de Beck para entrar na banda como baixista.

Jimmy estreou como baixista dos Yardbirds no Marquee, em Londres, em junho de 1966, e partiu para a primeira turnê pelos EUA com a banda em agosto. Tocaram no Whisky a Go Go, em L.A., e no Carousel Ballroom, em São Francisco, além de feiras estaduais por todo o Meio-Oeste e Sul do país. Embora fosse oficialmente baixista,

Jimmy levou na viagem sua Telecaster de 1958 com pintura psicodélica. Para surpresa e empolgação do público, Beck passou a incentivar Jimmy a fazer duelos de guitarra com ele, numa cena que roubava os holofotes e deixava as apresentações cada vez mais enérgicas. Os companheiros de banda logo perceberam. As brigas fora do palco entre os integrantes começaram a ficar cada dia piores e, em outubro, após alguns episódios particularmente cansativos naquela turnê, quando Beck chegava atrasado ou se recusava a comparecer aos shows, ele saiu furioso do ônibus e da banda para sempre – deixando Jimmy no posto de guitarrista solo oficial.

Mais uma vez, Jimmy recuou e observou os conflitos internos da banda dominarem – as drogas, os egos e o estresse das turnês, todos combinados numa tempestade perfeita de comportamento rock 'n' roll narcisista, para decepção dos fãs. Em janeiro de 1967, quando o empresário Simon Napier-Bell vendeu sua parte para Peter Grant, um lutador de luta-livre que havia se tornado *promoter* de rock, foram dados os primeiros passos em direção a um negócio não tão hostil. Depois do fracasso comercial do álbum *Little Games*, os Yardbirds gravaram mais três compactos antes de decidirem se separar e fazer um último show no Luton College of Technology, em 7 de julho de 1968.

Jimmy não ficou tão perturbado com o fim da banda quanto alguns esperavam. Ele sempre detestou o produtor dos Yardbirds, o mercador da mediocridade pop chiclete Mickie Most. "Ele sempre tentava fazer com que gravássemos umas músicas horríveis", Page se recordaria. "Ele dizia: 'Ah, vamos lá, só tentem! Se a canção for ruim, nós não lançamos'. E é claro que elas sempre eram lançadas!" Com dedicação total à visão que Jimmy tinha de uma encarnação mais pesada dos Yardbirds, o empresário Peter Grant mostrou o caminho da rua a Most diante do restante da banda. Logo em seguida, os outros membros dos Yardbirds saltaram do barco, um a um. Grant e Jimmy, os últimos que restaram, decidiram arrumar a casa. Quando a poeira baixou, eram os donos dos Yardbirds por completo – até do nome.

As tendências do rock 'n' roll pareciam confirmar que Grant estava certo em confiar nas inclinações de Jimmy em direção a uma veia mais pesada e progressiva: o novo supergrupo de Eric Clapton, o Cream, havia lançado seu álbum de estreia, *Fresh Cream*, no início de 1967, sendo recebido com muito entusiasmo pelo público, ao passo que Jimi Hendrix explodiria na cena do rock psicodélico com *Are You Experienced* alguns meses depois. Em turnê, Jimmy observou isso em primeira mão: os jovens americanos queriam um rock 'n' roll *pesado* a todo volume. Na época, a banda que mais vendia nos EUA era o Iron Butterfly, cujo álbum *In-a-Gadda-Da-Vida* era um *drone* de blues prolixo. As novas estações de rádio FM americanas aceitavam faixas longas, estendidas e, às vezes, tocavam até lados inteiros de um álbum sem intervalos comerciais. Tempo suficiente para acender um baseado e fumá-lo.

Grant não só entendia isso, como logo percebeu que era nos EUA que o dinheiro poderia ser encontrado. Igualmente implacável e charmoso, ele havia sido lutador de luta-livre e ator antes de entrar para a indústria musical nos anos 1960. Como gerente de turnê, trabalhou para Chuck Berry, Little Richard e Gene Vincent, entre outros. Grant também viajou para os EUA com os Animals, além de empresariar grupos como o New Vaudeville Band, observando amargamente as gravadoras e *promoters* tirarem vantagem dos músicos. Dessa forma, tinha uma empatia única com as frustrações de Jimmy Page a respeito da indústria.

Numa tarde de agosto, enquanto os dois estavam presos no trânsito, Jimmy disse a Grant que vinha brincando com algumas ideias para uma nova banda – algo ousado e experimental. Algo que remetesse à luz e à sombra. E desta vez, afirmou Jimmy, ele mesmo iria produzir a música.

Grant estava certo de que conseguiria um contrato de gravação para Jimmy. Também lembrou que eles detinham os direitos legais do nome Yardbirds e que, antes de a banda encerrar as atividades, uma turnê pela Escandinávia já estava marcada para o outono. Se Jimmy conseguisse refazer todo o grupo nos próximos meses, já tinham uma turnê garantida. Jimmy topou.

Durante o verão de 1968, ele se recolheu em sua casa-barco no rio Tâmisa, em Pangbourne, e elaborou uma estratégia. Não queria apenas gravar e produzir a música à medida que fosse conveniente; queria ser *dono* da música que fizesse. Isso demandava independência financeira, então, no início de setembro, ele e Peter Grant registraram a própria companhia, a Superhype Music, Inc., distanciando-se legalmente de quaisquer obrigações contratuais que restassem com a gravadora dos Yardbirds, a Columbia Records, ou com o produtor Mickie Most.

Agora, Jimmy só precisava de uma banda.

A notícia de que Jimmy Page estava vasculhando a cena em busca de jovens músicos promissores se espalhou rapidamente e despertou todo tipo de rumor a respeito de quais truques ele teria na manga. Quando membros do The Who souberam desse projeto misterioso, o baterista Keith Moon previu que as ambições do guitarrista de forçar os limites do rock pesado cairia "como um balão de chumbo". O baixista John Entwistle corrigiu o colega; o projeto de Page estaria mais próximo de "um zepelim de chumbo": "*lead zeppelin*".

⁂ ⁂ ⁂

"Meu amigo, você *precisa* entrar para os New Yardbirds."

Já era agosto. Robert continuava insistente. Não só a banda que vinha sendo tramada por Jimmy Page era o conceito musical mais empolgante no horizonte, como também, afirmava ele, seria um meio certeiro para a renda fixa da qual Pat, Jason e o novo apartamento em Eve Hill precisavam – assim como traria a fama das grandes que John cobiçava há tanto tempo.

Essas garantias haviam sido dadas a Robert algumas semanas antes, quando Jimmy, Peter Grant e o velho colega de Yardbirds Chris Dreja o procuraram por sugestão da primeira escolha de Jimmy como vocalista,

Terry Reid, de 18 anos. O cantor se mostrou indisponível devido a seus compromissos com Mickie Most, mas compreendeu muito bem o que Jimmy procurava num *frontman*: uma figura andrógina, com a sexualidade de Rod Stewart e um alcance vocal capaz de oferecer um contraponto às pirotecnias guitarrísticas de Jimmy. Reid lhe sugeriu ir até Birmingham para ver o jovem que era divertidamente chamado de "O Selvagem do Blues do Black Country", Robert Plant, que faria um show com o Obs-Tweedle numa faculdade da cidade naquele fim de semana. Ao final do *setlist* composto por músicas do Moby Grape e do Buffalo Springfield, diante de um público de uns 30 estudantes, Robert perguntou a Jimmy o que tinha achado do show. Evasivo como sempre, ele murmurou: "Te ligo esta semana", e desapareceu pela noite. No entanto, realmente ligou e convidou Robert para ir a Pangbourne para um curso intensivo sobre as suas influências de blues e rock 'n' roll favoritas, que incluíam Little Walter, Chuck Berry, Joan Baez e Muddy Waters.

Para deleite de ambos, seus gostos musicais eram quase idênticos, e Jimmy soube que havia encontrado seu vocalista. Durante a estadia em Pangbourne, ele contou a Robert tudo sobre o grupo que tinha em mente: um quarteto de rock impregnado de blues americano, mas com nuances mais suaves daquela nova sonoridade acústica da Califórnia que vinha subindo nas paradas dos EUA. Um *chiaroscuro* ou "luz e sombra" rock 'n' roll, o som de Jimmy, em teoria, incorporaria tanto *drones* progressivos pesados e ruidosos, quanto toques composicionais mais leves e acústicos. E o melhor de tudo: Jimmy podia garantir uma turnê pela Escandinávia com quaisquer músicos que quisesse chamar de New Yardbirds. Não havia nada a perder.

Agora tudo o que precisavam era preencher as duas vagas cruciais disponíveis na banda. Para isso, Jimmy necessitava de uma bateria poderosa, uma espinha dorsal à altura e um contraponto a sua sonoridade única. Quando Robert perguntou quem ele estava considerando, Jimmy admitiu que ainda estava à procura. A princípio, ele abordara B. J. Wilson, que conheceu quando trabalharam juntos em "With a Little

Help From My Friends", de Joe Cocker. Wilson se interessou de imediato em se juntar a Jimmy para essa nova banda conceitual, mas, assim como Terry Reid antes dele, não estava disponível devido a obrigações prévias (com o Procol Harum). Por sorte, Robert tinha uma sugestão ainda melhor. "Não tome nenhuma decisão quanto ao baterista até ver esse cara tocar", disse Plant. "É difícil de descrever. Acho que não tem ninguém que toque bateria como ele. Sei que ninguém toca melhor."

Imediatamente após sair de Pangbourne, Robert pegou carona até Oxford para procurar seu amigo John Bonham, que tocaria com Tim Rose em algum lugar da cidade naquela noite.

⁂ ⁂ ⁂

"Bom, estou bem onde estou, não?" John visivelmente não ficou tão impressionado com a proposta de Jimmy quanto Robert parecia ter ficado. Para ele, os Yardbirds representavam uma banda outrora popular que já havia passado do seu auge. Por que outra razão todos os membros originais a teriam deixado nas mãos de Jimmy? Fora isso, as 40 libras que ganhava com Tim Rose enfim trouxeram a estabilidade que sua pequena família demandava.

"Fui com Robert até o apartamento de John em Eve Hill", o amigo em comum Bill Bonham se recordaria posteriormente. "Pat não ficou contente em ver Robert, pois John tinha um bom emprego com Tim Rose. Sempre que John ia na onda de Robert, o dinheiro parava de entrar. Então foi preciso alguma persuasão para convencê-lo a entrar para o novo grupo."

Por fim, John cedeu e ligou para Jimmy. Disse claramente que estava satisfeito na banda de Rose. "Quando você está envolvido em algo bom, não joga isso pela janela. Estou contente no momento. As coisas parecem estar dando certo para mim."

Jimmy não queria saber de negativas. "Esta banda pode ser uma grande revelação, John", insistiu. "Temos um empresário maravilhoso...

Acho que é uma oportunidade incrível para todos nós. Pense e voltamos a conversar." Embora não tenha dito nada de cara, Jimmy, mais tarde, se lembraria do quão impressionado ficou ao ver John tocar pela primeira vez, alegando que ele ia "além das esferas de qualquer coisa que eu poderia ter imaginado. Era sobre-humano".

Com a permissão de Pat, John concordou em, pelo menos, encontrar-se com Jimmy pessoalmente e ouvir o que ele teria a dizer. Na primeira semana de agosto, ele então dirigiu até Pangbourne. Ao chegar na casa do guitarrista, John recebeu o mesmo tratamento que Robert – horas de um passeio guiado por Jimmy por sua vasta coleção de LPs, cada um representando uma faceta do som que ele tinha em mente. Jimmy também enfatizou o destaque que um baterista teria no novo grupo. Foi nesse último apelo que John pensou com carinho – ouvir o guitarrista solo e líder da banda expressar compreensão da importância de um baterista. De súbito, John começou a reconsiderar.

Depois de mais alguns dias de telegramas e apelos contínuos de Peter Grant, John enfim conseguiu obter o fundamental sinal verde de Pat para aceitar a proposta de Jimmy. A permissão dela veio com a prova inesperada da lucratividade dos New Yardbirds; sem cerimônias, foi concedido um adiantamento a John – que não sabia que, assim como boa parte dos primeiros gastos da banda que florescia, esse dinheiro, na verdade, saíra do bolso do próprio Jimmy.

John ligou para ele. "Você venceu! Vamos nessa!", exclamou.

O guitarrista ficou efusivo por ter fisgado o baterista. "Você não vai se arrepender", prometeu ao novo companheiro de banda.

⁂ ⁂ ⁂

"Vi John e Robert apenas algumas semanas depois, no Rum Runner", o amigo Mac Poole se recordaria mais tarde. "'Não me diga que você está na banda', eu disse a John. E ele respondeu que sim. Então falei: 'Ah, lá vamos nós de novo'. Aí ele me contou que eles haviam recebido um adiantamento. E era dinheiro pra caralho, três mil para cada! Daí em diante, foi realmente um movimento em direção a outro nível, porque ninguém nunca tinha ganhado esse tanto de dinheiro." John comentou com Poole que eles iriam fazer algumas gravações. "'Esse camarada, Peter Grant, conseguiu um estúdio para nós.' E eu pensei: 'Caramba, que rápido'. Então, três semanas depois, John me disse: 'Acabei de ganhar três mil libras'. '*O quê?*' 'Pois é, nos deram um maço de dinheiro.'"

"De repente, John comprou um Jaguar e um sistema de som do mais moderno. Para Pat, foi como ganhar na loteria, mas ela manteve uma postura muito filosófica. Achava que não duraria muito", acrescentou Poole.

John celebrava a nova fortuna ao redor de Birmingham. Juntos, ele e Robert iam ao pub Plough and Harrow, em Kinver, com John alegremente ao volante do novo Jaguar, usando um quepe de chofer, no intuito de não chamar a atenção da polícia para sua habilitação suspensa. Porém, por semanas, ele passou noites acordado, se perguntando se seguir Jimmy Page como ao flautista encantado era de fato o caminho certo. Até aquele momento, John não tinha considerado de verdade abandonar o barco da turnê de Tim Rose por nenhuma outra oferta, embora elas aparecessem. "Precisei considerar muito", ele admitiria. "Não era uma questão de quem tinha a melhor proposta, mas qual delas seria a certa... Chris Farlowe estava razoavelmente estabelecido, e eu sabia que Joe [Cocker] ia fazer sucesso, mas, por ter tocado com Robert na Band of Joy, já sabia do que ele gostava, assim como sabia o que Jimmy curtia, e decidi que esse era mais o meu tipo de música. Valeu a pena."

* * *

Com John oficialmente nos New Yardbirds como baterista e faltando apenas poucas semanas até que o grupo fizesse a estreia apressada na Escandinávia, ainda havia uma vaga na banda – a de um baixista que se equiparasse à proeza dos outros três membros.

Assim como Jimmy Page, John Paul Jones, de 22 anos, era, apesar da idade, um antigo profissional da cena de músicos de estúdio. E assim como Jimmy, também estava incrivelmente esgotado da rotina brutal e rigorosa que acompanhava essa atividade lucrativa. Na verdade, tendo trabalhado em dezenas de sessões juntos desde 1965, Jones e Page chegaram a compartilhar seu cansaço mútuo com aquele trabalho importante, porém anônimo. "Eu estava trabalhando nas sessões de 'Hurdy Gurdy Man', de Donovan, e John Paul Jones cuidava dos arranjos", Jimmy contaria mais tarde. "No intervalo, ele me perguntou se eu precisava de um baixista para o novo grupo que estava formando. Ora, John Paul Jones é inquestionavelmente um arranjador e músico incrível – não precisava de mim para ter trabalho. Mas ele sentia a necessidade de se expressar e achou que pudéssemos fazer isso juntos... Abracei com tudo a oportunidade de tê-lo na banda."

A música corria no sangue de John Paul. Seu pai foi pianista de cinema na juventude, quando fazia acompanhamentos de música ao vivo para filmes mudos, e ensinou o filho a tocar aos seis anos. Uma década depois, John Paul e o pai formaram uma dupla de piano e baixo que tocava em Bar-Mitzvás, casamentos e coquetéis. No período em que estudou no colégio interno Christ College, John Paul montou sua primeira banda e descobriu uma habilidade nata para arranjos orquestrais. Desviando-se dos gostos musicais do pai, John Paul logo ficou fascinado por baixistas de jazz como Charles Mingus e Scott LaFaro. Ficou convencido de que, nas mãos certas, o baixo poderia ser usado como um instrumento solo ou principal, crença que lhe rendeu seus primeiros trabalhos como músico profissional – um dos quais o colocou numa formação que contava com o guitarrista de jazz John McLaughlin. Aos 18 anos, com algumas sessões de gravação importantes no currículo, mudou seu nome oficialmente de John Baldwin para um nome artístico mais aventuroso, "John Paul Jones", e ganhou a reputação de arranjador impressionante, incluindo trabalhos com os Rolling Stones, Dusty Springfield e Tom Jones. Porém, foi seu desempenho em estúdio com o *folk rocker* Donovan e seu produtor, Mickie Most, que fisgou a atenção de Jimmy Page.

No total, o número absoluto de faixas em que John Paul fez os arranjos, a direção musical ou tocou superava em muito o da obra completa dos Beatles – ao menos era o que Most alegava. Porém, tamanho currículo correspondia a horas e mais horas de trabalho duro, e, agora casado e feliz, John Paul buscava algo mais recompensador. "Comecei com tudo e fazia arranjos para 40 ou 50 coisas por mês. No fim, eu colocava uma partitura em branco à minha frente e ficava lá sentado, só olhando."

O descontentamento de John Paul com o trabalho era tão evidente que até sua esposa, Mo, o encorajou a abandonar as sessões e entrar para uma banda. "Minha mulher me dizia: 'Faz o favor de parar de ficar à toa em casa?'", ele se recordaria. "'Por que você não entra numa banda ou coisa assim?' E eu respondi: 'Não tem nenhuma banda em que eu queira entrar. Do que você está falando?'. E ela: 'Bem, olha só, acho que li na *Disc* que Jimmy Page está formando um grupo... Por que você não dá uma ligada para ele?'."

John Paul seguiu o conselho. Jimmy não só ficou encantado em receber um telefonema do velho colega, como também prometeu mantê-lo informado em relação ao baterista que ele estava prestes a conhecer – o fera da banda de Tim Rose a quem Robert Plant não parava de elogiar.

No início de agosto, Jimmy ligou para John Paul, que rapidamente topou um primeiro ensaio. Essa *jam* de estreia foi tão boa quanto Jimmy esperava, e John Paul até concordou em investir algum dinheiro.

E havia muita coisa em jogo naquele primeiro ensaio. Os New Yardbirds tinham uma turnê marcada na Escandinávia dali a pouco mais de uma semana.

* * *

Em 12 de agosto de 1968, a banda se encontrou para aquele ensaio inicial. "Na primeira vez que nos reunimos todos numa salinha para ver se suportaríamos um ao outro", disse John Paul Jones, "a primeira coisa que me chamou a atenção em Bonzo foi a confiança dele, e você sabe que ele era um pentelho bem convencido naquela época".

John Paul Jones, Jimmy e Robert talvez não soubessem, mas John Bonham estava mais nervoso do que nunca ao entrar naquele porão abaixo de uma loja de discos na Gerrard Street – um espaço de ensaios improvisado que Jimmy preencheu com amplificadores do chão ao teto nos preparativos para aquele teste. "Foi bem esquisito conhecer John Paul Jones e Jimmy, já que eu vinha das Midlands e só tinha tocado com grupos da região", ponderou John. "Eu estava bastante tímido e achei melhor não falar muito, ficar bem quieto."

John Paul Jones acrescentou: "Jimmy então disse: 'Bem, estamos todos aqui, o que vamos tocar?'. Eu respondi: 'Não sei. O que você sabe tocar?'. E Jimmy: 'Você conhece alguma dos Yardbirds?'".

Por coincidência, todos conheciam "Train Kept a-Rollin'", e – em seguida à contagem de Jimmy – a sala "explodiu", de acordo com John Paul, numa energia que a preencheu por completo. "E nós dissemos: 'Certo, estamos ligados, é isso, vai rolar!'"

Posteriormente, Robert se lembraria de uma sensação parecida ao descrever a química instantânea que permeou o ensaio. "Nunca tinha ficado tão empolgado assim", admitiu ele. "Embora todos nós tivéssemos um pé no blues e no R&B, em questão de uma hora e meia sentimos que encontramos uma identidade própria."

Mais adiante, ele acrescentaria: "Pude sentir que algo acontecia comigo e com todo mundo na sala. Parecia que havíamos encontrado uma coisa com a qual deveríamos ter muito cuidado para não perder, mas foi memorável – *o poder*".

"Foi ótimo – uma concentração instantânea", recordou-se John Paul Jones de ver Bonham na bateria pela primeira vez. "Ele não estava se exibindo – e sim apenas consciente do que sabia fazer. Sólido como uma rocha."

Ninguém ficou mais satisfeito do que Jimmy Page, o arquiteto e principal visionário do grupo. Se aquela primeira *jam session* seria alguma indicação, o tempo, a paciência e o dinheiro que ele investira pareciam destinados a ter retorno. "Nós quatro nos reunimos naquela sala e começamos a tocar – e aí soubemos", ele rememoraria. "Começamos a rir uns dos outros. Talvez de alívio ou por saber que tínhamos um *groove* juntos." E, mais importante, em cima da hora para deixar o grupo devidamente em forma para a turnê prestes a começar. "No fim, sabíamos que estava acontecendo... foi realmente eletrizante. *Excitante* é a palavra. Dali começamos os ensaios para o álbum."

⁂

Entusiasmado com o sucesso da primeira *jam*, o grupo marcou de se encontrar na casa de Jimmy Page em Pangbourne para uma maratona de ensaios para aprender o *setlist* da turnê escandinava. Como o público estrangeiro estaria esperando velhos sucessos dos Yardbirds, Jimmy, o líder, usou essas músicas como ponto de partida para a nova formação. Abriu com "Smokestack Lightning" e, aos poucos, foi integrando algumas canções das diversas bandas de Robert, como "As Long as I Have You", da Band of Joy. Por fim, mostrou aos rapazes uma composição psicodélica e surreal que começara a escrever – "Dazed and Confused" –, que apresentaria à banda e, mais tarde, ao público a técnica de arco que seria uma de suas marcas registradas. Porém, a música foi abandonada, por ora, quando Bonham e John Paul ficaram confusos com a bizarra e intrincada estrutura de acordes da longa composição. Independentemente disso, ficou aparente para os quatro músicos que sua reunião era algo especial. John Paul Jones ficou particularmente aliviado e empolgado com a possibilidade de ser metade de uma cozinha com um baterista tão talentoso quanto John Bonham. "Quando eu fazia sessões, tocava com bateristas diferentes todos os dias", relembrou. "Assim que ouvi John Bonham tocar, soube que ia ser ótimo – alguém que sabia o que estava fazendo e suingava como um desgraçado... Nosso respeito foi mútuo quando ambos nos demos conta de que sabíamos o que estávamos fazendo. Eu ouvia o bumbo dele, e ele ouvia o que eu fazia. Foi um daqueles casamentos de baixo e bateria."

John Paul completaria: "Ele só usava kits pequenos, mas com tambores grandes. Nunca tocou kits grandes em termos de quantidade de tambores – na maior parte do tempo, só usava quatro tambores, nunca teve *racks* cheios de coisas... Não importava que modelos fossem, eu o ouvi tocar todo tipo de tambor esquisito e soar imediatamente como ele mesmo. Estava no jeito em que ele os golpeava, além de uma noção de tempo impecável".

Os outros três músicos reconheceram de imediato como a abordagem de John na bateria era diferente daquela de seus colegas. Enquanto os bateristas frequentemente optavam por remover as peles de baixo, enchendo as de cima de fita adesiva e o interior dos bumbos de travesseiros e almofadas para amortecer o som, John insistia em usar um kit enorme com as peles intactas. Ele também só trocava as peles quando era de fato necessário. E embora a microfonação "*close miking*" – com um microfone em cima de cada tambor, a uma polegada de distância da pele – tivesse se tornado uma prática comum nos estúdios ao longo dos anos 1960, tanto John quanto Jimmy eram almas gêmeas que compartilhavam a crença de que isso só enfatizava os aspectos menos lisonjeiros do som do instrumento. O eco e o zumbido que se seguiam a uma nota continuavam audíveis e incômodos.

Dave Mattacks, amigo de John e também baterista, comentaria posteriormente que o "som" característico de John era uma combinação perfeita da afinação da bateria com o posicionamento dos microfones de Jimmy. "Ele adotava uma variação do tipo de afinação que as *big bands* usavam ao vivo – tambores grandes com afinação aguda 'de jazz', bem abertos e sem abafamento. Kits afinados assim não soam tão bem em salas pequenas e com microfones próximos. É preciso posicionar os microfones longe dos tambores para 'ouvir' devidamente o som cheio – daí o caso de amor contemporâneo com salas grandes e microfonação de ambiência. Mas é essencial que o kit esteja equilibrado entre si para que isso funcione – para que, por exemplo, os pratos não engulam os tambores."

John Paul Jones atentou muito rapidamente para a abordagem única de Bonham ao tocar, no intuito de adaptar seu baixo e seus teclados àquele som. "Ele tocava muito forte e alto, mas era, na verdade, um baterista bem sutil em vários aspectos", recordou-se. Ecoando as teorias do próprio Jimmy a respeito da produção, Jones acrescentou: "Havia luz e sombra, cor e *groove*".

John geralmente tocava os contratempos com a mão esquerda de polegar para cima, num estilo mais próximo de um tímpano, e mantinha a direita com a palma por cima, com o ponto de apoio levemente mais acima na baqueta, produzindo assim uma batida perfeitamente equilibrada. Embora muitos presumissem que o som de John fosse um produto de força bruta, sua verdadeira potência vinha da flexibilidade que tinha nos punhos – além de uma resistência sobre-humana. Ainda assim, outros bateristas ficavam impressionados com o uso que ele fazia do bumbo, que não só definia as tercinas, sua marca registrada, como também passava a falsa impressão de que ele estava sempre tocando com um bumbo duplo. Na realidade, John chegaria a experimentar um kit com esse *setup* uma única vez, em 1969, até o resto da banda dizer a ele que já era alto o suficiente com um único bumbo.

Sua inclinação natural a usar o pé direito com frequência e sua técnica magistral de bumbo permitiam a John executar com perfeição pelo menos dois movimentos de bateria complexos – as "duplas" de bumbo, como em "Good Times Bad Times", em que ele toca as duplas como tercinas de semicolcheia, e uma técnica parecida, denominada "Valor de Três", que lhe permitia tocar golpes triplos ou agrupamentos triplos de bumbo. Depois da primeira turnê do Zeppelin, John usaria exclusivamente pedais Ludwig Speed King em todos os seus kits futuros.

E, ao contrário de muitos outros bateristas – em especial músicos de jazz e de *big bands* que compartilhavam várias de suas características ao tocar –, John preferia se sentar à bateria num assento baixo, mesmo quando estava num tablado. Com o corpanzil volumoso por trás do kit, John era inconfundível mesmo em silhueta.

⁂ ⁂ ⁂

Desde o início, havia um acordo silencioso de que Jimmy era o principal solista e líder do grupo e que os outros seriam lapidados de modo a se tornar a melhor banda possível para acompanhá-lo. Mais confiante do que nunca no projeto de Jimmy, John Paul Jones cumpriu a promessa de investir um dinheiro extra na viagem que se aproximava e nas gravações iniciais da banda. Porém, Jones também arrastou seus novos companheiros para um compromisso de última hora que ele acertara com outro artista, garantindo a John e Robert uns trocados a mais. "Eu ainda devia estar fazendo alguns arranjos ou ter alguns compromissos restantes, porque, após um breve intervalo nos ensaios na casa de Page à beira do rio em Pangbourne, precisei voltar e finalizar um disco de P. J. Proby para o qual eu já tinha feito os arranjos", recordou-se. "Então, para manter os bolsos cheios – pois ninguém estava ganhando dinheiro –, marquei para que todos nós participássemos da sessão. Eu disse a eles: 'Vocês já conhecem Jimmy, e eu tenho um baterista novo ótimo que vocês precisam ter no disco', e até coloquei Robert na meia-lua para ele não se sentir excluído. Assim, nossa primeira gravação profissional foi nesse disco de P. J. Proby."

⁂ ⁂ ⁂

No dia 7 de setembro, os New Yardbirds começaram a turnê em Copenhague.

O repertório consistia em "Train Kept a-Rollin'", que vinha se transformando numa *jam* original em alta velocidade que, até aquele momento, não recebera letra; a versão de Jimmy de "Dazed and Confused", que a essa altura a banda já tinha aprendido; "White Summer", antiga peça-chave de Jimmy nos Yardbirds; uma balada blues lenta e sedutora que Robert tirava de letra, chamada "I Can't Quit You Baby"; e um longo *medley* de clássicos dos primórdios do rock 'n' roll e do R&B dos artistas favoritos deles, tanto para prestar homenagem à música que os integrantes cresceram adorando, quanto para fazer o público escandinavo dançar. Para o deleite de John, ele teve a oportunidade de fazer *jams* com seus novos amigos em números como "We're Gonna Groove", de Ben E. King; "Shake", de Otis Redding; "Your Things", dos Isley Brothers; e – para a alegria de Robert Plant em especial – uma vasta gama de clássicos de Elvis Presley, todos envenenados para combinar com o estilo de hard rock de alta adrenalina dos New Yardbirds. Mesmo com o passar do tempo e depois de o grupo já ter sua própria e estimada discografia de sucessos, esses longos passeios pela história do rock 'n' roll virariam marca registrada no bis de quase todo *setlist*.

Em pouco tempo, ficou muito claro que esse quarteto de *hard rockers* não era os Yardbirds, e Jimmy já vinha pensando bastante em mudar o nome da banda assim que tivesse a chance. Apesar de isso não ter sido discutido nos ensaios, era necessário escolher um nome novo. Durante a viagem, muitas ideias foram lançadas, como Mad Dogs e Whoopee Cushion, ambas rapidamente descartadas. Por fim, Jimmy se recordou da piadinha que seus amigos do The Who, John Entwistle e Keith Moon, fizeram quando vazou a formação do novo grupo – aquilo sobre o "balão de chumbo". Como bem lembrado, eles a haviam refinado para "zepelim de chumbo", "*lead zeppelin*", mas brincaram que os norte-americanos pronunciariam incorretamente a primeira palavra com a sonoridade "*leed*".

"Por fim, tudo se resumia ao fato de que o nome não era tão importante quanto a música ser ou não aceita", Jimmy afirmaria mais tarde. "Eu gostei bastante de 'Lead Zeppelin' – parecia bem adequado e tem um pouco da conotação de leveza e peso como Iron Butterfly."

John Bonham, John Paul Jones, Jimmy Page e Robert Plant partiram para a Escandinávia como The New Yardbirds em setembro de

1968. Voltaram para casa três semanas depois, a tempo do início de sua primeira turnê pelo Reino Unido, que começaria no dia 4 de outubro no Mayfair Ballroom, em Newcastle upon Tyne. Quando tocaram no Great Hall, na Universidade de Surrey, em Guildford, 11 dias depois, os anúncios ainda diziam "The New Yardbirds", mas a banda insistia para que os organizadores a apresentassem no palco com o nome que os quatro integrantes tinham escolhido. Reggie Jones, o velho colega dos tempos de A Way of Life, se ofereceu para levar John e Robert até o show na Universidade de Surrey em seu Jaguar novo. "Havia um *banner* enorme pendurado na entrada do salão que dizia – em letras garrafais – '*Hoje à noite! Os Ex-Yardbirds*'", recordou-se ele, "e abaixo, em letras pequenas, 'Led Zeppelin'".

Capítulo Quatro

SETEMBRO DE 1968–DEZEMBRO DE 1968

A primeira *jam session* dos New Yardbirds, na Gerrard Street, em agosto, não foi segredo para Peter Grant. Ele implicitamente confiava em Jimmy Page, e, quando seu cliente estelar lhe contou que o ensaio foi "mágico", o empresário vivido, uma montanha de 130 kg, não tinha razão para duvidar. Ainda assim, duvidou; antes de ver Jimmy e a nova escalação de talentos, Grant fora acometido por ondas de depressão e por uma apreensão de que seu investimento financeiro no grupo poderia ter sido em vão. Os Yardbirds não eram mais uma *commodity* particularmente valiosa já havia alguns anos, e o empresariado duplo da nova banda de Jeff Beck era uma aposta mais segura. Porém, todos esses medos foram deixados de lado durante a turnê escandinava de estreia dos New Yardbirds, em setembro de 1968.

Grant ficou particularmente impressionado com o baterista, "Bonzo". Parecia que todo mundo tinha um apelido naquela época – Jimmy era "Pagey", John Paul Jones era "Jonesy", o cantor loirinho afeminado que Jimmy jurava que daria certo se alternava entre "Planty" e "Percy". Até Grant ficou surpreso ao ser chamado de "G", já que o título parecia ser uma forma de respeito.

Mas esse tal de John Bonham era uma figura e tanto. Primeiro, não parava de falar sobre algumas *gigs* que teve de recusar para Chris Farlowe depois que se comprometeu com Jimmy. Depois, se alternava entre se arrepender de ter abandonado Tim Rose e se reassegurar de que havia feito a escolha certa. Grant também ouviu o baterista se preocupar incessantemente se os New Yardbirds sustentariam sua jovem família. Pelo amor de Deus, ele já ganhava malditas 50 libras por semana – e aí se ofereceu para dirigir a van da banda por mais 30 libras! Onde é que Jimmy achou essas pessoas...?

No entanto, até aquele momento, Grant só precisara intimidar o rapaz uma única vez.

John não demorou a se sentir à vontade na nova banda e logo deixou que sua preferência pelo volume alto o dominasse. Após retornar da Escandinávia, o grupo se reuniu na casa de Jimmy em Pangbourne nos dias 23 e 24 de setembro para repassar o *setlist* da turnê e se preparar para os primeiros shows na Inglaterra. Em dado momento, todos já haviam tomado umas boas doses e tocavam daquela maneira afiada, porém solta. Depois que John tomou liberdades artísticas demais com o andamento, Jimmy foi franco com o baterista frenético pela primeira vez. "Você precisa simplificar mais do que isso", alertou a John, sem saber que ele já tinha recebido o mesmo aviso de Tim Rose seis meses antes, em ensaios.

Quando John pareceu não ter absorvido as palavras de Jimmy tão prontamente, Peter Grant, que assistia do canto da sala, caminhou até a bateria. "Você gosta do seu trabalho na banda?", perguntou o enorme empresário ao baterista.

"Bom, sim", respondeu John.

"Você conseguiria tocar bateria numa cadeira de rodas?", perguntou Grant, impassível e fazendo pausas para que o significado das palavras fosse bem compreendido. John permaneceu em silêncio. "Faça o que ele está te dizendo. Comporte-se, Bonham, ou você vai sumir – *por portas diferentes.*"

Durante todos aqueles anos na cena de Brum, ninguém nunca havia falado com John daquele jeito, e as palavras bateram forte. Se ele quisesse ficar no Led Zeppelin, teria de aprender a receber ordens não de um, mas de dois mestres.

O relato sobre o episódio se espalhou e aparentemente só surpreendeu os velhos amigos músicos de John em Birmingham. Como Mac Poole se recordaria mais tarde, a história aumentou com o tempo, até passar a se tratar de Peter Grant ter ameaçado empurrar John pela janela. "Acho que Peter deve tê-lo despedido uma meia dúzia de vezes", Poole relembraria. "Sempre que John fazia alguma besteira, Peter tinha de pagar a conta... Ele não morria de amores por esse comportamento, mas se dava conta de que era a melhor maneira para John desopilar."

Era evidente para todos que Peter Grant era um tipo de empresário muito especial. Sua devoção incondicional a Jimmy Page era mais do que um investimento financeiro; na maior parte do tempo, parecia um vínculo entre pai e filho. Porém, ao invés dessa relação excluir os outros membros do recém-batizado Led Zeppelin, os três enxergavam nela uma espécie de reafirmação: quem estivesse do lado de Jimmy, estaria do lado de Grant – incondicionalmente.

Surpreendentemente, Grant nunca teve um contrato assinado com o Led Zeppelin, ou mesmo com Jimmy como artista solo. "Só tínhamos um acordo de cavalheiros", esclareceu John Paul Jones. "Ele recebia os honorários de empresário e os *royalties* dos discos como produtor executivo. Era tudo bastante honesto, e, como resultado, a banda era muito feliz."

Depois que John entrou nos eixos e cedeu à visão original de Jimmy para cada uma das músicas que acabariam por constituir o primeiro LP do grupo, a mágica original dos shows na Escandinávia só progrediu. Nenhum dos outros parecia ter problema com as tendências bombásticas de John, e a execução e o comportamento dele nunca foram vistos como nada menos que profissionais. "Eu gostava de cravar o baixo bem afiado com a bateria de John", Jones se recordaria daquela época. "Queria muito que a bateria e o baixo fossem uma coisa só – era isso o que conduzia a banda. Era importante sermos sólidos como uma rocha para que Jimmy e Robert pudessem ficar mais livres para improvisar e experimentar... [No palco,] eu começava na frente e ia cada vez mais para trás. Sempre acabava na minha posição favorita, que era o mais próximo possível do bumbo [de John]."

⁂

"Certo dia, Bonzo chegou na perua da mãe com uma cópia do álbum, do nada, e disse: 'Você tem de ouvir isso aqui'", recordou-se Dave Pegg. "Era fantástico... Na semana seguinte, ele apareceu num Jaguar S-type dourado. A banda obviamente decolou muito rápido e se tornou enorme, porque Robert comprou um Jag S-type parecido. Os dois tiveram carros idênticos por um tempo." Como Pegg se daria conta ao pousar a agulha sobre o disco, John e Robert tinham motivos para comemorar.

Tecnicamente, foram os New Yardbirds que entraram no Olympic Studios, em Barnes, South London, no dia 25 de setembro de 1968, para gravar o primeiro álbum; o renascimento público como Led Zeppelin só aconteceria dali a três semanas. Como Jimmy estava pagando as horas de estúdio do próprio bolso, também assumiu a cadeira de produtor, auxiliado por um velho amigo, o engenheiro de som Glyn Johns. As sessões consistiram mais ou menos das canções que a banda vinha aperfeiçoando na turnê escandinava e na casa-barco de Jimmy: um registro daquele *setlist*.

Dos membros do Led Zeppelin, Robert e John, a dupla das Midlands, eram os menos experientes em estúdio. Enquanto Jimmy e John Paul Jones eram velhos profissionais, os outros dois precisaram logo se adaptar ao ambiente controlado; Jimmy constantemente lembrava à banda que o taxímetro estava rodando e eles precisavam de um LP finalizado para que ele e Peter Grant vendessem às gravadoras. Para ganhar tempo, John foi instruído a *só tocar* – Jimmy, como produtor, cuidaria do resto, independentemente da energia e do volume irrestritos do baterista. "Em essência, a questão se resumia ao posicionamento dos microfones – afastá-los dos instrumentos no intuito de dar a chance de o som respirar", Jimmy diria mais tarde ao se recordar das tantas vezes que testemunhou gravações inadequadas de bateria – que resultavam num som metálico carente de um *reverb* mais abundante. "A bateria é um instrumento acústico, que precisa respirar. Simples assim. Então, quando eu gravava o Zeppelin, John Bonham em particular, apenas afastava os mics para capturar um som ambiente. Não fui o primeiro a ter essa abordagem, mas certamente fiz questão de fazê-la funcionar para nós."

O objetivo de Jimmy para o álbum de estreia da banda era reproduzir o que tinha dado mais certo nos shows e então registrar. Numa outra tentativa de economizar tempo – e domar a energia desenfreada que o grupo tinha no palco –, as faixas foram, em sua maior parte, gravadas "ao vivo", com o mínimo de *overdubs* e efeitos. Seguindo a teoria visionária de "luz e sombra" de Jimmy, muitas das músicas, mas não todas, contaram com um modelo temático em comum: abriam como "estudos" acústicos sutis, ganhavam força num *crescendo* conduzido pelo bumbo retumbante de John e, por fim, reencontravam a guitarra solo brava e *bluesy* de Jimmy.

Rompendo com esse modelo de arranjo, a abertura pesada, "Good Times Bad Times", arrancava o álbum como um tiro de pistola de partida – isto é, se a pistola fosse substituída por uma bomba atômica e John fosse o responsável por acioná-la. Seu controle incrível do bumbo, mesclado a um uso melódico, porém apropriadamente pesado, dos tons, chimbal e pratos – tudo aperfeiçoado pela afinação cuidadosa da bateria –, fez a faixa explodir logo no primeiro momento do álbum. Ele mesmo um compositor intuitivo, John abre com chimbal e *cowbell* e segue numa virada sólida em tercina, em sentido horário no kit, conduzindo com um padrão sincopado incomumente *funky* para uma faixa de rock pesado. Sua marca registrada, as semicolcheias sincopadas de bumbo, logo seguidas de tercinas de semicolcheia quebradas, dava um nó na cabeça de quem o ouvia pela primeira vez. Cerca de um minuto depois, John passa com naturalidade para um segundo padrão, um *riff* perfurante de tom-tom que pontua os vocais lindamente estridentes de Robert. Então recorre novamente ao *cowbell* e, depois, ao segundo padrão repleto de tom-tom.

Para um ouvido treinado, era como Buddy Rich sob efeito de ácido.

"A coisa mais estonteante da faixa, sem dúvida, é o bumbo incrível de Bonzo", Jimmy comentaria mais tarde. "Quando você se dá conta de que ele não estava tocando com um bumbo duplo, é algo sobre-humano. É *um* bumbo! Foi aí que as pessoas começaram a compreender qual era o lance dele."

Em seguida à versão da antiga balada folk "Babe, I'm Gonna Leave You" – por sua vez, uma releitura do *cover* de Joan Baez, de 1962 –, John demonstrou seu poder de controle e compostura dramática na terceira faixa (um blues composto originalmente por Willie Dixon, "You Shook Me") e na quarta (a primeira verdadeira obra-prima de Jimmy para o Led Zeppelin, "Dazed and Confused"). No caso de "You Shook Me", John abriu com um *shuffle* lento e pontuado, que ele segura cuidadosamente até a marca dos quatro minutos e meio, e então lança uma passagem curta em *stop-time* e duas viradas estrondosas – ambas tocadas numa velocidade atordoante.

Para o grande crédito de John, era raro que um baterista de rock 'n' roll incluísse o bumbo junto com o resto do kit numa virada; só um dos seus contemporâneos favoritos, Ginger Baker, era conhecido por fazer isso, ainda que raramente. Porém, John logo começou a incorporar viradas abrangentes em quase todas as músicas e, ao fazer isso, não só desenvolveu um som próprio, como também passou a transformar, lentamente, uma técnica jazzística numa forma de rock 'n' roll mais pesada. Embora esse subgênero ainda estivesse a alguns anos de ser chamado assim, o nome remetia adequadamente à visão de Jimmy Page de uma sonoridade de rock mais densa e à origem lógica nas Midlands industriais – "*heavy metal*".

"Eu já tinha gravado Jimmy e John Paul nove milhões de vezes, mas nunca os outros dois", recordou-se o engenheiro de som Glyn Johns. "A sonoridade do kit de Bonham era fenomenal porque ele sabia como afiná-lo, e não são muitos os bateristas de rock 'n' roll que sabem."

Durante um segmento da faixa seguinte, Jimmy estava disposto a demonstrar um truque que fazia desde a época dos Yardbirds, em que usava um arco de violino na Telecaster, criando um efeito sinistro, como um gemido demoníaco. Em basicamente um único *take*, Jimmy precisou de pouco mais do que a Telecaster, um ampli Vox, um pedal Sola Sound Tone Bender para a distorção, um pedal de *wah-wah* e o arco de violino, surpreendentemente eficaz, para simular uma orquestra de um homem só de *drones* hipnóticos, texturizados e infernais.

Para "Dazed and Confused", John suavizou o andamento, tocando as notas de chimbal em contraponto à linha de *walking bass* de John Paul, lenta e sedutora. Aos dois minutos, a composição épica de Jimmy passa para uma dinâmica dramática de pergunta-e-resposta entre John e Jones. Em seguida a essa comunhão sônica, John conta quatro tempos no chimbal e conduz a banda a uma *jam* alucinada com os uivos agudos de Jimmy por cima do baixo marcado e reverberado de John Paul. Para não ser ofuscado, John transforma o clima todo num *boogie* pesado e então explode em mais uma virada de quatro compassos, distribuindo as tercinas entre kit e bumbo – num ciclo único de mãos e pés.

Para a primeira favorita certeira dos fãs, "Communication Breakdown", John manteve três colcheias de bumbo consecutivas para forçar os limites de velocidade e andamento, criando um padrão furioso e cheio de adrenalina que provavelmente é o mais pesado no registro de estreia da banda. Essa música e "How Many More Times" (uma extensa *jam* transformada num *shuffle* de jazz-blues) se tornaram os cartões de visita do Led Zeppelin em alguns dos primeiros shows e raras apresentações televisivas.

Como um todo, o álbum de estreia do grupo foi capaz de revigorar um clima de exploração e atmosfera dentro dos limites do blues rock drasticamente pesado, deixando o tempo todo espaço suficiente para destacar as habilidades singulares de cada um dos quatro membros do Led Zeppelin. De todo modo, embora os quatro tenham sido capazes de brilhar, muitos dos primeiros ouvintes foram instintivamente atraídos pela inovadora técnica híbrida de jazz e rock de John. Ainda que seu estilo fosse muito próprio, gravar adequadamente a propensão natural do baterista ao alto volume – sem engolir os outros três músicos – pedia uma verdadeira inovação. Para tanto, Jimmy Page considerou por muito tempo os métodos que teriam de ser usados no estúdio e trabalhou de perto com o engenheiro de som Glyn Johns para garantir volumes precisos, sem interferir no som exuberante de John Bonham.

"Eu costumava usar só três mics – a ideia era capturar o som que o cara tirava, sem ferrá-lo", Glyn Johns lembraria. "Porém, cheguei a colocar Bonham num tablado para tentar aproveitar o kit ao máximo. Naquelas sessões, me deparei, por acidente, com a microfonação estéreo de bateria, e isso deixou o som dele ainda maior. Só a contagem dele já te deixava de queixo caído."

Por mais que John tenha sido capaz de tocar de forma contida nessas sessões, a potência visceral de seus métodos à bateria ainda precisou ser domada. Mesmo com as concessões permitidas por Jimmy, ao gravar John, o guitarrista-produtor não abriu mão de uma configuração de estúdio que manteria o som equilibrado – às vezes, para desgosto do próprio John, que não sabia que Jimmy havia escolhido o Olympic especificamente para acomodar o estilo do baterista. "John disse a Jimmy: 'Não me coloque num daqueles estúdios caixa de ovo'", o amigo Mac Poole se recordaria. "E é claro que Jimmy conhecia todos aqueles estúdios e sabia qual seria o melhor para a bateria. Quando ouvi o álbum, fiquei surpreso com o quão simples era a bateria. 'Não pude fazer nada, cara', Bonzo me falou. Perguntei por que não, e ele respondeu: 'Porque o Pagey queria algo muito simples'."

Como vários outros que conheciam John havia muitos anos, Poole acreditava que a insistência de Jimmy na contenção e na simplicidade fora o que permitira gravar o "ingravável" John Bonham com êxito. "Ainda digo que essa foi a razão para o sucesso do Zeppelin: Bonham teve alguém para controlá-lo", acrescentou Poole. "Em Birmingham, ninguém era capaz disso."

Além disso, John foi enfim capaz de demonstrar em primeira mão que suas habilidades na bateria superavam em muito as expectativas de apenas ritmo e marcação de tempo. Todos no estúdio notaram rapidamente o talento inato do jovem baterista para arranjos ao criar melodias percussivas dentro dos padrões – outra extensão daquelas primeiras influências de jazz e *big bands*. "Não me lembro de ter ficado tão empolgado antes...", disse Glyn Johns. "[A banda] me deixou totalmente de cara... O Cream não tinha nada a ver com eles, os arranjos do Zeppelin eram bem mais sofisticados – essa era a chave. Havia muito pouca coisa de improvisação livre; era tudo cuidadosamente executado por uns arranjadores dos mais feras."

Glenn Hughes, baixista e velho amigo de John da turma de Birmingham, concordou. "John foi *o* baterista mais musical que já ouvi ou tive a oportunidade de ser amigo. Foi um *arranjador* imenso para a banda. Fala-se de Entwistle e Moon, mas o aspecto sutil do Zeppelin era a forma como John e Jonesy tocavam juntos."

De fato, como metade da cozinha avassaladora do Led Zeppelin, boa parte da atmosfera pesada das faixas vinha da química entre John e Jones, que, mais tarde, admitiria um entusiasmado alívio ao ter encontrado equilíbrio com o novo parceiro rítmico. "Com toda a sinceridade, eu diria que provavelmente deveria ter prestado muito mais atenção aos créditos de composição no início do Zeppelin. Naquele período, eu só dizia: 'Bem, compus isso, mas é parte do arranjo', ou algo do tipo, e não falava mais nisso. Não percebia, na época, que essa parte do arranjo tinha mais a ver com compor do que com apenas arranjar algo. A contribuição de John Bonham sempre foi muito maior do que o crédito que ele recebia. Sei que realmente foi."

E embora o som daquele que se tornaria o homônimo disco de estreia do Led Zeppelin tenha sido verdadeiramente obra das contribuições individuais de cada membro, a tarefa monumental de capturar a energia visceral foi obra do produtor Jimmy Page e do engenheiro de som Glyn Johns. Jimmy raramente havia tido a liberdade de experimentar as técnicas que foram usadas, mas vinha teorizando cada elemento por muitos anos. Agora, de seu próprio bolso e sob seu próprio comando, a demo polida que ele levou de volta a Pangbourne era a prova de que suas muitas intuições musicais estavam certas o tempo inteiro. "A ideia toda, a forma como vejo a gravação", Jimmy explicaria mais tarde, "é tentar capturar o som da sala ao vivo e a emoção daquele momento, tentar transmitir isso... É preciso capturar o máximo possível do som da sala. É a própria essência da coisa".

Glyn Johns se lembraria para sempre de que gravar o Led Zeppelin pela primeira vez foi uma experiência como nenhuma outra que ele teve como engenheiro de som, antes ou depois. "Eu nunca tinha ouvido arranjos daquele naipe antes, nem escutado uma banda tocar daquele jeito. Era simplesmente inacreditável e, quando você está em estúdio com algo de tamanha criatividade, é impossível não se nutrir disso."

Contudo, empolgação nenhuma seria capaz de competir com aquela sentida pelos quatro membros da banda ao final das sessões, quando concluíram um trabalho equivalente a três semanas de estúdio num processo efervescente de 30 horas – 15 para gravação e 15 para mixagem, segundo Jimmy. Com tudo pronto, a banda mal podia esperar para revelar ao mundo o disco finalizado. "Aquele álbum de estreia foi o que fez fones de ouvido significarem algo para mim pela primeira vez", recordou-se Robert Plant. "Me ouvir cantar pelos fones era melhor do que qualquer garota no mundo. Tinha tanto peso, tanta potência – foi devastador. Era tudo muito ousado."

Todos do Led Zeppelin – que gravaram ainda sob o título dúbio de The New Yardbirds – sabiam que tinham algo especial em mãos. Agora, cabia a Jimmy e Peter Grant vendê-lo a quem pagasse melhor.

⁂

A BANDA GRAVARA UM ÁLBUM INTEIRO ENTRE O RETORNO DA ESCANDINÁVIA e poucos dias de descanso antes de uma pequena turnê introdutória por casas inglesas – basicamente clubes e universidades – que Peter Grant conseguira agendar. Ainda conhecidos como The New Yardbirds por questões contratuais, eles sofreram uma combinação de rejeição e indiferença tanto pelos donos dos clubes quanto dos públicos de médio porte.

Ninguém poderia saber que o iminente renascimento do grupo como Led Zeppelin incitaria uma demanda colossal. John Bonham menos ainda. "Gravamos o primeiro álbum assim que voltamos da Escandinávia", observaria mais tarde. "Só estávamos juntos havia um mês, mas, na época, acho que eu não fazia ideia alguma de que o grupo conquistaria tanta coisa... Foi só em 1969, no mínimo, que houve alguma comoção na Inglaterra. Nosso empresário tentava conseguir algumas datas, e eles diziam: 'Quem é Led Zeppelin?'."

Como de costume, Jimmy Page tinha um plano grandioso para pôr em prática. Para ele, toda exposição era boa, já que o futuro lançamento do primeiro álbum garantiria acusações de "*hype*", enquanto os shows pré-lançamento somariam credibilidade e gerariam boca a boca. Ele instruiu Peter Grant a aceitar qualquer oferta, cachê ou escalação e ordem de show, e, contra todos os instintos que possuía, o empresário topou a modesta oferta da Universidade de Surrey de 150 libras para a estreia oficial do Led Zeppelin. A depender da insistência de cada casa, o grupo se alternou durante toda a turnê entre ser anunciado como The New Yardbirds e Led Zeppelin; no Marquee, no dia 18 de outubro, eram Yardbirds – e, quando retornaram ao clube londrino ao final da turnê, em 10 de dezembro, eram Led Zeppelin.

"Os Yardbirds se despedem de Londres esta noite no Marquee Club", anunciou um jornal da cidade em 18 de outubro, "e fazem sua última apresentação amanhã, na Universidade de Liverpool – depois da qual o grupo irá terminar. O líder Jimmy Page decidiu chamar sua nova banda de Led Zeppelin, que estreará nos palcos no final de outubro".

A única consistência real naqueles dias era o cachê baixo em todas as paradas: a banda ainda ganhava de 75 a 125 libras por noite, enquanto os produtores de TV se recusavam a colocá-la no ar.

No entanto, ao final de 1968, revistas musicais como a *Melody Maker* publicavam resenhas efusivas, enquanto os adolescentes faziam filas de virar o quarteirão para entrar nos shows da banda. Um jornal descreveu o Led Zeppelin como "o som mais empolgante que já ouvimos desde que Hendrix e o Cream surgiram". O primeiro show no Marquee também teve recepção positiva (sobretudo a erroneamente intitulada "Days of Confusion"), mas a maioria dos críticos se queixava do "grupo de música pesada" por tocar alto demais.

⁂

ENQUANTO JOHN E OS OUTROS MEMBROS DO LED ZEPPELIN CONTINUAVAM a se arrastar por aquela primeira leva de datas pelo Reino Unido, Peter Grant partiu para Nova York no início de novembro com o intuito de cravar o esperado contrato de gravação e distribuição mundial da banda. Armado com as primeiras fitas demo, uma mix bruta aprovada por Jimmy do álbum que ainda estava em andamento e esboços da capa, ele não aceitaria menos do que o cumprimento total da lista de exigências de Page: controle da produção de todos os álbuns, da arte e do design das capas; direitos de edição, da seleção da agenda e das paradas das turnês; e aprovação unânime do grupo quanto à estratégia e execução promocionais – em essência, controle total e irrestrito da entidade agora conhecida como Led Zeppelin.

Havia duas concorrentes principais no ringue pelos direitos de distribuição do Led Zeppelin. A primeira delas, a Columbia Records, parecia a mais lógica; a renomada casa de Miles Davis, Bob Dylan e Janis Joplin já tinha os direitos norte-americanos dos Yardbirds por meio da subsidiária Epic Records. O presidente da Columbia, Clive Davis, concluiu que também deteria os direitos dos New Yardbirds – ou qualquer que fosse a encarnação do grupo que Jimmy Page havia reconvocado. Davis, porém, estava errado. Os Yardbirds eram da EMI na Inglaterra; da Epic eram somente na América do Norte. Embora essa segunda gravadora detivesse os direitos individuais solo da banda, a EMI não detinha. No início das negociações, quando entrou para os Yardbirds, Jimmy havia brigado pelos direitos a suas próprias gravações – e venceu. Como ele nunca assinou com a EMI como artista solo, a Columbia não tinha direito algum sobre o novo material – dando a Peter sinal verde legal total para cortejar Ahmet Ertegun e Jerry Wexler, da Atlantic Records, de sua confortável suíte no Plaza Hotel.

Sob o controle de Ertegun e Wexler, a Atlantic Records expandira sua já prestigiosa reputação de provedora do R&B de significância cultural; Ray Charles, Aretha Franklin e Otis Redding haviam chegado ao sucesso *mainstream* para além de seus estilos nas paradas americanas graças ao fomento criativo da gravadora. Jimmy Page não só estava ciente disso, como também sabia que a Atlantic havia abraçado o tipo de rock pesado que ele buscava redefinir com o Led Zeppelin – e considerava as bandas Iron Butterfly e Vanilla Fudge colegas óbvias de gravadora. Sem o conhecimento de Clive Davis na Columbia, Peter Grant e Wexler já tinham começado as negociações. Wexler, inclusive, estava preparado para dar ao Led Zeppelin um adiantamento sem precedentes de 200 mil dólares, além de um acordo de *royalties* cinco vezes maior que o dos Beatles – tudo isso mais as exigências originais de Jimmy Page. Concordaram até com mais uma condição de última hora, garantindo que o Led Zeppelin faria parte do catálogo principal da Atlantic, não do selo Atco, menor – algo inédito para uma banda de rock. Mais do que satisfeito, Grant chamou Jimmy a Nova York para assinar a papelada.

Antes de cantar vitória, Grant tinha um último negócio mal resolvido para cuidar – pregar a estaca final do caixão dos obsoletos Yardbirds de uma vez por todas. Com as cartas da Atlantic na manga, Grant aceitou um convite para visitar Clive Davis na Columbia Records, com o presidente da gravadora sob a falsa impressão de que estava prestes a adquirir os direitos ao Led Zeppelin de Jimmy Page. Segurando a satisfação para aproveitar ao máximo, Grant jogou conversa fora modestamente com Davis a respeito da indústria, até que o presidente enfim lançou a questão. "Bem, não vamos falar de Jimmy Page?"

"Ah, não", disse Grant, fingindo inocência. "Já fechamos o Zeppelin com a Atlantic." Uma intempérie de fúria verbal foi trocada entre os dois magnatas gigantescos e acabou com Grant retornando ao conforto do Plaza Hotel para esperar a chegada de Jimmy.

⁂

JIMMY ATERRISSOU EM NOVA YORK DOIS DIAS DEPOIS E FOI DIRETO PARA OS escritórios da Atlantic, com Peter Grant a tiracolo. O guitarrista assinou de bom grado a papelada necessária e entregou as masters finais do álbum de estreia do Led Zeppelin. Em seguida à reunião, Grant informou a Jimmy que Jeff Beck estava na cidade naquela noite e tocaria com sua banda no Fillmore East. Sentindo um clima de celebração, Jimmy decidiu se encontrar com o velho amigo – e tocar para ele uma cópia do futuro lançamento do Led Zeppelin.

Jeff Beck não sabia que, para esse álbum, Jimmy havia escolhido deliberadamente gravar o velho blues de Willie Dixon, "You Shook Me". Por anos, Beck arrebentara com essa mesma música em apresentações ao vivo, quando ele e o vocalista Rod Stewart conduziam um dueto de guitarra e vocal sedutor num arranjo que transbordava contrapontos; o número impressionante se tornara uma das marcas registradas do Jeff Beck Group e virado um dos favoritos dos fãs, além de estar no novo álbum da banda, *Truth*. E agora Jimmy e seu novo parceiro no crime, Robert Plant, tinham regravado a canção, superando a versão de Beck com um ingrediente secreto – John Bonham na bateria.

Segundo Beck, Jimmy levou o LP ao *backstage* depois do show no Fillmore. "Ouça isso aqui, ouça o Bonzo, esse cara que arrumei, chamado John Bonham!", Page disse a ele. Os olhos de Beck se encheram de lágrimas enquanto ele ouvia a versão do Led Zeppelin. "Eu olhei para ele e falei: 'Jim, *como assim*?', e as lágrimas vinham com raiva."

* * *

Ao final da turnê, agora oficialmente como Led Zeppelin, Jimmy conduziu o grupo às últimas paradas pelo Reino Unido, com cachês baixos em lugares pequenos. A banda, contudo, não se deixou abalar, já que o adiantamento da Atlantic serviu de prova para Robert e John Paul de que seu destemido líder e o empresário Grant haviam cumprido as primeiras promessas com distinção.

Mais do que tudo, a preocupação inicial de John quanto a deixar o trabalho confortável com Tim Rose para se juntar ao projeto de Jimmy Page foi uma aposta que valeu a pena – e ele adorou finalmente poder fazer alguns mimos a Pat e Jason.

"John ainda morava num apartamento em um conjunto habitacional em Eve Hill, o que era bem interessante", recordou-se Dave Pegg. "Em alguns meses, ele o transformou com uma sala de estar à base de revestimento de carvalho e lustres de ouro, e todas as torneiras também eram de ouro."

Pegg relembrou, de forma bem-humorada, que parecia que o jovem baterista havia comprado tudo para o apartamento com Pat na Rackham's, a loja mais cara de Birmingham.

"Um moço das Midlands – e de repente ele tem essa grana toda!"

Capítulo Cinco

DEZEMBRO DE 1968–JANEIRO DE 1969

"Esta é a sua ideia de Natal?", John perguntou a Richard Cole enquanto o novo *road manager* conduzia o carro alugado pela Sunset Strip.

Agora se apresentando exclusivamente como Led Zeppelin, os rapazes viajaram de classe econômica de Londres, já que Grant e Page foram taxativos quanto à banda economizar o máximo possível nessa primeira visita aos EUA. Nesse novo cargo, Richard Cole estava determinado a entretê-los com todas as tentações e luxos que o orçamento modesto deles pudesse comprar. Afinal, concluíra Cole, haviam abdicado das festas de final de ano com as respectivas famílias. Mereciam.

"Não coloquei nenhuma camiseta nem sunga na mala, porra!", berrou John. "É melhor você dar um jeito neste clima antes que eu fique puto da cara de verdade!"

Uma semana antes, Peter Grant havia convocado uma reunião de última hora com a banda e anunciado que o Jeff Beck Group tinha desistido de uma turnê conjunta pelos EUA com o Vanilla Fudge – criando assim uma lacuna lucrativa para um grupo substituto e colocando os *promoters* americanos contra a parede. Por insistência de Jimmy, Grant persuadiu as casas a aceitarem o Led Zeppelin no lugar de Beck. Era dia 23 de dezembro e a banda esperava começar o novo ano conquistando um novo continente.

Cole e Page, os únicos que já tinham viajado pelos Estados Unidos, sabiam que um clima subtropical os esperaria em pleno inverno. Cole auxiliara os Yardbirds durante uma turnê por casas contraculturais no final de janeiro de 1968 e, já naquela época, pressentia um grande futuro para Jimmy. "Ele sabia que seria um líder dos grandes no rock", Cole comentaria mais tarde. "Dava para perceber. Quando os Yardbirds acabaram – embora só estivesse no grupo há um ano –, ele acabou dono do nome. Não me pergunte como, mas ele era dono do nome, que era uma mina de ouro, e ele sabia disso. Também sabia o que queria fazer com uma banda, só precisava dos indivíduos para complementá-lo."

Richard Cole nasceu em East London em 1945. Começou trabalhando como pedreiro, mas certo dia num pub, em 1965, alguém lhe ofereceu emprego como *roadie* para uma banda inglesa chamada Unit Four Plus Two. Um ano depois, já ganhava 20 libras por semana como *road manager* do The Who e, mais tarde, trabalhou para o Procol Harum. No final de 1966, passou a trabalhar para a New Vaudeville Band, na época empresariada por Peter Grant, emprego que manteve até o ano seguinte, quando se mudou temporariamente para os EUA para atuar como engenheiro de som do Vanilla Fudge. Com saudades de casa, contatou Grant na Inglaterra assim que surgiu uma vaga nos Yardbirds. Quando a banda se metamorfoseou no Led Zeppelin, era certo que Cole serviria de guia turístico para aquele desbunde norte-americano.

Com 22 anos, Cole só fora apresentado à banda brevemente em outubro ao passar no escritório de Peter Grant na Oxford Street. Tendo sido aspirante a baterista na adolescência, ficou muito interessado em conhecer John Bonham melhor. Por compartilharem um amor por Gene Krupa e Buddy Rich – e um apreço pela diversão e pelo caos –, os dois se deram bem de imediato.

⁂

Nos últimos dias de 1968, John se preparou para o primeiro gostinho dos EUA. Porém, o que deveria ter sido um momento de otimismo incrível foi, ao invés disso, uma correria frenética para cumprir tarefas de última hora e engolir em seco qualquer anseio sobre deixar Pat e Jason em casa durante as festas.

John também teria de encarar mais uma vez seu medo crescente de avião – agora numa travessia do Atlântico, ainda por cima. Nos dias anteriores à partida de Londres para Los Angeles, ele se ocupou com as compras de Natal e em fazer as malas, para então decolar com a banda.

O Led Zeppelin teve três dias para matar em Los Angeles antes da estreia oficial nos EUA, em Denver. Concordaram em dar algumas entrevistas cuidadosamente selecionadas à imprensa, mas optaram por dispensar ensaios; nas pequenas turnês pela Escandinávia e pela Inglaterra, já haviam passado em todos os exames finais necessários.

Richard Cole não teve escolha senão ceder à mão fechada de Grant. "Viajamos de classe econômica em voos comerciais e economizamos até os últimos centavos ao raspar o tacho do plano 'Discover America' da TWA", Cole se recordaria. "[Esse plano] nos permitia comprar passagens numa rota que atravessava os EUA com 50% de desconto em cada conexão... Na maioria das cidades, nos hospedávamos no Holiday Inn ou em algum outro hotel com preços razoáveis. Nos aeroportos, não havia limousines à nossa espera, mas carros alugados, geralmente Fords LTD da Hertz ou da Avis."

Grant liberara orçamento para uma equipe de estrada minúscula, só com duas pessoas para ajudar Cole, que também fazia as vezes de motorista da banda. Ao lado dele, cuja responsabilidade principal era Jimmy e Robert – os "rostos" do Led Zeppelin –, estavam Kenny Pickett, ex-vocalista do grupo Creation nos anos 1960, que logo recebeu o apelido de "Pissquick"[8], e seu amigo baterista Glen Colson, que transportara equipamento para a banda durante a turnê de inverno no Reino Unido. "Fiz uns seis ou sete shows com eles", Colson relembraria mais adiante. "Basicamente, Kenny e eu tínhamos de fazer de tudo. Nosso veículo era uma van Transit, e, em dois, precisávamos carregar um órgão Hammond B3, um P.A., uma bateria completa e dois *stacks* Marshall[9]. Carregamos aquele Hammond B3 que o John Paul Jones nunca usou... Nós nunca viajávamos com eles. Chegávamos ao local do show na Transit, montávamos o equipamento, e eles vinham mais tarde, num carro dirigido por Richard Cole."

Colson logo notou que, ao longo daquela primeira turnê, a dinâmica da banda era uma gangorra de poder e direção que sempre pendia a favor do líder Jimmy Page. "Até onde eu entendia, Jimmy era o chefe, e nenhum dos outros dizia uma palavra sequer", ponderou. "Embora Kenny tenha me apresentado a eles, nunca falavam e só sorriam. Ficavam sentados no camarim sem falar nada. Acho que só estavam fermentando, prontos para explodir no palco."

Além dos dois ajudantes, foi feita ainda uma pequena concessão a Cole. Graças às turnês anteriores com o The Who, os Yardbirds e o Vanilla Fudge – a quem o Led Zeppelin se juntaria dali a algumas noites –, Cole conhecia bem o luxo espalhafatoso do notório hotel Chateau Marmont e o escolheu como base de operações temporária da banda. Lá, os integrantes compartilharam bangalôs externos, e John insistiu em ficar hospedado com seu único amigo de verdade na banda, Robert, ao passo que Jimmy dividiu o seu com Cole.

8 Algo como "Mijadinha" – porém, não temos o contexto de como surgiu esse apelido! (N. do T.)

9 O *stack* Marshall é o conjunto composto por cabeçote (amplificador) e duas caixas com quatro falantes de 12 polegadas. O cabeçote combinado a somente uma caixa é conhecido como *half stack*. (N. do T.)

"Ficamos na suíte de onde Burl Ives acabara de sair", Robert Plant se recordaria. "As GTOs[10] estavam pelo corredor, Wild Man Fischer[11] e todas aquelas figuras da Sunset Strip da época... Fui teletransportado." Para Robert, a aceitação generalizada que L.A. tinha da cultura hippie foi uma mudança de cenário muito necessária. Numa visita a Page em Pangbourne, poucos meses antes, Plant fora importunado na rua por uma senhora que xingou suas longas madeixas loiras; quando ele abordou um policial para prestar queixa do assédio, o homem ficou do lado da senhora. Agora, na ensolarada Califórnia, Robert pôde respirar aliviado e, bem literalmente, soltar o cabelo.

O Chateau Marmont era o lugar perfeito para o Led Zeppelin mergulhar de cabeça numa piscina de amor livre e libertinagem. Uma das marcas registradas de West Hollywood, foi construído em 1929 e especificamente projetado para ser um oásis para a elite insana da cidade. Quatro décadas depois, ainda acomodava uma clientela vastamente diversa, dos chiques aos perversos, e assim se tornou um ponto de encontro híbrido, onde astros e estrelas do *mainstream* poderiam se misturar a boêmios, iconoclastas e aspirantes à fama. Sob circunstâncias normais, era o local ideal para propiciar distrações exóticas aos membros do Led Zeppelin enquanto eles estivessem com o caixa em baixa, mas, em pleno final de ano de 1968, a única coisa que os rapazes desejavam era um peru de Natal feito em casa. Surpreendendo os companheiros, John topou de bom grado usar a cozinha de luxo da suíte do Chateau, oferecendo-se para preparar aos demais uma das especialidades natalinas de sua mãe.

A banda pouco conversou enquanto comia. A única ausência era de John Paul Jones, que logo criaria o hábito de reservar suas próprias

10 Girls Together Outrageously, o grupo feminino formado por *groupies* da cena da Sunset Strip no final da década de 1960. (N. do T.)

11 Artista de rua conhecido por apresentar canções *a cappella* por um centavo nas praias de Los Angeles e na Sunset Strip. (N. do T.)

acomodações em algum outro lugar. Nessa ocasião, Jones e a esposa tinham viajado para os EUA separadamente e com planos de passar o Natal com a cantora Madeline Bell em Nova York. Mais tarde, quando se juntou aos demais para o restante dos shows na Costa Oeste, dividiu seu quarto com Pissquick.

Sem garantias de que a turnê pelos EUA correria tão bem quanto Jimmy e Peter Grant haviam prometido e sem o conforto da família para se apoiar, a solidão bateu mais forte em John e Robert. John ficara animado com o primeiro Natal em que seria capaz de fazer um agrado de verdade a Pat e Jason, e Robert tinha acabado de se casar; depois de um show do Led Zeppelin no Roundhouse, em Londres, no dia 9 de novembro, no qual seu antigo herói John Lee Hooker abriu para a banda, Plant e Maureen se casaram numa cerimônia improvisada imediatamente após a apresentação. Agora, sozinho nos EUA, aquela noite parecia ter acontecido séculos atrás.

"Detesto ficar insistindo nisso, mas é realmente uma merda estar tão longe assim da minha esposa no Natal", Robert enfim desabafou, quebrando o silêncio. "Uma grande merda!"

Jimmy concordou timidamente, mas se manteve certo de que a compensação viria. Ele e Grant haviam apostado aquela empreitada musical por completo nos públicos norte-americanos – e Page tinha desembolsado uma fortuna por conta própria. John se mantinha silenciosamente esperançoso, mas as saudades de casa o enchiam de uma dúvida inquieta. Depois de anos prometendo a Pat que conseguiria se dar bem tocando bateria, os últimos meses haviam enfim provado que seus instintos poderiam estar corretos – porém, sendo os EUA o teste definitivo para o estrelato em potencial, esta era a viagem capaz de realizar o sonho ou destruí-lo. Assim como Jimmy havia colocado fé no Zeppelin, John colocara a sua em Jimmy e Grant. Contrário a seu feitio, Grant optara por ficar em casa com a família no Natal, deixando Jimmy como o único agente do otimismo; em antecipação à estreia em Denver, que se aproximava, o moral estava definitivamente baixo.

A decisão de Grant de ficar de fora da decolagem do Led Zeppelin nos EUA deixou todo mundo confuso e desconfiado, e o empresário imediatamente se arrependeu da escolha. Sempre protetor, Grant, ao invés disso, passou o tempo todo no escritório na Oxford Street a serviço dos rapazes, dando telefonemas internacionais consecutivos para todas as estações de rádio FM das cidades pelas quais a banda passaria, "lembrando" gentilmente os respectivos diretores de programação sobre a chegada iminente do Led Zeppelin. Um estrategista nato, Grant também perguntava aos DJs quais faixas do novo álbum eram as favoritas dos ouvintes americanos; Jimmy insistia em saber como dar ao público o que ele queria na hora do show.

Na manhã seguinte àquele Natal triste, a banda embarcou no LAX num voo da TWA para o Colorado, mais uma vez de classe econômica. No *backstage* do Denver Coliseum, enfim se encontraram com um descansado, porém igualmente ansioso, John Paul Jones. Apesar dos nervos, todos foram encorajados pelo lugar que ocupariam numa escalação tripla de peso, já que o Led Zeppelin abriria para o Vanilla Fudge e para o Spirit. John estava particularmente disposto a conhecer o monstruoso baterista do Fudge, Carmine Appice; passara horas estudando os solos e viradas de Appice do álbum de estreia do grupo, de 1967, bem como do segundo, *The Beat Goes On*, lançado em fevereiro de 1968. Esta noite, depois de tanto tempo, John poderia enfim contar com o pesado baterista entre seus colegas de profissão.

Foram reservados 45 minutos de palco para o Led Zeppelin, o suficiente para uma meia dúzia de músicas, mais o extenso solo de Jimmy com o arco de violino. John, por sua vez, vinha trabalhando num solo próprio, a longa composição com a qual ele frequentemente divertia Pat em casa. Esta noite, o público americano teria o primeiro gostinho dessa amostra virtuosa, que John batizara, na brincadeira, de "Pat's Delight".

À medida que a hora do show se aproximava, os rapazes do Zeppelin suavam bicas. Enquanto Jonesy se apoiava contra uma parede do camarim compartilhado, olhando em silêncio para o chão com os braços cruzados sobre o peito, John batucava inquietamente em caixas de papelão empilhadas no chão, como se fossem peles de bateria. Por fim, ouviram o *promoter* do show, Barry Fey, rugir do lado de fora: "Senhoras e senhores, recebam calorosamente em Denver o Led Zeppelin!".

Jimmy, Jonesy, Robert e John se entreolharam por um longo instante. Em uníssono, marcharam em fila pelos degraus de concreto em direção ao palco. John ia atrás, com os olhos no chão e uma baqueta girando na mão direita. Os EUA seriam a salvação ou a ruína da banda.

⁂

"A partida do show foi dada por outro peso-pesado, o Led Zeppelin", escreveu o crítico musical Thomas MacCluskey para o *Rocky Mountain News* na manhã seguinte, "um grupo britânico em sua primeira turnê pelos EUA. De base blues, embora não sejam uma banda de blues, eletrizante, o pacote completo do rock *mainstream* – tocado com potência, determinação e suingue ao final do *set*".

Na sequência, MacCluskey teceria comentários sobre todos os quatro membros, reservando algumas críticas apenas aos rapazes das Midlands ao acrescentar que, embora Robert estivesse "um pouco acima da média em termos de estilo", não possuía "nenhum apelo sonoro em especial". Quanto a John, era "um baterista de banda muito eficaz, mas pouco inventivo, nada sutil e anticlimático num solo insosso". John desafiaria esse consenso no ano seguinte.

Jimmy foi o único que recebeu elogios efusivos pela sua performance. Ironicamente, a resenha foi publicada ao lado de um anúncio de *Blow-Up*, filme italiano de suspense que tinha uma participação dos Yardbirds durante a era final com Jimmy Page. Mais tarde, Barry Fey se recordaria da noite de modo bem diferente: "Eles começaram a tocar e foi incrível... Um show inacreditável; o público ficou boquiaberto... Foi um grande dia na história de Denver".

Porém, apesar das poucas palavras gentis proferidas para suavizar a pancada, essa resenha deu início ao que se tornaria uma desconfiança duradoura que o Led Zeppelin teria de críticos musicais e jornalistas – John em especial, cujo comportamento e sua aparente indiferença seriam motivo da maior parte da cobertura da imprensa, ao invés de sua inovação e estética. No mundo do jazz, a boca fechada dera certo para a mística de Miles Davis; para os *rock stars*, não era bem assim.

Embora a banda relutasse em admitir, o boca a boca inicial seria crucial para a entrada no mercado americano. O primeiro LP só chegaria às prateleiras dos EUA dali a cinco semanas e, infelizmente, perderia a temporada natalina, mas ainda traria uma vantagem em relação à concorrência logo no início do ano. Jeff Beck, os colegas de Birmingham Black Sabbath, os Rolling Stones, o The Who, o Jethro Tull, o The Doors e a mais recente banda de Clapton após o fim do Cream, o Blind Faith, estavam todos trabalhando em projetos secretos que deveriam se esbarrar ao longo de 1969, cada um deles abraçando o som pesado que Jimmy Page queria dominar. Não bastasse isso, havia rumores de que os Beatles lançariam seu trabalho final naquele ano.

Numa extensão da filosofia de Page de "deixar a música falar por si", tudo o que o Led Zeppelin poderia fazer era superar todos eles no rock – mas isso teria de ser feito pessoalmente.

Como havia ocorrido na Escandinávia e em casa, o público fazia fila para ver o hard rock e o blues de alta octanagem do Zeppelin, mas aquele batismo americano era precoce o suficiente para os jornalistas musicais poderem causar um estrago significativo à mínima chance que tivessem. A melhor estratégia possível, como Jimmy lembrava repetidamente a seus colegas de banda, era somente chegar e tocar – e ter fé no álbum quando ele fosse lançado, em meados de janeiro.

Em Portland, Oregon, alguns dias depois da estreia em Denver, a profundidade e a energia da habilidade de John não mais seriam discutíveis entre o público. No meio do *set*, John se lançou num solo selvagem, numa maratona de dez minutos. "Pat's Delight" já se transformava e evoluía numa peça mais longa de um homem só. Das coxias, seus três companheiros, mais Richard Cole, observavam transfixados a performance insana.

"Jesus amado", disse Cole quando John enfim levou "Pat's Delight" a um fim trovejante. Voltou-se para John Paul Jones. "Bonzo é incrível!"

Jonesy deu um sorriso sagaz e então se juntou aos outros dois, que voltavam para o palco.

Os companheiros de banda de John não eram os únicos a notar a autoconfiança e a assertividade renovadas do baterista; os membros do Vanilla Fudge também perceberam – em particular, o próprio baterista virtuoso deles, Carmine Appice.

"Naquela bateria, John era como uma bola de fogo", Appice diria posteriormente. "Ouvi aquela coisa que ele fazia com o pé, a tercina em 'Good Times Bad Times', e fiquei estupefato. Quando enfim pude conhecê-lo, disse a ele: 'Adoro aquilo que você faz com o pé', e ele: 'Como assim? Peguei isso de você'. E eu então falei: 'Mas eu nunca fiz essa tercina'. 'Fez sim', rebateu ele. 'Em "Ticket to Ride", no primeiro álbum do Vanilla Fudge.' Depois disso, peguei para ouvir o disco do Fudge de novo, e, sim, toquei uma tercina entre a mão e o pé. Mas ele fez tudo com o pé. *Isso* me deixou estupefato."

Ao longo dos cinco shows seguintes, Bonham e Appice "se tornaram como irmãos", recordou-se John Paul Jones. Não só o Led Zeppelin e o Vanilla Fudge tinham uma abordagem estética similar ao rock "pesado", mas também compartilhavam da mesma gravadora – a Atlantic, embora o Vanilla Fudge fosse lançado pelo selo Atco, que Peter Grant e Jimmy haviam lutado para evitar –, e ambas as bandas eram representadas pelo mesmo advogado, Steve Wiess. Além disso, Richard Cole também fora *road manager* do Fudge nos primeiros anos em que morou nos EUA – assim que o Fudge retornou de alguns shows no Reino Unido, abrindo para ninguém menos que os Yardbirds com Jimmy Page. Agora que o Fudge retribuía o favor, os dois bateristas poderosos tinham tempo de sobra para expressar a apreciação mútua.

"Eu fazia um negócio em 'You Keep Me Hangin' On' em que girava a baqueta e pegava o prato com o braço", recordou-se Appice. "Quando John me viu fazer isso, começou a me imitar. Naquela época, ficávamos do lado do palco e assistíamos um ao outro tocar. Ele olhava para mim e dizia: 'Fica vendo' – girava a baqueta e pegava o prato com o braço – e aí eu dava um joia para ele. 'Isso aí, massa!'"

Desde que ouviu o álbum de estreia do Vanilla Fudge, no ano anterior, John estava particularmente fascinado com uma técnica misteriosa que Appice parecia aplicar com o pé direito no bumbo. Ouvindo o disco incessantemente, ele passou semanas tentando reproduzir aquele som feito por seu ídolo americano, e, como o velho amigo Mac Poole se recordaria, essas primeiras tentativas só causaram confusão entre os companheiros do A Way of Life. "No esforço de acertar, ele ferrava com a banda", relembrou Poole. "Eu o vi ferrar com tantas bandas ao tentar fazer algum truque em particular que, se desse certo, seria maravilhoso – mas nunca dava. Por fim, depois de diversos shows, ele pegou, e, ao final, você achava o resultado brilhante."

Foi só ao sair em turnê em companhia de Appice que John enfim descobriu o verdadeiro segredo daquele som obscuro – Appice era um dos poucos bateristas de rock da época a tocar não com um, mas com dois bumbos. Meses depois do final da turnê do Led Zeppelin com o Vanilla Fudge, John se encontrou com Poole no Run Runner, em Birmingham, e compartilhou a revelação enquanto tomavam drinks. "Perguntei o quão fantástico Carmine era", relembrou Poole, "e ele respondeu: 'Fantástico, mas você não vai acreditar – ele tem *dois* bumbos!'. Nós achávamos que ele fazia aquilo com um pé num único bumbo. Fomos enganados. Agora, todo mundo fala de John Bonham e seu único bumbo – a verdade é que isso só se deu por engano".

Na época em que o Led Zeppelin abriu para o Fudge, o arsenal baterístico de Appice era um *set* Ludwig que ele adquirira apenas seis meses antes da turnê e contava com dois bumbos – ambos com impressionantes 26 polegadas de diâmetro. Dos anos 1940 ao início dos anos

1960, os bumbos maiores eram lugar-comum entre os músicos de jazz e das *big bands*, e bateristas tão distintos quanto o primeiro herói de John, Buddy Rich, e o contemporâneo Louis Bellson já tinham trazido à baila tais tambores tão imensos. No rock 'n' roll, porém, equipamentos desse tamanho eram bem raros. Appice aplicava deliberadamente o método de jazz para criar um equilíbrio da percussão com a demanda crescente por amplificadores de guitarra maiores; se Bellson ainda podia ser ouvido junto da orquestra de Duke Ellington sem a necessidade de microfones, Appice também seria ouvido no Vanilla Fudge se reproduzisse o *setup* de Bellson com dois bumbos.

Por seus esforços, Appice conseguiu um prestigioso contrato de parceria com a Ludwig e, depois de conhecer John, rapidamente solicitou que o mesmo tipo de patrocínio e equipamentos gratuitos fossem concedidos ao novo amigo. John ainda usava o mesmo *set* que usara na turnê de Tim Rose, o kit Super Classic verde cintilante que contava com apenas um bumbo de 22 polegadas; consequentemente, ele abraçou de cara a oportunidade de obter um equipamento próprio à altura do *set* customizado de Appice – a primeira Ludwig construída em *maple*, belíssima.

"Quando Bonzo viu a minha bateria, ficou maluco", Appice se lembraria. "'Meu Deus, que bateria maravilhosa'... Aí liguei para a Ludwig e disse: 'Ouçam, tem uma banda da Atlantic que está abrindo para nós, o Led Zeppelin. Acho que eles vão ser grandes'. Que eufemismo, não? Então enviei uma cópia do primeiro disco do Zeppelin. Uma semana depois, liguei de novo: 'E aí, o que acham?'. 'Ótimo, sem problema – vamos fechar um acordo com eles.'"

John pediu um pequeno favor a seus novos patrocinadores: queria algo maior e mais alto e insistiu num *set* com as especificações de Buddy Rich. Acatando o pedido, a Ludwig lhe forneceu dois bumbos de 26 polegadas, um tom e dois surdos, um prato de condução preso ao bumbo e dois pratos de ataque horizontais para reproduzir os efeitos de *big band* de Rich. John Paul Jones brincou que não entendia por que

John precisava de dois bumbos; com apenas um pé, ele já fazia mais do que a maioria dos bateristas fazia com dois pés e duas mãos.

Segundo Appice, não demorou muito após a chegada do kit para que ele e John arrebentassem por completo aquele equipamento supostamente durável. "Depois da parceria com a Ludwig, John e eu testamos alguns suportes novos da marca quando tocamos no Kinetic Playground, em Chicago. Ao final da noite, ambos havíamos quebrado as ferragens, então as devolvemos e dissemos: 'Precisam ser muito mais fortes; nós as quebramos'. Você precisava ter visto o choque no rosto do pessoal da Ludwig!"

Naquela primeira turnê pelos EUA, o *roadie* Glen Colson trabalhou como técnico de bateria de John e estava presente no dia em que o estimado kit Ludwig de *maple* foi entregue. "Acho que foi feito sob medida para ele. Quando montei o kit pela primeira vez, ele foi à loucura – e Jimmy Page não conseguia entender o que Bonzo fazia. Era tanta bateria que ele não conseguia se concentrar – não conseguia manter o tempo. Então Jimmy me ordenou a nunca mais montar os dois bumbos. Eles assustaram todo mundo."

Além do kit de *maple*, a Ludwig surpreendeu John com baquetas mais resistentes e grossas, adequadas para seu reconhecido estilo de tocar. "Chegou uma caixa enorme de baquetas – as mais grossas que eu já tinha visto", recordou-se Colson. "John quebrava umas duas ou três baquetas por noite, e eu precisava entregar as novas a ele da beirada do palco."

Durante a breve turnê da banda pela Inglaterra, Colson testemunhou um pequeno episódio que parecia prenunciar a fúria que John teria no futuro ao ficar longe de casa por períodos extensos. "Eu me lembro de Bonzo arrebentar um camarim, foi a primeira vez que vi algo do tipo", o *roadie* viria a admitir. "Cheguei para um show numa faculdade pouco antes de eles entrarem no palco, e ele tinha arrancado todos os alto-falantes da parede... Obviamente, aqueles shows eram um aquecimento para os EUA. Muitos deles só contavam com um terço da lotação, então não era nada de mais."

O comportamento errático de John era, em geral, atribuído a seu medo nato de palco e nutrido pela imensa tolerância dele ao álcool. A princípio, era uma fonte de humor para a banda, até que Cole enfim chamou John de lado durante um momento mais calmo e o questionou a respeito. "Bonzo costumava dizer que era impossível voltar ao hotel após uma apresentação e beber chá ou chocolate quente e assistir à TV", o *road manager* se recordaria. "Depois de se desdobrar pela bateria com a força de uma bomba atômica, Bonzo precisava literalmente de horas para se acalmar e desopilar."

"Sou hiperativo demais", John admitiu. "Preciso me soltar e esfriar a cabeça."

⁂

A BANDA FEZ MAIS UM SHOW BEM-SUCEDIDO EM PORTLAND, OREGON, NO final de 1968. Lá, uma nevasca impediu que embarcassem de volta a Los Angeles, o que forçou Cole a levá-los de carro, dirigindo naquele tempo pesado. Ao retornar ao Chateau Marmont, penosas 24 horas depois, o sistema imunológico enfraquecido de Jimmy enfim cedeu, levando o destemido líder da banda temporariamente à cama, com gripe. Enquanto ele se recuperava, os demais celebravam o Ano-Novo, preparando-se para a estreia iminente na Sunset Strip do único jeito factível: bebendo para matar o tempo. E, segundo Richard Cole, cada um deles tinha sua bebida de preferência: "John Paul gostava de gim tônica; Robert bebia vinho na maioria das vezes, ocasionalmente scotch; Jimmy era fiel ao Jack Daniel's; já Bonzo e eu não éramos tão exigentes – Drambuie, cerveja, champanhe, bebíamos praticamente de tudo".

A bebida se tornou rapidamente o escape do grupo para lidar com os nervos e o medo do palco no início da turnê, sendo logo somada a outras copiosas substâncias que circulavam constantemente pelo Marmont. "Com todos os estresses que acompanham o lançamento de uma nova banda – e as turnês em geral –, o álcool se tornou nossa companhia constante", Cole admitiu. "Também fumávamos muita maconha e, de vez em quando, cheirávamos uma ou duas carreiras de cocaína. Mas o excesso de álcool era quase diário. Ajudava a passar o tempo e a abrandar as ansiedades."

Os quatro membros da banda estavam reconhecidamente com os nervos à flor da pele, já que o próximo lugar em que tocariam, o Whisky a Go Go, consagraria ou acabaria com a reputação deles na cena de L.A. O prédio do Whisky já fora uma filial do Bank of America; foi vendido e pintado numa cor verde característica, e os balcões e mesas foram substituídos por um palco e por gaiolas de vidro construídas para abrigar dançarinas. Ao longo de toda a década de 1960, o clube se tornou um dos maiores marcos da vanguarda para a revelação de novos artistas e apresentou a West Hollywood nomes como The Doors, The Byrds, Buffalo Springfield, o Love, de Arthur Lee, e Frank Zappa.

As três noites em que o Led Zeppelin tocou no Whisky foram um sucesso tremendo. Entre os astros presentes estavam o ator Steve McQueen e o ícone da bateria Buddy Miles, segundo reportagem da colunista social Carol Deck na revista *Hollywood*. Los Angeles abraçara oficialmente o Led Zeppelin e logo veria a banda como seus filhos adotivos favoritos. Em troca, a casa se tornou a toca não-oficial deles sempre que estivessem em L.A., "onde podíamos beber quase até cair", recordou-se Richard Cole, algo que "todos eles faziam muito bem", sem saber que John já vinha aperfeiçoando essa habilidade havia anos.

* * *

Em 9 de janeiro de 1969, dia do 25º aniversário de Jimmy, a banda fez mais uma residência de três noites, desta vez no Fillmore West, em São Francisco, abrindo para o Country Joe & The Fish e para o Taj Mahal, artistas maiores que denominaram o Led Zeppelin como "atração de abertura". Ao mesmo tempo que injetaram ânimo na autoconfiança da nova banda, os shows no Whisky, de modo mais contundente, impulsionaram o boca a boca que chegava às cidades descoladas da Califórnia, algo que eles viram já na primeira noite em São Francisco. "Bonzo e eu nos entreolhamos no meio do *set* e pensamos: 'Meu Deus, temos algo aqui'", Robert Plant relembraria. "Foi a primeira vez que nos demos conta de que o Led Zeppelin poderia significar alguma coisa... Havia tanta intimidade com o público e, se você conseguisse conquistar São Francisco no auge do Jefferson Airplane e do Grateful Dead, não era pouca coisa."

No caminho de volta ao hotel, John enxugava o rosto de orelha a orelha. Para surpresa de Plant, seu conterrâneo das Midlands uivou no ar noturno: "Esse show atingiu todo mundo como um raio!".

Mais tarde, Jimmy descreveria a importância daquela noite de maneira mais eloquente a um repórter. "Fomos para a Califórnia e causamos um certo rebuliço por ali, em especial no Fillmore, em São Francisco", afirmou ele. "De repente, o nome da banda se espalhou feito fogo num matagal."

Capítulo Seis

FEVEREIRO DE 1969–AGOSTO DE 1969

Mick Bonham não tinha notícias do irmão mais velho desde que o deixou no aeroporto de Heathrow antes do Natal. Enquanto John se encontrava nas garras da saudade de casa e do nervosismo, Mick se ocupava em ligar para Pat para ver como ela e Jason estavam, já que os dois tinham passado as festas com a família dela. Agora, com a agenda incessante do Led Zeppelin ganhando força à medida que a banda seguia para a Costa Leste, a comunicação com a terra natal se tornava ainda mais inconstante.

Mick se mantinha ocupado à espera do retorno de John, após ter assumido o antigo cargo do irmão na Osbourne & Son. Sabendo que o Led Zeppelin tocaria em Chicago, depois faria duas noites em Memphis e, por fim, encerraria a turnê em Miami no dia 15 de fevereiro, ele só esperava ver John dali a algumas semanas, portanto "foi bem chocante quando ele adentrou a loja" para surpreender o irmão mais novo no dia 4 de fevereiro.

"Ele me disse que simplesmente tinha sentido necessidade de voltar para casa para ver a família e passou a me contar todas as aventuras das seis semanas anteriores durante o meu horário de almoço", Mick se recordaria.

Em seguida aos shows no Fillmore East (31 de janeiro e 1º de fevereiro), o Zeppelin tocou no Rock Pile, em Toronto, em 2 de fevereiro.

"O Led Zeppelin... é um descendente da última edição dos Yardbirds", escreveu Ralph J. Gleason em 19 de janeiro, "a que sobreviveu à partida de [Jeff] Beck. Jimmy Page é o guitarrista solo e é, suspeito eu, um guitarrista melhor do que Beck... Para mim, o ponto fraco do grupo é o vocal, bastante fraco" – sem nem mencionar o baterista.

Depois desse show, a saudade de casa que John sentia chegou ao nível do desespero, e ele suplicou para que Jimmy e Richard Cole o deixassem fazer um breve retorno à Inglaterra. Mesmo em meio à grande força que a banda vinha ganhando, eles cederam e cancelaram uma maratona de três noites no Scene Club, em Nova York.

John admitiu isso a Mick e reclamou que, dali a três dias, deveria cruzar o Atlântico novamente a tempo da estreia do Zeppelin em Chicago, no Kinetic Playground, seguido pelo *grand finale* no Three Image Club, em Miami Beach. O Bonham mais jovem ouvia com o fôlego suspenso as revelações de John sobre as aventuras das últimas seis semanas. Além do primeiro e triunfante show da banda nos EUA, em Denver, ele falou de Los Angeles e do Whisky, de São Francisco e do Fillmore, de San Diego e Toronto. Mas Boston e Nova York eram os cenários das anedotas das quais John mais se orgulhava.

No final de janeiro, os rapazes tinham feito seus shows mais bem-recebidos até então – uma residência de quatro noites no famoso Boston Tea Party, clube instalado num antigo templo no South End de Boston, Massachusetts. Tanto Peter Grant – que enfim se juntara à turnê – quanto Jimmy consideravam a temporada crucial, especialmente devido à sua localização numa das cidades universitárias mais influentes dos EUA, com uma população enorme de estudantes. Eles sabiam que, quando o Fleetwood Mac chegou de Londres alguns meses antes, foi recebido de braços abertos nos corações da juventude americana, assim como Jeff Beck, pouco depois. Em Boston, John reconheceu, os instintos de Grant acertaram na mosca; o Led Zeppelin foi chamado, em média, sete vezes para um bis em cada uma das noites. Na primeira, Jimmy cutucou John Paul durante um desses bis enquanto tocavam "How

Many More Times", a tempo de testemunhar os garotos na fila do gargarejo baterem a cabeça contra a beirada do palco.

Radiante por estar presente para ver um sucesso estrondoso como aquele, depois do último bis, Grant literalmente levantou cada um dos quatro membros da banda e os apertou fortemente num abraço de urso paternal.

"Não sei explicar por que nos tornamos tão grandes nos EUA", Page rememoraria. "Só consigo pensar que causamos uma boa impressão depois da incrível receptividade que tivemos no Boston Tea Party e no Kinetic Circus, em Chicago, mas foi no Fillmore West que soubemos que tínhamos realmente conseguido. Foi simplesmente... *explosivo*!"

Quatro noites depois, eles abriram para o Iron Butterfly no Fillmore East, em Nova York. Ciente de que o Butterfly ainda era a banda "pesada" mais popular na cena americana de rock 'n' roll, Grant puxou Jimmy de lado antes do show e o alertou de que era responsabilidade do Led Zeppelin botar os *headliners* para correr do palco. Vestido em seu extravagante terno vermelho de veludo, Jimmy então conduziu o golpe contra o Butterfly, comandando o Zeppelin por duas horas, mais bis. Enlouquecido pela bebida e pela adrenalina, no clímax do show, John saltou o máximo que suas pernas permitiram e berrou a plenos pulmões.

Mick gargalhou quando ele contou o arremate da história: amedrontados por ter de tocar após a performance do Zeppelin, os membros do Iron Butterfly se recusaram a entrar no palco.

"E então", recordou-se Mick, "John foi embora de novo."

⁂ ⁂ ⁂

QUANDO O ÁLBUM DE ESTREIA *LED ZEPPELIN* CHEGOU ÀS PRATELEIRAS DOS EUA, em 12 de janeiro de 1969, a banda já tinha conquistado jovens de diversas áreas metropolitanas. Não só os shows haviam gerado burburinho suficiente para transformar o lançamento do disco num evento ansiosamente aguardado, como também as rádios FM progressivas já tinham abocanhado cópias piratas de "Communication Breakdown" e "Dazed and Confused", tocadas havia semanas, causando um frenesi entre os adolescentes amantes de rock. A máxima de "nada de compactos" de Jimmy e Grant também tinha valido a pena, já que os novos públicos, famintos por um gostinho do Zeppelin, não reclamaram por desembolsar o dinheiro para um LP completo. Porém, enquanto muitos críticos acusavam a banda de um "*hype*" motivado unicamente pelo sucesso financeiro, quando as vendas consistentes do álbum resvalaram em mais ataques da imprensa, o Zeppelin não ficou só desnorteado – eles ficaram confusos, magoados e, por fim, furiosos.

Por muito tempo considerada a maior revista americana de rock, a *Rolling Stone* estabeleceu um precedente de lançar virulência verbal na direção da banda. "O mais recente grupo britânico de blues, assim concebido, oferece pouca coisa que seu irmão gêmeo, o Jeff Beck Group, não tenha feito tão bem quanto ou melhor, três meses atrás", escreveu o crítico da casa John Mendelsohn na edição de 15 de março, acrescentando que o Led Zeppelin era pouco mais do que uma combinação de "um guitarrista excelente que, desde que deixou os Yardbirds e/ou Mayall, se tornou uma divindade musical menor, uma cozinha competente e um cantor de soul estridente que sabe fazer umas boas imitações".

Apesar das críticas, John não podia estar mais orgulhoso da estreia da banda e mal aguentava esperar para compartilhar o produto final com sua família e seus amigos mais próximos. "No dia 18 de fevereiro, recebi um telefonema de John, me dizendo que já estava de volta e que tinha uma cópia do primeiro álbum", recordou-se Mick Bonham. "Ele estava muito entusiasmado com tudo aquilo e me convidou para ir à casa dele naquela noite para ouvir – é claro que eu gostaria, mas já tinha planos. 'Tudo bem', disse John. 'Traga todo mundo. Vamos fazer uma festinha.'"

Mick buscou os amigos e foi direto para o apartamento de John e Pat em Eve Hill, com medo de que eles – fanáticos devotos de soul e

R&B – não dessem a John o tipo de receptividade que ele obviamente esperava. Porém, após as apresentações, Pat pôs Jason para dormir enquanto John se servia de uma taça de vinho e colocava uma cópia nova em folha de *Led Zeppelin* no toca-discos. "Nas primeiras duas faixas, só trocamos olhares curiosos de lado, enquanto John comentava avidamente a respeito de quem fazia o quê em cada uma", recordou-se Mick. "Acho que foi esse completo entusiasmo dele pela banda e pela música, além dos momentos inacreditáveis que ele passou nos EUA, que realmente me fizeram começar a curtir o trabalho... No fim, foi o fato de que, ao final da turnê, eles tiveram a conquista que desejavam. Eram a banda de quem todo mundo falava."

John deveria partir em turnê novamente em questão de dias. A partir de 24 de fevereiro, a banda retomaria de onde havia parado os shows pelo circuito de clubes do Reino Unido. Antes de Mick e seus três amigos irem embora naquela noite, John informou ao irmão que havia reservado o elegante Lafayette Club para celebrar o 21º aniversário de Pat na segunda-feira seguinte – e que o Led Zeppelin seria o entretenimento da noite. Para a surpresa e deleite da turma, John convidou a todos para a noitada, que prometia.

Enquanto Mick caminhava até o carro, ouviu John gritar da janela do apartamento: "*Oi*! O que você acha do novo possante?", perguntou, apontando para um belo Jaguar S-type preto novíssimo estacionado na frente do prédio.

"*Brabo, hein?!*", berrou John, com um sorrisão por trás da barba.

⁂ ⁂ ⁂

Quando eles caíram na estrada mais uma vez para o show de 1º de março[12] no Van Dike Club, em Plymouth, estavam só começando a se

12 Segundo o site do Led Zeppelin, este show foi cancelado. (N. do T.)

sentir como campeões. Grant informou que *Led Zeppelin* havia entrado nas paradas dos EUA na 90ª posição, avançando a cada dia. E o mais importante: todas as apresentações tinham os ingressos esgotados – e mesmo se os críticos se dividissem quanto ao álbum, as resenhas dos shows mais do que faziam jus à reputação cada vez maior da banda. Jimmy Page já não era mais considerado um mero "músico de estúdio" extraordinário, mas sim um rival legítimo de Beck, Clapton e Hendrix na guitarra. Embora ainda não tivesse conquistado o mundo, sua meticulosa reunião dos membros do Led Zeppelin era verdadeiramente uma soma das partes. Da mesma forma, John Paul Jones tinha emergido das sombras como um "músico dos músicos" legítimo, e seu domínio astuto de múltiplos instrumentos lhe rendia louvor universal. E embora Robert Plant fosse frequentemente vítima de picuinhas da crítica – quase sempre por conta de sua androginia, postura extravagante e jeito de se vestir –, sua presença de palco e *sex appeal* o transformaram num astro da noite para o dia.

Apesar de o dinheiro e a fama serem suficientemente gloriosos, ninguém apreciou o simples reconhecimento de seus talentos mais do que John. Afinal, foram anos de prática e concentração sérias, estudos por conta própria e noites exaustivas no palco com bandas e mais bandas fracassadas. Vários jornalistas já haviam previsto sua chegada como o herdeiro aparente de Keith Moon. Fãs de rock 'n' roll estavam acostumados com bateristas ingleses de baixa estatura, figuras pequenas, porém com uma força de aço – homens como Ringo Starr, Charlie Watts, dos Rolling Stones, ou até mesmo o selvagem favorito de John, o próprio Keith Moon. Bonham, por sua vez, mostrava no torso os anos que passou trabalhando como pedreiro e matava as horas golpeando as peles e tambores com seu físico grande e imponente. Outros bateristas pareciam metrônomos humanos; John parecia um encrenqueiro dos pés à cabeça, e seu jeito de tocar se equiparava a essa aparência: *brutal*.

Porém, esse triunfo acontecia principalmente nos EUA. Em casa, na Inglaterra, o superestrelato continuava a escapar deles. "Tinham conquistado os EUA e, de repente, estavam de volta ao pequeno circuito inglês onde tocavam para 400 pessoas", Richard Cole se recordaria. Jimmy ficou deprimido com a recepção inglesa. No West End, em Londres, *skinheads* de suspensórios gritavam palavrões para ele.

Na própria terra natal da banda, o lançamento do álbum de estreia havia sido adiado, sem cerimônia, para março e, uma vez nas prateleiras britânicas, foi completamente ignorado pela rádio mais importante do país, a BBC Radio One. Os membros do Led Zeppelin ficaram atentos. Ao longo dos dois meses seguintes, tentaram se reapresentar à Inglaterra, lançando uma segunda turnê pelo Reino Unido no Fishmongers Hall, em Londres. Após tocarem em praticamente todos os principais clubes da cidade, voltaram à Dinamarca e à Suécia para mais sete shows, bem como para uma primeira aparição televisiva em Copenhague. Exaustos, ainda fizeram mais um show ao voltar para casa, numa tentativa teimosa de atingir o mercado britânico.

Mick Bonham relembrou vividamente as frustrações do irmão com a indiferença britânica, bem como a estratégia insistente da banda para conseguir visibilidade em casa. "Quando eles voltaram, foram ao estúdio Maida Vale, em Londres, para gravar para a BBC World Service e, em seguida, fazer a primeira aparição na TV na BBC, no programa *How Late It Is*", recordou-se Mick, destacando que, quando teve notícias de John naquela semana, o Bonham mais velho estava animado com a possibilidade de tocar na sua cidade natal no dia 22 de março – desta vez, como *headliner* no Mothers, popular casa no coração de Birmingham. Originalmente chamada de Carlton Ballroom, depois de Carlton Club em 1963, havia sido um dos lugares nos quais John era figurinha carimbada em sua época mais louca no início dos anos 1960. Desde então, as atrações da casa haviam mudado com os tempos, recebendo agora grandes nomes como The Who e Pink Floyd.

"John me ligou para ir ao show, pois seria o único realizado na região naquela turnê", disse Mick. "Para Robert e John, seria um ótimo retorno às raízes, já que também seria o primeiro show dos dois juntos em Birmingham desde a época da Band of Joy. O lugar estava lotado e, quando a banda começou a primeira música, a casa já foi abaixo."

Durante meses, Peter Grant vinha tentando convencer John a se mudar com Pat e Jason de Eve Hill, em Dudley, West Midlands, para as redondezas mais sofisticadas e próximas de Londres. Segundo Grant, isso facilitaria para que John ficasse "mais perto da ação e disponível para partir para os EUA de Heathrow em curto prazo". Contudo, receber aquelas boas-vindas calorosas em casa, no Mothers, no coração de Brum – ao contrário da indiferença fria que o Led Zeppelin recebera por todo o resto do Reino Unido –, só solidificou a decisão impassível de John de permanecer em Birmingham. Ele foi bem claro com Grant ao dizer que não cederia, embora as coisas andassem financeiramente bem para que ele e Pat começassem a considerar se mudar para algum lugar maior e mais distante das multidões enlouquecedoras.

* * *

No dia 20 de abril, John fez as malas e voou para Los Angeles com a banda. Embora não tivessem desistido de conquistar o Reino Unido, era cada vez mais aparente que o maior público estava nos EUA. Desta vez, o Led Zeppelin receberia quatro vezes mais dinheiro, tocaria em casas maiores e, já na segunda turnê pelo país, seria elevado ao status de *co-headliner* em cada parada. Por pouco mais de cinco semanas na estrada – e depois de pagar agentes, advogados, contadores, *roadies* e publicitários –, os membros do Led Zeppelin e Grant dividiriam um total de cerca de 150 mil dólares. Mais dinheiro do que qualquer um deles já tinha visto num período de tempo tão curto.

A turnê com 29 shows começaria em 24 de abril de 1969, com quatro noites em São Francisco, sendo duas no Fillmore West e outras duas no Winterland Ballroom, perto dali. O encerramento estava marcado para semanas depois, no Fillmore East, em Nova York, coincidindo com nada menos que a data do 21º aniversário de John.

"O quarteto britânico de rock pesado, quente e elétrico Led Zeppelin foi a atração principal no Fillmore West, que ontem à noite abriu as portas para receber uma enchente inesperada de público", reportou Philip Elwood, crítico de blues e jazz do *San Francisco Examiner*. "O baterista John Bonham se tornou muito mais visualmente exibido e menos interessante ritmicamente."

Para John, que já estava um tanto cansado da estrada, o fato de se reunirem ao Vanilla Fudge abrandava a ansiedade e o tédio.

Sem vestígios de acomodação, as apresentações ao vivo do Led Zeppelin vinham aumentando a passos largos. Originalmente de uma hora, o show agora se estendia a uma hora e meia de palco. Já preenchidos pelo repertório original do primeiro álbum e pelos solos dos integrantes, além dos inúmeros bis, os eventos poderiam se inflar a até duas horas e meia numa noite. Sabendo que precisaria viajar por boa parte do ano de 1969, a banda também teve pouca opção se não começar a compor e refinar músicas para um segundo disco na estrada mesmo, o que relegava a Jimmy a responsabilidade adicional de encontrar estúdios diversos ao longo do caminho para que a banda gravasse à medida que precisasse. A Atlantic já estava faminta para divulgar outro álbum.

Entre o show imenso e a ética de trabalho incomparável, o Led Zeppelin logo ganhou, em partes iguais, o respeito e a inveja de seus colegas no rock. "Quando o Led Zeppelin apareceu, eu achei fantástico", diria o vocalista do The Who, Roger Daltrey. "Eles abriram para nós num dos primeiros shows que fizeram nos EUA, em Maryland. Fiquei ao lado do palco para ver o *set* deles e achei brilhante. Fiquei impressionado com a banda toda... No início da nossa trajetória, fizemos vários shows com Hendrix e com o Cream, essa fórmula de trio-mais-vocalista. Já éramos bem veteranos nisso, mas o Zeppelin subiu o nível. Tinha potência ali. De repente, havia uma nova forma de música."

Quando a banda pousou em L.A. para o retorno triunfante ao Whisky a Go Go, Cole novamente reservou bangalôs no Chateau

Marmont. Desta vez, porém, hordas fiéis de fãs e *groupies* sabiam procurar por eles, numa avalanche que se tornou uma fonte de distração e de prazer culpado. No entanto, as filas de garotas seminuas acampando pelo *lobby* e pelos corredores do Marmont não eram nada comparadas às indulgências da banda do lado de dentro das suítes. "Ficamos em Los Angeles por quase uma semana", Cole se recordaria, "e, no Chateau Marmont, acabamos com o estoque do serviço de quarto com o nosso apetite por álcool". Ele se lembrou de um comentário que John fez a ele com um sorrisinho. "Los Angeles é algo especial", Bonham lhe disse. "É diferente. É decadente."

Los Angeles também deu a eles a oportunidade de conhecer pessoalmente seus próprios ídolos musicais. John teve a chance única de gravar com seu antigo herói de adolescência, Screaming Lord Sutch. No dia 1º de maio, Jimmy foi convidado para dar uma passada no Mystic Studios, em Hollywood, também conhecido como Mirror Sound, para uma sessão que Sutch havia marcado ao lado de Jeff Beck e Noel Redding. O álbum *Lord Sutch & Heavy Friends* incluiria vários mestres do rock 'n' roll daquele momento, e Jimmy foi contatado diretamente por Sutch.

John se divertiu demais ao colaborar com aquele herói que admirava há tanto tempo, acrescentando uma bateria pesada, sua marca registrada, a seis faixas do álbum. Ele até contou a um repórter sua aventura para obter o autógrafo de Sutch na adolescência, maravilhado com o quão longe chegara desde então. "Para conseguir o autógrafo, fui de bicicleta da minha casa em Birmingham até Stratford-on-Avon, onde ele iria se apresentar. Eu não tinha dinheiro para as passagens. No total, foram quase 80 km, somadas ida e volta. Quando ele me deu aquele autógrafo, eu nunca imaginaria que, anos depois, seria um de seus 'Heavy Friends' num LP!"

John e Jimmy ficaram impressionados com a acústica das instalações do Mystic e voltaram ao estúdio cinco dias depois para gravar o solo de bateria de John, "Pat's Delight", a ser incluído no próximo álbum. E a relação que desabrochava entre a banda e Sutch não era apenas nos bastidores; no dia 8 de maio, os membros do Zeppelin foram à apresentação dele na descolada casa Thee Experience, no Sunset Boulevard – e até carregaram o exuberante artista para o palco como "carregadores de caixão".

Antes de o Led Zeppelin partir rumo à Costa Leste, havia dois shows com ingressos esgotados no Rose Palace, em Pasadena – e, em um deles, o 21º aniversário de John Bonham seria comemorado antecipadamente. Reconhecendo a melancolia de John por ter de passar essa data importante longe da família, Peter Grant e Richard Cole ordenaram à *entourage* que fosse comprar o presente mais lógico que podiam imaginar: uma garrafa de champanhe de mais de um metro de altura.

Cientes apenas em parte da tolerância e tendência ao excesso de John, os homens observaram imóveis enquanto o baterista entornou sozinho quase um terço da garrafa antes de o show começar. Quando John entrou no palco do Rose Palace, arrastou o corpo e a garrafa até a bateria. "Bonzo ficou completamente bêbado, ao ponto de realmente não conseguir tocar", recordou-se Henry Smith, *roadie* do Led Zeppelin. "E quando entramos no palco para o segundo show, tive de segurar a banqueta e agarrá-lo pelo colarinho para que ele conseguisse terminar o *set*."

Ao longo da performance, John levantava a garrafa entre uma música e outra e derramava a bebida no rosto e no corpo. Ao final do show, a garrafa estava vazia – e John tinha caído duas vezes da banqueta. "Acho que depois desse episódio, o papo foi: 'Bonzo, se você não tomar jeito, está fora da banda'", se recordaria Smith.

Porém, foi na terceira semana da turnê que a parada do Led Zeppelin em Seattle alavancou a reputação duvidosa do grupo para a baderna. Ao ficarem sabendo que ninguém menos que Chuck Berry abriria para eles no Green Lake Aqua Theatre, John e Robert ficaram especialmente empolgados. Observaram fascinados a consagrada lenda do rock 'n' roll emergir de um Cadillac (que Berry dirigira em pessoa desde sua casa em St. Louis), tirar sua única guitarra do *case*, tocar com a maior facilidade um *set* só de sons clássicos com uma banda que ele nunca tinha visto na vida e, então, enfiar o cachê em dinheiro numa valise velha e sair dirigindo pela noite. Para Robert e John – cujas juventudes foram repletas de sonhos com o estrelato no rock e de visões românticas de se tornarem misteriosos mercadores viajantes do blues –, ver Berry incorporar exatamente esses ideais foi um momento definitivo.

A banda estava hospedada no singular Edgewater Inn, construído diretamente num píer na baía de Elliott, no estreito de Puget, o que permitia aos hóspedes do lado norte pescarem das janelas e varandas dos quartos. Abraçando essa atração, o hotel vendia anzóis e iscas no *lobby*, recebendo os turistas curiosos com o desafio implícito de pegar um peixe durante a estadia. A essa altura, o Led Zeppelin já carregava a fama de ser a mais desordeira e deselegante entre todas as bandas de rock itinerantes, tanto pela adoração que tinha pelas festas e pelo caos, quanto pelo número maciço de *groupies* devotas que apareciam magicamente onde quer que eles estivessem hospedados. Ainda que os pormenores desse episódio continuem vagos, a estadia do grupo no Edgewater Inn apresentou um novo mito desconcertante à mística cada vez maior do Led Zeppelin: segundo rumores, membros da banda amarraram uma fã, consensualmente, numa cama e passaram a introduzir nos orifícios dela partes de um pequeno tubarão pescado da varanda do quarto. Embora não fosse do feitio de John se envolver em casos extraconjugais – especialmente naqueles que incluíam orgias bizarras e comportamento ritualístico depravado –, a história, não obstante, trazia um detalhe incriminador: sempre um pescador competente, ele foi o membro da banda acusado de ter fisgado aquele tubarão.

À medida que o tempo passava e a lenda do "episódio do tubarão" crescia – inspirando até Frank Zappa a compor um hino do rock, "The Mud Shark", a respeito dos boatos que corriam –, Richard Cole, mais tarde, achou que era necessário esclarecer os fatos e absolver a banda dos rumores mais nefastos daquela noite. "Não foi Bonzo; fui eu", informaria ele. "Robert e Bonzo não sabiam de nada. Eram moleques, e, sim, o tubarão estava vivo! Nós pescamos um bom tanto de tubarões... Mas a verdadeira história do tubarão é que nem era um tubarão. Era uma cioba, e a garota calhava de ser uma porra de uma ruiva, com a xoxota ruiva. E esta é a verdade. Bonzo estava no quarto, mas quem fez fui eu. Mark Stein [do Vanilla Fudge] filmou a coisa toda."

Se a história do tubarão foi verdade ou não, a precisão factual se provou irrelevante para a reputação mundial do Led Zeppelin. Eles eram agora considerados os piores dos piores *bad boys* do rock 'n' roll, e sua predileção bem verdadeira pela bebedeira, pelas drogas e pela destruição de quartos de hotel só dava credibilidade aos rumores mais ultrajantes de pactos faustianos em troca de estrelato e sacrifícios humanos. Cole, posteriormente, acrescentaria que "o quanto que nós bebíamos era o seguinte – acho que levamos o Scene, de Steve Paul, em Nova York, à falência, porque nunca pagávamos a conta do bar... Toda a dita depravação do Led Zeppelin aconteceu nos dois primeiros anos, em meio a uma neblina alcóolica".

Em pouco tempo, tanto casas de show quanto hotéis começaram a temer o Led Zeppelin, e a banda não queria que fosse diferente. No espaço de apenas um ano, haviam se tornado infames. Esse rótulo, porém, veio com um preço. Enquanto o velho ditado afirmava que qualquer notoriedade é uma boa notoriedade, o Led Zeppelin logo aprenderia que havia exceções a essa regra – e consequências reais que poderiam impactar suas vidas pessoais em casa.

Jimmy era o único solteirão do grupo e tinha ciência de que a bebedeira e a arruaça praticadas por John Paul Jones, Robert e, especialmente, John eram apenas tentativas de enfrentar a saudade de casa e a solidão desesperadora. O Led Zeppelin pode ter se deleitado com a reputação dúbia de encrenqueiros notórios, mas a presença de outras mulheres naqueles relatos vulgares poderia significar problemas sérios para a maioria casada da banda. Assim, Jimmy e Peter passaram a considerar a contratação de uma espécie de assessor de imprensa, alguém que monitoraria oficialmente as informações que vazavam ao público, ao mesmo tempo que forneceria à mídia local atualizações oficiais a respeito da turnê, aprovadas pela banda. A primeira tentativa do Zeppelin nesse sentido o deixou cara a cara com o veículo mais *mainstream* da mídia americana, a revista *Life*, e foi um tiro épico pela culatra, já que a matéria proposta a respeito das aventuras da banda em Detroit e Nova York deixou as coisas ainda piores.

Ao pousar em Detroit, o grupo foi recebido por uma jornalista e um fotógrafo enviados pela *Life*. Porém, o Led Zeppelin não era a primeira escolha da repórter Ellen Sander, de 24 anos, que inicialmente havia pedido aos editores para cobrir a turnê de verão do The Who pelos EUA. No último momento, o The Who ficou indisponível, e o Zeppelin, menos conhecido, foi colocado como substituto. Peter Grant se agarrou à ideia, já que a *Life* tinha um público leitor muito maior do que qualquer uma das publicações musicais americanas, e uma matéria detalhada sobre a segunda turnê do Zeppelin pelos EUA poderia elevar o status da banda a um nome de peso. Em muitos aspectos, foi o que aconteceu – mas não pelos motivos que ele esperava.

Começou quando Richard Cole fez uma aposta para determinar qual integrante da banda ou da *entourage* seria o primeiro a levar Sander para a cama, e, daí em diante, as impressões que ela tinha do grupo só pioraram. "Não importa o quão miseravelmente a banda tenha fracassado em manter seu comportamento num nível básico de decência", escreveu Sander, "tocou bem em quase todas as noites da turnê... Desta vez, nesta segunda turnê, já eram quase astros desde o início". Posteriormente, ela admitiu ter sentido medo deles durante o tempo que passaram juntos, muito por causa da presença ameaçadora que transpareciam e de John em particular, que, observou ela, "tocava uma bateria feroz, quase sempre sem camisa e suando como um gorila numa briga", e estava frequentemente entorpecido. Além disso, Sander ficou bem pouco impressionada com a atitude galanteadora que os quatro membros pareciam demonstrar em relação às fãs, a maioria das quais, apontou ela, mal tinha chegado à maioridade.

Em seguida aos shows bem-sucedidos em Athens, Ohio, e em Chicago, além do retorno triunfante ao Boston Tea Party, foi decidido que a banda reservaria algumas horas necessárias de estúdio em Nova York, antes do compromisso final da turnê, duas noites no Fillmore East, 30 e 31 de maio. Lá, o sucesso da noite foi horrivelmente ofuscado por um incidente que não só rivalizava com o "episódio do tubarão" em impulsionar a descida do grupo às regiões mais obscuras da fama, como também levaria Ellen Sander a abandonar por completo a missão para a *Life*.

Depois da segunda noite no Fillmore, Sander foi ao *backstage* para agradecer pessoalmente a Grant e à banda por lhe concederem acesso nas últimas semanas e para anunciar a conclusão de sua pesquisa para o artigo. No entanto, ao entrar no camarim compartilhado do grupo, ela se recorda de ter sido atacada, de ouvir "gritos e [sentir] agarrões" em suas roupas, "uma total falta de limites". Em instantes, eles se amontoaram em cima dela, liderados, alegou Sander, por um John Bonham embriagado. "Bonzo foi quem veio primeiro para cima de mim", ela insistiria posteriormente. "Minhas roupas foram quase arrancadas – eles estavam frenéticos. Fiquei absolutamente aterrorizada, com medo de ser estuprada e com muita raiva."

Sander afirmou que foi salva por um triz por um furioso Peter Grant, que agarrou John com seus braços enormes e o arrancou de cima dela, desculpando-se profundamente pelo comportamento da banda. "Eles não me machucaram", ela revelaria mais tarde, "exceto pelos meus sentimentos".

O artigo nunca saiu, mas, um tempo depois, Sander publicaria seu próprio e amargo relato sobre o incidente daquela noite: "Se você entrar nas jaulas do zoológico, poderá ver os animais de perto, acariciar aquelas peles aprisionadas e captar a energia por trás da mística. Assim como poderá sentir o cheiro da merda em primeira mão". Mesmo sem o artigo da *Life* chegar ao público, espalhou-se entre os jornalistas o aviso para manter distância do Led Zeppelin, em especial do imprevisível John Bonham.

Talvez como desculpa, talvez para racionalizar o comportamento do qual Sander foi testemunha, John Paul Jones tentou explicar a ela as mudanças na psicologia interior de alguém que vive na estrada. "As turnês te transformam numa pessoa diferente", Jones disse a ela. "Eu me dou conta disso quando chego em casa. Preciso de semanas para me recuperar depois de viver como um animal por tanto tempo."

* * *

Para celebrar o disco de ouro do primeiro álbum, a Atlantic Records realizou um evento luxuoso em homenagem ao Led Zeppelin no Plaza Hotel durante sua estadia em Nova York. A festa, porém, também foi organizada para passar uma mensagem: um segundo álbum deveria vir logo, de forma a não perder a temporada natalina por dois anos consecutivos. Num frenesi, a banda correu para o estúdio A&R direto da festa e registrou imediatamente uma mix bruta de uma faixa nova baseada em um *riff* de Jimmy, "Heartbreaker".

Na superfície, a banda parecia estar na crista da onda, mas o moral estava baixo como nunca. Jimmy, que continuava agindo como a força motriz por trás da composição das músicas e das sessões de gravação, se tornou um completo *workaholic*. John Paul Jones se mantinha quieto e ocupado com novos arranjos e instrumentos, ao passo que Robert afastava seu próprio anseio de estar em casa sonhando acordado e quase sempre balbuciando o quanto sentia falta da esposa, Maureen, e da filha recém-nascida, Carmen Jane. Já a ansiedade e a saudade do lar de John começaram a tomar uma direção obscura e taciturna. Sem a esposa e o filho por perto para lhe manterem na linha, sua propensão à bebedeira e ao caos se tornou companheira constante de suas frustrações.

Ao observar o comportamento lamentável de seus rapazes em primeira mão, Grant tentou trazer as famílias deles para a turnê sempre que o orçamento e a agenda permitiam. Queria mantê-los contentes e focados, em especial ao ponderar que, no ano seguinte, haveria ainda mais shows, em locais ainda maiores. "Havia uma urgência em estar nos EUA", John diria mais tarde. "Lembro que fomos até o aeroporto encontrar nossas esposas, as levamos para o hotel e então fomos direto para o estúdio para gravar 'Bring It On Home'. Fizemos muito disso naquele ano."

Durante a primeira turnê do Led Zeppelin pelos Estados Unidos, a banda mal saíra no zero a zero. Desta vez, Grant estava determinado a ver lucro – e que a próxima quebrasse recordes. Embora ele e Jimmy não tenham chamado muita atenção para isso fora do círculo mais interno da banda, essa turnê de primavera, na verdade, só fora concebida para aguçar o apetite do público para uma terceira e mais extravagante no ano seguinte – de modo que o grupo teve o potencial de faturar quase meio milhão de dólares ao final de 1969.

⁂ ⁂ ⁂

As circunstâncias eram favoráveis à banda quando eles voltaram para casa na primeira semana de junho. *Led Zeppelin* acabara de entrar no Top 10 da *Billboard*, e as vendas de ingressos na terra natal haviam aumentado notavelmente desde o último giro pelo Reino Unido. Com apenas duas semanas para descansar, eles cairiam na estrada novamente no meio do mês, a começar com uma apresentação no Town Hall, em Birmingham, no dia 13 de junho – motivo de orgulho especial para John, que, na adolescência, já tinha visto muitos de seus heróis naquele lugar.

Nesse tempo em que passou na Inglaterra, a banda também apareceu no popular programa de rádio *Top Gear*, de John Peel, bem como no *Rock Hour*, para a BBC, este gravado ao vivo no Playhouse Theatre, em Londres. O grupo usou ambas as ocasiões para encantar ainda mais os ouvintes ingleses, tocando pesado como nunca numa breve amostra dos seus shows de três horas, além de dar ao mundo a primeira oportunidade de ouvir algumas faixas selecionadas do segundo álbum, quase completo. Se o grupo estava cansado da estrada, isso não transpareceu nas performances, já que o Zeppelin ganhou críticas entusiasmadas o suficiente para elevar de forma estratosférica as vendas de ingressos da meia dúzia seguinte de shows. Essas seis apresentações seriam o teste final para uma das joias da coroa desta quarta turnê pelo Reino Unido – o prestigioso Festival de Bath, no dia 28 de junho, quando 12 mil pessoas se reuniriam no Recreation Ground and Pavilion, divulgado em todos os jornais britânicos como "The Big One", "O Maior". E de fato seria um dos maiores públicos da banda até então.

Por mais nervoso que John estivesse por tocar diante de uma multidão tão grande, as poucas semanas que passou com Pat, Jason e seus pais funcionaram bem para dispersar boa parte da depressão que instigara seu comportamento desordeiro nos EUA. Contudo, no início do mês seguinte, ele já teria de encarar seus demônios internos de novo, já que Grant, quase de imediato, marcou a terceira turnê norte-americana para o restante do verão – desta vez, em estádios grandes e shows a céu aberto, para os quais o Festival de Bath teria sido só um glorioso ensaio.

A turnê teve início em 5 de julho, no Atlanta Pop Festival. Mas o destaque para John aconteceria no dia seguinte, quando o Led Zeppelin tocaria no Newport Jazz Festival ao lado de um de seus grandes ídolos da juventude, James Brown. Mick Bonham relembraria mais tarde: "Depois de tantas vezes que John tocou discos de James Brown nas *jukeboxes* em clubes e cafés, lá estava ele para, enfim, os dois tocarem no mesmo lugar". Outras atrações incluíam Jeff Beck, B. B. King e o Jethro Tull – porém, foi na apresentação do Led Zeppelin que centenas de jovens correram em direção ao palco para chegar perto dos músicos, cena que se repetiria em ambos os festivais de jazz de Baltimore e da Filadélfia na semana seguinte.

Como na turnê anterior, o Led Zeppelin recebeu o Vanilla Fudge a bordo como parceiros de viagem. Porém, como relembraria Carmine Appice, a essa altura o Zeppelin ofuscava todos os grupos em turnê naquele verão – incluindo o Fudge. "A banda ficou tão grande, tão rápido, que já era anunciada em pé de igualdade conosco. Éramos *headliners* numa noite, e eles na noite seguinte."

Segundo Appice, ao juntar duas bandas com bateristas tão pesados num mesmo show, era impossível às vezes não haver uma certa competitividade entre os dois times – o que levou John a inventar um truque teatral que, na época, nenhum outro baterista ousou reproduzir.

"Naquela turnê, Bonzo usou um kit com bumbo duplo, e eu sempre achei que aquilo deve ter parecido muito engraçado para o público", explicou Appice. "As baterias eram bem parecidas, e nós também usávamos o mesmo *setup* de pratos, além da caixa de seis polegadas e meia e um tom no meio – e um gongo." Tanto John quanto Appice usavam gongos fabricados pela Paiste, desenvolvidos para aguentar uma boa surra, mas não necessariamente todas as noites pelas mãos de dois dos principais inovadores do rock 'n' roll "pesado". Na tentativa de incrementar ainda mais sua presença de palco – e talvez num desafio a seu amigo Appice –, foi nessa turnê que John começou a atear fogo no gongo no meio da performance.

Essa chama dramática de John se manteve acesa em todas as datas da turnê e culminou num episódio no dia 13 de julho no Sugar Bowl, estádio aberto em Flushing Meadows, Nova York. O Led Zeppelin tocou com o Vanilla Fudge, Jeff Beck e uma banda que ainda não conhecia, o Ten Years After. Enquanto até mesmo Jimmy ficava fascinado assistindo ao guitarrista Alvin Lee durante o *set* deles, a combinação de calor, álcool e tédio começou a encurtar o pavio de John, que logo ficou inquieto, andando de um lado para o outro ao redor do bufê. Ele tinha bebido a tarde toda e estava louco para ir embora. "Aguente aí, Bonzo", alertou Richard Cole. "Em mais ou menos uma hora estaremos fora daqui." John não aguentou toda aquela espera e pegou uma cerveja atrás da outra, naquele calor de quase 40 graus. Cole logo percebeu um "brilho diabólico" no olhar de John, indicativo daquilo que o *road manager* percebia como "encrenca por vir".

Apontando para Alvin Lee no palco, John gritou: "Porra, vou dar um jeito nele!". Em seguida, pegou uma caixa de suco de laranja da mesa do bufê e entrou no palco a uma distância suficiente apenas para ter uma boa visão do guitarrista em meio a um solo. "Alvin, você quer um pouco de suco?", berrou John, passando a jogar suco no concentrado músico, encharcando ele e o instrumento – o que deu início a uma onda de gargalhadas, dentro e fora do palco. Ensopado do líquido grudento, Lee lançou um olhar bravo e ameaçador a John. Ainda dando risada, ele mostrou o dedo para Lee, alertando-o silenciosamente para não tentar executar nenhum tipo de vingança.

Com o suco impregnado em seus dedos e nos trastes do instrumento, Lee precisou frear seu estilo virtuoso e rápido, tendo dificuldades para tocar pelo resto do *set* da banda. "Você é um babaca, Bonham", balbuciou Lee ao voltar para as coxias. "Um babaca daqueles." Para surpresa dos outros músicos, a única reação de John foi um ataque incontrolável de riso.

Jimmy Page estava gostando da performance de Lee e não sabia muito bem o que achar da brincadeira maldosa de John. "Bonzo precisa segurar a onda", sussurrou ele para Cole.

"Ele só está extravasando", respondeu Cole. "Se não fosse desse jeito, talvez ele estivesse dando um soco em alguém."

No entanto, ainda com horas pela frente numa maratona que duraria o dia inteiro no Sugar Bowl, John, acometido pelo tédio e pelo álcool, só estava se aquecendo. Quando Jeff Beck e sua banda entraram no palco, uma hora depois, Jimmy juntou-se ao velho colega de Yardbirds para uma *jam* estelar – porém, logo foi seguido por John, muito bêbado. Temendo um ato caótico ainda pior, Richard Cole agarrou John pelo ombro desesperadamente, mas era tarde demais. John se livrou dele e se esgueirou em direção ao palco.

"Não se preocupe", disse, virando-se para trás. "Só um minutinho, Richard – já volto."

Ao vê-lo atrás do palco, Beck continuou a solar no recente sucesso "Rice Pudding", mas observava de canto de olho enquanto John abordava o baterista Mickey Waller e o convencia a ceder o lugar na bateria. O guitarrista parou de tocar enquanto John se ajeitava na banqueta para, em seguida, começar a bater forte num ritmo sensual de strip-tease ao estilo Shelly Manne[13]. Totalmente entretido, o público começou a bater palmas no ritmo de John, o que só incentivou ainda mais aquele comportamento. Observando de fora do palco, Robert Plant e Richard Cole riram feito moleques, mas foram compelidos a correr para lá quando John pulou da bateria e começou a tirar a roupa aos poucos. "Mais?", riu ele ao microfone ao chegar até a cueca.

Com todos paralisados e incrédulos, Peter Grant correu até o palco com os dois braços abertos. "Seu filho da puta!", gritou ao perceber meia dúzia de policiais fardados em direção àquela performance proibida para menores. Peter agarrou John e correu com ele até um camarim no *backstage*. "Seu desgraçado!", rosnou Grant, trancando a porta. "Se você não estiver vestido até o momento em que a polícia derrubar esta porta, está fora da banda!"

Imediatamente sóbrio, John abaixou a cabeça e, com uma careta, vestiu as calças e a camiseta que Peter jogou para ele. Como um diretor de escola, o empresário conduziu John para fora do camarim, ambos em silêncio ao passar pelos policiais confusos.

Carmine Appice foi um dos muitos músicos a ser devidamente entretido pelo strip-tease improvisado de John – mesmo que essa sensação não tenha sido compartilhada pela parte mais velha do público. "Minha mãe e meu pai estavam na plateia", recordou-se Appice. "Mi-

13 Shelly Manne foi um baterista de jazz norte-americano. (N. do T.)

nha mãe disse: 'Qual é o problema desse cara?'. Então respondi: 'Ah, bem, você sabe – eles bebem um pouco e ficam meio malucos'."

Os membros do Led Zeppelin já tinham noção de que a maior parte do comportamento errático de Bonham era uma forma de combater as saudades de casa, mas isso não se manifestava somente na bebida. Richard Cole revelou que ambos, John e Robert, ávidos pelo conforto da companhia das esposas e das famílias, insistiam em dividir quartos nos hotéis e se recusavam a dormir se o outro não estivesse presente. Em 9 de agosto, quando a notícia dos assassinatos cometidos pela Família Manson chegou à banda, hospedada no Chateau Marmont, perto do local do crime, John e Robert foram inflexíveis sobre dormir de luz acesa.

Os ditos assassinatos praticados pelo "Helter Skelter" da estrela Sharon Tate e de um grupo de amigos dela de Hollywood só acrescentaram mais nervosismo e sensação de paranoia na banda. Sob as ordens de Peter Grant, Richard Cole os transferiu para um hotel mais seguro na Sunset Boulevard, o Continental Hyatt House – rapidamente apelidado de "Riot House"[14] por John para fazer jus ao mau comportamento coletivo dos rapazes –, e reservou o nono andar inteiro, tornando-os significantemente inacessíveis aos fãs e àqueles de fora da *entourage* do Led Zeppelin.

No entanto, a saudade de casa e o medo de fãs perigosos não eram as únicas coisas que mantinham os integrantes do Led Zeppelin acordados à noite. Pouco antes de eles retornarem a Los Angeles para o braço da Costa Oeste da turnê, a Atlantic Records lhes informou que já havia inacreditáveis 400 mil pedidos antecipados do novo álbum. A pressão para que entregassem algo incrível estava no ar.

14 Em tradução livre, o trocadilho com o nome do hotel seria algo como "Casa do Tumulto", "Casa da Balbúrdia", algo nesse sentido. (N. do T.)

Capítulo Sete

AGOSTO DE 1969-JANEIRO DE 1970

A banda começou a trabalhar no segundo álbum apenas semanas depois do lançamento do primeiro, então, por necessidade, as novas músicas foram desenvolvidas na estrada e aprimoradas após cada apresentação. Os públicos dos shows do Led Zeppelin no final de 1969 assistiam com frequência, sem saber, a *jams* que eram, na verdade, *brainstorms* da banda para elaborar músicas recentemente surgidas nos quartos de hotel de Jimmy ou de Robert ou durante um momento fugidio em algum dos muitos estúdios. Se um novo *riff* ou gancho parecesse funcionar durante um show, era candidato a entrar na versão do álbum. Como apontou Jimmy, "[o álbum] começou com ensaios na minha casa em Pangbourne. Essas sessões serviram de base para o resto das faixas que foram gravadas e acrescidas de *overdubs* em diversos estúdios durante a turnê pelos EUA. Gravamos e ajustamos o disco da Costa Oeste à Costa Leste. Parte da excitação presente nele se deve ao fato de que estávamos completamente energizados pelos shows e pelas viagens".

Ao contrário da estreia, que se valia em grande parte de canções de blues repaginadas e longas *jams* em torno das composições de Jimmy, aquela continuação tinha a intenção de exibir a química do grupo e, ao mesmo tempo, destacar os pontos fortes de cada um. Desta vez, Jimmy não seria o único a ter tempo de sobra para solar; as várias cartas na manga de John Paul Jones como baixista, tecladista e arranjador também teriam espaço suficiente para respirar – e a bateria de John, que chamara tanta atenção nos shows extensos da banda, seria registrada memoravelmente em sua própria faixa solo.

Para cumprir o prazo da Atlantic, Jimmy se encontrou com Eddie Kramer no estúdio A&R, em Nova York, e encaixou sessões de gravação entre as noites de show do Zeppelin. Depois dessa sessão de mixagem em particular, Jimmy embarcou imediatamente para Phoenix, onde chegou faltando apenas algumas horas para entrar no palco. Boa parte do álbum foi agilizada de forma similar. Conceitualmente falando, se *Led Zeppelin* foi uma representação intencional da energia visceral da banda no palco registrada em disco, *Led Zeppelin II* buscou encapsular o giro frenético das turnês.

"Mixamos no A&R em dois dias, numa mesa Altec de 12 canais com dois controles de pan, a mesa mais primitiva que você pode imaginar", o engenheiro de som Eddie Kramer explicaria mais tarde. "As fitas surgiam de todo lugar – 'Whole Lotta Love' foi gravada em Los Angeles, enquanto outras vieram de Londres; Robert havia registrado seus vocais às pressas em Vancouver num estúdio sem fones de ouvido; e músicas como 'What Is and What Should Never Be', eu mesmo gravei em Nova York, em estúdio obscuros, como o Groove Sound e o Juggy Sound, qualquer lugar onde conseguíssemos descolar umas horinhas. Era uma época louca, e a banda era muito baderneira. Deixei o lado depravado disso para eles."

Jimmy protegia as masters como se fossem sua própria vida enquanto preparava as versões finais à medida que a banda desbravava os EUA. Por mais desgastantes e caóticos que os dias fossem naquela célebre turnê, a produtividade para aquilo que viria a ser *Led Zeppelin II* nasceu desse estilo de vida itinerante, cigano.

Embora estivesse às voltas com material constituído nesse método aparentemente desorganizado, Jimmy já tinha a ordem e a estrutura das faixas em mente – a começar com a rajada pesada de abertura.

Um hino deliberado do rock, a imponente "Whole Lotta Love" começou como trechos de *jams* durante "Dazed and Confused" nos shows. A extensa "parte do meio" foi uma colagem sonora abstrata composta por tons mais agudos de órgão elétrico que complementavam os timbres retumbantes e malignos e a guitarra uivante de Jimmy, cortada meticulosamente e costurada com perfeição entre as passagens mais amigáveis ao rádio. O som de guitarra ascendente e esquisito foi produzido por Jimmy com um *slide* de metal em sua nova Fender Telecaster e então tratado com efeitos de eco ao contrário, sobras da época dos Yardbirds. Somou-se ainda um theremin, um oscilador eletrônico, usado pela primeira vez na música pop anos antes para produzir literalmente as "boas" vibrações do megassucesso dos Beach Boys, "Good Vibrations".

Quanto a John, ele começou a música com uma batida dobrada simples de rock, colocando a primeira no dois, contado lentamente, para então segurar a segunda até o "e" antes do quatro – produzindo assim um interessante efeito de giro. Por mais que "Whole Lotta Love" fosse uma representação sólida das intenções "pesadas" do Led Zeppelin, John adaptou um efeito de R&B e funk para entregá-la com classe. Durante a colagem de som psicodélica no meio da música, John pisou forte no chimbal, combinado ao *reverb* acrescentado por Jimmy, produzindo sorrateiramente o efeito de colcheia contínua. Incapaz de ser superado, John ainda teve habilidade para reproduzir esse som no palco.

"John tinha muitas ideias em cima dos *riffs* que tocávamos, mais do que recebeu crédito, eu diria", recordou-se John Paul Jones. "Ele mudava todo o sabor de uma composição, sendo muitas delas começadas com a bateria. Construíamos o *riff* em torno da bateria. Ele tocava algum padrão que sugeria algo."

"Acontecem muitas coisas no palco que modificam as músicas", acrescentou Jones. "Na parte rápida de 'Dazed and Confused', John e eu virávamos o *riff* ao contrário, e Page se aproximava e gritava: 'Que porra vocês pensam que estão fazendo?'. Era bem divertido."

Nas duas faixas seguintes, "What Is and What Should Never Be" e "The Lemon Song", John encontrou meios de usar o gongo nas composições, provando de uma vez por todas que aquela peça desproporcional era mais do que apenas uma trucagem de palco. "The Lemon Song" foi o produto direto das *jams* ao vivo, embora Jimmy tenha finalizado seu solo posteriormente, num dos poucos *overdubs* do álbum. Durante a gravação no Mystic Studios, em Hollywood, em maio, John deixou seus companheiros de banda boquiabertos quase no final da música com uma virada de um compasso que consiste em 32 "batidas convencionais" entre mãos e pés, disparadas numa sequência rápida. Por mais luxuosa que a faixa final soe em disco, ela foi, na verdade, registrada rapidamente no minúsculo estúdio de 5 x 5 do Mystic. "A sala, onde Ritchie Valens e Bobby Fuller gravaram no passado, tinha paredes de madeira e muita ambiência", relembraria Page mais tarde. "Era uma sala pequena, mas canalizou muito bem a energia da banda."

Demonstrar a utilidade prática do gongo foi um motivo especial de orgulho para John. Ele se deleitou ao exibir suas habilidades de improvisação ao criar um ritmo perfeito e memorável em "Ramble On", folk rock de Robert inspirado em *O Senhor dos Anéis*, no qual toca bongôs em cima de um balde de lixo de plástico que achou no estúdio.

Outra favorita dos fãs entre os trabalhos em andamento apresentados nos shows, "Heartbreaker" fez John pegar uma levada de *jam session* de andamento moderado e dar a ela um toque de jazz com um *riff* suingado e espiralado nos primeiros dois minutos. Ele então se lança numa corrente poderosa de semicolcheias de bumbo ao longo de quatro compassos, concluídos numa pausa abrupta como introdução ao solo de Jimmy.

Porém, foi na *tour de force* de John, "Moby Dick", que suas habilidades foram verdadeiramente demonstradas. Para a composição que recebera carinhosamente, a princípio, o título de "Pat's Delight", em homenagem à esposa, John usou as centenas de apresentações ao vivo da banda como uma oportunidade de refiná-la e a transformou numa maratona capaz de chegar a 20 minutos. Sorrateiramente editada por Jimmy numa faixa enxuta de cinco minutos para o álbum, "Moby Dick" foi o produto de inúmeros *takes* nos quais John desceu o braço na bateria, os primeiros deles feitos meses antes, no Mystic Studios em L.A. "Eu não me sentei e fiz um solo especialmente para o disco", John admitiria. "Eles só juntaram as partes."

O título da música foi mudado em favor de uma observação que o filhinho de John, Jason, fez ao ouvir o pai ensaiar em casa: "É grande como a Moby!", ele gritou alegremente, comparando o som massivo ao clássico náutico de Herman Melville, uma de suas histórias de ninar favoritas. Era uma composição na qual John tentou tocar algo diferente a cada vez, misturando a novidade do solo com um estilo tradicional, as mãos nuas e, mais tarde, os efeitos eletrônicos de Jimmy.

John insistia que já fazia solos de bateria com as mãos havia muito tempo – apesar de vários outros bateristas afirmarem que eles o tinham feito primeiro. "Eu já fazia antes de entrar para o Led Zeppelin", alegaria John. "Lembro-me de fazer um solo em 'Caravan' aos 16 anos. Você pode acabar ralando as articulações no chimbal ou bater com a mão nas canoas."

Apesar da reputação de desordeiro de John, numa ocasião notável foram seus companheiros de Zeppelin que pregaram uma peça nele. Durante um show, um deles pegou as baquetas enquanto ele tocava com as mãos – de forma que ele não as encontrou para terminar o solo. Ao mesmo tempo, Robert, Jimmy e John Paul sumiram por completo. Confuso, John olhava desesperado ao redor e chegou ao ponto da exaustão total, em que não restava mais nada para ele tocar. Ele então viu os três – sentados na primeira fila com sorrisos de orelha a orelha, segurando as baquetas perdidas.

"Depois de já termos visto alguns solos, passamos a ir para o *backstage* para dar uma descansada", John Paul Jones relembraria. "Mas ele era um baterista tão interessante... Normalmente, eu ouvia Bonzo ou no disco ou no palco. Então, ouvi-lo numa situação ao vivo bem gravada de fato era fantástico. Eu podia me recostar, sem precisar trabalhar e então ouvi-lo fazer todas aquelas coisas que o tornavam especial."

As sessões de "Moby Dick" revelaram a admiração longeva de John pelos gigantes do jazz: um *take* não utilizado abria com um *riff* reconhecível, surrupiado de "The Drum Also Waltzes", peça solo de Max Roach. Ao usar as mãos nuas em todas as versões posteriores, ele também empregou *riffs* de bateria clássicos, tocados pela primeira vez por seu velho herói Joe Morello num solo de *Live at Carnegie Hall*, de Dave Brubeck, de 1963, "Castilian Drums". Num aceno para um favorito mais contemporâneo, posteriormente ele reproduziria em "Moby Dick" alternâncias de mão e pé tiradas com habilidade de "Toad", de Ginger Baker. Já Jimmy abriu e encerrou a faixa com um *riff* pesado inspirado por um velho tema de Sleepy John Estes.

Embora os solos de John ao vivo lhe rendessem, na mesma medida, elogios e acusações de autoindulgência – a duração deles a cada noite poderia ditar a recepção do público –, Jimmy Page sempre quis inovar as práticas de estúdio ao gravar baterias e não viu empecilho em conceder a devida carta branca a John. "Nem todo mundo aprecia ou entende um solo de bateria", John admitiria. "Então eu gosto de incorporar efeitos e sons que deixem o solo interessante – como um *phaser* no tímpano."

Até aquele momento, a bateria não só era vista como apenas um componente da cozinha da banda, como também, em muitas gravações da época, ficava bastante inaudível – às vezes por conta das limitações dos padrões de gravação existentes, às vezes por conta da incompetência dos engenheiros de som. Porém, em Jimmy Page, John encontrou o colaborador perfeito para introduzir novas técnicas que enfatizariam a importância da bateria e impactariam um conjunto inteiro – e "Moby Dick" provou ser o primeiro experimento fora da caixa bem-sucedido.

"Tento tocar algo diferente toda noite", explicou John, "mas o plano básico é o mesmo – passo das baquetas para as mãos, depois para os tímpanos e o crescendo final... Geralmente toco por 20 minutos, e o máximo que cheguei foram quase 30. É muito tempo, mas, quando estou tocando, parece que voa. Às vezes, você chega num ponto em que tem um branco e pensa: 'Como é que eu vou sair disso aqui?'. Ou, às vezes, no meio de uma virada, você já se dá conta de que vai ser um desastre".

Ele ainda acrescentou: "Já dei bolas fora e recebi olhares feios dos caras – mas é um bom sinal. Mostra que você está tentando fazer algo que nunca tentou".

"Geralmente, a ideia é que um álbum dinâmico se traduz numa performance ao vivo dinâmica, mas, no início, era o contrário para nós", Jimmy Page explicaria posteriormente. "Acho que parte do segredo foi termos microfonado a bateria de John Bonham como um instrumento acústico propriamente dito, num ambiente com boa acústica... A bateria tinha de soar bem, pois seria a espinha dorsal da banda – então me esforcei muito no posicionamento dos microfones."

"Mas aí, veja bem, quando você tem alguém tão poderoso quanto John Bonham do seu lado, a batalha já está praticamente ganha", disse Page.

* * *

A TERCEIRA TURNÊ DO LED ZEPPELIN PELOS EUA TERMINOU NO DIA 31 DE agosto no Texas International Pop Festival, no autódromo Dallas Motor Speedway, onde o grupo recebeu o alto cachê de 13 mil dólares pelo show. Voltaram para o Reino Unido para um breve descanso, mas, à medida que a Atlantic corria com a produção de *Led Zeppelin II* visando ao lançamento em outubro, eles tiveram pouca escolha se não dar meia volta para um rápido retorno aos EUA – a quarta visita ao país em menos de um ano.

Para se preparar para a viagem, a banda fez cinco shows de aquecimento: três na Holanda, um na França e um no Lyceum Theatre, em Londres. Mais de meio século antes, em 13 de outubro de 1915, o Zeppelin LZ-15 do exército alemão bombardeou a cidade britânica, causando uma explosão que quase destruiu o teatro. Quando o Led Zeppelin levou seu show bombástico ao Lyceum, em 12 de outubro de 1969, soou como se tivesse chegado para terminar o serviço.

"No domingo, o Led Zeppelin invadiu o Lyceum, em Londres, num show homérico de duas horas repleto de ação", escreveu Chris Welch, um jovem jornalista, na *Melody Maker*. "O grupo estava numa baita forma... o solo de bateria de John Bonham foi excepcional e arrancou arroubos de aplausos do começo ao fim, em especial durante o interlúdio em que tocou com as mãos."

Welch acrescentou que "o Led Zeppelin não faz nada que seja muito revolucionário ou novo. Mas faz muito bem o que o público quer. São os melhores no rock pesado, não há discussão! – e provam que os primeiros que ouviram o novo álbum não o apelidaram de 'o Bombardeiro Marrom' à toa".

"O Led Zeppelin surgiu ao som de aplausos tumultuosos", publicou a edição britânica da *Rolling Stone*. "'Communication Breakdown' alveja a consciência como uma porrada, talvez não de forma tão clara quanto no álbum, mas o espetáculo visual compensa... Porém, apesar das críticas, o Led Zeppelin ainda fez um belo concerto. Musicalmente, não há como dizer que não são impecáveis. Ao final, o público inteiro, em sua maioria dançando, estava aos pés da banda. Chamaram dois bis, que foram entregues. Um terceiro teria sido adorado."

Pelos esforços, a banda recebeu o que seria o maior cachê já pago a um grupo inglês por uma única apresentação. Cinco dias depois, o Led Zeppelin deu início à quarta turnê norte-americana com dois shows no Carnegie Hall, em Nova York, tornando-se o primeiro grupo de rock desde os Rolling Stones, meia década antes, a tocar no mundialmente famoso teatro.

"Conheci John Bonham e Robert Plant num táxi que nos levou da estação Euston, em Londres, ao aeroporto de Heathrow", recordou-se Chris Welch. "Embarcaríamos para Nova York, onde o Led Zeppelin tocaria no Carnegie Hall... O segundo álbum era ansiosamente aguardado, embora, como Plant me contou no caminho, o lançamento estivesse atrasado devido a problemas com a arte da capa."

Os elogios iniciais que Welch havia feito à banda lhe garantiram um raro acesso ao *backstage*, incluindo essa viagem aos EUA. Ele os acompanhou no voo da TWA e compartilhou do champanhe e do caviar servidos na primeira classe; também foi convidado a se hospedar no mesmo hotel do grupo, o Hilton. No dia seguinte, quando os ingressos para as duas noites do Zeppelin no Carnegie Hall se esgotaram por completo, Welch recebeu acesso irrestrito à passagem de som. Antes do show, John revelou a Welch que estava com os nervos especialmente à flor da pele por estar prestes a tocar numa casa onde tantos de seus heróis fizeram apresentações célebres.

"Lá estava eu, ao lado de Bonzo, naquele chão sagrado onde 'Sing, Sing, Sing', de Benny Goodman, foi gravada em 1938", lembrou Welch. "'É isso, rapazes', Bonham disse, ajustando as estantes de pratos enquanto o público começava a entrar cedo e a se dirigir aos assentos. 'Gene Krupa e Buddy Rich – eles tocaram aqui. Então é melhor eu tocar bem esta noite!'" Além dos fantasmas das antigas influências de John que habitavam aquele palco famoso, outro herói dele tinha vindo da Inglaterra para ver o show – o *shock rocker* em pessoa, Screaming Lord Sutch.

Na hora do espetáculo, o público – composto por adolescentes e curiosos críticos de cultura nova-iorquinos, mais velhos – incendiou-se com a introdução frenética de "Communication Breakdown". Robert se apresentou à plateia numa blusa preta de chiffon, algo feminina, e Jimmy vestia cetim branco de inspiração na era eduardiana. Para a grande noite naquele renomado teatro, John usou um marcante chapéu fedora de couro. O show foi um verdadeiro estouro. Não só houve gente dançando nos corredores – uma raridade para uma casa tão chique quanto o Carnegie Hall –, como também, durante o solo de Jimmy em "White Summer", alguém foi até o palco e deixou uma garrafa de champanhe caro, uma oferenda aos deuses do rock.

Quando chegou a hora da versão de "Moby Dick" daquela noite, John a levou à extensão máxima de 30 minutos, descendo o braço no kit Ludwig de maple numa velocidade desconcertante – e incorporando o arsenal completo de baquetas, batedores e mãos ensanguentadas. "Mas o que foi realmente impressionante", recordou-se Welch, "foi o momento em que ele mandou um *single stroke roll*[15] rápido na caixa Ludwig velha de guerra... Foi bem ao estilo de Buddy Rich – uma saraivada incessante de acentos e rufares que ameaçavam atear fogo nas baquetas".

"Enquanto o bumbo retumbava pelo recinto", acrescentou o jornalista, "em meio a um rugido de pratos, Robert Plant foi ao microfone e fez as honras ao velho amigo – '*Senhoras e senhores... John Henry Bonham!*'".

Welch não foi o único jornalista a ficar impressionado naquela noite. A *Cashbox Review* publicou: "O baterista Bonham e o baixista Jones também são mestres de seus instrumentos e desconcertaram o público com o som poderoso que criam juntos para acompanhar Page e Plant. O Led Zeppelin pousou!". E no *Schenectady Gazette*, Mike Hyland escreveu: "John Bonham fez um solo de bateria que durou cerca de 15 minutos, e foi melhor do que Ginger Baker seria capaz de imaginar... Confiram o novo álbum deles, *Led Zeppelin II*, pela Atlantic Records, é uma viagem bem pesada".

* * *

Em seguida às datas em Nova York, o Zeppelin cruzou os Estados Unidos mais uma vez – Chicago, Cleveland, Boston, Buffalo, Providence, Syracuse e Kansas City, com paradas em duas das principais cidades do Canadá, Toronto e Vancouver.

---

15 Rudimento de bateria que consiste em golpes alternados entre mão direita e esquerda (ou vice-versa) com um intervalo constante entre as notas e com a mesma acentuação e força aplicada. (N. do T.)

"Instigo-lhes a guardar o nome desta banda, o Zeppelin voou como representado nos álbuns da Atlantic", apontou o crítico Bob Smith, de Vancouver, a respeito do show do dia 10 de maio. "É formado por Jimmy Page, diversos tipos de guitarras; John Paul Jones, baixo; e John Bonham, bateria... Esses rapazes vão se apresentar no mês que vem no Newport Jazz Festival. Baseado no que ouvi na noite de sábado, este reconhecimento é digno."

"Tanto o Zeppelin quanto o Fudge são bandas proeminentes no cenário 'heavy'", escreveu Steve Poulson sobre o show duplo do dia 30 de julho para o *Summer Chronicle*. "O britânico Led Zeppelin foi anunciado em segundo lugar em relação ao notório grupo americano Vanilla Fudge. Mas o Led Zeppelin foi além, é notadamente melhor que o Fudge. Isso é um tanto quanto encorajador para os seguidores do culto do rock, muitos dos quais acreditam que eles merecem mais atenção." Paulson acrescentou que "os membros do Led Zeppelin são músicos talentosos e verdadeiros artistas".

John tirou alguns minutos para conversar com a repórter Jayne Ferguson, de Dallas, após o show da banda na cidade, em 4 de agosto, expressando algumas de suas opiniões mais críticas sobre a cena de rock americana. "O baterista John Bonham ficou impressionado com a liberdade que os músicos americanos têm em comparação ao que as bandas britânicas fazem e cantam", apontou Ferguson, citando John: "'Há muitos motivos pelos quais os americanos têm essa liberdade. A maior delas é, muito provável, que quase qualquer um aqui consiga gravar. As gravadoras aceitam praticamente qualquer um, ao passo que, na Inglaterra, você tem de ser muito bom para que alguém ao menos te escute'". Por sorte, não houve nenhuma retaliação imediata dos contemporâneos da banda.

No dia 22 de outubro, "o Bombardeiro Marrom", *Led Zeppelin II*, foi lançado no mercado norte-americano. Na época, o álbum de estreia da banda ainda se mantinha nas paradas, na 18ª posição. *Led Zeppelin II* entrou na parada da *Billboard* em 199º lugar; uma semana depois, disparou para o 25º.

"Os nova-iorquinos mais descolados disseram que *Led Zeppelin II* é o melhor álbum de blues branco já feito", escreveu Ritchie Yorke ao conversar com Jimmy. "Poucos discordariam de que é o álbum de rock mais pesado do momento, repleto de excitação disciplinada." Em seguida a uma das avaliações mais entusiasmadas feitas do álbum, Jimmy adiantou a Yorke que a banda já estava trabalhando em ideias iniciais para o terceiro, afirmando que "vai ser mais desafiador, porque tem de ser melhor do que o primeiro e o segundo".

Apesar das vendas incríveis, a banda ainda recebeu críticas duras de boa parte da imprensa. A *Rolling Stone* menosprezou o álbum, acusando o grupo de roubar de *bluesmen* autênticos e de não dar o devido reconhecimento e *royalties* a eles. Também implicou que aquela forma de rock "pesado" atraía um público de maconheiros combalidos pós-década de 1960 que buscavam uma trilha sonora monótona e hipnótica para, basicamente, usar drogas, beber e trepar. "Plant é descrito como o cantor mais sexy do rock", escreveu C. C. Cakebread para uma publicação do Trinity College a respeito do show do dia 18 de agosto em Toronto. "Percebe-se que ele sabe disso e quer que todo mundo saiba... já John Bonham na bateria é imperdível", afirmou, acrescentando que ele parecia "uma versão surtada de Richie Yorke".

Após a banda se apresentar no Boston Garden em 25 de outubro, Nathan Cobb, do *Boston Globe*, escreveu: "'Moby Dick' contou com um longo solo do baterista John Bonham, tecnicamente fantástico segundo QUALQUER patamar de bateria". Quando o Zeppelin tocou no Kleinhans Music Hall, em Buffalo, cinco dias depois, Barry Rekoon concordou, afirmando que "John Bonham, em seu solo de bateria aparentemente infinito, provou ser um virtuoso por si só. Com certeza, eu iria curtir ver uma batalha de baterias entre ele e Ginger Baker, do Blind Faith[16]".

---

16 A banda formada por Baker e Clapton após o fim do Cream, com a qual o baterista estava na ativa naquele momento. (N. do T.)

Desde os primórdios, Jimmy e Peter Grant decidiram que, qualquer que fosse a encarnação assumida pelos New Yardbirds, a banda nunca investiria em compactos. Jimmy já tinha visto os efeitos negativos que as exigências corporativas por compactos feitos sob medida para o rádio haviam causado na qualidade geral das experimentações em estúdio – além disso, como dono de suas próprias músicas agora, fazer deliberadamente com que os fãs comprassem os LPs em vez de músicas individuais em compactos ajudaria a reforçar as vendas dos álbuns. Contudo, assim que o Led Zeppelin se provou uma sensação musical, a Atlantic queria ver o investimento chegar a seu potencial mais alto e passou a pressionar Jimmy para lançar uma faixa avulsa.

Ao ver a popularidade imensa que a música ganhou da noite para o dia, os executivos insistiram que "Whole Lotta Love" fosse lançada em compacto. Nos EUA, muitas rádios já haviam começado a simplesmente cortar a parte psicodélica do meio e tocar uma versão editada, não aprovada por Jimmy, para atender às demandas dos ouvintes. Quando a Atlantic lançou sua própria versão cortada como compacto, Jimmy e Grant ficaram furiosos – independentemente do fato de que, em cinco semanas, "Whole Lotta Love" e seu lado B, "Living Loving Maid", tenham vendido mais de um milhão de cópias. De todo modo, a banda conseguiu impedir esse tipo de interferência corporativa no seu país de origem, e os fãs britânicos continuaram a consumir avidamente os álbuns *Led Zeppelin* e *Led Zeppelin II* completos.

* * *

À MEDIDA QUE A TURNÊ DE OUTONO PROSSEGUIA, A BANDA FICAVA MAIS ansiosa por voltar para casa. Mesmo com ambos os álbuns subindo nas paradas e o dinheiro entrando direto, os quatro integrantes – John em especial – estavam inquietos para começar o ano de 1970 de volta ao Reino Unido.

Na primeira semana de novembro, havia um show marcado em Kansas City, no Memorial Hall. Primeiro, tinham passado por Toronto, onde foram bem recebidos na turnê anterior. Sobre esse show, Jim Albright, do *York University Newspaper*, escreveu no dia 5 de novembro: "Depois de um longo e fascinante solo de bateria chamado 'Moby Dick', o Led Zeppelin arrematou o último componente importante do bom rock – a resposta do público, que ao sair do teatro ainda vibrava e batia palmas, mandando para as cucuias a atmosfera formal e careta do O'Keefe[17]". Numa resenha sobre o mesmo show, o crítico local Peter Goddard acrescentou: "A maioria das músicas foi apenas trejeitos exuberantes e talentosos de um grupo relativamente novo. 'Moby Dick' foi, em essência, um solo de dez minutos de Bonham, estendido para 15". Archie MacDonnell escreveu: "'Moby Dick' foi o solo de bateria de 15 minutos de John Bonham, e sua conclusão, com as mãos, levantou aplausos de pé em ambos os shows, remetendo às comparações costumeiras com [Ginger] Baker e [Mitch] Mitchell".

Em Kansas City, Richard Cole hospedou a banda num hotel histórico, o Muehlebach, onde, depois do show, os cinco se instalaram no bar para inúmeras doses de scotch, champanhe e gim tônica. Por fim, John Paul, Robert e Jimmy subiram para os quartos, enquanto Cole ficou na companhia de John, que continuava a entornar drinks noite adentro.

"Ficamos tão bêbados que duvidei que pudéssemos encontrar o caminho para os quartos", Cole se recordaria. "Bonzo não conseguia mais ficar de pé, jogou-se numa poltrona e se recusou a sair dali." Cole foi até seu quarto e tomou alguns soníferos para tentar dormir. Por volta das 3h da manhã, o telefone ao lado da cama tocou, acordando-o de supetão. Grogue e de ressaca, ele demorou alguns instantes para reconhecer a voz do outro lado da linha. "Sou eu, Richard", disse John. "Venha me buscar." Freneticamente, ele explicou que tinha sido preso

17 O'Keefe Centre, o local do show em Toronto. (N. do T.)

por estar bêbado num local público – o *lobby* do hotel – apenas alguns minutos depois de Cole tê-lo deixado sozinho dormindo. Ele precisava que o *road manager* saísse da cama e fosse pagar a fiança. Cole ouviu enquanto um policial pegou o telefone de John e passou o endereço da delegacia – a cerca de 3 km naquela rua. "Fiquei furioso", lembrou Cole, "mas minha raiva tinha mais a ver com ter sido acordado do que com a preocupação com o bem-estar de Bonham. Xingando baixinho, me vesti e enfiei cinco mil dólares no bolso".

Cambaleando, Cole conseguiu chegar à delegacia e se identificar falsamente como empresário do baterista para facilitar a soltura, mas os agentes de plantão ainda assim se recusaram a tirar John da cela. Ordenaram a Cole que voltasse de manhã, depois que John estivesse sóbrio. "Então, às 9h da manhã seguinte, retornei", contou ele. "Bonham parecia um cachorro sem dono quando o conduziram até a área de espera da delegacia. Havia um hematoma abaixo de seu olho esquerdo e outro na bochecha."

"Acho que os policiais pegaram meio pesado comigo", John sussurrou para Cole ao saírem para a rua. "Não me lembro, na verdade."

⁂

A TURNÊ TERMINOU TRÊS NOITES DEPOIS, NO WINTERLAND, EM SÃO FRANCISCO. A essa altura, o Led Zeppelin já tinha passado nove meses na estrada, seis dos quais mapeados estrategicamente pelos EUA – depois desse período, os músicos precisariam deixar o país devido a questões fiscais. Finalizada a turnê, Jimmy, Robert e Richard foram a Porto Rico para desopilar. John, porém, não via a hora de voltar para Pat e Jason, ansioso para comprar a casa maior que lhes prometera tempos atrás. Após um ano e meio diante dos olhos do público, encarando aflição de palco, saudades de casa e solidão quase todas as noites, a concepção de John de um lar dos sonhos transformou-se na visão de uma reclusão tranquila, um lugar no campo no qual pudesse sumir em meio à quietude e ao acolhimento da família depois das futuras turnês frenéticas, que inevitavelmente viriam.

Robert foi o primeiro a investir num imóvel nesse estilo, algo mais isolado e pitoresco. Ele e Maureen encontraram uma antiga propriedade no vilarejo de Blakeshall, em Worcestershire, um dos municípios ancestrais em Woverley, perto de Kidderminster – a fazenda Jennings, com séculos de existência. Bem distante das cada vez mais numerosas *groupies* da Sunset Strip, Robert se acomodou confortavelmente com a esposa e a filhinha – bem como algumas galinhas e cabras.

Mas era John quem mais ansiava pela normalidade trazida por sujar as mãos trabalhando na terra. Uma boa parte dele nunca havia verdadeiramente saído dos canteiros de obras da sua juventude, e até mesmo quando estava na estrada ou no palco, e seu nome era entoado por multidões, John repensava o estilo de vida que tinha trocado pela badalação e o glamour do rock 'n' roll. Agora, com quatro turnês pelos EUA na bagagem e dois álbuns arrasadores com disco de platina, ele enfim podia comprar o bom tanto de terra abençoada por Deus que sempre quis – seu dinheiro lhe permitia ser o dono e trabalhar numa fazenda como bem entendesse: um terreno vasto e nenhum rosto por perto que não quisesse ver. John enfim encontrou sua casa dos sonhos numa antiga fazenda em West Hagley, a cerca de 12 km da fazenda de Robert.

Por mais pitorescos que fossem os novos lares da dupla das Midlands, John também se satisfazia em colher os frutos mais óbvios por ter chegado ao sucesso no rock 'n' roll. Ele pode ter apreciado usar a nova fortuna com os amigos e a família, mas havia outra grande paixão além da bateria com a qual ele finalmente poderia arcar. "John adorava carros", recordou-se Richard Cole. "Bonham comprou 26 carros no primeiro ano de sucesso da banda, 1969, [depois] se entediava deles... Um dia, aparecia numa Maserati, no seguinte num Jensen, num Jaguar E-Type ou num Rolls-Royce. Quando via Tony Iommi, do Black Sabbath, com um carro novo, dizia: 'Preciso de um desses'. As concessionárias de Birmingham o adoravam." John comprou a Maserati ao entrar num *showroom* em Birmingham com duas malas abarrotadas com 10 mil libras em dinheiro vivo, chocando o vendedor ao admitir que tinha conseguido o dinheiro com apenas três shows nos EUA.

Com o passar do tempo, as gratificações instantâneas de John com automóveis de luxo se tornaram uma fonte de lendas engraçadas. Em Los Angeles, durante a turnê anterior, ele estava passeando de carro pela Sunset Strip com Peter Grant e Harry Smith, *roadie* do Zeppelin. Quando os três passaram por uma concessionária da Rolls-Royce, John exigiu que parassem para ele dar uma olhada. Um Silver Shadow novinho em folha chamou sua atenção de imediato, mas o vendedor arrogante não reconheceu o superastro do rock. "Filho, se você não vai comprar, não coloque as mãos no carro", o sujeito esnobe disse a John com condescendência.

"Quanto é?", John perguntou.

"Custa 85 mil dólares", respondeu o homem, pronto para passar para o próximo cliente em potencial.

John imediatamente virou-se para Grant. "Peter, rápido, me dê 85 mil."

Um eterno *showman*, Grant mergulhou a mão no envelope de papel pardo cheio de dinheiro que ele parecia sempre ter à disposição como "troco" e entregou a quantia ao mestre da bateria. Sorrindo de orelha a orelha, John despejou o dinheiro na mesa, deixando o vendedor boquiaberto.

Por mais que John fosse do tipo que gostava mais de fazer do que de falar, sobretudo quando se tratava de gente arrogante e estúpida, ele nunca ostentava escancaradamente para seus velhos amigos. "Fui à sua casa uma noite, e ele estava preocupado com dinheiro – porque nunca tivera tanto!", Bill Harvey rememoraria. "Embora o pai dele fosse empreiteiro, e a família tivesse uma vida boa, John nunca teve muito dinheiro de sobra na juventude. Então, de repente, viu-se com toda aquela quantia. 'Não sei o que vou fazer com tudo isso', ele me disse. Era louco por carros, é claro, e tinha acabado de comprar um Rolls-Royce."

Com a agenda frenética de turnês e gravações do Led Zeppelin, John não via Harvey fazia mais de um ano e transbordou de felicidade por ter um tempo para colocar o papo em dia com o amigo. "Ele estava vindo de Londres e me mandou um recado, convidando para ir à casa dele", recordou-se Harvey. "Lá, ele me disse: 'Venha cá, me ajude a descarregar'. Havia um engradado de champanhe no porta-malas do carro... Ele demonstrou uns *paradiddles* para mim numa mesa de centro polida que devia ter custado uma bolada. Nem se importou, e Pat também não o repreendeu. Ela era de ouro."

Bev Bevan relembrou uma noite parecida com John e Pat, quando todos foram convidados para ir à casa de Phil Ackrill, guitarrista da banda Denny Laine & The Diplomats, de Birmingham. "Phil e a esposa tinham uma casinha em Tamworth e não conheciam John", recordou-se Bevan. "John então me perguntou se deveria levar algo, e eu só lhe disse para levar uma garrafa de vinho ou coisa assim. Tipicamente à moda Bonham, ele chegou com Pat, sua esposa, cada um com uma caixa de papelão. Devem ter levado umas duas dúzias de cerveja, meia dúzia de garrafas de vinho, uma garrafa de brandy e uma de scotch. Era bebida pra caramba."

Bevan acrescentou: "John e eu fizemos uma batalha de bateria de cinco minutos com colheres na mesa... Você deve imaginar o estado da mesa quando tiraram a toalha no dia seguinte. Estava totalmente coberta de amassados e arranhões. Porém, nossos anfitriões viram pelo lado engraçado e não se importaram. Na verdade, Phil disse: 'Um dia ainda vou colocar esta mesa a leilão na Sotheby's!'".

* * *

NUMA TENTATIVA DE VIRAR DO AVESSO PARTE DA OPINIÃO PÚBLICA, A BANDA cedeu à insistência de Grant e concordou com mais algumas oportunidades de contato cara a cara com a imprensa. Em dezembro, John e Jimmy deram uma rara entrevista em dupla ao jornalista Chris Welch, agora um amigo confiável, para a *Melody Maker*. Numa retrospectiva do ano, os dois companheiros de Zeppelin expuseram seus pontos de vista a respeito do que a banda havia conquistado naquele primeiro ano – bem como sobre os objetivos para o próximo álbum e turnê. "Quando voltamos dos EUA, mês passado, começamos a gravar para o próximo álbum", John revelou a Welch, "e desde então só fizemos um show, em Paris... Achei que o solo que fiz no primeiro show no Carnegie Hall foi meio que o melhor". Sobre a visita que fizeram aos membros do Traffic pouco depois, John comentou: "É mais legal do que uma *jam* num clube com um grupo, onde o público pensa que você está só se exibindo".

À medida que o ano de 1969 chegava ao fim, John e os outros membros do Led Zeppelin tinham muito a comemorar. Juntos há apenas um ano e meio, já eram saudados como a próxima grande banda a sair da Inglaterra, eclipsando nomes não só como o Cream e o Jeff Beck Group, mas também os próprios Fab Four originais. Mick Bonham relembraria: "Depois de um Natal em casa com a família, recebemos a notícia, no dia 27 de dezembro, de que *Led Zeppelin II*, lançado nos EUA em outubro, tinha derrubado *Abbey Road*, dos Beatles, do topo da parada de álbuns da *Billboard*".

No dia 11 de dezembro, a banda foi convidada para comparecer ao hotel Savoy para receber discos de ouro e de platina, símbolos das vendas incríveis que os dois primeiros álbuns renderam à Atlantic. John falou brevemente à *Melody Maker* no evento: "Tentamos gravar bastante quando não estamos fazendo shows, para não ficarmos estagnados. Esses prêmios são ótimos. Há uns 12 meses, não esperava que fôssemos ganhar algum. Os últimos tempos têm sido um caos completo para nós, já que Robert, John [Paul Jones] e eu estamos todos ocupados comprando casas e nos preparando para o Natal".

John ainda contou, animado, que finalmente podia paparicar sua família, acrescentando que "vai ser o primeiro Natal que passo em casa com meu filho Jason (de três anos). Ano passado, eu estava longe, e no anterior, ele era muito pequeno. Ele é louco por música, e eu comprei uma bateria em miniatura ótima para ele. Uma réplica perfeita, com pedal de bumbo e o chimbal. Até eu consigo tocar... É feita no Japão, achei numa loja em Toronto. Não estava à venda, era só decorativa – mas ofereci 100 dólares por ela e levei".

⁂

As boas novas do sucesso, bem como terem passado as festas de final de ano em casa com as famílias, renovaram as energias dos membros do Led Zeppelin e atenuaram o baque de que o breve intervalo entre turnês estava prestes a acabar. Para a segunda semana de janeiro de 1970, Grant já tinha marcado mais uma longa sequência de datas nos Estados Unidos, solidificando a dominância da banda na cena de rock britânico com a maior demanda do público por apresentações ao vivo e a disparada nas vendas de *Led Zeppelin II* mesmo depois do alvoroço natalino.

Em antecipação ao encontro com multidões de jovens adoradores americanos mais uma vez, o Zeppelin começou a turnê com um pequeno giro pelo Reino Unido, o quarto. E, para deleite pessoal de John, o ponto de partida seria pertinho do novo lar dos Bonhams, em Hagley. "Essa miniturnê britânica começou no Birmingham Odeon no dia 7 de janeiro", lembrou Mick Bonham.

A essa altura, os pais de John e Mick estavam separados, e, embora nunca tivessem se divorciado formalmente, Jacko havia se mudado para um apartamento com o filho mais novo, enquanto Joan e Debbie se estabeleceram numa pequena casa na cidade. Pensando no melhor para os três filhos, os dois continuaram amigos cordiais e mantiveram a convivência nas reuniões de família – e os shows de John eram ocasiões nas quais todos os Bonhams sempre poderiam ser uma frente unida. "Apesar de Debbie ter apenas oito anos, não poderia ficar sozinha em casa de jeito nenhum, então minha mãe decidiu que ela podia ir, e Jacko e eu as encontramos com Pat no local do show", relembrou Mick. "Foi a primeira vez que mamãe e Debbie viram John tocar com o Zep e, ao final do show, ambas estavam impactadas."

Joan e a pequena Debbie ficaram maravilhadas com John enquanto ele era exaltado pelo público, composto em sua maioria pela própria comunidade que assistiu a seu amadurecimento do adolescente baderneiro da cidade ao músico e superastro do rock reconhecido mundialmente. "John foi aplaudido de pé três vezes naquela noite, e a expressão nos rostos de Jacko e mamãe foram bonitas de se ver", recordou-se Mick. "Os olhos deles se encheram de lágrimas de orgulho ao perceberem, quando viram o filho receber aquela aclamação merecida, que todas as discussões, veículos amassados e outras estripulias valeram a pena."

"O Zeppelin, grupo que conquistou os EUA, começou sua primeira turnê britânica em muitos meses", escreveu Tony Raba no *Birmingham Express and Star*. "Foi adequado que o grupo tenha escolhido Birmingham para tal, e deve ter sido agradável para os rapazes receber tamanhas boas-vindas... As coisas então realmente pegaram embalo com 'Moby Dick', que apresenta um solo de bateria tremendo, de dez minutos, de John Bonham, vindo de Dudley. Dispensando as baquetas, ele somou àquela magnificência ao tocar com as mãos e fez o público se levantar... O grupo tocou por duas horas e meia, sem pausa, e, ao final, os quatro pareciam ter dado tudo de si, embora eu imagine que eles teriam continuado por mais duas horas e meia, de bom grado."

John e os outros membros do Zeppelin fizeram todo o público de Birmingham dançar. Entre os gritos entusiasmados e aplausos, o povo de Brum só deixaria seu filho favorito sair do palco depois que ele e os companheiros fizessem um total de quatro bis.

Capítulo Oito

JANEIRO DE 1970–ABRIL DE 1970

"John Bonham, o celebrado baterista do Led Zeppelin, não quer saber da *Swinging London*", publicou o *Evening Telegraph*. "Enquanto acumula consistentemente uma fortuna razoável, como um quarto da banda mais bem paga do mundo, ele mantém distância da capital do pop."

John concordou em conceder uma rara entrevista no dia 8 de janeiro ao jornal, numa espécie de pontapé inicial na publicidade que o novo ano certamente traria. "Entrevistas e negócios o trouxeram para o Sul de sua casa em Worcestershire", prosseguia o artigo. "Bonham já esteve na cidade em outras ocasiões para trabalhar no terceiro álbum do Zeppelin. Membro orgulhoso da cena de Birmingham, ele não pôde resistir a algumas alfinetadas na sofisticada cena londrina. 'Frequentar os clubes da moda não me apetece em absolutamente nada, simples assim', disse. 'São só locais de fofoca. O que quer que você faça estará em todo lugar no dia seguinte. Lá em casa, posso sair para uma noitada sem rebuliço ou importunação e me divertir muito.'"

Contudo, levaria um tempo até ele poder retornar ao lar. O Led Zeppelin começou 1970 com uma pequena turnê experimental pela Inglaterra. Ao longo do ano anterior, eles tinham ofuscado repetidamente quaisquer outras bandas com quem tivessem dividido shows, e embora nenhuma rivalidade de verdade tivesse se desenvolvido, sempre havia a chance de animosidade entre os empresários dos respectivos grupos e as casas de espetáculo. Como, a essa altura, o show do Led Zeppelin durava, no mínimo, duas horas, e já tinham uma grande base de fãs garantida, Peter Grant decidiu que fariam a turnê sozinhos.

Viajar como a única atração do show tinha suas vantagens, entre elas a autonomia para brincar com os *setlists*, a extensão dos solos de cada integrante e o potencial para efeitos especiais no palco – todos os detalhes que começariam a definir os incomparáveis concertos do Led Zeppelin. Desta vez, o arco de violino de Jimmy não seria o único elemento a roubar a cena; John Paul Jones agora viajava com um órgão Hammond para determinadas músicas mais recentes e recebia tempo de sobra para solar em alguns de seus arranjos estendidos. E, claro, o solo colossal de John – já um favorito entre os fãs e quase sempre o queridinho entre a crítica – era obrigatório em todos os *setlists*.

Depois de apresentações bem-sucedidas em Birmingham e Bristol, a banda ficou bastante orgulhosa ao vender todos os ingressos para o mundialmente famoso Royal Albert Hall – o melhor presente que Jimmy Page poderia ter recebido na noite de seu 26º aniversário, em 9 de janeiro. No *backstage* depois do show, Jimmy também foi apresentado à modelo francesa Charlotte Martin, uma das "*it girls*" mais belas e cobiçadas da Inglaterra. Ela chamara a atenção do mundo do rock 'n' roll pela primeira vez alguns meses antes ao aparecer no Speakeasy, clube da moda, nos braços de Eric Clapton – para a nítida inveja de Roger Daltrey, do The Who. Meses depois, foi na companhia de Daltrey que a srta. Martin foi ao espetáculo do Led Zeppelin no Royal Albert Hall. Pouco tempo depois, porém, ela já era toda de Jimmy, cujos dias como o solteirão despreocupado do Zeppelin chegavam ao fim.

Raymond Telford, da *Melody Maker*, fez uma resenha sólida sobre o show no Royal Albert Hall, destacando a potência das *jams* estendidas e o *medley* de rock 'n' roll que a banda improvisou no meio da apresentação. Também mencionou o momento de John sob os holofotes: "Solos épicos de bateria podem ser a experiência mais entediante da face da Terra. Felizmente, 'Moby Dick', de John Bonham, fugiu dos clichês". A *Disc and Music Echo* compartilhou dessa observação, afirmando que "as honras nos solos foram para John Bonham, que fez um solo de bateria frenético de 15 minutos parecer que durou cinco, sem causar vergonha ou tédio, geralmente comuns aos solos de bateria". A ambição incessante da banda só decolou daí em diante. Em seguida à performance, John disse ao crítico local Paul Wallace que o Zeppelin queria "ser conhecido como o grupo pop que deu início aos anos 1970".

Curiosamente, os solos de bateria extensos de John foram o motivo de uma pequena controvérsia entre um jornalista que cobriu o show da banda no Sheffield City Hall, no dia 16 de janeiro, e um jovem fã presente na mesma apresentação. Quando o crítico de cultura do *Star* escreveu que "um solo de bateria robusto de John Bonham é uma desculpa para um intervalo – ou para ir embora", o fã, indignado, logo enviou uma carta ao editor: "Seu repórter teve a cara de pau de dizer que o solo de bateria de John Bonham foi uma desculpa para um intervalo. O solo de bateria foi um dos destaques da noite, como ele deve ter percebido pelos urros de apreciação".

* * *

A turnê do Zeppelin pelo Reino Unido seguiu pelo restante do mês, o que foi o ideal, já que John ainda estava ocupado colocando a casa nova em ordem. De uma linhagem de construtores, ele deixou as reformas e os acréscimos necessários nas mãos hábeis de Jacko e Mick, que ficaram felizes em ajudar o superastro ascendente da família. "Enquanto a turnê percorria a Inglaterra, Jacko e eu trabalhávamos na casa de John, e ele mesmo, quando não estava tocando, fazia a decoração", contaria Mick Bonham. "Resolvemos tudo o que precisava ser feito na casa nova dele. Eu instalaria uma cerca grande em torno do jardim, que tinha uns 90 metros de comprimento, e Jacko trocaria as portas... Foi decidido que o trabalho começaria enquanto John estivesse viajando, na primeira turnê europeia deles."

John tinha muito orgulho da casa nova e das obras realizadas nela, então colocou os trabalhos externos necessários apenas em mãos capazes e de confiança. Quando Jacko e Mick precisaram de mais ajuda, John convocou seu velho amigo e *roadie* dos tempos da cena de Brum, Matt Maloney, para se juntar a eles, instruindo-o a largar seu emprego para começar a trabalhar exclusivamente na nova propriedade dos Bonhams. Segundo Mick, "ele não precisou pedir duas vezes a Matthew".

Entre o último show da turnê no Reino Unido, na Universidade de Leeds, no dia 24 de janeiro, e a viagem para a Escandinávia, no final de fevereiro, John trabalhou junto com a equipe de três homens, deixando a velha fazenda em plena condição de funcionamento e mobiliando-a com o melhor que o dinheiro podia comprar, para o deleite de Pat.

Além das reformas e do design da casa, os salários polpudos de John lhe permitiram fazer mais duas aquisições substanciosas: outro Rolls-Royce e uma nova bateria para o retorno iminente do Zeppelin aos Estados Unidos. Ele colocou o kit de maple num depósito e adotou um Ludwig verde brilhante por vários anos. Esse *setup* teatral se tornaria sinônimo do estilo e do som pesados de John – um bumbo de 26 x 14 polegadas, um tom de 14 x 10 polegadas (que logo seria trocado pelo modelo maior, de 15 x 12, para um som ainda mais potente e reverberado), surdos de 16 x 18 polegadas e uma caixa de 14 x 6,5 polegadas.

John ficou tão satisfeito com essa configuração que comprou três kits.

Ser um dos bateristas mais famosos do mundo tinha vantagens adicionais: ele foi apresentado aos pratos Paiste por meio do contrato de parceria com a Ludwig, que era a distribuidora nos EUA da marca suíça de pratos. Alguns meses depois, quando o Zeppelin passou pela Suíça, John pôde inclusive fazer uma visita não anunciada à sede da companhia, na cidade de Nottwill, para um *tour* particular – e ainda levar alguns brinquedos grátis.

"Passeamos pela fábrica e conferimos alguns pratos", lembrou o baterista suíço Fredy Studer, que trabalhava no departamento de atendimento aos bateristas da Paiste na época da visita improvisada de John. "Para ele, tinha de ser um som alto... Ele procurava por um som alto, afinado e que combinasse com o som de seus tambores. O principal era que os pratos cortassem na mix, mas não de um jeito estridente."

Studer recordou-se de que John ganhou um jogo de pratos "Giant Beat", então recém-desenvolvidos pela empresa, para testar na turnê norte-americana que se aproximava. "A marca experimentou diferentes ligas metálicas, pois a música havia mudado", explicou Studer. "Quando o rock surgiu, a Paiste desenvolveu o 'Giant Beat' porque procuravam um som que se destacasse mais por entre as guitarras amplificadas."

⁂ ⁂ ⁂

Mais tarde naquele mês, quando a turnê terminou em Leeds, Jimmy e Charlotte foram para a casa em Pangbourne. Lá, desfrutavam de uma vida discreta, cercados pela vasta coleção de móveis pré-rafaelitas e as antiguidades caras de Jimmy. Os cabelos compridos e o estilo misterioso dele geravam certa hostilidade entre os vizinhos no vilarejo, o que o tornava ainda mais recluso. A alegria tranquila foi interrompida numa noite no início de fevereiro, quando a polícia bateu à porta para perguntar se ele conhecia o sr. Robert Plant, que se machucara num acidente sério de carro. Jimmy ficou apavorado no ato, imaginando se o Led Zeppelin teria perdido o cantor e, mais importante, se ele teria perdido o amigo. Quando Jimmy contatou o Kidderminster Hospital, lhe informaram que o Jaguar de Robert havia derrapado e saído da pista depois de um show do Spirit no Birmingham Odeon. Ainda distanciado da mãe e do pai, Robert informara que Jimmy era seu parente mais próximo.

O acidente forçou a banda a cancelar um show na Escócia, embora, felizmente, os ferimentos não tivessem sido graves – alguns hematomas feios pelo corpo e um corte acima do olho. Enquanto Robert se recuperava, o resto da banda partiu para Copenhague sem ele e usou o tempo extra para ensaiar. Robert jurou que se juntaria aos demais em breve e, se necessário, até se apresentaria com eles de cadeira de rodas.

Enquanto esperava pelo retorno de Robert à turnê, a banda foi surpreendida por um incidente bizarro. Os três ensaiavam num estúdio quando foram interrompidos por uma mulher que afirmava ser Eva von Zeppelin – descendente do próprio conde von Zeppelin, que desenvolveu os primeiros Zeppelins alemães. Ela causou um alvoroço ao ameaçar entrar com uma ação contra a banda caso eles continuassem a usar a palavra "Zeppelin" no nome. "Esses macacos berrantes não vão usar um sobrenome privilegiado sem permissão", jurou ela na imprensa local. Por sorte, Peter Grant apaziguou sua histeria, mas, justo ao sair do estúdio, ela notou uma cópia do álbum de estreia da banda e retomou o chilique diante do *Hindenburg* caindo em chamas.

Robert voltou à turnê a tempo de pegar todo esse drama, do qual nenhum integrante da banda gostou muito. Diante da possibilidade de encarar processos custosos num país cujo sistema legal eles conheciam muito pouco, decidiram optar pelo caminho seguro, e o Led Zeppelin fez o show de Copenhague sob o nome "The Nobs" [algo como "Os Maçanetas"], gíria *cockney*[18] para "pênis", inspirado por um dos jeitos favoritos de John de cumprimentar algum membro incauto do círculo interno do Zeppelin. "Como vai a sua maçaneta?", dizia Bonzo, devidamente embriagado, ao dar um tapa nos genitais de um amigo para dizer "oi".

Antes de ir embora da Escandinávia, os rapazes do Zeppelin tiveram uma última noite para extravasar. Os licenciadores dinamarqueses de seus discos marcaram uma coletiva de imprensa numa galeria de arte, mas o *connoisseur* Jimmy Page, bem versado no assunto, não ficou

18 Termo que designa, de modo geral, o sotaque e o dialeto, além de um conjunto de costumes, das classes trabalhadora e média londrinas. (N. do T.)

nem um pouco impressionado. John, um eterno travesso, aceitou o desafio de Jimmy para depredar as obras, o que enfureceu o gerente da galeria – e forçou Peter Grant a, mais uma vez, lançar mão do envelope de "troco" para pagar pela destruição caríssima. Como se não bastasse, John, Richard Cole e dois repórteres locais ainda saíram no braço – e todos foram expulsos do recinto à força.

⁂

Depois desse incidente movimentado na galeria, a banda tirou duas semanas de folga antes de tocar no Casino de Montreux, na Suíça, no dia 7 de março. Enquanto Jacko e Mick Bonham continuavam a trabalhar na nova propriedade de John, o baterista decidiu levar Pat numa lua-de-mel há muito devida, e o casal partiu numa viagem curta e romântica pela Europa antes que a realidade de mais um ano na estrada com o Zeppelin se abatesse.

A essa altura, todos os integrantes do Led Zeppelin já tinham usado suas fortunas suadas para solidificar lares adequados a suas famílias. John e Robert tinham as fazendas em Birmingham, enquanto John Paul Jones e Maureen se estabeleceram numa casa grande e confortável em Chorleywood, Hertsfordshire. Com isso, Jimmy Page sobrava como o último a ainda não ter criado raízes. Já havia algum tempo que ele convidara Charlotte para ir morar com ele na casa-barco em Pangbourne, à beira do Tâmisa, mas, quando ela trouxe a questão de começarem uma família, Jimmy passou a procurar uma residência mais adequada. Além de uma casa em si, ele estava animado para reunir peças raras para exibir dentro dela. Admirador de longa data do histórico ocultista e "mago" autoproclamado Aleister Crowley, Jimmy se aventurava em locais obscuros pela Europa e pelo resto do mundo no intuito de conhecer lugares de interesse de aficionados por Crowley, ao mesmo tempo que gastava uma fortuna colecionando memorabilias e artefatos do escritor. Embora os planos originais do Led Zeppelin para se apresentar na Escócia tenham sido postos de lado devido ao acidente de carro de Robert em janeiro, foi nesse país que Jimmy Page, ainda assim, encontrou sua própria e bizarra casa dos sonhos – a "Boleskine House", propriedade decrépita às margens do lago Ness que, um século antes, Crowley em pessoa chamara de lar.

Era o lugar perfeito de exílio e meditação para alguém como Jimmy Page, já que a história da Boleskine House entrelaçava-se com a de seu dono original e era tão fascinante quanto. Assim como Jimmy, Aleister Crowley nasceu numa família britânica de classe média e se dedicou a buscas místicas e artísticas – a maioria delas controversas, para dizer o mínimo. Aventureiro, viajante do mundo e explorador por *hobby*, o escritor filosófico passou a maior parte da vida acumulando conhecimento esotérico na "*mágicka*" ritualística, há muito suprimida pela igreja, que Crowley acreditava ser capaz de ser liberada da própria força de vontade do homem para, então, prover poderes sobrenaturais de conjuração de todo tipo de feitiços e rituais. Crowley também era conhecido em círculos *underground* por sua crença na natureza transcendental do coito e vivia uma forma hipersexualizada de poligamia, ao mesmo tempo que fazia experimentos com haxixe, ópio, cocaína e heroína. Em essência, Crowley foi um *rock star* antes que esse conceito sequer existisse.

Depois que um seguidor leal que estava com Crowley em sua abadia na Sicília morreu sob circunstâncias misteriosas, o mago autoproclamado foi banido do país, rotulado de *persona non grata* e ordenado a nunca mais voltar. Foi nesse exílio que Crowley descobriu a Boleskine House, construída no local onde uma antiga igreja havia se incendiado, matando sua congregação inteira. Uma vez acomodado na casa à beira do lago Ness, Crowley realizava sessões espíritas e missas malignas, além de ter como objetivo controlar legiões de demônios e exércitos de mortos. Pouco depois da morte de Crowley, um antigo caseiro da propriedade foi levado à loucura pelas visões e sons misteriosos com que se deparava pela casa, causados pelos fantasmas e demônios libertos por Crowley, segundo a superstição local. O famoso lema de Crowley, "Faze o que tu queres, será o todo da Lei", já era há muito um mantra estimado por Jimmy Page – que quis comprar a casa desde a primeiríssima visita.

Jimmy era categórico ao afirmar que não eram necessariamente as energias assombradas da casa que o atraíam ao local, mas sim a história fascinante, a vista panorâmica do lago – afinal, estava acostumado com a do rio Tâmisa – e, igualmente importante, a acústica maravilhosa para ensaios e gravações que a estrutura tinha. Esse último motivo era fundamental para o jovem guitarrista-produtor, que dizia que todas as facetas da atmosfera de um lugar poderiam ditar a qualidade da inspiração e do som que ele traria. Confortavelmente estabelecido na Boleskine House com Charlotte, que estava grávida, Jimmy planejava canalizar a afeição que tinha pela história e pela personalidade individual de uma determinada construção em ideias para futuras gravações do Led Zeppelin.

Naquele mesmo mês, em antecipação ao retorno do Zeppelin aos EUA, o prestigiado jornal britânico de negócios *Financial Times* publicou um perfil extenso da banda, focado nas estratégias de sucesso financeiro e nas táticas de marketing usadas naquela ascensão de dois anos pela hierarquia do rock 'n' roll. O artigo afirmava que o grupo ganharia 800 mil dólares para fazer 21 shows ao longo de um mês, fato que ajudava as famílias dos membros da banda a enfrentarem com menos dificuldade a partida deles para mais uma aventura do outro lado do Atlântico. No entanto, o texto não mencionava os rumores que corriam à boca pequena a respeito do comportamento duvidoso de Peter Grant e Richard Cole para garantir que os rapazes recebessem cada centavo que lhes fosse devido. Grant, em particular, era conhecido entre os donos de lojas de discos por aparecer pessoalmente se ficasse sabendo que eles vendiam álbuns piratas do Led Zeppelin. Também notório por carregar uma arma debaixo do paletó, o enorme e intimidador Grant, certa vez, quebrou o microfone de um fã que foi pego gravando o show ilegalmente – batendo com o equipamento na cabeça do infrator. Pouco depois, quando a *Melody Maker* cometeu a besteira de publicar uma matéria sobre o dono de uma loja em Chancery Lane que distribuía um *bootleg* do Led Zeppelin de qualidade particularmente boa, Grant e Cole foram fazer uma visita ao homem. Ao melhor estilo mafioso, Grant trancou a porta ao entrar e virou a placa para "Fechado" – passando então a ameaçar a vida do sujeito até que o estoque inteiro de *bootlegs* do Zeppelin lhe fosse entregue.

Quando os novos fãs do Zeppelin liam as resenhas estelares dos shows da banda, ficava fácil entender por que a demanda pelos discos piratas era tão alta. Mesmo que os críticos ainda tivessem opiniões duras sobre os músicos, os *sets* ao vivo já eram reconhecidos como espetáculos genuínos – uma experiência brutal e pesada à qual as gravações em estúdio não faziam jus.

"Nem o Led Zeppelin estava obviamente preparado para a reação que causou no sábado no Pacific Coliseum, quando quase 19 mil fãs de rock lotaram o local para o primeiro show do grupo numa turnê que passará por 19 cidades", publicou o *Vancouver Express* no dia 24 de março. "O baterista John Bonham exibiu seu talento numa demonstração de 15 minutos de acrobacias de baquetas e mãos nuas, que deixou tanto ele quanto os ouvintes exaustos."

Depois do show de 25 de março em Denver, Thomas MacCluskey, um dos primeiros admiradores do grupo, escreveu no *Rocky Mountain News*: "O Led Zeppelin fez um longo voo desde a primeira vinda a Denver, menos de um ano e meio atrás. Na ocasião, foi o show de estreia nos EUA dos britânicos do LZ. Estavam apenas começando a engrenar, de modo que a química ainda não era total. Agora – depois de milhares de horas arrebentando juntos, centenas de shows e dois discos – atingiram o ponto. O grupo de quatro cavalheiros demonstrou isso a 11,5 mil fãs felizes que abarrotaram o Coliseum na noite de quarta-feira. Provou por quase duas horas ininterruptas!". Sobre o baterista, o crítico acrescentou: "John Bonham aperfeiçoou tremendamente sua técnica na bateria desde que esteve aqui há mais de um ano". No dia 29 de março, Jill Melichar, do *Houston Chronicle*, elogiou "Moby Dick", que "demandou do estoque de energia monstruoso do baterista John Bonham. Especialmente ao final do solo, ele enfim exibiu sua capacidade aperfeiçoada de ainda produzir uma batida completamente cativante". E apesar de identificar John erroneamente como "Richard Bonham", Clark Deleon apontou que, na performance no Philadelphia Spectrum, "o baterista do Led Zeppelin... fez um solo de 30 minutos. A velocidade dele na bateria parecia desafiar a de Ginger Baker e seu senso rítmico soava mais treinado e preciso do que o de 'Toad', que às vezes é desleixado. Bonham usou baquetas pelos primeiros 15 minutos e então as dispensou para tocar apenas com as mãos. Deu ares de um revolucionário moderno tocando tambores de guerra – mas, qualquer que tenha sido a impressão, o público enorme do Spectrum curtiu e aplaudiu de pé, gritando e assobiando ao final daquela provação de meia hora".

Bonham continuou a ser aclamado pela crítica a cada parada da turnê. Menos de uma semana depois, o *Charleston Review*, da Virgínia Ocidental, apontou: "O Led Zeppelin trouxe um doce alívio à frustrada comunidade roqueira de Charleston na noite de terça-feira no Civic Center com um recital brilhante e bombástico de blues contemporâneo... O baterista John Bonham também foi triunfante num solo no qual demonstrou uma capacidade sagaz de produzir e sustentar um som de alta densidade em alto volume... Ele tocou por 20 minutos, prestando homenagens a sacerdotes do jazz de ontem e de hoje, e terminou golpeando as peles com as próprias mãos". Em Indianapolis, duas noites depois, o crítico do *Times*, Zach Dunkin, escreveu: "O baixista John Paul Jones solou no órgão, seguido pela performance de 20 minutos do baterista John Bonham, que tocou duas baterias, bongôs e um gongo chinês com e sem baquetas. O baterista foi aplaudido nove vezes durante o solo e fez por merecer esses aplausos de pé". John Klein, do *Chronicle Telegram*, de Cleveland, afirmaria que "enquanto o resto do grupo deixava o palco, Bonham executou tudo ao seu alcance para fazer a bateria falar, além de algumas coisas novas que não constavam no repertório".

Quando tocaram em Phoenix, em abril, John enfim ganhou sua própria manchete: "O Zeppelin faz solo de bateria de 25 minutos para 14 mil jovens".

Porém, mesmo com a fama e a fortuna trazidas pela turnê norte-americana, ambas se provaram uma compensação pequena para o que foi verdadeiramente o giro mais terrível que os rapazes haviam feito até então – pelo menos segundo o que John admitiu para o irmão e o pai depois que o Led Zeppelin voltou para casa.

"Ele parecia muito cansado ao nos dizer que a turnê tinha sido um sucesso tremendo, apesar de ter ocorrido muita encrenca entre os fãs e uma polícia ávida demais", recordou-se Mick Bonham. "Também houve uma ocasião em que um cara apontou uma arma para eles depois de um desentendimento num restaurante, o que os levou a contratarem diversos seguranças para os acompanharem pelo Sul profundo dos EUA."

De fato, o Zeppelin acabou inadvertidamente marcando sua quinta visita aos EUA em meio a uma das épocas mais turbulentas da história do país. Entre os protestos massivos da geração mais nova em reprovação ao envolvimento dos EUA no Vietnã, o movimento pelos direitos civis se encontrava num ponto mais tenso e violento. O Led Zeppelin, por definição própria, uma banda de hard rock progressista, atraía exatamente o público que estava em meio à alienação social. Além disso, a banda já era tachada de instigadora de comportamentos desordeiros, uso de drogas e rebelião onde quer que fosse tocar. Ou seja, nem sempre era bem recebida pelas autoridades ou pelas gerações mais velhas. A polícia americana se sentia particularmente ofendida pela denúncia pública feita pelo grupo das normas sociais tradicionais, bem como pela aparente defesa que fazia da depravação sexual e a apologia à maconha e aos psicodélicos; em pouco tempo, os oficiais começaram a se convidar para os shows já paramentados para situações de choque e com expressões ameaçadoras.

Em Pittsburgh e diversos outros shows posteriores, o Led Zeppelin foi forçado a parar de tocar e sair do palco até que uma violenta briga generalizada nas primeiras fileiras parasse. Isso era especialmente frustrante para a banda, já que a turnê havia sido organizada com precisão para funcionar como uma eficiente campanha militar. Como esperado, eles encararam seus piores problemas numa área dos Estados Unidos considerada a mais intolerante ao visual e comportamento hippies, além de ser o maior foco de reações conservadoras contra as ondas de protestos sociais: o Sul. Ao pararem num restaurante de beira de estrada para tomar café da manhã, várias garçonetes recusaram-se a servi-los e muitos os ridicularizaram, não reconhecendo os milionários ali presentes. De forma muito mais séria, ameaças de morte anônimas foram feitas contra a banda em mais de um hotel onde os rapazes se hospedaram. E, mesmo depois de receberem o status de cidadãos honorários de Memphis, no dia 6 de abril, o show dessa mesma noite foi cancelado na metade por um *promoter* que temia violência e reações negativas da comunidade.

"Vá se foder, não vou tirá-los do palco", disse o sempre protetor Peter Grant ao *promoter*, em defesa da banda.

Em resposta, o homem sacou uma arma e a encostou nas costelas de Grant. "Se você não cortar essa droga desse show, te dou um tiro", teria dito.

Grant nunca foi de se intimidar fácil. "Você não pode atirar em mim, seu merda", riu na cara do sujeito. "Acabaram de nos dar a porra das chaves da cidade!"

No entanto, um precedente perigoso foi estabelecido, e os membros do Led Zeppelin se perguntaram se valia a pena continuar e arriscar a vida. Afinal, todos eles agora tinham famílias queridas que esperavam por seus retornos, incluindo Grant.

No show seguinte, em Raleigh, Carolina do Norte, o *roadie* Henry Smith foi ao banheiro masculino para se lavar e ouviu a conversa de alguns policiais conservadores que falavam sobre o grupo. Em silêncio na cabine para não chamar atenção, Smith escutou com clareza os oficiais planejarem entusiasmados "pegar esses fodidos desse Led Zeppelin no flagra esta noite". Só um telefonema rápido de emergência para o advogado do Zeppelin, Steve Weiss, em Nova York, preveniu a catástrofe, já que Weiss, intrépido, despachou imediatamente uma divisão particular de seguranças da agência Pinkerton para proteger os rapazes. Pelo restante da turnê, cada limousine usada pela banda contava com dois seguranças.

John crescera como um adolescente briguento em Birmingham, mas nada o preparara para esse nível de violência. Como se recordaria mais tarde, "estávamos indo embora depois do show, e o mesmo cara apareceu na porta. Sacou a pistola e disse: 'Vocês vão gritar agora?'. Demos no pé rapidinho".

Na tentativa de levantar o moral, Grant convidou as esposas dos integrantes da banda para se juntar a eles nas últimas datas da turnê, mas, como Richard Cole se lembraria, a presença delas só deixou os rapazes mais para baixo; além de tudo o que estava acontecendo, eles agora tinham de ficar bem-comportados. "A atmosfera era diferente", Cole admitiria. "Trabalho é trabalho, porra. Foi a última vez que as esposas nos acompanharam."

Depois de 29 shows, a turnê chegava milagrosamente ao final. Na última parada, em Phoenix, Arizona, Robert perdeu a voz, o que levou a banda a cancelar o *grand finale* em Las Vegas. "Mais do que qualquer um, Robert parecia estar à beira do colapso às vezes", recordou-se Richard Cole. "A voz dele estava baleada. Ficou tão rasgada e rouca que ele mal conseguia falar, imagine cantar... Deixávamos umidificadores ligados dia e noite no quarto de hotel de Robert para tentar suavizar e preservar a voz dele, mas nada parecia ajudar. Toda noite, ele tinha de se esforçar um pouco mais do que na noite anterior para terminar o show."

Temendo pela vida, o Led Zeppelin colocou um ponto final na quinta viagem aos EUA e voou para casa, com todos completamente exaustos. "A violência me assusta mesmo, principalmente porque os EUA são a maior potência do mundo", John Paul Jones explicou à imprensa britânica. "E o país parece passar por uma bagunça terrível no momento."

Richard Cole, por outro lado, culpou outros fatores pelo cansaço e o desencantamento sentido pelos membros do Led Zeppelin: "Viagens demais, sono de menos, álcool demais, drogas demais".

O Led Zeppelin estava totalmente esgotado depois de mais de um ano de turnês ininterruptas, em sua maioria pelas maiores cidades dos EUA. John não poderia ter ficado mais aliviado de enfim estar de volta a Birmingham com Pat e se juntar a Jacko e Mick nas reformas da casa nova – da qual ele ainda não tivera a oportunidade de desfrutar. Com apenas alguns poucos e preciosos meses à disposição, John prometeu à família e a si mesmo que isso estava prestes a mudar.

Além disso, Jimmy e Robert tinham outras preocupações. Assim que voltaram para casa, viraram as costas e embarcaram juntos num voo para o País de Gales. Precisavam de inspiração. Tinham um novo álbum a escrever.

Capítulo Nove

ABRIL DE 1970–JUNHO DE 1970

Na primeira semana de abril de 1970, o repórter britânico Ritchie Yorke publicou uma entrevista de página inteira com John, a terceira de uma série que trazia o perfil de cada membro do Zeppelin. Sob a chamada "Led Zeppelin's Super Drummer", "O Super Baterista do Led Zeppelin", Yorke extraiu de John informações sobre suas influências e ambições para o futuro do grupo, acrescentando que Bonham era "certamente o mais excelente baterista a surgir desde Ginger Baker".

"Fui muito influenciado [por Baker] no início", John admitiu, "porque, quando comecei, Baker era uma grande figura na Inglaterra. Foi o primeiro cara do rock a ser como Gene Krupa. Na era das *big bands*, o baterista era só um músico de apoio e nada mais. E, nas antigas bandas americanas, o baterista só tocava com vassourinhas, nos fundos, e Krupa foi o primeiro baterista a ser notado... O rock já existia há algum tempo, mas Baker foi pioneiro ao provar que um baterista poderia estar à frente numa banda de rock, e não algo relegado aos fundos e lá esquecido".

Elogiou o amigo Carmine Appice como "um dos melhores [bateristas] que já vi num grupo de rock" e também falou da agenda de shows incessante do Zeppelin. "Às vezes, fica um pouco cansativo, mas é só porque sou casado e tenho filhos em casa. Mas nunca me incomodei com as turnês em si – eu poderia tocar toda noite. É só o fato de estar longe que às vezes me chateia."

Eles já estavam afastados das famílias e de sua terra natal havia muito tempo, então foi Robert quem sugeriu que ele e Jimmy se aventurassem até as proximidades do País de Gales para um retiro de composição. Os dois optaram por um chalé remoto nas montanhas do interior de Snowdonia, chamado Bron-Yr-Aur. Quando criança, Robert visitara esse canto idílico e nunca se esquecera da tradução literal do nome – "o Seio Dourado", devido aos raios dourados de sol que se esgueiravam em meio ao terreno verde e montanhoso.

De início, Jimmy teve a ideia de viajarem para o Norte da Califórnia, na esperança de que os cenários exóticos influenciassem o novo álbum com a trilha sonora que ambos adoravam – Crosby, Stills & Nash e, em especial, Joni Mitchell, que os dois desejavam como musa e ninfa musical. Porém, ele cedeu aos apelos de Robert para que permanecessem relativamente perto das famílias na Inglaterra e até permitiu que Maureen e Charlotte os acompanhassem. Pouco depois, o convite se estendeu aos fiéis *roadies* do Zeppelin, Henry Smith, Clive Coulson e Sandy MacGregor, que cuidaram dos instrumentos e da bagagem trazida para registrar esboços de canções e demos. Por semanas, Jimmy e Robert fizeram longas trilhas e trocaram ideias para o novo repertório. As noites eram repletas de sessões de composição ao redor da fogueira enquanto bebiam cidra aquecida pelo calor das chamas.

"O Zeppelin começava a ficar muito grande, e nós queríamos que o resto da nossa jornada tomasse um rumo mais equilibrado", diria Robert mais tarde. "Daí a viagem às montanhas e o início de Page e Plant como dupla etérea."

Só uma coisa era certa: a deliberada falta de eletricidade no chalé Bron-Yr-Aur ditava que o novo material fosse composto de forma acústica. Com essa resolução estabelecida, não demorou muito até que a temática e a estrutura de *Led Zeppelin III* começassem a tomar forma. Assim que Jimmy e Robert ficaram satisfeitos com as primeiras canções que prepararam, mandaram notícias a Peter e Richard Cole para que fechassem um estúdio para a gravação do primeiro álbum predominantemente de folk-rock acústico do Led Zeppelin – e convocaram Bonham e John Paul Jones até o lugar escolhido.

* * *

Em meados de maio, Bonham se viu na labuta com os companheiros de Zeppelin, longe do resto do mundo numa antiga casa de campo em Hampshire. A banda trabalhava duro, demonstrando a diversidade dos músicos num repertório mais suave, mais folk – a "luz" para a "sombra" mais pesada na dinâmica ideal de Page, o sussurro para o trovão.

Os quatro trabalhavam em uma pequena mansão em Hampshire, conhecida como Headley Grange, gravando num estúdio móvel emprestado e isolados do mundo, com apenas a equipe, Peter Grant e Richard Cole às vezes presentes. No papel de produtor, Jimmy corria entre o estúdio improvisado e a unidade móvel estacionada ao lado da casa.

"Headley Grange foi encontrada por nossa secretária, Carole Browne", diria Richard Cole posteriormente. "Ela costumava ler umas revistas tipo *Lady*[19] e viu que esse imóvel estava para alugar... Não era muito confortável. Quer dizer, a banda estava acostumada com hotéis cinco estrelas e, a essa altura, já tinha casas excelentes."

Mas o conforto não era exatamente a prioridade número um de Jimmy quando ele se apaixonou pela atmosfera, as capacidades acústicas e a história pitoresca da casa. Headley Grange foi construída em 1795 como uma "Casa de Indústria" para abrigar idosos pobres que não tinham para onde ir, bem como órfãos e filhos ilegítimos. Em novembro de 1830, desordeiros sitiaram a casa, que foi depois reformada e reaberta como hospedaria para os desfavorecidos em troca de traba-

19 Revista feminina britânica publicada desde 1885, ainda em circulação, que conta com uma seção de classificados. (N. do T.)

lho. Foi vendida em 1870 como uma residência privada para o dono de uma pequena construtora, que enfim a batizou de "Headley Grange". Um século depois, era usada tanto como albergue para viajantes estrangeiros quanto, ocasionalmente, como espaço de ensaios alugado para músicos – os últimos a fazerem esse uso da casa foram a trupe de blues Fleetwood Mac.

O Led Zeppelin tinha cerca de um mês para gravar as faixas do terceiro álbum. Em junho, já estavam agendados para tocar no Festival de Bath e, em seguida, encarariam mais uma travessia avassaladora pelos EUA. Os últimos meses tinham feito bem aos quatro integrantes da banda, que chegaram a Headley Grange devidamente descansados e ávidos por gravar as novas composições de Jimmy e Robert.

Mais cedo naquele mês, a banda tinha se reunido nos estúdios Olympic e Basing Street, em Londres, para dar o pontapé inicial nas gravações das duas primeiras faixas do álbum, "Immigrant Song" e "Poor Tom", antes de fazer as malas e partir para a aventura rural em Hampshire. Em "Poor Tom", John flexionou alguns músculos de jazz e ragtime, optando por um *groove* de caixa ao estilo de New Orleans: colcheias rápidas tocadas na caixa ao invés do chimbal por cima de batidas sincopadas de bumbo. Bem disposta após aquela necessária pausa, a banda – John em particular – estava em excelente forma ao chegar ao Olympic; ao final da sessão, já estavam prontos para a viagem para o meio da natureza.

Robert e Jimmy já tinham preparado algumas faixas – "Bron-Yr-Aur", "Down by the Seaside", "Jennings Farm Blues" e "The Boy Next Door", mais tarde rebatizada de "That's the Way" – do retiro galês. Jimmy também quis regravar uma balada sua, "Tangerine", composta no último ano em que fez parte dos Yardbirds. Quando tomados como um todo, os dois lados de *Led Zeppelin III* demonstravam tanto aos fãs quanto aos críticos que os músicos do grupo eram verdadeiramente versáteis, não meros roqueiros pesados e barulhentos, como frequentemente eram estereotipados.

Apesar das inclinações folk do álbum, começaram o disco numa forma das mais bombásticas, com um novo hino do rock que abriria futuros shows. Em "Immigrant Song", a bateria retumbante de John se mantém consistente do começo ao fim, casada com peso ao *riff* imposto pela guitarra sincopada de Jimmy e o baixo de John Paul. "Um toque de eco reverso deixa a canção um pouco mais completa", afirmou Jimmy. "Tenho de dizer que a colaboração de Robert nessa canção também foi absolutamente magnífica... John Bonham e eu tocamos o *riff*, a sequência de acordes E e A de 'Rumble'[20], e Robert canta aquelas melodias maravilhosas."

A letra épica de Robert retratava os músicos como guerreiros vikings, que avassalam e saqueiam o interior do país, literalmente conquistando um novo mundo enquanto se gabam das histórias de glória bélica. Os gritos agudos de Robert de "*Valhalla, I am coming!*" – "Valhalla, estou chegando!" – foram gravados na brincadeira em estúdio, mas funcionaram para incitar os fãs jovens quando a banda tocava a música nos shows.

Inspirada fortemente por Crosby, Stills & Nash, "Friends" foi a primeira faixa do álbum a trazer aos ouvintes os aspectos acústicos mais leves que Jimmy e Robert pretendiam evocar. Com o acréscimo de uma orquestração teatral e um coro, a canção tornou-se uma mistura não planejada de psicodelia atmosférica e folk, enquanto seu *drone* exuberante se costura com perfeição à introdução de "Celebration Day". Nesta, John precisava de pouco mais do que uma batida de rock padrão em colcheia, mas aproveitou a oportunidade de se exibir por volta dos dois minutos, lançando uma virada de caixa distinta em semicolcheia, que seria quase impossível nas mãos de outro baterista que não ele. Infelizmente, o primeiro *take* foi perdido por um descuido de um engenheiro

---

20 Faixa instrumental do guitarrista americano Link Wray, lançada em 1958. Numa cena do filme *A Todo Volume*, de 2008, Jimmy Page comenta a influência que essa música exerceu sobre ele. (N. do T.)

de som, mas, para a sorte de John, os floreios extravagantes mais adiante na música foram preservados.

"A base do início de 'Celebration Day' foi completamente apagada por um engenheiro de som", lamentou Jimmy. "Eu ouvia pelos fones de ouvido e não saía nada. Comecei a berrar: 'Que diabos está acontecendo?'. Então notei que a luz vermelha de gravação estava ligada no que deveria ser a bateria. O engenheiro de som tinha gravado acidentalmente por cima de Bonzo! [...] E é por isso que aquele *drone* de sintetizador ao final de 'Friends' entra em 'Celebration Day' até o resto da base entrar. Fizemos isso para compensar a faixa de bateria perdida."

Mais adiante no álbum, John usou sua inclinação natural à técnica do jazz com o blues lento "Since I've Been Loving You", faixa extensa composta na mesma linha de "Dazed and Confused". A introdução suave de John transmitiu muito de seu controle e contenção – um toque sutil na caixa, seguido por uma série de colcheias no chimbal, posteriormente pontuadas pela combinação de caixa e bumbo que era sua marca registrada. Do início ao fim dessa faixa sedutora, John deu aos ouvintes uma lição de tensão dramática, segurando o *groove* natural do andamento, alinhado aos sussurros sensuais de Robert. Brincando com o *groove* de blues de Jimmy, John se valeu de uma técnica de *big band* que aprendera havia muito tempo ao colocar os *riffs* de guitarra na base do *turnaround* de cada estrofe – um *lick* delicado na caixa que age como uma deixa audível para a síncope da guitarra. Era um velho truque usado por Buddy Rich para sinalizar aos naipes maiores de metais que mantivessem as frases e ataques na cabeça. Por ser longa, "Since I've Been Loving You" também deu a John tempo suficiente para incorporar algumas de suas adoradas tercinas, nesse caso, nove delas, depois dos seis minutos.

"Bonzo é, até hoje, um dos poucos bateristas que toca a bateria como um instrumento", ponderou o *roadie* Henry Smith. "Ele não toca bateria só para ouvir o som. Eu podia escutá-lo tocar sozinho e ficar completamente encantado pelo que ele faz. Ele pegou muitos *licks* de bateria de rhythm 'n' blues e os colocou no rock – o que, na época, era diferente."

"Bonzo adorava Gene Krupa", relembraria o engenheiro de som do *Led Zeppelin III*, Terry Manning. "Na minha opinião, ele tocava o jazz mais casca grossa do jeito mais simples já tocado. Não simplesmente descia o braço como um baterista de rock. Havia uma *finesse* na descida de braço dele.

"Ele tornava a bateria importante o tempo todo."

John também queria uma faixa que tivesse a bateria como peça central, uma espécie de sequência de "Moby Dick", do álbum anterior. Jimmy baseou o novo *riff* numa divertida cantiga de bebedeira que John às vezes entoava no estúdio. "Sim, John Bonham teve muito a ver com 'Out on the Tiles'", lembraria Page. "Eu compus o *riff* descendente de abertura, mas a linha de guitarra que acompanha o vocal foi baseada numa canção que John costumava cantar, e dizia algo do tipo: '*Out on the tiles, I've had a pint of bitter / and I'm feeling better 'cause I'm out on the tiles*'[21]. Você sabe o que '*out on the tiles*' significa? É uma gíria para um *tour* pelos bares, e *bitter* é um tipo de cerveja escura."

Page ainda acrescentou: "A letra de Robert levou a música para outra direção, mas o clima ainda é esse".

Na gravação, John usou divertidamente um de seus *grooves* favoritos de funk, um aceno aos estilos de soul e R&B – algo que ele traria de volta em "Gallows Pole" – com combinações de caixa e bumbo derivadas de *paradiddles*, em essência, uma técnica de swing. Embora ela não tenha sido tocada ao vivo por muitos anos, o dueto pesado de guitarra que abre e fecha a música acabou se tornando a deixa de Jimmy no palco para que John começasse seus longos solos em "Moby Dick".

Todas as faixas de *Led Zeppelin III* foram concluídas em meados de junho, e Jimmy planejava mixar a versão final durante a temporada nos

---

21 "Aí pelos bares, tomei um *pint* de *bitter* / e me sinto melhor porque estou por aí pelos bares"

EUA. Uma semana depois, John e os rapazes voaram para a Islândia para o início da nova turnê. A banda pretendia introduzir faixas do álbum ainda não lançado discretamente no *setlist*, incluindo uma seção acústica em que Jimmy, Robert e John Paul se sentariam na base do palco enquanto John tocaria bongôs.

Após a violência e as acusações de vandalismo sônico da turnê anterior, desta vez o Led Zeppelin esperava mostrar ao mundo seu lado mais suave.

⁂ ⁂ ⁂

"Você acha que esses carros flutuam mesmo?", perguntou Richard Cole, dando um cutucão nas costelas de John.

Cole se referia à mais recente campanha publicitária da Volkswagen, que exibia um Fusca boiando num lago, com uma legenda que garantia que os veículos eram "herméticos". Nas horas que antecediam o show do Zeppelin daquela noite, John, Cole, John Paul Jones e o *roadie* Jim Dobson resolveram dar um passeio para espantar o tédio e enxugaram uma garrafa de champanhe ao caminharem pelas ruas de Reykjavik. Afinal, era uma ocasião especial: o Led Zeppelin tinha sido enviado à Islândia mais ou menos como embaixadores culturais. Na primeira semana de junho, Peter Grant fora contatado por um agente de talentos chamado Jasper Parrott, em nome do governo britânico. Como demonstração de boa vontade, ele estava encarregado de organizar um evento cultural britânico na Islândia e pensou imediatamente em levar a maior e mais bem-sucedida banda do império para representar as proezas musicais do país. O Led Zeppelin foi instruído a se comportar o melhor possível.

"Vou colocar o meu na água", disse John, bebendo o que restava de Dom Perignon direto do gargalo. "Vamos achar um lago por aqui e tentar."

Inicialmente, Cole havia pedido uma pequena frota de Land Rovers para a viagem da banda, mas a locadora estava sem nenhum. No lugar deles, o *road manager* aceitou dois Fuscas novos em folha; entrou em um com Dobson e deu as chaves do outro a John e Jonesy. Depois de dirigir por três horas, observando as paisagens congeladas de geleiras e gêiseres, os quatro estavam dispostos a levar a cabo o experimento de Richard Cole.

"Este poderá ser um momento histórico", anunciou Cole quando o grupo escolheu um lago que parecia apropriado. "O carro vai flutuar ou vai afundar?"

Para seguir as regras do anúncio da Volkswagen, John, um entusiasta de automóveis, certificou-se de subir os vidros. Pronto como sempre – e com Jones a seu lado no banco do passageiro –, John dirigiu até a beira, fez um giro ágil de 180 graus e disparou cerca de 15 metros lago adentro. "Por fim, ele engatou a primeira e pisou fundo, mirando a água", Cole se recordaria. "O VW saiu do chão – e caiu no lago com um estampido! Quicou na água por uns dois minutos até passar a boiar tranquilamente enquanto o motor parava."

A princípio, parecia que a propaganda dizia a verdade; John e Jonesy arregalaram os olhos dentro do veículo, que boiava calmamente. Porém, depois de um longo momento de tensão, Cole e Dobson observaram a linha da água chegar até a vedação das portas, começando a encher lentamente o carro, com os dois *rock stars* trancados dentro.

Cole e Dobson correram freneticamente para a água, que ainda era rasa o bastante para que os dois ficassem de pé. Do lado de dentro, John gargalhava para Cole, que empurrava o carro com toda força para a beirada do lago. Ao chegar em terra firme, John deu a partida e o VW voltou à vida.

Os homens caíram na risada, impressionados pelo carro ser tão durável quanto a companhia alegava.

* * *

"Só fui ver John de novo dois meses depois", Mick Bonham relembraria. "Desta vez, ele combinou de passar para me buscar quando estivesse a caminho do Festival de Bath, no dia 28 de junho... Viria em mais uma de suas aquisições, um Jensen Interceptor novo em folha, brilhando, dirigido por Matthew para que John pudesse dormir um pouco no banco de trás, junto com uma caixa de Dom Perignon para o caso de ficarmos com sede no caminho."

Em seguida aos shows bem-sucedidos na Islândia, John e a banda retornaram à Inglaterra para o enorme Festival de Bath daquele ano, no qual tocariam para um público esperado de 150 mil pessoas. O evento se tornara tão grande que teve de ser realocado para o Showgrounds, em Shepton Mallet, a 30 km de distância do local original em Bath. A banda recusou 250 mil dólares para tocar em Boston e New Haven, Connecticut, naquele mesmo final de semana, na certeza de que uma apresentação triunfante em Bath poderia trazer a exaltação que tanto queriam do público inglês.

"Bath foi um ponto de virada para o nosso reconhecimento", concordou Peter Grant. "Lembro que Jonesy chegou de helicóptero, e nós tivemos de pedir ajuda aos Hell's Angels para chegar até o local."

O Led Zeppelin estava em excelente companhia no Festival de Bath, considerado o maior e mais prestigioso de todos os festivais britânicos; Jefferson Airplane, The Byrds, Carlos Santana, Frank Zappa e os amigos de John de Birmingham, o Moody Blues, iriam tocar naquele mesmo domingo. Embora tivesse chovido a manhã toda, o sol enfim saiu a tempo da segunda metade do evento. Prevendo um belo pôr do sol, Peter Grant empurrou a entrada do Zeppelin no palco para ocorrer exatamente nesse momento – um efeito especial a mais, cortesia da Mãe Natureza. A banda que tocava logo antes deles, The Flock, estava se estendendo demais, o que forçou Grant a entrar no palco durante a performance e coagi-los a voltar para as coxias. Quando um membro da equipe do The Flock protestou, Grant lhe deu um soco certeiro no rosto, o que permitiu que Jimmy e a banda cumprimentassem a multidão. Grant estava determinado a não deixar ninguém ferrar com o lugar do Zeppelin sob o sol. Quando ele viu alguém no público filmando a apresentação, fez o sujeito ser arrastado à força para o *backstage*, onde Richard Cole despejou um balde d'água sobre a câmera.

Mesmo assim, os presentes foram ao delírio quando o Led Zeppelin entrou. "Achei um lugar do lado do palco", recordou-se Mick Bonham. "Quando o Zeppelin começou, ficou óbvio que era por eles que o público esperava, e um rugido estrondoso ecoou pelo interior de Somerset."

Foi um show crucial para o grupo – a primeira revelação das músicas de *Led Zeppelin III* em solo britânico. Enquanto o sol emanava uma luz natural magnífica à paisagem por trás da banda, começaram com "Immigrant Song". O sol se pôs no momento mais perfeito: durante uma versão épica de "Dazed and Confused".

Felizmente, as resenhas refletiram aquilo pelo que o Led Zeppelin rezava – validação e reconhecimento na terra natal. Mais do que satisfeita com o resultado daquele final de semana, foi com uma nova energia que a banda se preparou para, mais uma vez, partir para os Estados Unidos.

Capítulo Dez

JULHO DE 1970–OUTUBRO DE 1970

A essa altura, os pais de John já tinham se separado havia vários anos, mas ele permaneceu próximo de ambos. No entanto, como Joan vivia com a filha mais nova, Debbie, e Jacko tinha ido morar com Mick em Studley, Warwickshire – a apenas alguns metros de dois dos pubs favoritos de John, o Duke of Marlborough e o Studley Conservative Club –, reuniões entre os rapazes da família Bonham eram mais comuns. Como Mick se recordaria mais tarde: "John fugia da agitação da cena roqueira para vir beber sossegado e jogar sinuca conosco no clube, depois atravessávamos a rua para tomar mais umas doses no Duke of Marlborough".

Embora agora fosse milionário e um legítimo superastro, John ainda se agarrava com todas as forças às raízes de sua cidade natal, Birmingham, e sempre ansiava pela aceitação das mesmas pessoas que o viram crescer. Felizmente, ele ainda era considerado um local pela maioria dos *Brummies* e, quando não estava viajando o mundo como membro de uma das maiores bandas de rock 'n' roll, era relativamente fácil encontrá-lo pela cidade. A poucos dias de partir com o Led Zeppelin para a Alemanha, John concordou de bom grado em participar da feira anual de verão organizada pela igreja local, a St. Mary's Parish Church – depois que ele e o líder da paróquia, o reverendo David Acheson, entornaram alguns *pints* no Duke of Marlborough.

"O trabalho de John seria ajudar a arrecadar dinheiro dando autógrafos, além de ser jurado do concurso de Queen of the Fayre, a Rainha da Feira", recordou-se Mick. "Como bônus, John convenceu a Atlantic a fornecer cerca de uma centena de álbuns variados para serem vendidos a preços reduzidos para ajudar nessa arrecadação."

Apenas um dia após o evento de caridade da igreja, John já estava de volta ao modo trabalho, viajando com a banda para alguns shows de aquecimento na Alemanha – em preparação para a sexta turnê pelos EUA, que aconteceria no mês seguinte. Numa rara amostra de confiança para com um membro da imprensa, o Led Zeppelin fez um convite exclusivo ao velho amigo Chris Welch, da *Melody Maker*, para se juntar à banda, na esperança de que o relato dele dessas primeiras datas pela Europa mantivesse o entusiasmo e a força deles em alta na Inglaterra depois do sucesso do show em Bath.

"Passamos cinco dias na estrada, viajando de carro, trem e avião", lembrou Welch. "Voamos de Londres a Düsseldorf em meio a nuvens carregadas. Foi um voo turbulento, e, praticamente logo após a decolagem, Bonham – que detestava voar, mesmo sob as melhores circunstâncias – levantou-se da poltrona e cambaleou até o banheiro, passando muito mal. Em momentos assim, eu via um lado diferente de Bonzo, 'o desordeiro durão'."

Já Jimmy estava se sentindo mal antes mesmo de sair da Inglaterra, e, em seguida ao voo turbulento, John ficou tão nervoso para entrar em outro avião que implorou à banda para que viajassem por qualquer outro meio para os shows seguintes. Para acalmar a crescente fobia de avião de John, o grupo optou por viagens de cinco horas de trem para Berlim, Essen e Frankfurt.

⁂

Como Welch logo descobriria, no que se tratava do comportamento de John, "a maioria da bravata e das bebedeiras dele vinha do nervosismo, da preocupação ou do tédio". Ele prosseguiu: "Ao chegarmos, Bonham saiu pisando duro pela Alemanha, com uma aparência um tanto ameaçadora com aquele bigode e aquele chapéu de couro. Porém, quando chegou ao Düsseldorf Sporthalle, estava claramente nervoso, assim como o restante do grupo... Bonham aguardava sentado, em silêncio e tenso, como se esperando o gongo do boxe tocar para o primeiro *round* da grande luta".

O nervosismo entre a banda foi compreensível no show em Colônia; cerca de mil jovens se revoltaram diante do Sporthalle, jogaram pedras e quebraram vidros por não conseguirem entrar.

Na sequência, em Frankfurt, a banda tocou no Festhalle diante de 11 mil fãs – o maior público de rock 'n' roll da história da Alemanha até então. Depois do show, a banda e sua *entourage* celebraram o sucesso fechando o bar mais próximo. "Nós seis – John Paul, Jimmy, Robert, John, Peter e eu – tolerávamos o álcool muito bem", recordou-se Cole, com carinho. "O *bartender* era o único contando o quanto bebíamos. Quando enfim fui pagar a conta, fiquei chocado. 'Tem certeza de que contou certo?', perguntei. 'Éramos só nós seis na mesa.'"

"'Eu sei que vocês estão só em seis!', exclamou o *bartender*. 'Mas vocês quase zeraram meu estoque. Nunca vi ninguém beber como vocês!'"

Num período de quatro horas, a turma de seis homens do Zeppelin consumiu um total de 280 bebidas – 120 *slivovtizes* (brandies de ameixa) e cerca de 160 cervejas. Cole lembrou-se desse número como um motivo especial de orgulho para a banda – John em particular. "Em dado momento, Bonzo exclamou: 'Vamos continuar até enxugar o estoque deste bar! Quando o bar fechar, o pobre coitado vai estar cansado demais para nos expulsar!'"

Contudo, como observou o jornalista da *Melody Maker*, a farra pesada do Led Zeppelin trazia consequências. "Seguimos para Berlim, onde havia arame farpado e 'o Muro' ainda estava de pé", relembrou Welch. "Nesse ponto, a turnê já estava cobrando seu preço, com Page doente e Bonham uma pilha de nervos... Depois do show, fui com John a um cabaré cheio de gente que poderia ser homem, mulher ou ambos. Era difícil distinguir. 'Tem um pessoal esquisito aqui', observou ele. 'Não é lugar para um camarada decente tomar um *pint* de cerveja!'"

Segundo Richard Cole, o desencanto da banda foi uma combinação de nervosismo e uma espécie de "derrubada" depois do triunfo em Bath, onde não só o público foi três vezes maior do que o alemão, como também foi composto completamente de compatriotas da banda expressando aprovação unânime. "Por mais entusiasmadas que fossem as plateias alemãs, o Zeppelin passava por uma decepção emocional depois do Festival de Bath", admitiu Cole. "Foi difícil superar as 200 mil pessoas que viram a banda tocar poucos dias antes."

⁂ ⁂ ⁂

Depois de mais um mês de descanso em casa, o Led Zeppelin começou a sexta turnê norte-americana no dia 10 de agosto de 1970, em Hampton, Virginia. Infeliz como sempre às vésperas de um longo voo transatlântico, John apagou com álcool até o momento do pouso.

Com a banda tocando por um cachê mínimo de 25 mil dólares por noite, sem atração de abertura e sem nenhum apetrecho no palco, somente amplificadores e luzes, os ingressos de cada show se esgotavam rapidamente. Depois de 35 apresentações, a banda estabeleceu um recorde – e chegou às manchetes internacionais – ao tocar no Madison Square Garden, em Nova York, por um cachê de mais de 100 mil dólares.

O *setlist* do Festival de Bath foi usado como base para a turnê, com "Immigrant Song" atiçando o público num definitivo chamado às armas, seguida por favoritas dos fãs já testadas e aprovadas dos primeiros dois álbuns. "Dazed and Confused" era obrigatória, já que contava com o momento do arco de violino de Jimmy – sua comunhão psíquica, espiritual com a multidão adoradora e fascinada.

"Communication Breakdown" era agora um *medley* composto por "Good Times Bad Times", "For What It's Worth", do Buffalo Springfield, e "I Saw Her Standing There", dos Beatles – um salve para duas bandas que o Zeppelin considerava parte do cânone do rock 'n' roll –, que conduzia à nova e sedutora balada de blues "Since I've Been Loving You" e algumas outras antes do quase dueto tumultuoso de John e Jimmy, "Out on the Tiles". Daí, John entrava no oblívio de "Moby Dick", que já estendia a duração épica para pouco menos de meia hora, incluindo um rufar de cinco minutos que John fazia com as mãos nuas. Em seguida ao solo, Robert convocava os aplausos do público para "o grande B!" – ou, para o êxtase de John, seu nome completo: "Senhoras e senhores, John Henry Bonham!", que, todas as noites, era aplaudido de pé.

Uma novidade era o momento acústico, que acontecia mais ou menos na metade do show, no qual os quatro colocavam uma cadeira ao pé do palco e fingiam uma certa intimidade tranquila para com os milhares ali presentes.

Na mesma noite em que o Zeppelin vendeu todos os ingressos para o Forum, em Los Angeles, a banda soube que os velhos amigos do Fairport Convention estavam gravando um álbum ao vivo no meio de uma residência de três noites num dos pontos mais frequentados antigamente pela banda na Sunset Strip, o Troubadour. Não só Jimmy e Robert eram grandes admiradores do trabalho primordialmente acústico do conjunto de folk rock, sobretudo da vocalista Sandy Denny, como também o melhor amigo de John de Birmingham, Dave Pegg, havia entrado para o Fairport como baixista. No dia 5 de setembro, na noite seguinte ao enorme show no Forum, os integrantes do Zeppelin surpreenderam os colegas do Fairport no Troubadour, chegando a subir no palco para uma *jam session*, para deleite do público.

"Foram todos ao Troubadour nos ver", diria Dave Pegg, "e, no nosso segundo *set*, disseram que queriam tocar. Achei fantástico, então eles subiram no palco. Jonesy pegou meu baixo, enquanto Richard Thompson ficou no palco com eles e Simon Nicol emprestou sua Gibson a Jimmy... Tivemos de comprar peles novas para a bateria de [Dave] Mattacks, porque elas ficaram marcadas demais com o jeito de tocar de Bonzo".

De acordo com Pegg, se John ficasse sabendo que algum músico que ele adorava fosse tocar onde ele estivesse, fazia questão de estar presente; assim sendo, os *blues rockers* do Savoy Brown também tocariam em Los Angeles naquele final de semana, e John não perderia. "No dia seguinte, o Savoy Brown tocaria na inauguração de um clube", prosseguiu Pegg. "Bonzo disse: 'Estamos todos convidados. Vamos jogar sinuca e tomar umas'."

Tendo se alongado em mais um show do Fairport na Strip, John e "Peggy" acabaram chegando para ver o Savoy Brown só depois que a apresentação já tinha terminado, por volta das 2h da manhã. Porém, na farra com a banda britânica, o tempo voou, e, por fim, os gerentes do clube informaram ao grupo que já havia passado muito do horário de fechamento. Como fora o caso na Alemanha, John não estava nem perto de ir embora. "'Eu vou só se você ganhar de mim na sinuca', Bonzo falou", recordou-se Pegg. "Então disputaram na sinuca, e Bonzo venceu. Ele ganhou do cara e já eram 5h da manhã. Eles disputaram de novo – e assim chegaram às 6h da manhã."

Alguém pouco impressionado com as habilidades de John na sinuca ligou para a polícia de Los Angeles para que viesse espantar os músicos. Ao som das sirenes se aproximando, os integrantes das variadas bandas deram no pé, deixando que John e Pegg inventassem um jeito criativo de escapar. "O lugar esvaziou-se, e Bonzo disse: 'Vem comigo!'. Então o segui, subimos no palco e nos escondemos atrás de umas pilhas grandes de bancos de bar. Eu me agachei atrás de uma, ele atrás de outra. Apaguei e, quando vi, o sol entrava pela janela. Eram 9h da manhã, o lugar estava deserto, e Bonzo desmaiado ao meu lado. 'Merda!', pensei. 'O que aconteceu? Onde a gente está?' Então Bonzo respondeu: 'Ah, vai ficar tudo bem, meu motorista estará lá fora'. Não tinha ninguém no clube, então saímos discretamente e encontramos uma grande limo do lado de fora. O cara ficou nos esperando a noite toda."

John instruiu o motorista a levá-los ao quarto de Pegg no Tropicana e, no caminho, informou ao velho amigo que o Led Zeppelin iria tocar em Honolulu no dia seguinte – e que o voo para o Havaí sairia dali a poucas horas. Após ser deixado no quarto, Pegg estava descansando naquela tarde quando o telefone tocou. "'É o Bonzo'", riu Pegg ao se lembrar. "'Quer tomar uma antes de eu ir?' 'Ah, beleza', digo. Então ele vem até o hotel, e nós vamos ao Barney's Beanery, subindo a rua. Tomamos algumas cervejas, aparece a Janis Joplin e se senta ao nosso lado. Foi inacreditável." Quando começou a escurecer, os dois amigos entorpecidos de repente se lembraram do voo de John para Honolulu. "'Você já deveria ter ido', falei, e Bonzo retrucou: 'Ah, que se foda. Eu pego um voo mais tarde, que seja'. 'Você devia mesmo ir', repito. 'Foda-se. Fodam-se eles.' Ele realmente não estava nem aí."

Ao invés disso, os dois voltaram para o Tropicana, onde ficaram com Andy Warhol e alguns turistas à beira da piscina. John talvez não se importasse em se atrasar para o show do Led Zeppelin no dia seguinte, mas Pegg ainda teria de estar no Troubadour com o restante do Fairport Convention em apenas algumas horas. "Eu tinha de estar lá em uma hora e meia para o primeiro *set*, que seria gravado", acrescentou Pegg, "e Bonzo me empurrou na piscina, completamente vestido. Pensei: 'Vou te dar o troco, seu filho da mãe', e também o derrubei na água. Ele então saiu e tirou toda a roupa, exceto a cueca. Mergulhou de novo para nadar, deixando as roupas ao lado da piscina. Fizemos amizade com duas garotas texanas que tinham um pacote imenso de maconha, que nós então levamos para o quarto e continuamos a farra... Aí eu precisava ir para o Troubadour para o primeiro *set*. Tomei café preto, água gelada, estava numa situação deplorável", contou Pegg.

"Pouco antes do segundo *set* começar, recebo um telefonema de Bonzo, que diz: 'Onde eu estou? Você pode me ajudar?'. Ele estava no meu quarto no Tropicana, foi até a piscina com a cueca molhada, e todas as suas roupas tinham sido roubadas. Então pegou algumas das minhas roupas emprestadas, direto da minha mala, e foi até o clube.

Nós emprestamos uma grana para ele comprar a passagem para Honolulu. 'O Peter Grant vai querer nos matar pra caralho', pensei... Bonzo chegou ao Havaí. Não me pergunte como."

⁂

No Havaí, o Zeppelin ficou sabendo que a *Melody Maker* tinha publicado a enquete que fez com os leitores sob a impressionante manchete "Zeppelin derruba os Beatles"; depois de oito anos seguidos, os Fab Four tinham sido oficialmente tirados do trono. Robert também ganhou como Melhor Vocalista Britânico, e o *Led Zeppelin II* – "o Bombardeiro Marrom" – fisgou o título de Melhor Álbum Britânico.

Tudo parecia indicar que a relação antagônica do Led Zeppelin com a imprensa estava se revertendo. Ao longo de toda a turnê pelos EUA, abundavam resenhas positivas. Porém, o caso de amor e ódio da banda com jornalistas musicais teve uma virada decididamente azeda no dia 18 de setembro, devida, em parte, a uma coletiva de imprensa realizada em Nova York, que anunciou o cachê avassalador de 100 mil dólares pela apresentação no Madison Square Garden na noite seguinte. A quantia não caiu bem numa sala cheia de jornalistas musicais, e a banda rapidamente entrou na defensiva diante dos céticos escribas, um preâmbulo seco para o grande evento.

"As luzes se apagaram, e o Zep começou a tocar", escreveu um crítico sobre o show no Madison Square. "O que se espera de um verdadeiro 'supergrupo' – banda que, pela primeira vez, derrubou os Beatles do topo da lista de Grupo Mais Popular na enquete anual da *Melody Maker* na Grã-Bretanha? O Zep é como qualquer outro, apenas quatro caras fazendo música. A recepção do público foi fantástica, mas às vezes me pergunto se as pessoas vão para ouvir música ou para ver astros como Jimmy Page?... E quantos grupos são capazes de esgotar os ingressos do glorioso Garden duas vezes num dia? É verdade o que dizem: nada é mais bem-sucedido do que o sucesso." Mesmo assim, a resenha admitia que "quando o Zep entra na linha, é incrível... o solo de bateria de 15 minutos de John Bonham foi tudo menos tedioso. E mostrou que ele é um baterista muito subestimado".

O crítico nova-iorquino Larry Hutchinson acrescentou: "Em suma, tudo o que é bom no rock 'n' roll ao vivo é bom no Led Zeppelin ao vivo... Depois de algumas passagens acústicas mornas e um solo de bateria de John Bonham que colocou a casa lotada abaixo, o grupo mandou a melhor execução estendida de rock que já vi, e isso inclui os Stones".

Jimmy não tinha muito tempo para dar atenção aos críticos. Afinal, havia um álbum para mixar – o prazo final de *Led Zeppelin III* aproximava-se rapidamente, e a Atlantic estava convicta de que um lançamento em outubro nos EUA alavancaria as vendas de final de ano. Acostumado com múltiplas tarefas ao mesmo tempo, o jovem produtor se pôs a mixar os *takes* finais na estrada e concluiu o grosso do trabalho no Ardent Studios, em Memphis.

Como esperado, Jimmy cumpriu o prazo: *Led Zeppelin III* foi recebido pelo público americano no dia 5 de outubro. A banda prendeu o fôlego; mais do que os álbuns anteriores, que ainda estavam bem colocados nas paradas da *Billboard*, aquela terceira empreitada era uma tentativa deliberada de expandir a sonoridade e validar uma dedicação séria à arte. Construíram um nome com *Led Zeppelin* e o disco seguinte – já o terceiro era um trabalho feito por amor.

Jimmy ficou imediatamente decepcionado com a capa do álbum, que teve de ser feita com algumas concessões quando o projeto inicial mostrou que levaria tempo demais para ficar pronto. A arte favorita da banda foi descartada e substituída por uma elaborada – e cara – roda psicodélica que, quando girada por trás da capa recortada, revelava fotos dos músicos.

No entanto, o guitarrista ficou satisfeito com um acréscimo atrevido que ele conseguiu esgueirar, um toque pessoal inserido na prensagem master do álbum momentos antes da produção em massa. Na sobra da matriz do lado A, ele riscou sorrateiramente uma máxima atribuída a Aleister Crowley – a mesma filosofia que o próprio Jimmy praticava em cada uma de suas empreitadas artísticas: "*Do what thou wilt. So, mote it Be*".[22]

Por fim, nenhum deles gostou muito da arte da capa ou da embalagem ambiciosa. Porém, não havia tempo para alterações: depois de um sucesso maciço como o do "Bombardeiro Marrom", havia uma quantidade enorme de pedidos antecipados do disco, e a atual turnê fora planejada estrategicamente para coincidir com o aguardadíssimo lançamento de *Led Zeppelin III*.

No entanto, nada poderia tê-los preparado para as resenhas. Os críticos frequentemente falavam mal do Led Zeppelin e alfinetavam sua ascensão rápida ao estrelato e ao sucesso financeiro. Quando os mais agressivos desses jornalistas venenosos cansaram de malhar os membros do Zeppelin, voltaram os olhares frios à base de fãs do grupo. O *Los Angeles Times* sugeriu que a popularidade da banda entre os devotos adolescentes americanos poderia ser atribuída ao uso de drogas associado à atmosfera dos shows e ao conteúdo das letras, sobretudo aos "barbitúricos e anfetaminas, drogas que deixam os usuários mais responsivos ao volume avassalador e ao histrionismo feroz do tipo que o Zeppelin se vale com exclusividade". Admitidamente antagônicos nessas avaliações, a maioria dos críticos dos EUA lamentava a musicalidade do Zeppelin e as inovações nas estratégias de gerenciamento de Peter Grant.

O mais chocante de tudo, aparentemente, eram as críticas negativas ao álbum que partiam dos próprios fãs do Led Zeppelin. Antes do lançamento, as pré-vendas garantiram um lugar nas paradas da *Billboard* – onde o disco de fato entrou. Porém, depois de algumas semanas de boca a boca negativo e uma recepção desfavorável da imprensa, o ál-

---

22 "Faze o que tu queres. Que assim Seja."

bum empacou e passou a cair lentamente. Como os dois primeiros discos ainda estavam confortavelmente inseridos na mesma parada – e as músicas de *Led Zeppelin III* haviam sido recebidas de forma eletrizante quando estrearam em público durante a turnê –, a equipe do Zeppelin ficou primeiro confusa, depois triste.

A banda, Jimmy em especial, levou tudo aquilo muito para o lado pessoal, previsivelmente colocando a culpa de cada etapa do suposto fracasso do álbum na imprensa – nos jornalistas que só faltaram declarar guerra à banda quando a notícia do cachê do Madison Square veio a público. Depois dos integrantes terem dedicado anos de juventude em inúmeras bandas de rock 'n' roll fracassadas, horas de trabalho ingrato em estúdio e feito um sacrifício profundo quanto às respectivas famílias, o Led Zeppelin era erroneamente entendido como um "sucesso repentino" – e a imprensa americana nunca os perdoou completamente por isso.

"O terceiro LP foi malhado demais pelos jornalistas, e eu fiquei muito deprimido por conta disso", Jimmy se recordaria. "A imprensa não gostou e não parava de falar desse enigma que estourara em torno de nós. Admito que talvez tenhamos chegado ao sucesso rápido demais, mas não acho que tenhamos forçado a barra na imprensa, nem nada disso. No entanto, recebíamos socos de todo lado e ficamos muito desanimados."

Grant, indo contra a experiência que tivera ao trabalhar com outras bandas anteriormente, acatou a insistência de Jimmy e do restante do grupo em ignorar por completo a imprensa – pelo menos por ora. Apoiou o desejo crescente de Jimmy de simplesmente lançar um álbum ainda maior e melhor, um que os críticos – ou pelo menos as paradas de sucesso – não poderiam ignorar. Mais shows, mais música, mais Zeppelin e um álbum de rock certeiro que traria de volta todos os fãs devotos que se sentiram estranhamente traídos pelo equilíbrio mais suave de *Led Zeppelin III*.

Para o álbum seguinte, Jimmy e Robert planejaram manter as sensibilidades folk, mas concordaram em amplificar os tons mais pesados que os viciados em Zeppelin haviam passado a esperar. Jimmy logo descobriria a harmonia entre esses dois planos musicais, o acústico e o metálico. Ele não se contentaria com nada menos do que a obra-prima do Led Zeppelin.

Determinados, Jimmy e Robert retornaram ao chalé Bron-Yr-Aur para compor material novo. No País de Gales, passaram a desenvolver fragmentos de um novo épico que substituiria "Dazed and Confused" como peça central do show. "É uma ideia para uma faixa bem longa", Jimmy disse à imprensa em novembro. "Queremos tentar algo novo com órgão e violão, que vá crescendo continuamente, e então começa a parte elétrica... Talvez seja uma faixa de 15 minutos."

Capítulo Onze

OUTUBRO DE 1970–FEVEREIRO DE 1971

"John Bonham, o extrovertido baterista do Led Zeppelin, continua a ser um indivíduo pé-no-chão, que preserva seu sotaque de Brum, seu senso de perspectiva, sua natureza exuberante", escreveu o jornal de Birmingham *The Record Mirror* em outubro, depois que John concordou com a publicação de um perfil completo. "Como o colega Robert Plant, ele se sente em casa no interior e passa todo o tempo livre que sua agenda frenética permite em casa, perto de Birmingham." John disse ao jornal: "Tenho ambições de todo tipo. No que diz respeito ao grupo, acho que podemos ser muito melhores; acredito que ele pode ficar 100% melhor nos próximos 12 meses... Tantas bandas [...] trabalham tanto por um determinado período de tempo, fazem sucesso e aí meio que dizem, 'chegamos aqui, agora está beleza'. Essa atitude é completamente equivocada. Chegar ao sucesso torna as coisas mais difíceis".

À medida que o ano chegava ao fim, a banda continuava a se esforçar, tanto para fazer músicas ainda melhores, quanto para criar um álbum mais grandioso. Em dezembro de 1970, embora tivesse se mostrado menos popular que os bem-sucedidos dois discos anteriores, *Led Zeppelin III* conseguiu chegar ao status de platina – o que, para qualquer outra banda, teria encerrado o ano com sucesso. O Led Zeppelin, por outro lado, ainda tinha algo a provar. As acusações veladas de *hype* precoce continuavam pairando sobre algumas das críticas dos shows que a banda recebeu ao longo da turnê. Os jornalistas reconheciam tanto o talento dos integrantes quanto o caos que a música parecia invocar no público.

E, mais notavelmente, *Led Zeppelin III* foi um álbum muito pessoal, pelo menos para Jimmy e Robert, que despejaram nele seu amor por instrumentação acústica e temas folk. Não que o disco ignorasse por completo a reputação pesada deles; "Immigrant Song" foi uma pedrada bem recebida, usada como abertura do show, e "Out on the Tiles", conduzida pela bateria de John, era tocada, pelo menos em parte, como introdução para o solo de 20 minutos de "Moby Dick". Ainda assim, a banda ansiava por aclamação universal de crítica e público.

Ao refletir sobre a experiência de gravar *Led Zeppelin III*, Jimmy notou que o uso da unidade móvel para a maioria das sessões produziu algumas das melhores faixas de todo o disco. Ele também tinha uma afeição particular por Headley Grange e sua ausência de distrações. Só a história da propriedade já o fascinava – e mesmo depois de os outros três terem aceitado a sugestão de Cole para dormir num hotel, Jimmy ficou bem confortável ao se deleitar com a personalidade da casa a cada noite.

"Era muito dickensiana", lembrou Page. "Úmida e assustadora... Headley Grange assustou Robert e John Bonham, mas eu, na verdade, gostei do lugar."

Mais importante, Jimmy achou a casa inspiradora e ficou impressionado com os sons produzidos por sua acústica durante as sessões da banda. Desta vez, porém, eles tocariam mais pesado – e deixariam a "luz" poética e dedilhada do equilíbrio folk do álbum para uma balada épica de múltiplas partes. Headley Grange também seria perfeita para essa gravação.

"Achamos que seria interessante gravar em alguma localidade com certa atmosfera e então permanecer só lá", Page se recordaria. "O País de Gales era muito bonito e não havia nada ali para nos distrair... Desta vez, achamos que seria divertido levar a banda toda para algum lugar e contratar uma unidade móvel para registrar aquele momento no tempo."

A banda novamente alugou o estúdio móvel dos Rolling Stones, e Jimmy contratou o engenheiro de som Andy Johns para ajudar a operá-lo, depois de sua experiência positiva com ele nas sessões de mixagem do último álbum. Andy ficou particularmente entusiasmado por trabalhar com Bonham de novo e continuou a brincar com o posicionamento dos microfones e a abordagem trovejante do baterista. "[John] era um grande baterista, fosse numa marcha fúnebre pesada ou em alguma coisinha acústica com animaizinhos passeando pelo bosque", disse Andy. "Marcava o tempo de uma forma naturalmente fantástica, não fazia por fazer, era muito criativo com os sons."

No início de dezembro, a banda fez algumas gravações isoladas em sessões no Island Studios, em Londres – incluindo a introdução de violão da balada épica ainda sem título que Page estava elaborando com Plant. Depois do Natal, partiram para Headley Grange.

John Paul Jones escolheu ir de carro sozinho, ao passo que Jimmy e Peter Grant contrataram um motorista para levá-los à mansão. John ofereceu uma carona a Robert das Midlands até Hampshire, mas não conseguia decidir qual de seus 21 carros o manteria mais entretido por mais tempo durante a longa estadia: o AC Cobra, o Rolls-Royce, o Jaguar XKE azul, o Maserati ou um dos Jensens.

Ao chegar a Headley Grange, John começou a andar de um cômodo para o outro. Com um suspiro, disse: "A casa parece mais acabada do que da última vez que estivemos aqui".

Segundo Richard Cole, durante a estadia, a banda "comeu como escoteiros milionários" e bebeu como condenados. "Naquela época, ainda não havia drogas pesadas entre eles", recordou-se. "Só maconha e um pouco de pó." Entre as sessões, faziam trilhas pela mata ao redor, caçavam pequenos animais e, às vezes, pegavam um trajeto maior até o pub mais próximo, onde John trocava de bom grado o jeans e a camiseta por seu melhor estilo "esporte fino" – um paletó de tweed caro e um chapéu. "Tínhamos uma conta numa loja no vilarejo, íamos até lá direto e pegávamos quantidades enormes de cidra", contou Richard Cole. "Os rapazes encontraram uma espingarda velha e começaram a atirar em esquilos na mata, mas não que tenham acertado algo. E havia um velho labrador preto adorável que andava por ali, e nós lhe dávamos de comer." O cão elegante acabou servindo de inspiração numa *jam* complexa de blues de Robert e John Paul chamada "Black Dog".

Jimmy adorava o retorno rápido que a autoprodução na mansão reclusa trazia. "O que nos empolgou no tempo que passamos em Headley Grange foi a habilidade de desenvolver ideias e gravá-las ainda quentes. Se a faixa não está rolando e começa a criar uma barreira psicológica, mesmo depois de uma ou duas horas, você então deve parar e fazer outra coisa. Sair – ir ao pub ou a um restaurante ou alguma coisa assim. Ou tocar outra música."

"Black Dog" foi, na verdade, um exemplo disso. Jonesy tirou inspiração do *riff* básico dessa faixa de blues pesado ao ouvir repetidamente o álbum de "blues psicodélico" de Muddy Waters, *Electric Mud*, obra subestimada que traz uma fusão de gêneros que deleitou fãs como Jimi Hendrix.

A banda fez *jams* à exaustão em cima de fragmentos trazidos por Jonesy, com Robert improvisando a primeira rodada de letras enquanto Jimmy continuava a fazer experimentos com guitarras e sons. Mais tarde, Jones admitiria que "Black Dog" causou alguns problemas a John na hora de cravar a fórmula de compasso complexa. "Eu disse a ele para segurar o 4/4 do começo ao fim... Mas tem um ritmo em 5/8 por cima. Se você tocar 5/8 por tempo suficiente, em algum instante volta à cabeça. Originalmente, era mais difícil, mas tivemos de mudar as acentuações para que ele tocasse do jeito devido."

Apesar da simplicidade enganadora da composição em chamado-e-resposta, ela se mostrou um dos trabalhos mais ritmicamente complexos do grupo. Seguindo a canção, cada instrumentista começava contando uma batida a mais – num total de cinco – ao final de cada *riff* instrumental de "resposta" em seguida ao "chamado" vocal de Robert. "Eu parecia ser o único capaz de realmente fazer a contagem", Jones diria mais tarde. "Page tocava alguma coisa, e nós dizíamos: 'É ótimo. Onde está o primeiro tempo? Você sabe, mas precisa nos dizer...' Ele não conseguia contar de fato o que estava tocando. A frase podia ser ótima, mas nós não conseguíamos associá-la a uma contagem. Se você pensa no 'um' no lugar errado, está completamente ferrado."

De início, John tentou manter a percussão alinhada com a guitarra principal de Jimmy, o que só criou ainda mais confusão nos primeiros *takes*. Jimmy, porém, continuou a fuçar nas partes de guitarra e terminou por escolher uma técnica "direta" de gravação semelhante a de "Cinnamon Girl", de Neil Young. O engenheiro de som Andy Johns disse que o experimento poderia ser mais bem-sucedido no Island, e a banda concordou em terminar "Black Dog" quando retornasse ao estúdio londrino depois da estadia em Hampshire. Lá, o resultado final contou com diversos *overdubs*, incluindo camadas de até quatro guitarras distintas de Jimmy.

Posteriormente, John também se recordaria das experimentações que levaram à satisfação de Jimmy com os *voicings* adequados de guitarra. O efeito de rugido agressivo do *riff* clássico da música foi criado ao plugar a Les Paul *sunburst* de Page num *direct box* e, dali, num canal de microfone da mesa de som do estúdio. Segundo Page, "Andy Johns usou o amplificador da mesa de som para obter a distorção. Depois, colocamos dois compressores 1176 Universal em série naquele som e distorcemos as guitarras o máximo possível, para então comprimi-las... Cada *riff* tinha três faixas – uma na esquerda, uma na direita e uma bem no meio. Os solos foram gravados de um modo mais comum... Pluguei a guitarra numa caixa Leslie e microfonei do jeito tradicional".

"Lembro-me de que 'Four Sticks' era, obviamente, em 5/4, mas não conseguia entender onde ficava o primeiro tempo, e ele não sabia nos dizer", acrescentou John Paul Jones. "Mas, de algum modo, todos conseguimos – e confundimos uns aos outros. Nunca a tocamos ao vivo... E John demorou uma eternidade para entender 'Four Sticks'."

Jimmy foi igualmente meticuloso quanto às partes de guitarra de "Four Sticks" – outra composição desafiadora que contava com diversos *riffs*, que se alternavam entre as fórmulas de compasso 5/8 e 6/8. Mais tarde, ele admitiria: "Consigo ver alguns sinalizadores pelo caminho, como em 'Four Sticks', na parte do meio. O som das guitarras – é por ali que eu vou".

John Paul Jones, por outro lado, estava completamente ocupado no verdadeiro papel de arranjador da banda nessa canção de influência indiana. "Ritmicamente, era bem incomum, mas eu era o único no grupo capaz de fazê-la, por conta do meu histórico como arranjador."

Quanto a Bonham, "Four Sticks" lhe apresentava uma das composições mais atípicas da banda até então. Para a gravação, ele se valeu de um sério floreio ao usar quatro baquetas, segurando duas em cada mão como um martelo, além de produzir sons singulares ao golpear os aros dos tambores ao mesmo tempo que continuava a sinalizar os tons. Ao marcar os "quatros" nos pratos, soou como um naipe de percussão inteiro. Porém, a performance com as quatro baquetas revelava um problema peculiar, já que, para não derrubar nenhuma delas das mãos, John não podia usá-las com sua costumeira brutalidade. A adoção dessa técnica mais suave e ágil – somada à pesada compressão da gravação –, acabou produzindo um efeito ondulante distinto nos tons.

"Foram só dois *takes*, pois seria fisicamente impossível para ele executar mais um", explicou Page. "Eu não conseguia fazer aquilo funcionar até tentarmos gravar algumas vezes, e eu simplesmente não sabia o que era e nunca saberia. Muito provável, teríamos jogado fora a faixa." Depois de extravasar suas frustrações com xingamentos e pisadas duras, John enfim "só pegou as quatro baquetas e foi isso".

Mais uma vez, a banda optou por registrar a seção rítmica em Headley Grange e deixar as passagens mais intrincadas para a visita final ao Island. Lá, no mês seguinte, John Paul Jones acrescentou o solo de sintetizador VCS3 na segunda ponte da música. "Foi uma desgraça para mixar", confessou Andy Johns. "Na primeira gravação das faixas básicas, comprimi a bateria. Depois, quando fui mixar, não conseguia fazer dar certo. Mixei umas cinco ou seis vezes." A banda também descobriu tragicamente que um quarto de fita da faixa havia desaparecido.

Lá pela metade do processo aparentemente fadado ao fim de fazer "Four Sticks" dar certo, John começou a perder a paciência, sobretudo consigo mesmo. Precisava de um respiro, mas, sem nenhum bar ou *lounge* perto de Headley Grange, havia pouco a se fazer a não ser descer o braço na bateria. Enquanto Jimmy e Andy Johns continuavam seus experimentos, John virou o resto de sua lager Double Diamond, girou as baquetas e, na brincadeira, começou a tocar a contagem característica de uma velha canção de Little Richard, a frenética "Keep a-Knockin'", que ele adorava. Ao ouvir esse arroubo de criatividade improvisado, Jimmy pegou sua Les Paul 1959 e começou a tocar *riffs* em cima. Com a tensão que "Four Sticks" estava causando entre a banda, uma *jam session* certamente era bem-vinda.

E assim, naquela *jam* de alta octanagem, que lembrou a primeira vez que os quatro tocaram juntos num porão em Londres três anos antes, a banda se reconectou espiritualmente, e as sementes de "Rock and Roll" foram plantadas. "Era assim que funcionava naquela época", Page diria mais tarde. "Se algo parecia certo, não questionávamos. Quando alguma coisa realmente mágica começa a surgir, você segue. Era tudo parte do processo. Tínhamos de explorar; tínhamos de mergulhar."

O *timing* da banda não poderia ter sido melhor, já que outro músico talentoso calhava de estar presente naquela sessão em particular. Ian "Stu" Stewart tocava piano para os Rolling Stones ocasionalmente, mas era mais conhecido por ser um dos técnicos de gravação da banda e um dos únicos engenheiros de som a quem os Stones confiavam a tarefa de manter o estúdio móvel, extremamente valioso, em ordem. Como agente dos Stones, ele também era um dos poucos *outsiders* autorizados a entrar enquanto o Zeppelin estivesse gravando – e estava auxiliando Andy Johns quando Bonham começou aquele batuque R&B de improviso. Sem precisar de convite, Stewart dirigiu-se graciosamente a um velho piano esquecido num canto, outra relíquia da mobília de Headley Grange, e tocou uma linha de *boogie-woogie* distinta, que Jimmy Page adorou de imediato. A banda ainda contou com Stewart na *jam* inspirada em Ritchie Valens "Boogie with Stu". Depois, em Londres, o chamou para regravar o piano que ele elaborara para o que Robert Plant, de início, tinha batizado de "It's Been a Long Time", e depois virou "Rock and Roll".

Segundo a lembrança de Page, "em Headley Grange, havia um velho piano esquecido, já todo danificado, quase intocável. Estava tão ruim que nós nunca nem pensamos em usá-lo. Mas Ian chegou e simplesmente começou a improvisar um *lick* incrível nele. Então me aproximei e fiz o máximo que pude para afinar minha guitarra com o piano, e os outros caras começaram a tocar meia-lua, bater palmas e bater os pés no corredor. Num piscar de olhos, gravamos 'Boogie with Stu'".

A introdução pesada de John deu a letra para o *boogie* incrementado com esteroides, com ambas as mãos fazendo colcheias uníssonas na caixa e no chimbal meio aberto, acentuando uma "clave" de rock – tocada principalmente para espantar a contenção que se fizera necessária para equilibrar as quatro baquetas nas mãos ao longo da maior parte das gravações daquele dia. Solto em "Rock and Roll", John agora atacava os *shuffles* de duas mãos com uma facilidade enérgica, permitindo à banda explodir em expressão criativa e, por fim, dar um suspiro de alívio. As sessões de gravação estavam de volta aos trilhos.

⁂ ⁂ ⁂

Durante as noites em Headley Grange, a banda – junto de Richard Cole e dos poucos *roadies* que os acompanhavam – ia para fora da casa e relaxava ao redor de uma fogueira, fazendo *jams* acústicas e desfrutando da serenidade pacífica da mata ao redor. Nessa atmosfera, Jimmy e John Paul Jones continuavam a trabalhar na progressão de acordes do futuro épico de Jimmy, a obra-prima de "luz e sombra" acústica que ele começara a fazer com Robert. Então finalmente, certa manhã, a banda tocou do começo ao fim pela primeira vez.

A canção, com passagens de 6 e 12 cordas, contava com mais um arranjo complexo. Na bateria, de início, John teve problemas com o tempo na seção de 12 cordas antes do solo de Jimmy; novamente foi preciso muito tempo de ensaio para que Jimmy regesse da maneira exata a forma que ele visualizava aquelas sombras delicadas.

"Repetimos inúmeras vezes, do início ao fim, com Robert sentado num banquinho", recordou-se Jimmy. "Depois, todos nós demos ideias – coisas como Bonzo só entrar bem adiante na música para criar uma mudança de marcha – e a canção e o arranjo simplesmente se formaram... Por alguma razão obscura, [em dado momento] Bonzo não conseguia pegar o tempo da introdução de 12 cordas ao solo. Exceto por isso, fluiu muito rapidamente."

O engenheiro de som Richard Digby-Smith auxiliou Andy Johns durante as sessões de "Stairway to Heaven" e se recordou da interação entre Bonham e Page para aperfeiçoar as partes de bateria para a gravação. "Eles subiam as escadas para ouvir o *playback*, [e então diziam] 'Está maravilhoso'. 'Então é isso', falava Bonham. Mas Pagey, que já é um homem de poucas palavras, ficava em silêncio. Levava a mão ao queixo, fazendo 'mmmm, mmmm' – você nunca sabia o que ele estava pensando. Bonham então olhava para ele e perguntava: 'O que foi?'

"'Nada.'

"'Não, tem alguma coisa errada. O que é?'

"'Não, não tem nada errado.'

"'Bem, é este o *take* ou não?'

"'Está OK.'

"'Está OK? Então você quer refazer?'

"'Acho que temos um *take* melhor dentro de nós.'

"Bem, Bonham não ficava satisfeito. 'Isso sempre acontece – fazemos um *take* ótimo, e você quer refazer.' Eles desciam de novo. Bonzo pegava as baquetas, bufando, chiando e sussurrando: 'Mais um *take* e é isso!' Ele esperava e esperava até fazer a entrada grandiosa e, é claro, quando a bateria chegava, se você achava que o anterior tinha sido bom, este agora foi explosivo. Então, ao ouvirem o *playback*, Bonham olhava para Jimmy e dizia: 'Você sempre tem razão, seu filho da mãe'."

Enquanto esse drama se desenrolava, Robert permanecia reservado, escrevendo a letra particularmente poética num fluxo contínuo. "Ele deve ter escrito três quartos da letra ali no ato", diria Jimmy mais tarde. "Não precisou sair e pensar no que escrever... Foi incrível, mesmo."

Sempre inspirado por seu amor pela mitologia fantástica e pelo folclore medieval, Robert recorreu a esse imaginário para o extenso conto de uma busca por libertação espiritual. Recentemente, tinha ficado fascinado pelos volumosos livros do antiquário britânico Lewis Spence sobre mitologia, em particular *Magic Arts in Celtic Britain*, e viu "Stairway" como uma oportunidade de provar seu próprio valor como compositor. A protagonista da letra funcionava como um amálgama poético da Rainha das Fadas de Spenser[23] e outras heroínas celtas – a Senhora do Lago, Diana e Rhiannon[24].

"Stairway to Heaven" começou como uma balada, mas Jimmy insistia que a explosão de rock seria mais efetiva quanto mais tempo John esperasse para se juntar à toada da banda completa. Como tal, a extensa composição foi a abertura mais delicada que o grupo "pesado" tentara até então numa faixa nova. A bateria só entra por volta dos quatro minutos, e ainda assim John foi instruído a ir com calma no acompanhamento até o solo de guitarra épico, um minuto e meio depois. Por fim, John entra no jogo tocando uma frase inspirada de caixa para reintroduzir os vocais de Robert; ao final desse trecho, a bateria de

23 Do poema épico inglês do século XVI "The Faerie Queen", de Edmund Spenser. (N. do T.)

24 A Senhora do Lago é uma sacerdotisa de Avalon nas lendas arturianas; Diana, ou Arduinna, é a deusa celta da caça (num paralelo com a Diana da mitologia romana e Artemis na mitologia grega); e Rhiannon é uma deusa ligada à fertilidade, à terra e aos cavalos também na mitologia celta. (N. do T.)

John espelha com perfeição as partes dos outros membros, juntando os quatro integrantes numa unidade sublime.

Essa gravação seria a única faixa no novo álbum a contar com o arsenal completo de guitarras de Jimmy. Na esperança de reproduzir as nuances sutis de uma verdadeira orquestra de rock, ele variou cada parte com mais um golpe de seu pincel sônico: a introdução suave foi tocada num violão Harmony, a base de guitarra numa Fender de 12 cordas e muitos dos *riffs* e *turnarounds* mais pesados da música na Les Paul *sunburst* 1959, dada a ele por Joe Walsh. No entanto, para o solo épico de guitarra, Jimmy escolheu sua velha Telecaster, que também usou no primeiro álbum, plugada num ampli Marshall[25].

A chegada de uma nova bateria Ludwig em Headley Grange inspirou uma das performances de maior destaque de John naquelas sessões: a de "When the Levee Breaks". Mais cedo naquele dia, John e Jonesy fizeram uma pausa para ir até o pub e, ao voltarem, montaram o novo kit no amplo hall de entrada da casa, que chamavam divertidamente de "Galeria dos Menestréis". "Havia muito vazamento de bateria nas gravações", lembrou Jones. "Então levamos o kit para o hall, onde havia uma grande escadaria."

Jimmy relembraria: "Estávamos trabalhando numa outra música na sala da frente de Headley Grange quando chegou uma segunda bateria. Ao invés de pararmos o que estávamos fazendo, dissemos aos entregadores que a deixassem no hall de entrada".

O hall em questão era "imenso", segundo Jimmy, e bem no centro havia uma escadaria em espiral que subia por três andares. Quando John foi testar a bateria, o eco e o *reverb* por todo o hall eram tão ricos que Jimmy imediatamente decidiu manter a segunda bateria ali mesmo.

Andy recordou-se com carinho da empolgação de John com as experimentações sonoras na faixa. "Fizemos uns dois *takes* de 'When the

25 Alguns pesquisadores defendem que o amplificador utilizado foi na verdade um Supro. (N. do T.)

Levee Breaks', e a pressão sonora só aumentava, como sempre acontecia com aqueles danados. Certa noite, eles foram ao pub, e eu disse: 'Certo, mas o Bonzo tem de ficar aqui'. 'Por quê?', perguntou ele. 'Porque eu tive uma ideia', respondi. 'Você está sempre chiando por causa do som da bateria, e eu acho que isso aqui vai funcionar.' Então transportamos a bateria até um *lobby* imenso, cujo pé direito tinha pelo menos sete metros e meio."

O engenheiro de som então posicionou dois microfones de ambiência Beyer M160 estéreo em cima do kit, um a três metros, outro a cerca de seis. "O kit de John era muito bem equilibrado internamente. O volume de cada tambor era consistente com os demais. No estúdio móvel, o coloquei em dois canais e comprimi a bateria." Andy passou o sinal resultante pela unidade de eco Binson que já havia usado numa faixa anterior, "The Battle of Evermore", e o efeito de eco se destacou de imediato com uma potência incrível. "Lembro-me de pensar o quão sensacional aquilo soava. Corri para fora do estúdio móvel e disse: 'Bonzo, você precisa vir aqui ouvir!'. Ele entrou e gritou: 'Puta que pariu! É este o som que eu venho imaginando!'"

Andy e Jimmy acrescentaram mais eco aos sinais comprimidos – e então comprimiram o eco. "A acústica da escadaria calhava de ser tão equilibrada que nem precisamos microfonar o bumbo", comentou Jimmy. "Jonesy e eu saímos no corredor com fones de ouvido, deixamos os amplis na sala e mandamos ver na base."

Jimmy considerou esse novo som essencial para criar uma faixa que legitimaria sua antiga teoria de que "distância é igual a profundidade", e a bateria reverberada de Bonham era capaz de segurar toda aquela presença de trovão quando gravada adequadamente. "Eu sabia que a bateria, por ser um instrumento acústico, tinha de respirar, então sempre foi de suma importância que o estúdio tivesse um bom som", disse ele. "A bateria é a espinha dorsal de uma banda... Porém, embora Headley fosse ótima para a bateria, nem sempre era o melhor lugar para as guitarras. Muitas das guitarras gravadas ali foram usadas como guia e depois regravadas no Island. 'Levee' foi uma exceção."

Escrita originalmente pela cantora de blues Memphis Minnie e seu marido, Kansas Joe McCoy, pouco depois de partirem do Tennessee para Chicago em 1929, "When the Levee Breaks" falava das enchentes devastadoras que assolaram o Sul dos EUA na década de 1920 – e já era uma das músicas favoritas de Jimmy havia muito tempo. O Zeppelin tentou gravar uma versão em Londres, mas os primeiros *takes* foram insatisfatórios. Agora, em Headley Grange, a profundidade da bateria de John fez toda a diferença.

"A ideia toda era transformar 'Levee' num transe", Jimmy explicaria. "Se você prestar atenção, surge uma coisa nova a cada estrofe... e, no final, tudo começa a se mover, exceto o vocal, que fica parado... Foi isso – era para ser *a* música de bateria. Assim que montamos, foi nela que apostamos, e deu certo."

"Bonzo começou a tocar, e nós dissemos: 'Meu Deus, ouve só este som'", acrescentou John Paul Jones. "Depois começamos a tocar o *riff*, e foi assim que a música surgiu – por experimentação."

John e Andy decidiram não acrescentar um microfone separado para o bumbo – a pura potência de John o tornava desnecessário. "Tamanha era a força da pisada de Bonzo no pedal de bumbo", recordou-se Jimmy. "E o estilo dele não estava nos braços; estava tudo na movimentação do punho. De arrepiar! Ainda não sei como ele conseguia tirar tanto volume de uma bateria."

Embora a batida tocada por John seja um tanto simples, as viradas são incrivelmente distintas; o uso do bumbo sincopado na última semicolcheia da batida cria um *turnaround* funkeado que Jimmy apelidou carinhosamente de "*groove* sexual" de John. Porém, como aquele som se tratava da marca registrada de Bonham, ele ainda mantinha a pegada de tercina – maravilhosamente vistosa em meio ao eco comprimido.

Segundo Jimmy, cada conjunto de 12 compassos da composição de blues trazia um novo efeito. Por exemplo, o acréscimo lento e reverso dos vocais com *phaser* e os solos de gaita, elementos somados à medida que a canção progride. O eco ao contrário era um dos truques favoritos de Jimmy e algo com o qual ele vinha experimentando desde a época dos Yardbirds, numa faixa intitulada "Ten Little Indians". Agora, na cadeira de produtor, ele finalmente foi capaz de expandir esse experimento, criando um efeito desorientador e, ao mesmo tempo, melódico e hipnótico. "É a minha Fender de 12 cordas afinada em G aberto", esclareceria. "Ela soa mais grave porque nós desaceleramos a faixa para deixar tudo mais intenso... É também parte do motivo de essa faixa soar tão imensa."

Ele ainda acrescentou: "Quando Bonzo estava no hall, Jones e eu ficamos lá com fones de ouvido; os dois *sets* de amplis estavam nas outras salas e em outros lugares, como armários e coisas do tipo. Um jeito muito esquisito de gravar, mas com certeza deu certo".

Uma outra composição original de Plant era um blues suingado baseado num *riff*, carregado da mitologia galesa do cada vez mais confiante vocalista. Assim como a faixa irmã, também foi iniciada no estúdio e guardada para a aventura da banda em Hampshire. Uma vez lá, John elaborou um padrão percussivo mais sutil, que demonstrava seu poder de contenção, mas se tornava cada vez mais pesado e mais reconhecível nos refrãos e nos *turnarounds*. Para obter esse som mais denso, ele incluiu algumas viradas fortes em semicolcheia na caixa e nos tons ao final de cada refrão de oito compassos – que Robert também compôs para servirem como ponte e nos quais também deixou espaço o suficiente para John incluir alguns floreios. No oitavo compasso, no clímax do último refrão, Bonham parece iniciar outra virada reconhecível, mas engana os ouvidos ao seguir por mais alguns compassos, começando com um de seus famosos rufares de caixa em tercina, para então explodir em sete tempos antes de fazer uma abertura pelo kit inteiro.

Começada como um instrumental conduzido pelo bandolim, "The Battle of Evermore" ganhou outra letra épica depois que o fascínio de Robert pelas guerras das fronteiras da Escócia o dominou. A banda gravou algumas partes da base, mas deixou os vocais – que pediam uma voz feminina na segunda metade – para as sessões no Island. Robert e Jimmy também compuseram uma verdadeira carta de amor a Joni Mitchell, adorada por ambos, com a balada "Going to California", que não abria muito espaço para a perspicácia percussiva de John, mas cuja letra refletia o amor de cada membro pelo estado – e pelo estado de espírito – americano que havia abraçado a música da banda com mais força. Durante as últimas semanas do grupo em Headley Grange, o Zeppelin gravou uma versão de "Down by the Seaside", trazida de Bron-Yr-Aur; "Jennings Farm Blues", escrita por Robert e inspirada pela fazenda que ele recém tinha comprado em Kidderminster, rebatizada mais tarde de "Bron-Y-Aur Stomp"; e mais um diário de viagem obscuro, "Night Flight". Depois de registrar a última canção, o Led Zeppelin saiu da mata, exausto, e retornou à civilização.

⁂ ⁂ ⁂

Ao retornar, a banda tirou alguns meses para descansar, com todos satisfeitos com o material que Headley Grange tinha inspirado. Com todas as faixas rítmicas e de base gravadas e seguras, o Led Zeppelin voltou ao Island Studios, em Londres, no final de janeiro de 1971. Lá, gravaram os muitos *overdubs* e solos de guitarra, e Robert registrou os vocais. Para "The Battle of Evermore", Jimmy e Robert convidaram Sandy Denny, do Fairport Convention, para contribuir com a segunda metade do dueto.

Por fim, Jimmy gravou os solos de guitarra sozinho. Ao final do mês seguinte, o quarto álbum, ainda sem título, estava pronto e só precisava de uma mixagem apropriada.

Antes de encerrar as sessões finais do disco, John fez questão de tentar "Four Sticks" uma última vez. Depois de assistir a um show da nova banda de seu amado rival Ginger Baker, o Air Force, em Londres, John retornou ao estúdio devidamente inspirado para enfim enfrentar a composição mais enigmática do novo álbum. "Vou ensinar ao Ginger Baker como se faz", resmungou baixinho ao se sentar à Ludwig. Empunhando quatro baquetas – duas em cada mão –, forçou-se a um estado de hiperconcentração e, com Jimmy gravando, acertou a faixa na mosca em dois *takes* consecutivos.

Com isso, o quarto álbum do Led Zeppelin foi concluído em fevereiro de 1971.

Capítulo Doze

MARÇO DE 1971–NOVEMBRO DE 1971

Ao falar sobre *Led Zeppelin IV* a Chris Welch, da *Melody Maker*, John confessou: "Na minha opinião, é a melhor coisa que já fizemos".

Porém, por mais ansiosa que a banda estivesse para o público ouvir o novo álbum – especialmente porque a recepção morna a *Led Zeppelin III* ainda estava fresca na mente de todo mundo –, houve inúmeros atrasos na produção. Era consenso entre os quatro que o lançamento deveria ser perfeito; desta vez, não haveria lugar para a negatividade dos críticos, e embora o grupo insistisse que sua musicalidade e habilidades acústicas fossem reconhecidas com as faixas mais suaves, o disco tinha de satisfazer aos fãs mais ferrenhos, que ansiavam pelos blues mais pesados do Led Zeppelin.

Para a sessão final de mixagem, o engenheiro de som Andy Johns convenceu Jimmy a levar as fitas master para o Sunset Sound, em Los Angeles. Isso acrescentaria semanas ou até meses à data de lançamento em potencial, mas, a essa altura, a banda ainda não tinha nem escolhido um título de fato. Todos os envolvidos se referiam ao disco basicamente como "Quatro".

Numa tentativa de instigar expectativas prévias para o lançamento do álbum, a banda caiu na estrada novamente no início de março – quase um ano depois da última turnê. Como cada um dos integrantes vinha desfrutando bem o tempo em casa, Peter Grant e Jimmy optaram por começar devagar, marcando uma turnê de um mês em universidades e clubes pequenos pelo Reino Unido. Além de agradar aos verdadeiros fãs mais dedicados, muitos dos quais haviam dado uma força à banda desde o início nesses locais menores, seria um teste do repertório do quarto álbum – incluindo um *set* acústico no meio do show, que a banda estava determinada a manter para tocar as novas baladas e as favoritas de *Led Zeppelin III*. Sentados em três cadeiras na frente do palco, Robert cantava enquanto Jimmy tocava violão, e John Paul Jones, bandolim. Bonham saía do palco durante "Going to California".

Nesse ponto, a banda andava tão longe dos olhos do público que rumores de uma separação haviam surgido no meio musical. Desde o primeiro show da turnê, em 5 de março, no Ulster Hall, em Belfast, na Irlanda, Robert Plant – vestindo uma blusa vermelha e preta extravagante – dispersou as fofocas com uma brincadeira no palco em praticamente todas as paradas. "Muitos dos jornais musicais que vêm do outro lado do oceano dizem que nós vamos terminar", gritava ele ao microfone. "Bem... nós *nunca* vamos terminar!"

A turnê marcou a primeira visita do Zeppelin à Irlanda, e, assim que pousaram, os quatro ficaram imediatamente apreensivos. A violência e a inquietação civil que viram nos Estados Unidos foram apenas um aperitivo para as revoltas e os crimes visíveis no trajeto desde o aeroporto. Na verdade, muitos grupos de rock britânicos estavam evitando fazer shows na Irlanda do Norte devido a relatos de tais levantes políticos, das ruas literalmente tomadas por atos violentos entre os católicos e os protestantes. Enquanto o Zeppelin seguia até o primeiro show, chegou a notícia de que um caminhão de gasolina havia sido sequestrado e incendiado bem ao lado do local da apresentação e de que um adolescente havia sido morto a tiros perto dali. Da janela do carro, a banda pôde ver o céu iluminado por coquetéis Molotov arremessados bem alto.

O Zeppelin seguiu em frente, e, por sorte, a apresentação em Belfast ocorreu sem incidentes. De fato, a estreia mundial de "Black Dog" e, mais apropriadamente, "Stairway to Heaven" pareceu acalmar a plateia inquieta, um sinal promissor da potência espiritual dessa segunda música. Para a turnê, Jimmy encomendou uma Gibson de dois braços[26], já que as múltiplas partes de guitarra do épico só poderiam ser reproduzidas no palco com um instrumento desses; os fãs adoraram.

Quando chegou a hora da primeira performance de "Moby Dick" em mais de um ano, o público ficou ensandecido. "Aí vem uma coisa que fica um pouco melhor a cada noite", proclamou Robert alegremente ao apresentar John, que arrebentou por quase meia hora – e ganhou a primeira de muitas ovações em pé que receberia ao longo de toda a turnê.

"Um novo tipo de tumulto atingiu a Irlanda no último final de semana", escreveu Chris Welch numa matéria extensa para a *Melody Maker*. "Um tumulto de diversão, riso e empolgação com a primeira visita do Led Zeppelin à atormentada ilha... Violência e explosões corriam soltas a menos de um quilômetro de onde a banda tocou em Belfast na noite de sexta-feira. Porém, os jovens da cidade, despreocupados com velhos conflitos, usaram sua energia para celebrar a causa digna de paz, amor e música."

Welch prosseguiu: "E então veio 'Moby Dick', estrelando John Bonham – o Baterista Completo. 'Aí vem uma coisa que fica um pouco melhor a cada noite', disse Robert. John se inclinou na banqueta, se agachou e se lançou naquela maratona. Seu chimbal saltitava numa dança alegre enquanto o bumbo retumbava num clímax. Ele tocou com baquetas e com as mãos... Arroubos de aplausos pontuavam os feitos fenomenais de suor e destreza".

Como medida de segurança enquanto estivessem na Irlanda do Norte, o *road manager* Richard Cole alugou carros individuais para cada membro

---

26 O modelo EDS-1275, com um braço de seis cordas e outro de 12, foi produzido originalmente de 1958 a 1961. Quando Page precisou, o instrumento não se encontrava em produção, então ele encomendou um diretamente ao *custom shop* da Gibson. (N. do T.)

da banda. Como já era normalmente ansioso em turnês, John insistiu que lhe deixassem contratar seu próprio motorista, ao invés de contar com a equipe irlandesa. Ele então chamou seu velho amigo Matthew Maloney, que prontamente fez uma conversão desastrosa depois do show em Belfast e acabou colocando os dois cara a cara com o pior da violência corrente: a região dos tumultos na Falls Road, onde o Exército Republicano Irlandês e os britânicos travavam um combate urbano.

"E aí, amigo, o que você acha que eu devo fazer?", perguntou Matthew, tentando ao máximo permanecer calmo.

"Tire a gente desta porra!", gritou John.

Richard Cole certificou-se de que cada carro do Zeppelin contasse com pelo menos uma garrafa de uísque Jameson's, e John entornou o quanto foi necessário enquanto Matthew os guiava pelo terreno barra pesada. "A rua estava cheia de vidro", John se recordaria, "e havia carros blindados e jovens arremessando coisas... Abaixamos a cabeça e seguimos em frente".

Abalado pela violência, John não foi o único a precisar de coragem líquida para o percurso; quando a banda e sua *entourage* chegaram ao hotel Intercontinental, em Dublin, mais tarde naquela noite, todos se cumprimentaram devidamente embriagados.

Já passando mal, Peter Grant fez o *check-in* e logo se retirou para uma suíte privada para bebericar *Irish coffee*[27] e tentar dormir um pouco. Da mesma forma, Richard Cole estava exausto do voo, do show e do malabarismo que a violência de Belfast demandou, com alterações no último minuto. Porém, mais uma vez, assim que ele colocou a cabeça no travesseiro, o telefone tocou. Era Matthew, o amigo e motorista de John. Aparentemente, Bonham estava na cozinha do hotel, tocando o terror. "É melhor você vir correndo pra cá antes que John mate alguém", alertou Matthew, "ou vice-versa".

27 Bebida que mistura café, uísque irlandês, açúcar e chantilly. (N. do T.)

Evidentemente, John não tinha conseguido desopilar depois da performance da noite e da jornada por uma Belfast digna de pesadelo. Tendo consumido apenas álcool para jantar, o baterista e seu fiel chofer entraram no restaurante do hotel para uma ceia, porém não foram servidos. Àquela hora – e num mau-humor daqueles –, John não ia aceitar um não como resposta. "Matthew atacou o chef do hotel que, por sua vez, sacou uma faca de trinchar", relembraria Cole. O *road manager* se vestiu correndo e disparou até a cozinha para evitar uma catástrofe. Quando chegou, John e o chef se encaravam de lados opostos de uma mesa.

"Já te disse que estamos fechados, seu idiota!", gritou o chef. "Não podemos servir comida depois das 23h30min!"

"Não estou pedindo por uma refeição de cinco pratos", John gritou de volta. "Aceito uma porra de um sanduíche. Posso até preparar sozinho, se você for preguiçoso demais para fazê-lo!"

"Quando eu te pegar", disse o chef, "você vai parecer que passou por um moedor de carne!".

Ameaçado, John começou a circular a mesa em direção ao chef, e Cole correu para o meio dos dois. "Entrei rapidamente na frente de Bonzo e o empurrei para trás", recordou-se Cole. "Ele resistiu e tentou me empurrar para o lado." Acostumado com as estripulias caóticas de John, Cole não teve medo de agarrá-lo pelas costas da camiseta, com a mão direita sobre seu ombro. "Cale a porra da boca", berrou Cole. "Não vale a pena ir para a cadeia por isso, Bonzo. Vamos dar o fora daqui."

"Ei, seu babaca", John gritou para o chef por cima de Cole. "Eu só queria comer, desgraçado. Que tipo de merda você está querendo aprontar para cima de mim?"

Segundo Cole, "foi aí que eu bati nele com o punho direito, mirando no nariz". Ele socou o enraivecido John com força no rosto, quebrando seu nariz e o deixando ensopado do próprio sangue. Bonham então "cambaleou alguns passos para trás, tropeçou numa cadeira e caiu com um joelho no chão".

"Caralho!", berrou John, levando a mão ao nariz sangrando. "Cole, de que porra de lado você está?"

Mais chocado do que envergonhado, John subiu furioso as escadas até o quarto de Peter Grant. "É isso", gritou ele diante da porta do gigante semiadormecido. "Vou sair desta porra desta banda!"

"Pode ir, e vá se foder", urrou Grant de volta, do outro lado da porta. "Não quero saber dessa merda a esta hora da noite!"

De acordo com as lembranças de Cole, mesmo no meio da noite, eles conseguiram achar um pronto-socorro para cuidar do nariz quebrado de John. "Como eu poderia lhe agradecer?", Bonham perguntou sarcasticamente a Cole enquanto os dois esperavam pelo médico. "Talvez eu diga ao Peter para te dar um pé na bunda! Se dependesse de mim, Peter te despediria!"

"Havia várias garrafas de champanhe no quarto dele", apontou Cole. "Nenhum de nós contou quantas – e acabamos com todas numa maratona de bebedeira de três horas. Mais tarde naquele dia, viramos trinta *Irish coffees*, o que não melhorou muito a nossa condição... Bonzo era capaz de ser o membro mais cabeça dura e mais reativo da banda, embora também tivesse um lado gentil e amoroso."

Na noite seguinte, o Zeppelin tocou no National Boxing Stadium, em Dublin. Stephen Averill, de 21 anos, era um aspirante a artista e jornalista *freelancer* para o fanzine independente *Freep* quando teve a oportunidade de entrevistar a banda antes do show. "Os ingressos estavam esgotados, e eu não tinha um", Averill se recordaria. Ele chegou no final da tarde e foi conduzido ao *backstage* por um senhor que era membro do clube de boxe do estádio. "Nessa época, ainda não havia segurança pesada... Fui ao camarim e conheci o único integrante da banda que estava ali na hora, o baterista John Bonham."

"Eu pedi educadamente se ele poderia me dar uma entrevista, e ele topou, contanto que não falássemos de música!", relembrou Averill. Para a alegria de John, Averill – poucos anos mais novo do que ele – também era um entusiasta de automóveis, e os dois falaram de carros o tempo todo. No entanto, logo o Zeppelin teria de encarar o público. "Agradeci-o pelo tempo e falei que precisava ir embora, já que eu não tinha ingresso. Ele então me disse para não me preocupar, que eu poderia me sentar no palco, atrás da bateria!"

Quando a banda foi anunciada, John cumpriu a promessa e levou o jovem jornalista a um cantinho aconchegante atrás do gongo enorme. Durante o show, Averill não economizou nas fotos tiradas com sua câmera Kodak Instamatic barata. Depois, a banda o convidou para uma festa numa boate. "Precisei recusar", contou Averill, arrependido. "Eu tinha aula no dia seguinte e não teria como ir para casa."

Apesar do acesso ao *backstage*, quando Averill apresentou a matéria exclusiva sobre sua aventura com John Bonham aos editores do fanzine, eles se recusaram a publicá-la. Alegaram que ninguém se interessaria por uma entrevista com o baterista da banda.

De volta à Inglaterra, o grupo prosseguiu com a turnê conceitual de Peter de "retorno aos clubes", "uma maneira de dizer 'obrigado' aos fãs que estão conosco desde 1968 e 1969", como o empresário descreveu. O Zeppelin tocou no Mayfair Ballroom, em Newcastle; no Boat Club, em Nottingham; e no Stepmother's, em Birmingham, para plateias de 300 a 400 pessoas – um contraste enorme com as arenas com as quais a banda já se acostumara. Além disso, houve atos de violência quando fãs raivosos tentaram forçar a entrada nos clubes pequenos. A miniturnê terminou no Marquee, em Londres.

"A turnê de clubes... foi muito melhor como conceito do que como realidade", Richard Cole admitiria mais tarde. "Nenhum de nós gostou muito. Os clubes eram pequenos, e a demanda para ver o Zeppelin era, é claro, muito maior do que nos primeiros anos."

A banda apresentou as músicas novas à audiência britânica de rádio num show de uma hora para a BBC, no Paris Theatre, em Londres, no dia 4 de abril. "Black Dog" abriu o *set* com grande entusiasmo, e as novidades mais leves, como "Going to California" e "Stairway to Heaven" também foram muito bem recebidas, o que deu ao grupo a confiança de que, desta vez, o álbum certamente seria um sucesso tanto entre os fãs quanto entre os críticos. Um segundo braço da turnê promocional foi marcado para começar no dia 3 de maio, em Copenhague.

Apesar de todo o sucesso, o ano anterior havia sido exaustivo para John, e ele aproveitou ao máximo o mês inteiro que teve de folga com a família e os amigos. "Na pausa entre os shows pelo Reino Unido e a partida para a Europa para a segunda turnê, John e Pat foram nos visitar no apartamento onde eu morava com Jacko", recordou-se Mick Bonham. "Com aquele sorrisão de sempre no rosto, disse que tinha trazido um presente de aniversário para mim alguns meses adiantado, já que estaria na Europa quando eu completasse 21 anos. E então me deu um envelope, que eu presumi ser um cartão de aniversário, mas, para minha surpresa, continha a documentação de um esportivo MGB novinho em folha, que ele havia estacionado na esquina."

Em casa durante o mês de abril, John deu um giro por Birmingham, distribuindo sua generosidade e alegria – e descansando para o ano fatigante que teria pela frente. Sentia falta do conforto da fazenda e dos pubs vizinhos, onde não precisava ser sempre o centro das atenções e podia desfrutar das risadas tranquilas do pessoal local que realmente o conhecia melhor.

"Lembro-me de uma noite que fomos ao Elbow Room, em Birmingham, cujo dono nós conhecíamos e onde sempre éramos bem-vindos", lembrou o velho amigo Bev Bevan. "Um conhecido nosso chamado Nicky foi o DJ naquela noite. Não parava de tocar aquelas coisas de disco music, enquanto John e eu não parávamos de pedir Allman Brothers e Chicago ou Blood, Sweat & Tears. Ele não tocava nada do que a gente pedia, e John disse: 'Se ele tocar mais um som de disco music, a gente apronta com ele'. Nicky então colocou Jackson Five para tocar, e nós pegamos um sifão de soda cada um e o encharcamos completamente de água com gás.

"Infelizmente, a água pegou nos toca-discos e nos equipamentos, causando um curto-circuito que cortou a energia de todo o pub – o lugar virou um breu. Não fomos expulsos, mas uns leões de chácara nos conduziram para fora e nos disseram para não voltar por um tempo."

À parte de seus muitos projetos musicais com as bandas de Birmingham The Move e Electric Light Orchestra, Bevan era outro astro local que gostava de estar em sua antiga cidade natal mais do que em qualquer outro lugar. Em 1971, ele abriu sua própria loja de discos na cidade, um investimento que ele esperava inspirar o público da contracultura a conferir as bandas progressivas das quais ele não só fazia parte, como também adorava. "Fizemos uma grande inauguração em 1970, Tony Iommi e Ozzy, do Black Sabbath, apareceram, bem como uns dois caras do The Move e John Bonham."

Como um membro orgulhoso da comunidade de Birmingham, John fazia questão de comprar na loja de Bevan quando estava em casa entre os ciclos aparentemente sem fim de turnês do Zeppelin. E nas ocasiões que de fato visitava Bevan, certificava-se de fazer o encontro valer. "Sempre que John ia à minha casa para jantar, aos domingos, abríamos a loja para ele, que comprava uma porção de discos por um preço reduzido", recordou-se Bevan com carinho. "Ele curtia muita música e adorava ouvir outras bandas e bateristas. A loja foi um lugar ótimo por alguns anos... Era bem divertida, mas, comercialmente falando, meio que um desastre, e o negócio foi por água abaixo."

Enquanto Bonham, Plant e Jones descansavam um pouco em casa, Page estava no veneno para concluir o quarto álbum e colocá-lo à venda assim que possível. No intervalo de um mês entre a turnê pelo Reino Unido e a próxima ida aos EUA, Jimmy e Andy Johns foram a Los Angeles para mixar as sessões de Headley Grange e do Island Studios. Numa entrevista dessa época, Jimmy finalmente se referiu ao futuro lançamento pelo título provisório – *Led Zeppelin IV*. De início, ele e Peter Grant brincaram com a possibilidade de lançar todo aquele material novo como uma série de EPs, mas, como a banda já havia anteriormente rejeitado a insistência corporativa em compactos, a ideia de forçar os fãs devotos do Led Zeppelin a desembolsar mais dinheiro para comprar diversos discos ao mesmo tempo foi rapidamente descartada.

Jimmy e Andy Johns passaram a maior parte de abril no Sunset Sound, em L.A., que o engenheiro de som jurava ser o melhor estúdio do mundo para mixagem. O terremoto que recepcionou a dupla na chegada à Califórnia foi um mau presságio do que estava por vir. "Lembro-me de estar deitado e sentir a cama tremer para todo lado", diria Page mais tarde. "Imediatamente me veio à cabeça 'Going to California', em que Robert canta *'the mountains and the canyons start to tremble and shake'*[28], e eu só conseguia pensar: 'Puta merda, não vou arriscar – vou mixar essa por último'. E foi o que fiz."

Com a mix completa, Jimmy voltou triunfante à Inglaterra para tocar o álbum finalizado para os companheiros de banda – que ficaram horrorizados com a má qualidade da mix apresentada. Um perfeccionista notório, Jimmy – assim como os outros três – ficou furioso.

"Não soava nada como soou em L.A.", reclamaria ele mais tarde. "Fiquei estupefato. Na época, havia umas histórias de fitas que tinham sido apagadas pelos ímãs usados nos metrôs britânicos... A única explicação a que consigo chegar é que os alto-falantes e o sistema de monitores daquela sala [do Sunset Sound] tinham brilho demais... e mentiram. Não era o som verdadeiro."

Com o relógio correndo – e com Bonham, Plant e Jones desconfiados, cutucando Jimmy a respeito do que poderia ter acontecido durante aquelas três semanas na Califórnia –, o guitarrista não teve escolha se não se trancar imediatamente no Island Studios, em Londres, e refazer toda a mix. Lá, porém, ele ficou apavorado com a chance de que uma das melhores sessões em Headley Grange – as incríveis inovações de bateria de John em "When the Levee Breaks" – nunca mais pudesse ser devidamente recapturada. Para piorar, Jimmy tam-

28 "As montanhas e os cânions começam a tremer e chacoalhar"

bém sabia que John ficaria furioso se aquela performance brilhante fosse perdida.

Frenético, Jimmy ouviu a mix do Sunset Sound de "Levee" mais uma vez para determinar se ali haveria algo aproveitável. Para sua surpresa, a mix original de "Levee" era a única em que a canção estava completamente intacta – incluindo o trovejante eco reverberado da bateria impressionante de John gravada no hall cavernoso de Headley Grange. Com um suspiro de alívio, Jimmy fez de "When the Levee Breaks" a única mix original do Sunset Sound a ser incluída no álbum que ainda era conhecido como *Led Zeppelin IV*.

⁂ ⁂ ⁂

O BRAÇO EUROPEU DA TURNÊ FOI RELATIVAMENTE CURTO, COM POUCAS paradas: Copenhague e Odense, na Dinamarca, e depois um show de retorno em Liverpool. As plateias foram bem receptivas à combinação dos elementos acústicos de *Led Zeppelin III* e de seu sucessor ainda sem título, mas, com tempo de sobra no Reino Unido antes de uma apresentação em Milão, na Itália, no dia 5 de julho, a banda mais uma vez não estava preparada para a violência e a postura desordeira que seus shows pareciam provocar no público.

Nessa data, eles se apresentariam no velódromo da Vigorelli. Embora tenha sido pago antecipadamente, o Zeppelin não foi avisado de que dividiria o palco com outras 28 atrações. Quando chegaram ao velódromo, prontos para mostrar seu tradicional show pesado a 12 mil pessoas, logo notaram centenas de policiais uniformizados ostentando trajes de choque do lado de fora.

Depois de terem testemunhado a inquietação social extrema nos EUA, em abril do ano anterior, e os tumultos brutos em Belfast apenas dois meses antes, os membros do Zeppelin ficaram imediatamente preocupados com as circunstâncias em que se encontravam em Milão. Jimmy e Peter Grant – nenhum dos dois muito contente com o show, depois de terem topado tocar às escuras – seguiram para o *backstage* para discutir com os responsáveis. Não bastasse a imagem de um exército de policiais paramentados para o tumulto representar o empecilho definitivo à diversão dos fãs, Grant também alegou que aquilo era desnecessário. Jimmy, por sua vez, acrescentou que a área do *backstage* – abarrotada pelas *entourages* e agregados das outras bandas – era totalmente inaceitável, assim como o Zeppelin tocar depois de mais de duas dúzias de atrações. Reforçando as preocupações do grupo, o *road manager* Richard Cole se recordou da atmosfera insana que precedia o show. "Estava caótico pra caralho", ele apontaria. "E nós dissemos: 'Isto aqui que se foda, não vamos ficar esperando a porra da noite toda por esses cretinos do caralho, com toda essa loucura do caralho acontecendo. Que se dane, nós vamos entrar no palco quando quisermos'."

Driblando as outras atrações, Grant e Cole conduziram a banda ao palco para a aparente alegria do público. Estava resolvido – ou assim parecia. No entanto, depois de poucas músicas, Jimmy e Robert perceberam um foco de fumaça no meio da plateia. "O *promoter* entrou no palco e nos pediu para dizer aos jovens que parassem com o fogo", Jimmy se recordaria. "Feito otários, dissemos." Sem saber como proceder da forma devida, Robert dirigiu-se obedientemente ao microfone e pediu repetidas vezes aos responsáveis pelo fogo que se comportassem. Porém, ao final de cada música, os integrantes do Zeppelin observavam assustados a fumaça aumentar. "Parem com este fogo, por favor", implorava Robert.

Foi só então que a banda viu a verdadeira causa da fumaça: uma lata de gás lacrimogêneo tinha sido jogada em direção ao palco, e eles rapidamente se deram conta de que a tropa de choque era quem as estava lançando contra o público. Apavorados, começaram "Whole Lotta Love", o que só aumentou o caos à medida que a polícia intensificava os ataques aos adolescentes italianos que dançavam. Em pânico, muitos jovens passaram a invadir o palco – o que gerou uma onda em direção à banda. Richard Cole abriu caminho quando Peter Grant, das coxias, sinalizou para que ele levasse os rapazes a um lugar seguro. Confusos, os *roadies* não sabiam se deveriam pegar o equipamento da banda, mas Cole gritou para que abandonassem o barco e saíssem dali correndo. Uma vez no subsolo, a banda e a equipe fizeram uma barricada no fim de um longo túnel de saída de emergência, numa enfermaria, e tentaram recuperar o fôlego, observando como cada um reagia àquela loucura.

Após a fumaça literalmente baixar, a banda ressurgiu – apenas para descobrir que o equipamento havia sido completamente destruído. John ficou furioso; em meio ao pandemônio, seu novo técnico de bateria, Mick Hinton, foi atacado e ferido na cabeça por uma garrafa. Não foi só equipamento: um *roadie* também foi levado ao hospital de maca para tratar cortes que recebeu.

De volta ao hotel, John estava visivelmente abalado. Enquanto a banda tentava se recompor no bar, um repórter cometeu o erro de abordá-lo para questionar sobre o incidente com Hinton. Calmamente, John lhe deu um aviso: era melhor sumir dali, ou *ele* seria o próximo a levar uma garrafada na cabeça.

No voo de volta à Inglaterra, Robert Plant estava em prantos.

* * *

Havia outra batalha à espera da banda na volta para casa – mas, para essa, estavam todos devidamente preparados. Semanas antes, Jimmy dera uma dica de que o álbum provavelmente se chamaria *Led Zeppelin IV*. Porém, todos os quatro integrantes estavam convencidos de que aquele disco representava o melhor material deles até então, e, nesse aspecto, a música deveria – e poderia – falar por si mesma. Com isso em mente, o grupo decidiu lançar o álbum sem título nenhum, conceitualmente. Na Atlantic, os executivos acharam, de início, que não tinham ouvido a decisão direito.

A banda disse "sem título"?

Sem título. E mais, também não haveria nenhuma insígnia corporativa da Atlantic – nem um número catalográfico. Na verdade, explicou Jimmy, não haveria menção alguma ao Led Zeppelin em lugar nenhum no álbum. Se a música era tão boa quanto a banda acreditava, que deixassem então a qualidade dela ditar as vendas.

Jimmy, entretanto, seria creditado como produtor no encarte.

A Atlantic ficou exasperada e rapidamente tentou apelar para o senso de negócios da banda. "Eles nos disseram que estávamos cometendo suicídio profissional, ameaçaram entrar em guerra conosco", Jimmy explicaria mais tarde. "Mas a intenção da capa não era antagonizar a gravadora – foi pensada como uma resposta aos críticos musicais que insistiam em afirmar que o sucesso dos nossos três primeiros álbuns aconteceu por causa de *hype* e não de talento. Queríamos demonstrar que era a música o que tornara o Zeppelin popular... O que importa é a nossa música. Dissemos que só queríamos nos apoiar puramente na música."

A gravadora tampouco se entusiasmou quando o Zeppelin apresentou o conceito para a arte da capa. Ao visitarem uma loja de antiguidades a caminho de Headley Grange, Jimmy e Robert se depararam com uma pintura do século XIX de um velho aldeão, curvado num ângulo de 90 graus pelo peso de galhos presos a suas costas; o personagem, embora sem identificação, se assemelhava impressionantemente à figura histórica de "Old George" Pickingill, um dos primeiros mentores ocultistas de Aleister Crowley. Jimmy logo imaginou a pintura como a capa do novo álbum, de forma que a abertura dupla do LP mostraria o quadro como se colado a um muro velho e decadente. Ao fundo, ao longe, uma paisagem moderna da torre de Birmingham poderia ser vista, bem como conjuntos habitacionais mais velhos à frente. A parte interna da capa *gatefold* exibiria, em destaque, um ermitão de uma carta de tarô, junto da letra de "Stairway to Heaven" e quatro símbolos bizarros colocados no lugar dos nomes dos membros da banda. A Atlantic ficou compreensivelmente perturbada pelo imaginário do oculto sugerido pelos desenhos.

As opiniões dos executivos pouco importavam para a banda. Segundo Robert, os quatro foram veementes ao dizer à Atlantic que não entregariam as fitas master a menos que o Led Zeppelin tivesse a palavra final quanto à capa e o design do álbum. Colocada contra a parede, a Atlantic enfim cedeu.

A decisão criativa derradeira em relação ao álbum foi a do uso de símbolos para representar cada integrante da banda, ao invés de seus nomes ou de qualquer menção ao Led Zeppelin. Jimmy mostrou aos companheiros um dicionário de insígnias históricas antigas e permitiu que cada um escolhesse a sua. O círculo interseccionado de John Paul, o triquetra, significava competência e confiança. A pena envolta por um círculo de Robert era conhecida por representar Ma'at, a deusa egípcia da justiça. O símbolo obscuro de Jimmy, que causou confusão devido à similaridade visual à palavra *zoso*, representava Saturno, planeta que rege o signo do guitarrista, Capricórnio. A icônica insígnia de Bonham, com os três círculos interligados, deveria significar o vínculo entre pai, mãe e filho – mas o baterista apontou, brincando, a semelhança com a logomarca da cerveja Ballantine.

Obrigada por contrato, a Atlantic creditou o LP aos quatro símbolos. Antes do lançamento, a gravadora enviou mídia kits que incluíam impressões dos emblemas para garantir que os jornais e revistas pudessem reproduzi-los.

⁂

A BANDA TEVE SEIS SEMANAS FELIZES ANTES DE PARTIR PARA OS EUA. Optaram por levar as famílias à ilha de Jersey, no Canal da Mancha, onde passaram a maioria das noites no hotel Royal, em St. Helier. Preferindo claramente ficar mais discretos, bebendo e rindo com as respectivas esposas, os músicos desfrutaram das apresentações no Jersey Folk and Blues Club e, às vezes, eram até convidados a subir no palco para *jams*. Longe dos olhos do público por mais de um mês, o grupo descansou bem antes da maior turnê norte-americana da carreira: 20 shows em casas que acomodavam no mínimo 12 mil pessoas. Com tais números, o Led Zeppelin estava prestes a embolsar mais de 1 milhão de dólares por esta única turnê.

A menos de uma semana de embarcar para os EUA, John tentou aproveitar sua amada Birmingham o máximo que pôde antes de cruzar o mundo mais uma vez. Agora, porém, havia uma diferença: todos os quatro membros do Zeppelin estavam convictos de que o novo álbum seria o maior sucesso da carreira até então. Orgulhoso da banda e de seus esforços, John não pôde evitar se gabar do álbum para todos os seus velhos amigos.

"A minha banda, o Trapeze, estava tocando como trio, e nós acabamos fazendo uma apresentação no Mother's [em Birmingham]", recordou-se Glenn Hughes, amigo de John de longa data. "Chegávamos ao final do *set*, na última música, [quando], sem o menor pudor e cheio de si, Bonham vem caminhando em direção ao palco, acompanhado de seu assistente, Matthew.

"'Aí, quer dizer que a gente vai dar uma canja, então?'

"Bonham sobe no palco e – sem titubear – toma educadamente as baquetas de Dave Holland e diz: 'Certo, toquem aquela conclusão de novo'. E nós tocamos a conclusão da música por uns 15 minutos até passarmos por todos os formatos de arranjo, do jeito que ele queria... Foi aí que fui verdadeiramente apresentado a John."

Ciente de que o comportamento de John era só diversão e alegria, Hughes aceitou o convite do baterista após o show para tomar uma saideira na casa dele – e ouvir em primeira mão o novo álbum do Led Zeppelin. "Naquela noite, ele me levou para West Hagley", Hughes lembraria. "Não estava caindo de bêbado, mas num estado mental muito bom. No carro, ele me disse que o Zeppelin tinha acabado de gravar o quarto álbum e queria que eu ouvisse."

"Chegamos", prosseguiu Hughes, "e ele então colocou um acetato do álbum para tocar, do começo ao fim, de 'Black Dog' a 'When the

Levee Breaks'. Acho que ouvimos o disco inteiro umas dez vezes, John com um sorrisão o tempo todo, chorando, fumando, me dando tapinhas nas costas, dançando".

Hughes ficou impressionadíssimo com as faixas que ouviu, e os dois – que bebiam e riam enquanto o baterista não parava de falar sobre as sessões de gravação – perderam completamente a noção do tempo. John, no caso, também esqueceu que deveria partir com o Led Zeppelin naquela manhã. "O que eu ouvi – num aparelho de som sensacional, com o volume no 11 – mudou a minha vida", maravilhou-se Hughes. "'When the Levee Breaks' me deixou no chão. Agarrou-se à minha alma... John me deu uma aula histórica sobre a concepção do quarto álbum do Led Zeppelin, e isso foi um dos maiores momentos da minha vida. Na manhã seguinte, Robert estava em cima de mim, me acordando, porque eles estavam prestes a partir para os EUA, e ele tinha passado de carro para buscar John."

* * *

A sétima turnê do grupo pela América do Norte começou no dia 19 de agosto de 1971. Os ingressos se esgotaram de imediato. Como a banda estava longe dos palcos havia mais de um ano, a recepção eufórica era constante em todo lugar.

"O Led Zeppelin ainda faz música que parece uma catedral assombrada cantando blues", escreveu Brian McLeod sobre o show de Vancouver. "Só que, agora, a tocam melhor. Além dos pilares pulsantes de ritmo de costume, eles aprenderam a penetrar cada fresta e cada canto do espectro sonoro com uma versatilidade resultante que raramente é encontrada numa banda de rock... Com uma energia aparentemente incessante, o baixista John Paul Jones e o baterista John Bonham dirigiram na velocidade máxima por mais de uma hora, com agitação o suficiente para soarem como uma manada de elefantes num filme antigo do Tarzan."

Jeani Read escreveu: "Houve um grande arroubo insano de som, emoldurado por um grito de aço inoxidável reluzente: quatro figuras no palco, se movendo no clarão da música... Mais uma vez, um empurrão brusco, súbito para duas horas e meia de um passeio de montanha-russa alucinante com guitarra, baixo, bateria e voz... O Led Zeppelin constrói sua montanha-russa com gestos imensos, são trabalhadores brutos, John Bonham, na bateria, ergue o andaime".

Nessa mesma turnê, porém, a violência que surgia entre os públicos revoltosos só continuava a crescer. "Cerca de 35 jovens e dois policiais ficaram feridos na noite de quinta-feira, quando uma multidão invadiu um show de rock no Pacific Coliseum", publicou outro jornal. "Um grupo de 20 policiais, 12 deles equipados com capacetes de choque, mas sem cassetetes, tentou impedir uma aglomeração, que a polícia estimou em três mil pessoas, de entrar à força numa apresentação do grupo de rock britânico Led Zeppelin."

A banda tocou num evento enorme no Madison Square Garden, em Nova York, no dia 3 de setembro, despertando a atenção de alguns dos veículos de comunicação mais influentes da cidade. "O Led Zeppelin, combo britânico de blues-rock, em sua primeira turnê pelos EUA em cerca de um ano, lotou o Madison Square Garden enquanto muitas das mais de 19 mil pessoas (com ingressos a um valor máximo de 7,50 dólares) se amontoavam perto do palco", apontou a *Variety*. "O grupo, em especial o vocalista Robert Plant, manteve as coisas sob controle com observações à multidão. A banda foi, em geral, musicalmente avassaladora, sem muita variação, apesar de um bem-vindo segmento acústico... O baterista John Bonham apresentou um número potente e bem-recebido, 'Moby Dick', enquanto John Paul Jones, geralmente ao fundo, se manteve firme no baixo."

Ainda sobre o show no MSG, Rick Atkinson escreveu: "'Moby Dick' joga os holofotes no baterista John Bonham num solo de 15 minutos que é simplesmente magnífico. Ele começa do mesmo jeito que qualquer outro baterista no pedaço, mas a semelhança para por aí.

Quando ele termina, você sente os braços cansados só de assisti-lo, mas isso nunca impede que ele receba os constantes aplausos de pé – e sempre merecidos".

Apesar do sucesso, o show não passou sem danos colaterais, como reportou o *New York Daily News*: "Dois incidentes marcaram o concerto do Led Zeppelin no Madison Square Garden na noite de sexta-feira, e pelo menos duas pessoas do público ficaram feridas quando o palco desabou... No meio do segundo e último bis, os seguranças que passaram a noite toda mantendo a multidão enorme longe do palco, de repente deixaram cerca de 40 pessoas escaparem. O peso foi muito alto, fazendo parte da estrutura cair".

Apenas dois dias depois, a banda estava em Chicago, fazendo um show lotado no International Amphitheatre. Um crítico local apontou como, durante "Moby Dick", Robert, Jimmy e John Paul deixaram o palco, "enquanto Bonham malhava a bateria. Na metade do número, ele arremessou as baquetas e tocou com as mãos". A resenha prosseguia: "O solo de Bonham foi mais longo e melhor do que a versão de estúdio". Sobre o dia 7 de setembro, no Boston Garden, Maxine Simson, do *Boston Herald*, observou: "John Bonham acertou em cheio com um solo de bateria de 20 minutos. Sem perder uma batida, se desfez das baquetas e completou o improviso com as mãos". No entanto, a banda "teve de lidar com fãs histéricos que dispararam em direção ao palco... Em dado momento, um dos devotos frenéticos executou um salto ornamental perfeito do centro do palco para a multidão".

Em meados de setembro, o Led Zeppelin finalmente chegou à Califórnia. O show no Berkeley Community Center rendeu algumas das melhores resenhas sobre a performance de Bonzo. "John Bonham, baterista do grupo, apresentou um dos solos de bateria mais fenomenais que este repórter já testemunhou", escreveu John Wasserman. "O solo de meia hora causou um frenesi no público, que urrou em aprovação até o fim."

* * *

Como já era o plano, a turnê de 1971 foi a mais longa e mais extravagante até então, sendo cada show mais longo que o anterior. Quando a banda chegou ao final dessa rodada, com duas apresentações consecutivas em Honolulu, os quatro precisavam seriamente de descanso. A viagem do grupo até a ilha britânica de Jersey, meses antes, tinha sido uma ocasião bem-vinda, já que, pela primeira vez, as esposas foram convidadas a acompanhá-los, o que fez da viagem uma verdadeira celebração e férias em conjunto. Grant e Jimmy decidiram manter o moral da banda alto e, pensando daquela mesma forma, permitiram que as esposas do Zeppelin também fossem para o Havaí. Apesar de manter um relacionamento sério com Charlotte, Jimmy ainda era o único integrante do grupo a não ter se casado e optou por ficar com a mansão Diamond Head, que a banda já havia alugado antes, só para ele; os outros três, acompanhados das respectivas esposas, ficaram no Rainbow Hilton, perto dali. Embora o hotel não fosse nem um pouco tão reservado quanto a mansão, Richard Cole garantiu que a estadia da banda seria, ainda assim, a mais luxuosa possível e alugou um piso inteiro de suítes nos últimos andares, com direito a vistas do Oceano Pacífico e a bares bem estocados. É claro que, por se tratar do Led Zeppelin, ao final daquelas férias de quatro dias, os bares já haviam sido esvaziados, reabastecidos e esvaziados novamente várias vezes.

Segundo Cole, desta vez, a companhia das esposas não funcionou muito para evitar que a banda se metesse em estripulias. Na primeira noite no hotel, Bonham e Plant pegaram uma mangueira de incêndio e inundaram o quarto de John Paul Jones.

Boa parte dessa desordem se devia à abundância de álcool prontamente disponível. Johnny Larke, membro da equipe de turnê, recebeu a função de manter os bares de cada um deles sempre estocados com as melhores bebidas. Certa tarde, durante aqueles dias de folga,

Larke passou pela suíte de Cole para perguntar se seus serviços se faziam necessários.

"Larke", disse Bonham ao *roadie*, "estamos aqui há quase 24 horas e ainda não nos metemos em nenhuma encrenca... o que tem para fazer por aqui?".

Larke pensou por um momento e respondeu: "Bem, os drinks exóticos são bons...".

Peter Grant perguntou imediatamente o que havia no vasto menu de coquetéis exóticos, e Larke lhe entregou uma cópia. "Vai demorar muito pra ler essa porra inteira", disse o empresário, arremessando longe o cardápio. "Larke, peça para o serviço de quarto nos trazer quatro de cada drink que há no menu. Você pode se juntar a nós."

Em menos de meia hora, quase uma centena de drinks chegou em diversos carrinhos do serviço de quarto – *highballs* havaianos, "dragões verdes", mai tais e "*Waikiki wowees*" – e, segundo Cole, "nenhum foi pro lixo".

Mesmo nessas condições, o Zeppelin estava pronto para fazer valer o dinheiro do público havaiano, entregando shows de grande sucesso. Em seguida à pequena temporada no Havaí, eles partiram para as primeiras datas no Japão, ao final de setembro. Ver "Immigrant Song" em primeiro lugar nas paradas locais imediatamente colocou o grupo de volta a um clima celebratório, incluindo Phil Carson, representante britânico da Atlantic Records, que os acompanhava; na primeira noite no Hilton de Tóquio, John jogou um carrinho de serviço de quarto no chuveiro de Carson – enquanto o executivo da gravadora ainda estava nu ali dentro.

Naquela noite, a banda decidiu absorver a vida noturna de Tóquio, a começar com um jantar num restaurante japonês tradicional – com direito a gueixas. John logo ficou impaciente por ter de bebericar os drinks em copinhos delicados, semelhantes a dedais, que as garotas serviam recatadamente. "Vocês poderiam nos trazer copos maiores?", ele enfim pediu, inquieto, a uma delas. "Talvez uma xícara de café. Ou uma caneca de cerveja – ou baldes!"

No outro dia pela manhã, John teve de cambalear até o hotel depois que Richard Cole o deixou desmaiado na calçada.

Seu comportamento exagerado estava apenas começando. Na noite seguinte, ele e Cole saíram para passear pela capital japonesa e, devidamente embriagados, compraram espadas de samurai autênticas. Ao retornar ao Hilton, John imediatamente se pôs a cortar em pedaços cada um dos móveis de sua suíte. "Com as espadas em punho, começamos a nos digladiar como uns lunáticos", riu Cole. "Cortávamos tudo no quarto que podia ser cortado... as cortinas, as roupas de cama e o colchão, o papel de parede, os quadros. A cada golpe, adicionávamos algumas centenas de dólares em danos à conta."

Sem nada mais para desmantelar, Bonham foi até o quarto de John Paul Jones, no mesmo corredor, quebrou a porta com a espada e arrastou o baixista para fora da cama. Bonham e Cole então prosseguiram a destruição, arruinando o corredor em si, enquanto Jones continuava a dormir no chão. Na manhã seguinte, Richard Cole foi chamado até o escritório do gerente do hotel. "Sei que vocês são músicos muito bons", disse o gerente, "mas não podemos aceitar esse tipo de comportamento em nosso hotel. Houve muitos danos em seus quartos... Um de vocês ficou bêbado na sarjeta; outro dormiu no corredor. Sinto muito, mas não posso deixar vocês se hospedarem aqui mais". A banda foi expulsa e banida para o resto da vida.

Na primeira apresentação no Japão, no Budokan, em Tóquio, os repórteres foram rápidos em notar que o vocalista loiro tinha um machucado recente no lábio. Embora o pequeno ferimento não tenha afetado a performance de Robert, os jornalistas, sedentos por fofoca, insistiam em pedir explicações. Enfim farto, ele respondeu rispidamente, por cima do ombro, a um repórter: "Não é da porra da sua conta – é algo entre mim e Bonzo".

Em sua defesa, Robert estava sendo honesto, já que a verdadeira história por trás do lábio partido era quase vergonhosa demais para ser admitida em público. Por terem uma amizade que datava da adolescência em Birmingham, John e Robert eram próximos o bastante para, quase sempre, se comportarem como irmãos ou – de acordo com uma piada interna longeva do Zeppelin – um casal de velhos. Nesse caso, o incidente que ocorreu no *backstage* do Budokan dizia respeito a um assunto dos mais triviais: dinheiro de gasolina. Por semanas, John infernizou Robert por causa de 30 libras que o vocalista lhe devia por ter completado o tanque durante uma viagem a passeio pela Escócia. O assunto ressurgiu, de todos os lugares possíveis, logo num camarim no Japão momentos antes de o Led Zeppelin entrar no palco, com ambos os homens com uma quantidade considerável de bebida no organismo. Robert não só refutou a pequena dívida, como também não acreditou que John tivesse tocado no assunto ali na casa de shows. Para surpresa de todos, a discussão se acalorou – e terminou com o punho de John direto na mandíbula de Robert. Enquanto o vocalista limpava o sangue da boca com um lenço, a banda foi chamada para se apresentar para uma multidão de japoneses.

Com a mão à boca sangrando, Robert foi xingando o velho amigo enquanto os dois entravam no palco cambaleando. Mais tarde, John admitiria a Richard Cole: "Robert e eu nos conhecemos há tanto tempo que nunca há maldade nas brigas... O que acontece é que a gente perde a razão às vezes".

Os dois shows no Budokan, em 23 e 24 de setembro, foram de um sucesso arrasador e resultaram em algumas das melhores críticas que a banda recebeu em toda a história. Numa demonstração de boa vontade, o Zeppelin, em seguida, viajou para Hiroshima para fazer um show beneficente no Shiei Taikukan Hall em prol das vítimas da bomba de 1945. Depois do último bis, o prefeito da cidade entregou uma medalha da paz à banda.

"A música do Zeppelin foi extraordinariamente bem-vinda por todo o Japão", observou Cole. "Embora o rock fosse um tanto novo em Tóquio, ficou evidente que os jovens conheciam bem a nossa música. Os japoneses têm uma reputação de mais quietos e reservados do que os ocidentais, mas os fãs afrouxaram os quimonos e soltaram os cabelos nos shows do Zeppelin."

Em seguida à apresentação em Hiroshima, o grupo embarcou no Trem Bala e partiu para tocar em Osaka e Quioto. A distribuidora japonesa da Atlantic Records mandou dois presentes – um guia turístico particular chamado Tats Nagashima, que agia como *promoter* e anfitrião dos shows, e, de forma um tanto quanto ingênua, uma dúzia de garrafas de saquê e uma caixa cheia de um uísque japonês caro conhecido como Suntory. O Zeppelin entornou tudo ainda a caminho de Osaka.

Naquela noite, John tomou a dianteira quando ele, Robert e Jonesy planejaram fazer de Jimmy a próxima vítima das já notórias pegadinhas da madrugada do Led Zeppelin. No Trem Bala absolutamente lotado, Jimmy dividia uma cabine com Peter Grant. Às 3h da manhã, John preparou uma espécie de "drink" autoral: uma mistura nojenta de chá frio, saquê velho e arroz empapado – que estava destinado a ser despejado na cabeça de Jimmy enquanto ele dormia. Robert se ofereceu para fazer as honras. Afastando a cortina do cubículo, Plant encharcou a vítima sem ver – e não percebeu que, sem querer, despejara a mistura gosmenta em Grant. Enfurecido, o enorme ex-lutador perseguiu os companheiros de banda e seus risinhos pelo corredor do Trem Bala, urrando palavrões e promessas de vingança. Primeiro, esmurrou Robert; em seguida, mirou em Richard Cole, que colocara a cabeça para fora de sua própria cabine para perguntar a causa daquela comoção. Cole desviou, e Grant acertou John em cheio no rosto.

O executivo japonês da Atlantic ficou tenso, morrendo de medo de aquele ser o fim do Led Zeppelin – e logo aos cuidados dele. Ao vê-lo em choque, o executivo britânico Phil Carson se aproximou. "Não se preocupe", confortou o colega. "É o Led Zeppelin. Este tipo de coisa acontece toda hora."

A noite seguinte, em Osaka, não foi diferente. Durante o interlúdio acústico do show, o público japonês pôde assistir a uma rara versão ao vivo de "Friends", sem fazer a mínima ideia do que levara à necessidade da inclusão de improviso da música. Anos depois, Jimmy lembraria o desaparecimento de John induzido pelo álcool e explicaria: "Durante o *set* acústico, composto por 'That's the Way', 'Going to California' e 'Tangerine', John Bonham saiu do palco e não voltou para 'What is and What Should Never Be', que seria elétrica. Então continuamos o *set* acústico, com uma breve remodelação, incluindo 'Friends' – a primeira e única vez que a tocamos ao vivo".

Segundo Jimmy, o comportamento geral da banda durante a excursão japonesa, ainda que sempre em nome da diversão, estabeleceu um precedente de "vale tudo" que encapsularia boa parte dos excessos das turnês futuras do Zeppelin. "Fizemos coisas [no Japão] que você não acreditaria. Por exemplo, houve uma noite em que um de nós teve as roupas jogadas pela janela e tirou proveito da situação para correr nu pelos terraços do Japão... Em retrospecto, nossos anfitriões japoneses provavelmente ficaram horrorizados, mas eram tão educados que só continuavam a fazer reverências para nós!"

O grupo só retornaria à estrada mais de um mês depois e, para o alívio de todos os envolvidos, seria uma turnê breve pelo Reino Unido – o que significava que todos os integrantes poderiam voltar para a casa e suas famílias. Para Bonham e Jonesy, era um deleite, mas não tanto para os dois cabeças da banda, Jimmy em particular. Enquanto ele e Robert tinham uma paixão por viagens exóticas, Bonham e Jonesy ficavam bem satisfeitos em permanecer em casa na companhia das famílias – em especial Bonham, cujo amor pelas travessuras abastecidas pelo álcool parecia ser a única forma de apaziguar as saudades que ele sentia do lar. Quando sua família era mencionada em conversas, John parecia ficar sóbrio de imediato e entristecido por precisar estar longe dela.

"Isso surpreendia muita gente", recordou-se Cole. "Afinal, na estrada, às vezes ele se comportava como um lunático implacável, mas sua esposa, Pat, lhe trazia uma estabilidade e um refúgio que permitia a ele ser apenas John Bonham. Muita gente nunca viu o calor humano de Bonzo, mas eu achava um de seus atributos mais preciosos."

Uma vez terminados os seis shows no Japão, John pegou um voo de volta para casa com Jonesy e Peter Grant; enquanto isso, Jimmy, Robert e Cole decidiram seguir suas aventuras pela Ásia – primeiro Hong Kong, depois Bangkok. Quando Cole optou por reservar um voo para a Austrália só para ele, no intuito de prospectar casas para a futura turnê da banda pelo país, Jimmy e Robert foram para Bombaim (hoje, Mumbai[29]). Eles esperavam que a cultura indiana inspirasse novas letras e sons exóticos para o futuro quinto álbum.

"Robert e eu estávamos muito ávidos para ver como seria entrar num estúdio com alguns músicos de Bombaim e ver o que criaríamos", Jimmy se recordaria. "Tentamos gravar versões de 'Friends' e 'Four Sticks' com alguns percussionistas, meia dúzia de instrumentistas de cordas e um negócio chamado banjo japonês, e, rapaz, foi complicado! Eram ótimos músicos, mas estavam acostumados a contar e a sentir os ritmos de um jeito diferente."

Infelizmente, esses ensaios experimentais não renderam muita coisa.

⁂ ⁂ ⁂

John ficou grato por poder passar o mês de outubro com Pat e Jason, que crescia cada dia mais. Ele não via os irmãos, Mick e Debbie, havia meses, então passou o máximo de tempo que pôde com eles antes do início dos shows da banda pelo Reino Unido. John, inclusive, pediu a Mick que o acompanhasse para ver algumas das músicas novas tocadas ao vivo.

"No dia 27 de novembro, me juntei a John e partimos para o Norte, para Preston, onde a banda tocaria", contaria Mick Bonham. "Assisti

29 No livro *Stairway to Heaven*, de Richard Cole, também publicado pela Belas Letras, o *tour manager* parte sozinho para a Austrália no final de 1971, depois de uma turnê pelo Reino Unido, e há uma visita anterior a Mumbai em 1971, não mencionada por Kushins, que acontece depois de uma turnê pelo Japão. Depois, na viagem de ida para a turnê australiana, em fevereiro de 1972, fazem escala em Mumbai e passam alguns dias na cidade. (N. do T.)

ao show encolhido nas escadas que conduziam ao palco, e, quando a apresentação estava perto do clímax, no bis, [o técnico de bateria de John] Mick Hinton se aproximou e me falou que John queria que eu lhe levasse um *pint* de *mild ale*."

O irmão mais novo de John foi solícito e buscou a cerveja no bar. Hinton então disse a ele para levá-la até John, que já estava de volta à bateria. Silenciosamente, o Bonham mais novo se agachou ao lado do irmão para colocar o copo com cuidado ao lado da banqueta. "Feito um relâmpago, John pegou no meu braço, apontou para um conjunto de congas que havia atrás da bateria e gritou: 'Toque!'", recordou-se Mick. "Antes que eu pudesse responder 'como?', Page começou o *riff* de 'Whole Lotta Love'."

Ele prosseguiu: "Lá estava eu, sem ter para onde fugir, pensando em como não parecer um idiota, então comecei a tocar... Levantei os olhos e vi um mar de gente olhando para mim. Nesse momento, meus braços dispararam e minhas pernas decidiram que não queriam saber de mim, só queriam ir embora. À medida que a música terminava, eu só conseguia pensar em dar no pé, mas John e Robert tinham outras coisas em mente e me conduziram à frente do palco para fazer uma reverência ao lado de Jimmy e John Paul".

Para Mick Bonham, foi uma rara oportunidade de experimentar os holofotes com os quais John tanto se acostumara e que quis dividir com seu amado irmão mais novo, mesmo que por um breve momento.

Mais tarde, Mick se recordaria: "Depois de um retorno apressado ao bar, John olhou para mim, ainda visivelmente abalado, abriu um sorriso largo e disse: 'Bom, né?!'".

Capítulo Treze

NOVEMBRO DE 1971–ABRIL DE 1972

Depois de incontáveis atrasos, o quarto álbum do Led Zeppelin finalmente foi lançado em novembro de 1971.

As premonições da banda de um sucesso arrasador mesmo sem um título ou uma atribuição ao artista propriamente ditos se provaram certeiras – a música falou por si. Por não haver um nome, os fãs passaram a chamar o álbum de uma variedade de apelidos, sendo *Led Zeppelin IV* ou *Four Symbols* os mais populares. E foi com esse disco que a antiga estratégia de Jimmy e Grant de não lançar compactos mostrou seu valor; quem necessitava desesperadamente ter "Stairway to Heaven" em casa teve de correr e comprar o LP, o que logo o levou à segunda posição nas paradas da *Billboard* nos EUA.

Todos os shows da turnê pelo Reino Unido tiveram ingressos esgotados nas primeiras 24 horas de vendas. O primeiro foi no City Hall, em Newcastle, no dia 11 de novembro, com duração maior do que os da turnê japonesa, mas com um formato minimizado: sem abertura, sem palco elaborado – apenas horas e mais horas dos maiores sucessos. O Zeppelin fez uma única e notável exceção ao optar por recursos teatrais de última geração quando tocou duas noites consecutivas em Wembley, nos dias 20 e 21 de novembro, com shows inspirados nos circos romanos, incluindo malabaristas e acrobatas. Divulgando o espetáculo de grande escala sob o nome "Electric Magic", o Zeppelin deu ao imenso público três horas de música de todos os quatro álbuns. Os críticos, como de costume, ficaram apreensivos – mas os fãs se deleitaram.

"Quando você é a maior banda da Grã-Bretanha, seus críticos serão os mais ferrenhos", observou Roy Hollingworth na *Melody Maker*. "Se Jesus ainda estivesse por aqui, esperaríamos um milagre por semana, certo? Mas não importa o que diz a sociedade do rock. O que importa são as pessoas. Um artista se apresenta para as pessoas... O Led Zeppelin tocou para nove mil delas na noite de sexta-feira, e todas ergueram as mãos e extravasaram até não poder mais." Com bom humor, Hollingworth acrescentou: "No meio da noite: porcos performáticos, artistas circenses e bestas que fazem truques espertos foram trazidos para o divertimento do público".

Sobre a performance de John em Wembley, o jornalista da *Melody Maker* afirmou que o baterista tocou "como um trovão" e que, uma vez fazendo parte do público, ele conseguiu sentir fisicamente "a força combinada ao volume". "É dolorido", acrescentou Hollingworth, "mas libera uma emoção comum a quase todos ali presentes. Excitação e alguma coisa rude, alguma coisa tão viva que tem cheiro. Rebeldes e desordeiros, é isso... Quanto mais tensão John Bonham coloca ao tocar, maior ele fica".

⁂

Agora que o Led Zeppelin tinha, para todos os efeitos, assumido o manto de maior banda de rock do mundo, encontrava-se na posição singular de poder ditar a própria agenda de turnês. Após aquela primeira temporada pelos EUA, no final de 1968, eles prometeram a si mesmos, bem como às respectivas famílias, que nunca mais passariam outra época de festas de fim de ano na estrada. Com isso em mente, a turnê acabou no dia 21 de dezembro, o que permitiu à banda passar o merecido feriado de Natal em casa, na Inglaterra.

Para espalhar o espírito natalino, John foi até um amigo costureiro, em Redditch, e comprou a maior parte dos presentes de Natal para os homens da família na mesma loja – um ato surpresa de generosidade que despertou o interesse dos jornais locais. "O *pop star* John Bonham não se esqueceu do costureiro que lhe deixou pagar seu terno de casamento fiado cinco anos atrás, quando ele não tinha dinheiro para quitar no ato", abria uma divertida matéria. "Então, quando John, baterista do Led Zeppelin, decidiu gastar 500 [libras] em ternos como presentes de Natal para a família, foi direto a esse costureiro – Peter Robinson, em Unicorn Hill, Redditch." O próprio Robinson relembrou: "Cinco anos atrás, ele me procurou para fazer um terno de casamento, que custava cerca de 35 libras, e não tinha dinheiro... Conseguiu me pagar a tempo e lembrou de mim quando quis alguns ternos para dar de presente de Natal".

Robinson apontou que John também comprou quatro ternos para si mesmo, um dos quais foi feito sob medida em veludo.

* * *

"Nós moravamos todos em partes diferentes do país, então, quando voltávamos para casa, não nos víamos muito", Jimmy viria a comentar a respeito da falta de camaradagem da banda quando as turnês terminavam. "Só socializávamos mesmo no estúdio ou na estrada. Começamos a valorizar muito a vida familiar, especialmente por passarmos tanto tempo viajando, que é como deve ser... Ajudou a criar um equilíbrio em nossas vidas. Nossas famílias nos auxiliavam a manter a sanidade."

John Paul Jones compartilharia de sentimentos semelhantes. "A banda era muito próxima, o que alimentava uma sensação de 'nós contra eles'", diria o baixista. "[Peter Grant] era muito competente em manter todo mundo longe de nós, o que nos permitia a concentração no trabalho... Sempre nos demos bem. Nunca socializávamos quando não estávamos em turnê, mas era ótimo nos reencontrarmos." A essa altura, Jonesy já era pai de três meninas e ficava contente em passar o máximo de tempo com elas – e no grande estúdio que tinha em casa – sempre que as obrigações do Zeppelin permitiam.

Da mesma forma, Jimmy agora também era pai e, depois de reunir uma vida inteira de antiguidades colecionáveis e obras de arte, vendeu a casa em Pangbourne. Por meio milhão de libras, ele comprou outra propriedade do século XVIII na região rural de Sussex, projetada por Sir Edwin Lutyens, chamada Plumpton Place. A nova casa de Jimmy, sempre afeito a mistérios, tinha espaço de sobra para um estúdio caseiro – e contava até com um fosso.

Embora a banda não socializasse muito quando estava em casa, a amizade genuína de John e Robert era uma exceção. Os dois eram vizinhos em Worcestershire, onde ambos desfrutavam do ar livre e trabalhavam em suas respectivas fazendas. Em dado momento, apaixonado por esse estilo de vida, Robert considerou até comprar uma segunda propriedade, uma fazenda de ovelhas perto da costa galesa. Do mesmo modo, John era tão fascinado pela vida campestre que começou a pesquisar sobre criação de touros.

Dentre os membros do Led Zeppelin, John e Robert eram reconhecidos como os verdadeiros amigos, os únicos que passavam o tempo livre na companhia um do outro. Quando não estava em turnê, a dupla das Midlands ia até Birmingham, como antigamente. Por serem celebridades locais, "Bonzo" e "Planty" eram amados na comunidade, que continuava a vê-los fortalecendo os negócios locais ou visitando os mesmos bons e velhos lugares que frequentavam antes da fama – sem deixar que o superestrelato lhes subisse à cabeça. Era rotineiro ver os dois bebendo em algum de seus pubs favoritos ou conferindo a programação musical de casas locais, apoiando bandas novatas.

Uma dessas bandas de Brum que eles gostavam chamava-se Bronco, cujo guitarrista era Robert Blunt, um velho amigo de Kidderminster. Plant e Bonham logo começaram a frequentar os ensaios da Bronco num salão da cidade e, na sequência, a chamá-los para ir ao pub mais próximo para celebrar com algumas doses.

Durante uma dessas noitadas com Robert e os rapazes da Bronco, John encontrou-se por acaso com outro velho amigo, Chris Welch, da *Melody Maker.* Ele sentou-se com John por alguns minutos e ouviu o superastro da bateria desabafar suas frustrações e inseguranças a respeito das longas turnês do Zeppelin pelos EUA, Japão e Reino Unido. Admitindo ao repórter que temia ter perdido as habilidades na bateria antes da turnê, John acrescentou que a banda toda se sentia "esgotada" pelas viagens extensas e estava ansiosa para tirar o próximo ano de folga.

Além disso, "nunca tentei conscientemente ser um dos melhores bateristas e não quero ser", John revelou a Welch. "Muitos jovens vêm até mim e dizem: 'Há bateristas melhores do que você', ou algo assim. Mas eu gosto de tocar o melhor que posso e é por isso que estou aqui fazendo isso... Não afirmo ser mais empolgante do que Buddy Rich, mas não toco o que não gosto. Sou um baterista simples, direto e não tento fingir ser nada melhor do que sou."

Em meio a rumores de que o Led Zeppelin estava sempre a um passo de encerrar as atividades, Welch não teve escolha senão perguntar a John, sem rodeios, sobre o futuro do grupo. "Ah, lá vem ele com esta pérola!", berrou John, rindo. "Eu sabia!" Após uma longa pausa, acrescentou: "Talvez a gente esteja no auge no ano que vem, ou talvez eu esteja de volta às construções!".

No fundo, muitas pessoas que faziam parte do círculo de amigos mais próximos de John sabiam que ele sentia falta de trabalhar com o pai e o irmão nas obras. Ele dizia com frequência que, por vontade própria, abandonaria o estrelato no rock para a vida normal que seus pais um dia almejaram para ele. Robert chegou a dizer a um repórter que John, certa vez, admitira para a banda que "poderia voltar às construções a qualquer momento... e nós concordamos".

Quando John saía do personagem, deixando de lado a fachada de durão diante de algum jornalista e fazendo promessas veladas de virar carpinteiro e agricultor, nunca era possível saber ao certo se ele estava brincando.

⁂

Na época que John foi abordado pela *Melody Maker*, Jimmy estava sendo procurado por um cineasta satânico americano chamado Kenneth Anger, cujo filme experimental *Scorpio Rising* se tornara, ao longo da década anterior, uma pedra fundamental do cinema independente. Assim como Jimmy, Anger era um aficionado por Aleister Crowley e colecionava basicamente o mesmo tipo de memorabilia e muitas das mesmas relíquias e artefatos que o guitarrista. Na verdade, o cineasta só ficou sabendo que Jimmy compartilhava dessa paixão obscura quando um representante de Page superou o lance de Anger pelas provas de um dos manuscritos de Crowley num leilão na Sotheby's. Quando enfim conseguiu encontrá-lo, Anger convenceu Jimmy a ajudá-lo na criação de uma trilha sonora original para seu mais recente projeto cinematográfico, uma misteriosa obra em processo intitulada *Lucifer Rising*. Apelando à vaidade de Jimmy, Anger afirmou que algo na linha de "Dazed and Confused", mas dentro da duração do filme, seria ideal. Intrigado, Jimmy topou, mas alertou ao diretor que o Led Zeppelin era seu compromisso principal, em tempo integral. Os dois firmaram um acordo flexível, sem prazos determinados. Antes de o ano acabar, Jimmy viajaria com um corte bruto do filme a tiracolo, que ele exibia apenas para os amigos mais íntimos, junto à música assustadora e carregada de cânticos que estava compondo para combinar com as imagens. No ano seguinte, Kenneth Anger instalou-se na casa de Jimmy enquanto lutava para concluir o corte final dessa bizarra obra passional.

⁂

Enquanto isso, a banda alinhava diversos projetos para o ano vindouro.

Em janeiro de 1972, os quatro integrantes se reuniram no Olympic Studios, em Londres, para os ensaios preliminares tanto da turnê, que logo começaria, quanto do quinto álbum, aguardado fervorosamente.

A viagem de reconhecimento que Richard Cole fez à Austrália havia sido um grande sucesso, e ele ficou orgulhoso em informar que o Led Zeppelin tinha muitos fãs ávidos para vê-los ao vivo no país pela primeira vez. Peter Grant rapidamente marcou uma série de cinco shows por lá, bem como na vizinha Nova Zelândia.

A primeira apresentação do Zeppelin na região estava marcada para o dia 16 de fevereiro, no Subiaco Oval, em Perth. Seria precedida por um show avulso agendado por Grant na antiga colônia britânica de Singapura, no dia 14 de fevereiro, no qual as coisas já começaram tortas: a banda teve a entrada negada no país ultraconservador por conta do comprimento dos cabelos. Segundo os agentes de imigração singapurenses, o governo local se opunha com firmeza às influências negativas da cultura ocidental – tipificada, afirmaram eles, nas letras, no comportamento e, sim, na aparência do Led Zeppelin. A banda não foi autorizada nem a desembarcar do avião.

Todos ficaram surpresos, ainda que não exatamente ofendidos. Afinal, os shows na Austrália seriam muito mais lucrativos, com três noites consecutivas em Perth, Adelaide e Melbourne, seguidas de uma viagem para Auckland, na Nova Zelândia, de onde retornariam à Austrália para tocar em Sydney e Brisbane. Os locais das apresentações eram todos enormes, e cada uma delas quebrou recordes de vendas de ingressos – algo que Grant garantiu ao reservar apenas lugares fechados para os shows na Austrália. Porém, essa estratégia era só metade do raciocínio do empresário; embora não tenha dado uma explicação de fato, ele sempre teve medo de que os rapazes se apresentassem sob condições climáticas inclementes. Devido à quantidade enorme de equipamentos elétricos, fusíveis e cabos usados em todos os elementos do show completo da banda, Grant considerava que tocar na chuva era um risco inaceitável. Nessa turnê, só o concerto em Adelaide havia sido marcado num anfiteatro a céu aberto, o Memorial Drive – e quando uma garoa fina se transformou numa grande tempestade, Grant não pensou duas vezes em passar a apresentação para a noite seguinte, 19 de fevereiro.

Com o adiamento, John foi forçado a buscar outras distrações para passar o tempo. "O Creedence Clearwater Revival havia tocado em Adelaide na noite anterior e ainda estava na cidade quando fizemos o *check-in* no hotel", recordou-se Richard Cole. "O baterista do Creedence, Doug Clifford, tinha uma bateria de estúdio no quarto. Bonham e ele se alternavam praticando batidas trovejantes quase até o amanhecer. Incrivelmente, ninguém no hotel reclamou."

Após confidenciar a Chris Welch semanas antes que não teria ressalvas em trocar o estilo de vida rock 'n' roll pelo antigo trabalho como carpinteiro, as ações de John na temporada australiana provaram que ele não estava necessariamente brincando. Ao longo da turnê, tornou-se um hábito de Richard Cole chegar horas antes da banda nos locais dos shows para inspecionar a área do palco e as barreiras de segurança; depois dos muitos tumultos da última turnê, o *tour manager* decidiu que todo cuidado era pouco. Quando chegou ao Western Springs Stadium, em Auckland, na manhã de 25 de fevereiro, Cole ficou insatisfeito com a falta de estabilidade do palco e pediu um martelo e pregos, planejando fazer ele mesmo alguns reparos rápidos. Espiando a meticulosidade de Cole, John correu até ele, pegou outro martelo e começou a fazer alguns de seus próprios ajustes com *expertise*.

"Terminados os reparos, Bonham e eu fomos atrás de algo para fazer até que os portões se abrissem", Cole relembraria. "Atacamos as bebidas no *backstage*, e, após umas cervejas, Bonzo viu duas motos Honda paradas perto do palco. 'Bem', disse ele, 'não fique aí parado. Vamos levá-las para passear'."

Na esperança de evitar um desastre em potencial, Cole perguntou de quem eram as motos. Informado de que pertenciam ao *promoter* do show, Rem Raymond, ele pediu permissão para que John desse um passeio. No intuito de não aborrecer o artista, Raymond concordou. No entanto, depois de alguns minutos, John ficou entediado de apenas dar umas voltas no estacionamento do estádio. "Tem mais uma coisa que a gente devia tentar", sugeriu ele a Cole. "Nunca brinquei de jogo da galinha[30]. Vamos fazer com as motos."

"Esqueça, Bonzo", respondeu Cole. "Não estou me sentindo suicida hoje." Além disso, ele estava bem consciente de que ambos haviam entornado umas boas cervejas enquanto consertavam o palco do estádio.

John, porém, foi insistente. "Richard, faça isso pelo seu velho camarada", implorou.

Relutante, Cole topou, e eles foram a um campo perto dali. Lá, ficaram a 45 metros de distância um do outro e se encararam. Cole se recordaria: "Liguei o motor, acelerei, e, como dois lunáticos, Bonham e eu disparamos um em direção ao outro. A uns 50 km/h, nos aproximamos quase de imediato. Mas a cerca de uns seis metros de Bonzo, apesar da minha promessa, devo ter vacilado... Minha moto escorregou na terra, e eu caí rolando".

Cole não se feriu, mas a moto de Raymond foi destruída. "Nesse momento, vi um machado largado junto de algumas ferramentas a menos de 20 metros dali. Fui até lá, peguei o machado e observei a moto por alguns segundos. 'É como um cavalo com a perna quebrada', falei. 'Você precisa acabar com o sofrimento dele.'"

Para o divertimento de John, Cole completou a destruição da moto à machadada. Raymond, por outro lado, não achou nada divertido. "Mas deve haver uma boa oficina aqui por perto", disse Cole inocentemente ao *promoter* furioso. "Mande a conta para nós."

"Assim que nos afastamos de Rem, e ele não poderia mais nos ouvir, Bonzo murmurou: 'Claro, mande a conta para nós. Nós não vamos pagar – mas vá em frente e mande mesmo assim!'."

Apesar dos estragos feitos, o show de Auckland foi um tremendo sucesso. Depois de esperar anos para ver o Led Zeppelin ao vivo,

30 Jogo da galinha ou jogo do galinha (dependendo da fonte): do inglês *game of chicken*, um tipo de disputa quando um carro (ou moto) vem de encontro ao outro para ver quem desvia primeiro. (N. do T.)

houve gente que viajou mais de 1,5 mil km de trem, da outra ponta do continente, só para ir à apresentação. No total, o grupo tocou para 25 mil fãs sedentos. "Energizado depois dos shows, Bonzo afirmou que seria incapaz de dormir por dias. Às vezes, parecia mesmo que ele não tinha dormido", recordou-se Cole.

Lynne Barber cobriu o show de Auckland como correspondente especial da revista *Groove*. "O grupo em si foi tão incrível quanto a música. John Bonham, que tornou o show memorável com seu fantástico solo de bateria de 12 minutos, chegou ao aeroporto de Auckland num descolado terno xadrez preto e branco, sapatos brancos, um cravo vermelho na lapela e perguntou imediatamente onde poderia comprar uma piteira de 60 centímetros! Numa festa na noite anterior ao show, fez todo mundo rachar de rir com as imitações dos cantores dos álbuns que estivessem rolando. Também insistiu para que houvesse um toca-discos em seu quarto e ouviu o mais novo LP do Heedband, com o qual ficou muito impressionado.

"Dizem por aí que a banda vai voltar ainda este ano, mas é improvável que fique no mesmo hotel", acrescentou Barber. "Aparentemente, eles causaram alguma bagunça com guerras de comida. Também embebedaram o porteiro e o jogaram na piscina."

Dias depois, o show em Brisbane recebeu uma resenha mais indulgente, que focou na performance da noite. "Comecemos com um estudo do nome em si", escreveu Tom Zito. "Parece bem pesado, não? Mais pesado, poderíamos dizer, do que uma 'borboleta de ferro'?[31]... Bem, o Led Zeppelin tem tudo a ver com peso – quatro jovens músicos britânicos que tocam rock MUITO alto e MUITO frenético."

Zito prosseguiu: "Duas músicas adiante, num número intitulado 'Moby Dick', Bonham fez um solo de 20 minutos no qual tocou bateria não só com as duas baquetas de costume, mas também com as mãos e, por fim, com duas baquetas em cada mão. Bem pesado, hein? Alguém

31 Referência ao grupo Iron Butterfly. (N. do T.)

da plateia jogou uma lata de cerveja contra ele perto do final (o que pode servir de alerta para todos os bateristas por aí sobre os perigos desse tipo de empreitada). Porém, o público logo se animou e aplaudiu alucinadamente (o baterista, não a lata de cerveja)".

John também aproveitou a viagem a Auckland como uma rara oportunidade de visitar sua tia Dorothy, irmã de Joan Bonham, que havia imigrado para a Nova Zelândia quando ele ainda era criança. Encontrar o sobrinho roqueiro esperando por ela no *backstage* após o show foi uma surpresa para a senhora, que ganhou até um presente de John. "Eles colocaram o papo em dia em Auckland, e ele deu a ela o disco de ouro que recebera pelas vendas de Led Zeppelin na Austrália", recordou-se Mick Bonham. Para John, foi um momento de orgulho e o ponto alto da viagem.

John Paul Jones relembrou outra grande história, que ocorreu na volta para o Reino Unido. "Precisávamos pegar um avião de Brisbane a Sydney, e então de Sydney direto para a Inglaterra", explicou o baixista. "O voo era bem cedo, e tínhamos passado a noite acordados... Bonzo e eu acabamos num bar com uns fijianos. Eles pareciam um time de rúgbi e, obviamente, estavam matando tempo à espera do mesmo voo. Então começamos a jogar conversa fora e a beber até que descobrimos que eles eram o Coral da Polícia de Fiji, que também acabara de se apresentar em Brisbane."

Bonham e Jonesy pagaram rodadas de bebida para os membros do coral da polícia, e, em pouco tempo, todos os homens começaram a cantar. "Foi muito bacana, todos nós nos divertimos muito ali", recordou-se Jones, com carinho. "E aí eles nos disseram que era a nossa vez. 'Espera lá, ele é baterista, e eu sou baixista', falei. Eles então rebateram: 'Bem, vocês devem conseguir cantar alguma coisa'. Bonzo e eu nos entreolhamos e pensamos juntos: 'Ah, já sei!'. E passamos por metade do repertório de 1959 dos Everly Brothers... Foi hilário, uma serenata de canções dos Everly Brothers para o Coral da Polícia de Fiji. Foi uma grande noite, e, ao nos despedirmos, eles nos deram de presente colares e búzios."

⁂

O ÚLTIMO SHOW DA TURNÊ FOI EM BRISBANE. EM SEGUIDA, ENQUANTO Bonham e Jonesy estavam loucos para voltar para casa, Jimmy e Robert tinham outros planos. Retornaram a Mumbai[32], determinados a registrar faixas conceituais com músicos indianos, planejando brincar com sonoridades obscuras e fórmulas de compasso experimentais. Desta vez, levaram o equipamento de gravação necessário e Richard Cole, que foi a tiracolo para atuar como assistente e equipe de estrada de um homem só. Usando seu novo gravador de campo estéreo Stellavox, Jimmy conduziu Robert e Cole pelas ruas movimentadas de Mumbai e registrou todas as passagens de música local e todos os sons ambientes que despertavam a imaginação deles. Depois de dar alguns telefonemas para Londres, conseguiram reservar uma única sessão de gravação num estúdio da cidade, acompanhados de vários músicos locais de *raga* – alguns dos quais eram membros da prestigiosa Orquestra Sinfônica da Índia. Jimmy criou rapidamente novos arranjos experimentais para "Friends" e "Four Sticks" do cânone do Zeppelin, embora, como Robert admitiria mais tarde, "fosse só um experimento; estávamos simplesmente vendo no que ia dar e sondando o quão fácil seria transpor as nossas ideias para o estilo *raga* e para a mente dos músicos indianos. No fim, foi muito difícil para eles lidar com a abordagem ocidental de música".

A viagem foi uma peregrinação inspiradora. Robert e Jimmy voltaram para casa reenergizados e repletos de ideias novas para o próximo álbum do grupo – além de um novo amor compartilhado por uísque indiano.

Em sua nova residência em Sussex, Jimmy guardou as fitas das gravações experimentais de Mumbai para mantê-las em segurança.

---

32 Aqui, notamos mais uma divergência em relação ao livro *Stairway to Heaven*, de Richard Cole, também publicado pela Belas Letras. No livro de Cole, essa última visita a Mumbai, quando acontecem as gravações com músicos da sinfônica da cidade, se dá no final de 1972, depois de uma turnê pelo Japão. (N. do T.)

John Paul Jones passou o longo intervalo em casa com a esposa e as filhas. Já Robert retornou feliz à fazenda em Worcestershire, onde ficou cada momento acordado com seu filho de seis meses, Karac – nome celta inspirado pela obsessão de Robert com a história antiga da Inglaterra e do País de Gales.

John, talvez mais do que os outros, não cabia em si de felicidade por estar de volta à Inglaterra. Embora adorasse ter um espaço para a família em West Hagley, ele passou a levar a sério as ambições de trabalhar na fazenda e criar touros. Ele e Pat então começaram a procurar um lugar para acomodar esses sonhos. "Durante as pausas de 1972, John saiu em busca de um novo lar", lembrou Mick Bonham, "alguma área no interior, com um bom tanto de terra. Em diversas ocasiões, Jacko e eu fomos com ele olhar alguns locais, e, por fim, ele encontrou o que procurava".

Foi amor à primeira vista assim que John pisou na propriedade de 40 hectares chamada Old Hyde Farm. Situada na região de Cutnall Green, em Worcestershire, a vasta fazenda ficava no topo de uma colina, com uma vista panorâmica e romântica dos campos em volta. John logo visualizou o que queria fazer com o lugar. Mais uma vez com a ajuda de Mick e Jacko – além de ele mesmo fazer um bom tanto de trabalho pesado –, John começou a reconstruir as estruturas já existentes na fazenda. A casa seria praticamente demolida e refeita duas vezes maior, além de voltar a ser desenvolvida e funcional. Jacko conduziu o projeto e montou uma equipe para ajudar na construção. Um velho amigo da J. H. Bonham & Son, Stan Blick, e o filho dele, Peter, foram contratados para a parte de alvenaria. John também contou com os serviços de Malcolm Plant – primo de Robert que, ao contrário do deus do rock, seguiu o caminho mais estável da corretagem de seguros – para a cobertura necessária, bem como os de Grace, esposa de Malcolm, que cuidou do projeto arquitetônico.

A primeira ordem de trabalho era consertar todas as estruturas da fazenda e renovar o chalé, de forma que um caseiro pudesse se mudar e começar a organizar as coisas. John também insistiu na instalação de alguns luxos, como um vistoso salão de jogos equipado com uma mesa de sinuca cara e um bar totalmente funcional. Somando tudo, a obra levaria pouco mais de dois anos para ser concluída.

"Determinei que, assim que tivéssemos nossa própria casa e nosso próprio jardim, eu os manteria maravilhosos", diria John mais tarde. "Aprendi bastante coisa sobre construção de casas quando trabalhava nas obras."

Para complementar a nova morada idílica, John realizou outro grande sonho: comprou um barco. "Não sei se foram as lembranças de infância do barco de Jacko ou o fato de que a Old Hyde ficava a apenas 8 km de Stourport [às margens do rio Severn]. De qualquer forma, em abril, ele adquiriu o *Staysea*, barco de dez metros com capacidade marítima, que ficaria ancorado em Stourport", relembrou Mick Bonham. Sempre que John tinha uma folga das obrigações do Led Zeppelin e o tempo permitia, ele levava Mick e os amigos para passear, geralmente pelas vias fluviais de Worcestershire.

Fiel à sua palavra, John logo começou a criar gado Hereford. Mais do que um mero *hobby*, ele considerava a fazenda de gado um investimento rentável e se orgulhava verdadeiramente de aprender os detalhes da criação de touros premiados. "Para um cara que ganhava a vida descendo o braço em peles de bateria, fiquei impressionado com a afeição que Bonzo nutria pelo gado", afirmaria Richard Cole. "'Claro que é diferente de fazer música', ele me disse, 'mas tenho o mesmo senso de realização com o que fiz com os touros'."

Surpreendendo a todos, John levava muito a sério o cuidado com seus touros de raça, chegando até a contratar um criador profissional chamado Brian Treble, um jovem de Lincolnshire que foi morar em um dos chalés renovados de Old Hyde com sua esposa, Lin. Como administrador e morador do local, Treble supervisionava a fazenda de John e garantia que seu estimado rebanho Rushock de gado da raça Hereford sempre estivesse apropriado para competir.

Pouco depois, o Zeppelin dividiu um voo comercial com o baixista dos Rolling Stones, Bill Wyman, e sua namorada, Astrid. Durante o voo, John não conseguia parar de se gabar ao grupo sobre seus touros Hereford, que haviam acabado de ganhar diversos prêmios importantes numa competição nacional. "Eu amo aqueles touros, vê-los logo de manhã ao acordar", contou John a Wyman e Astrid, para o divertimento de Richard Cole. "Ele estava radiante de orgulho, como um pai falando dos filhos. No avião, usava um macacão e um chapéu de aba larga, daqueles que qualquer fazendeiro poderia colocar para se proteger do sol durante o dia."

Ao concluir a diatribe sobre os touros, John pediu licença para ir ao banheiro. A namorada de Wyman debruçou-se para falar com Cole na poltrona do outro lado. "Por que vocês trouxeram este fazendeiro com vocês?", perguntou, inocentemente. "Ele trabalha na propriedade de um dos rapazes?"

⁂ ⁂ ⁂

Ao longo de mais algumas semanas preciosas, John passou um tempo trabalhando ao lado do pai e do irmão nos reparos e acréscimos necessários em Old Hyde. No final de abril, a banda estava comprometida a começar as sessões para o próximo álbum, uma tarefa ousada diante das vendas excelentes e da aceitação crítica acima da média do quarto disco. A concepção do quinto consumiria a maior parte daquela primavera, sendo acordado que o grupo dividiria as gravações entre o isolamento criativo de Headley Grange e a conveniência do Olympic, em Londres.

Ficar em casa, em Birmingham, durante o grosso do trabalho no álbum foi uma alternativa saudável para John, já que o que ele aprontou no decorrer da última turnê lhe rendeu uma reputação ligada ao caos e à destruição, que rivalizava com a de seu amigo Keith Moon. Coincidentemente, os dois fizeram pontas como membros de uma banda fantasmagórica no filme de horror rock 'n' roll *Son of Dracula*, produzido por Ringo Starr naquele mesmo ano. Mesmo estrelado por Harry Nilsson e com inúmeras participações especiais de peso, o filme ficou encostado nos arquivos da Apple Films até agosto de 1974.

Embora muitos não soubessem disso, o mau comportamento de bêbado de John era, geralmente, incentivado pelos membros da *entourage* e da equipe do Zeppelin; a banda conhecia bem as restrições de John, mas há muito já tinha cessado de provocá-lo demais. Richard Cole revelaria: "A única situação na qual John destruía um quarto de hotel era quando tinha alguma discussão pelo telefone, ou talvez quando estivesse com saudades da esposa e se sentia meio temperamental... Aí talvez ele destruísse o quarto ou algo assim".

Como explicaria Mick Bonham: "A banda sempre pagava, e ninguém se importava. Em todo caso, John não quebrava tanto as coisas, o que ele fazia mais era desmontá-las meticulosamente com uma chave de fenda. Tudo era pago, e o Zeppelin já gastava uma fortuna nos hotéis, de qualquer modo".

Entretanto, após os rumores iniciais do comportamento nefasto da banda nos EUA e de dois executivos da Atlantic terem testemunhado, separadamente, essa postura em primeira mão durante a viagem ao Japão, os jornalistas aprenderam a manter distância de Bonzo. Além disso, outros funcionários da gravadora começaram a se cansar da probabilidade de drama – e dos gastos salgados – quando o baterista estava por perto. Alguém que sofreu no círculo do Zeppelin por muito tempo foi o relações públicas Bill Harry, supercertinho, a quem John sempre gostava de tornar vítima de pegadinhas. Ex-editor da revista musical *Merseybeat*, Harry trabalhou como assessor de imprensa para os Beatles e ainda representava diversos artistas para o produtor Mickie Most, que, por sua vez, o recomendara a Peter Grant.

Harry conhecia muito bem o senso de humor rústico de John e geralmente atribuía suas maneiras à enorme quantidade de álcool consumida pela banda. Certa noite, no clube Revolution, em Mayfair, região central de Londres, Harry estava prestes a ir embora quando recebeu um telefonema de John, lá de Birmingham. "'Quero dar uma passada aí para um drink', ele disse", Harry se recordaria. "'Você nunca vai chegar a tempo – o clube fecha às 2h, e você ainda está em Birmingham', retruquei. Cerca de dez minutos antes do fechamento, ele chegou, foi até o balcão e pediu 50 cervejas... A mesa ficou simplesmente coberta de cervejas."

Essa foi uma ocasião na qual Harry não foi selecionado como o único alvo de Bonzo, mas essas eram poucas e distantes entre si. O relações públicas ainda se recordaria, posteriormente, de uma tarde em que encontrou John e seu amigo Stan Webb, guitarrista solo do Chicken Shack, por acaso num restaurante no Soho – e o incidente que se seguiu levou diretamente à sua resignação do trabalho com o Led Zeppelin. "Bonzo era divertido e não havia nada nele que não fosse amigável – e era um baterista brilhante", falou Harry, "mas admito que era duro aguentar as coisas que ele aprontava".

"Eu acompanhava a Suzi Quatro numa entrevista no Coach and Horses, e Bonzo também estava ali, bebendo. Levantei-me para ir a algum outro lugar, então ele me agarrou. Todas as minhas coisas estavam no bolso, e ele arrancou esse bolso... o dinheiro voou para todo lado. Fiquei tão fulo e farto que disse: 'Chega. Estou farto de você e não quero ter mais nada a ver com você. Se você me vir na rua, é melhor trocar de calçada'."

Furioso, Harry ligou diretamente para Peter Grant para informar que não trabalhava mais para a banda e que, em nenhuma circunstância, queria saber do Led Zeppelin – em particular de John Bonham.

"O que eles fizeram?", perguntou Grant ao telefone.

Harry deu um suspiro. "Bonham rasgou meu bolso."

Depois de uma breve pausa, Grant disse: "Vá comprar a calça mais cara que você encontrar e mande a conta para mim".

Harry dispensou a generosidade de Grant e optou por se desvincular do empresário e de sua banda de *rock stars* malcomportados. Posteriormente, no entanto, ele se recordaria da época que trabalhou para o Led Zeppelin – e de John Bonham – com uma certa perspectiva. "Eles eram superastros extravasando", admitiria Harry, "mas, quando você não é um astro e não tem muito dinheiro, essas pegadinhas podem sair muito caras – do tipo, você chegar ao Speakeasy Club e um prato de espaguete aparecer voando e sujar todo o seu terno. Houve inúmeros incidentes como esse. Eram só travessuras, e eu tinha de aturar um tanto delas, assim como todo mundo associado a eles".

Sem que Harry soubesse, o comportamento de John naquela tarde estava apenas começando. Ele e Stan Webb continuariam aquele reinado de terror juvenil noite adentro.

Ainda às voltas com entrevistas marcadas com diversos de seus outros clientes, Harry desligou o telefone depois de falar com Peter Grant e retornou ao escritório na Oxford Street. Ao se acomodar na mesa, ouviu "Webb e Bonham subindo as escadas em disparada" para, então, "socarem a porta até derrubá-la e fugirem da cena de destruição, deixando um rastro de papel higiênico pelo corredor".

Harry não conseguia acreditar no comportamento daqueles dois homens e ficou ainda mais chocado quando espiou pelo vão da porta do escritório a tempo de ver Bonham e Webb imobilizarem Doug D'Arcy, um jovem executivo do selo Chrysalis. Eles o cobriram "da cabeça aos pés com fita adesiva", carregaram o rapaz escada abaixo e, por fim, largaram seu corpo mumificado na Oxford Street.

John tinha mais uma travessura custosa na manga naquele dia, para a qual precisou de reforços.

"Bonzo me ligou quando eu estava na minha casa de campo", relembrou Richard Cole. "'Olha só, estou em Londres esta noite. Pegue um trem ou venha de carro', disse ele, que estava com Stan Webb, também meu amigo... Assim, voltei para a cidade, e, por algum motivo, Stan teve a ideia bizarra de nos vestirmos de árabes."

John também ligou para Phil Carson, executivo da Atlantic, e o convenceu a reservar um quarto no hotel Mayfair em seu nome. A suíte de luxo e o Rolls-Royce Phantom 6, que Richard Cole conseguiu providenciar ao chegar na cidade, deram ao pequeno bando de brincalhões os elementos necessários para começar a "farsa árabe".

John – acompanhado por Cole, Webb e, agora, Phil Carson – saiu dirigindo por Londres na fantasia de árabe, procurando encrenca. "Chegamos a ser barrados do Revolution Club", recordou-se Cole. "Não nos deixaram entrar."

Bill Harry ficou sabendo da façanha no dia seguinte. "No elevador, enquanto subiam até o quarto", contou Harry, "chocaram algumas senhoras americanas puritanas ao levantar os robes. Não usavam nada por baixo, então acho que elas começaram a bater neles com guarda-chuvas".

Ao enfim chegar à suíte no Mayfair, John ligou para o serviço de quarto e pediu bebidas e pratos de filé suficientes para alimentar 50 pessoas. "Os garçons subiram com os carrinhos carregados de filés, e os 'árabes' começaram a jogá-los por todo o quarto", recordou-se Bill Harry.

No dia seguinte, Richard Cole recebeu um telefonema de Stan Webb. Depois de apagar fantasiado de árabe, ele acordou e não conseguiu encontrar suas roupas usuais. "Ele não tinha dinheiro para o táxi, então pegou o metrô ainda vestido de árabe para voltar ao Mayfair e buscar as calças."

Segundo Bill Harry, foi depois dessa noite que John Bonham foi banido de todos os grandes hotéis de Londres.

Capítulo Quatorze

ABRIL DE 1972–FEVEREIRO DE 1973

Terminadas as férias, o Led Zeppelin retornou ao estúdio no último dia de abril. Em junho, deveria começar a oitava turnê norte-americana. Antes, porém, a banda planejava gravar o quinto álbum inteiro.

Numa espécie de aquecimento, se reuniram no Olympic Studios para as gravações iniciais de duas faixas – "Over the Hills and Far Away", balada que se transformava num rock pesado lá pela metade, e "Houses of the Holy", canção animada cujo título vinham considerando dar também ao álbum. Satisfeita com o dia de trabalho, a banda tirou as duas semanas seguintes para se preparar para a gravação do restante do disco de uma única e longa vez.

O engenheiro de som Eddie Kramer, que não via o grupo desde que trabalhou em *Led Zeppelin II*, foi convocado de Nova York. Recebera um telefonema de Richard Cole semanas antes, notificando-o de que a banda dividiria o tempo entre dois lugares diferentes: o Olympic Studios, em Londres, e uma grande casa de campo de propriedade de Mick Jagger, conhecida como "Stargroves", em Hampshire. Para as gravações feitas ali, o Zeppelin também pagaria aos Stones, mais uma vez, pelo uso do estúdio móvel.

Chegando em Londres, Kramer ficou satisfeito ao encontrar a banda de bom humor. Os quatro estavam bem descansados depois do tempo de folga e entusiasmados com o novo material a ser gravado. Jimmy e Robert trouxeram diversas composições das viagens a Mumbai, além de ideias que tinham sobrado das sessões em Headley Grange quase dois anos antes. Empolgados com a recepção positiva do quarto álbum no Reino Unido e nos EUA, os músicos estavam ansiosos para experimentar novos estilos de música. Na verdade, havia tanto material utilizável que, nos meses a seguir, Jimmy precisaria de muitas horas de estúdio para mixar tudo.

"[A banda foi] ótima, inspiradora, maravilhosa", Kramer se recordaria das sessões em Stargroves. "Todo mundo no Led Zeppelin estava muito autoconfiante e muito feliz com o que estava rolando. O clima era excelente."

Para abrir o álbum, a ideia inicial de Jimmy era uma composição instrumental que marcaria o começo das canções que viriam – e intitulou a obra em progresso, apropriadamente, de "The Overture" ("A Abertura"). A composição intrincada incluía múltiplas faixas e mudanças de guitarra, e, por sugestão de Robert, a banda a renomeou como "The Campaign", talvez preparando-a para ser a primeira de cada show da nova turnê. Ainda contente com a música à medida que seus rascunhos eram alterados, Robert acabou por criar uma letra e intitular a versão final de "The Song Remains the Same".

De acordo com Jimmy, a canção sempre teve o intuito de funcionar como uma introdução para a faixa seguinte, uma música que levou tempo para surgir, intitulada "The Rain Song". "Originalmente, era para ser instrumental", diria ele mais tarde, "mas acho que Robert tinha ideias diferentes. Sabe como é... 'Isso é muito bom. É melhor eu escrever uma letra – rápido!'".

Como "The Song Remains the Same" renderia ao Zeppelin um bom tanto de comparações, em estrutura e execução, ao The Who – em particular à ópera rock *Tommy* –, seria justo comparar e contrastar a abordagem de John à canção com suas referências ocasionais a Keith Moon. Já tendo encontrado há muito tempo seu som e sua abordagem, John evoluíra para muito além da influência inicial de Moon. De fato, em "The Song Remains the Same", John optou por segurar um ritmo bem mais afiado do que o outro baterista possivelmente teria feito, bem como por tocar os chimbais meio abertos, tirando um som inconfundível e singularmente próprio.

A maior parte do material que não foi composto já em Stargroves teve, no mínimo, sua forma final construída ali. Algumas das exceções foram "The Rain Song", que Jimmy trouxe de suas demos gravadas em Londres, e "Over the Hills and Far Away", a única canção na qual o grupo havia se dedicado de verdade com muita concentração durante aquela única sessão no Olympic, no mês anterior. Do mesmo modo, John Paul Jones trabalhara em "No Quarter" durante a última estadia da banda em Headley Grange, mas só agora, em Stargroves, deu atenção total à elaboração dessa composição complexa.

Tanto "The Rain Song" quanto "Over the Hills and Far Away" eram composições nas quais Jimmy vinha trabalhando desde o ano anterior, cada uma construída a partir das suas experimentações com diferentes colorações de guitarra. A segunda exibe seu amor pelo dedilhado suave – a "luz" de sua velha teoria sonora justaposta à mudança de marcha, no meio, para um terreno mais pesado, elétrico e "escuro". Já "Rain" foi uma resposta direta a George Harrison, que, depois de um show do Zeppelin no Forum, comentara com Bonham e Page que o grupo precisava equilibrar o *setlist* com mais baladas, como os Beatles faziam. Jimmy tinha dado início à composição em sua casa em Sussex e levara a maioria das linhas de guitarra prontas para Stargroves, ao passo que "Over the Hills", em toda sua glória folk suave, estava próxima da conclusão, exceto pelos elementos de cravo que Jones logo acrescentaria. O baixista também estava ansioso por apresentar uma versão definitiva de "No Quarter" à banda, com efeitos sonoros lentos e "subaquáticos" na mesma veia hipnótica de "Dazed and Confused", mas com mais espaço para as suas experimentações no teclado; ele ainda deixou deliberadamente o terreno aberto para Jimmy somar uma guitarra jazzística.

A princípio, parecia que Bonham teria pouco a fazer em "The Rain Song", já que a balada suave dispensa percussão por longos três minutos, ponto em que o baterista utiliza, numa aplicação rara, mas com maestria, as vassourinhas. Demonstrando o potencial delas em oposição às baquetas, quando a música explode alguns minutos depois, John ataca os tambores, mas ainda com as vassourinhas, e seu estilo é tão potente que um ouvinte casual poderia ser convencido de que ele as trocara pelas baquetas tradicionais. Para obter esse efeito sônico, John tocou mais pesado – usando a ponta mais baixa das vassourinhas, onde as cerdas encontram o cabo – até tirar a percussão de cena aos poucos no encerramento da música, exibindo um controle perfeito. A versatilidade de John é demonstrada mais a fundo nas partes mais densas de "Over the Hills", nas quais ele segue o *riff* pesado de Jimmy de forma pouco característica, com o chimbal aberto, mas deixando seu lugar claramente audível ao permitir que a batida pendesse sobre os sons mais curtos de cada uma das notas da guitarra.

Sem jamais fugir de um desafio, o Zeppelin abordou o gênero cada vez mais popular do reggae em "D'yer Mak'er", cujo próprio título já é um trocadilho safado no *patois jamaicano*[33]. Na Inglaterra, a fusão do rock com o reggae se tornara tendência graças, em parte, ao apelo *mainstream* de Bob Marley & The Wailers. Jimmy e Robert, ambos amantes de *world music*, logo quiseram fazer uma tentativa digna de se embrenhar nesse estilo distinto. No entanto, e talvez infelizmente para a banda, o reggae era um som que dependia fortemente da percussão – e John não era um fã. No estúdio, ele foi provocado por conta da dificuldade em dominar as fórmulas de compasso incomuns

33 A pronúncia de "D'yer Mak'er", no sotaque britânico, soa como "*jah-may-kah*", em clara referência à Jamaica. O título é inspirado no trocadilho entre as pronúncias de "Jamaica" e da expressão "*Did you make her?*" ("Você a obrigou?", em tradução livre), que, por sua vez, vem de uma piada antiga: "*My wife's on vacation in the West Indies.*" "*Jamaica?*" "*No, she went of her own accord.*" – "Minha esposa está de férias nas Índias Ocidentais." "Jamaica?" "Não, ela foi porque quis." (N. do T.)

do reggae, ao que respondeu que o gênero em si era simplesmente "chato" de tocar.

Contudo, nas mãos hábeis de Bonham, o *groove* de "D'yer Mak'er" se moldou num som quase funk-rock, mas mantendo as viradas mais próximas da bateria tradicional de reggae. Nessa canção, no entanto, John estava em distinta desvantagem, já que a maioria dos sons populares de reggae e dub era produzida em baterias muito abafadas ou com tom-tons de uma só pele enrolados com fita – percussão abafada era exatamente o oposto da prática que ele teve a vida inteira de amplificar organicamente seu estilo de tocar rock.

"Quando fizemos 'D'yer Mak'er', [John] só tocava a mesma batida de *shuffle* ao longo da música inteira", John Paul Jones admitiria mais tarde. "Ele detestou, e nós também. Não teria problema se ele tivesse elaborado a bateria – o sentido todo do reggae é que a bateria e o baixo sejam muito rigorosos quanto ao que é tocado. E ele não estava sendo, então soava péssimo."

Bonham sentiu-se muito mais em casa com a música seguinte que rendeu das sessões em Stargroves – "The Crunge", homenagem de Robert aos *grooves sexy* de R&B de James Brown, gênero e artista que John adorava. O resultado, embora distante do hard rock, foi onde o Zeppelin tocou pesado de verdade pela primeira vez naquelas sessões, principalmente graças ao entusiasmo de John pelo estilo. Ele abre e fecha a música com um padrão circular complexo em 9/8 e, no meio, faz *riffs* densos e sincopados de funk. Tanto a bateria de John quanto o vocal emotivo de Robert prestam um tributo distinto aos disparos vocais improvisados de Brown no sucesso avassalador "Sex Machine", do ano anterior, e dão uma sensação jubilante de *jam* à faixa, bem solta. Não acostumado a ficar para trás, Jimmy incrementou seus próprios *voicings* ao se adaptar ao jeito funkeado do guitarrista de Brown, Jimmy Noel. "Onde está aquela ponte confusa?", é possível ouvir Robert dizer na faixa – e aparentemente, em meio à diversão da gravação, foi uma pergunta que ninguém teve capacidade de responder.

O único hard rock indiscutível para o novo álbum era a carta de amor não tão lisonjeira de Robert ao público do grupo, "The Ocean". Por meio de um simbolismo poético, a canção descrevia a leitura que o cantor fazia dos enormes oceanos de rostos adolescentes que se reuniam em massa, cidade após cidade, esvaziando seus bolsos por ingressos para ter a oportunidade de adorar o Led Zeppelin ao vivo. Assim como "The Song Remains the Same" fora concebida como abertura para o álbum e possível início do show, "The Ocean" – com camadas de guitarra de Jimmy que lhe davam um efeito quase de um coro de anjos rock 'n' roll – era o "bis" definitivo do Zeppelin. Já no disco – e com um verdadeiro toque de rock "progressivo" –, John corta uma colcheia a cada dois compassos, pondo o *riff* pesado em 17/8, um dos maiores, ainda que sutil, experimentos com fórmulas de compasso das sessões em Stargroves.

Ainda que essas sessões tenham rendido diversas outras canções mais pesadas, Jimmy tomou a decisão executiva de deixá-las de lado por razões variadas. Na verdade, ele já vinha há muito planejando um LP duplo para algum momento futuro da banda. Além disso, embora as "sobras" de Stargroves fossem potentes, era consenso que algumas tinham similaridades demais com outras para serem incluídas no álbum. Títulos como "Black Country Woman" e "The Rover" ficariam temporariamente engavetados, assim como "Houses of the Holy" – decisão que deixou muita gente confusa, já que esta se tornaria, muito provavelmente, a faixa-título do álbum. Também foi para a lista de espera a mais pesada de todas, "Walter's Walk", na qual John pôde descer o braço num de seus registros mais velozes e ferozes, entrando com tudo após poucos segundos, no final do *riff* de introdução de Jimmy, com o bumbo e caixa afiados e potentes como um furacão. O uso que o baterista faz do kit inteiro, em especial do bumbo marcado, é quase violento de tão extremo e se apoia na adrenalina e na velocidade. Contudo, assim como o restante das sobras de estúdio, Jimmy optou por deixar a obra-prima pesada para outro dia.

Influenciada pelo *shehnai* indiano, instrumento de sopro de palheta dupla carregado de espiritualidade, que os mistificou durante a estadia em Mumbai, "Dancing Days" foi outra composição atípica para Jimmy e Robert. A música tinha um clima hippie suingado que colocava o público para dançar; reação inspirada pelo menos na própria banda, de acordo com o engenheiro de som Eddie Kramer. "Tenho uma lembrança muito clara, da minha perspectiva de dentro do estúdio móvel com as portas bem abertas, dos quatro dançando em fila indiana no gramado na primeira vez que colocamos 'Dancing Days' para tocar", recordou-se. "Eram Robert, Bonzo, Jonesy e Jimmy dançando em fila no jardim, celebrando essa coisa incrível que tinham acabado de gravar."

Segundo Kramer, as sessões em Stargroves aconteciam sempre sob o olhar atento e criativo de Jimmy. Embora o som do Zeppelin fosse resultado de um trabalho colaborativo – todos os quatro membros traziam seus estilos e ideias à baila –, era o guitarrista/produtor quem supervisionava tudo, mesmo nos momentos que a sensação de improviso parecia dominar, como em "Black Country Woman". Gravada ao ar livre, no jardim, a canção capturou os sons ambientes de um avião que sobrevoava a área. Kramer ouviu o zunido de dentro do estúdio móvel. Depois de perguntar se deveriam seguir gravando, e Robert assentir, Kramer só prosseguiu após o aceno de aprovação de Jimmy. Foi a adoração de Page pela estética dramática que manteve o avião no *take*.

Gravar John era outra história. Assim como Andy Johns antes dele, Eddie Kramer ficou empolgado com a chance de experimentar inovações para capturar os sons vistosos e épicos de Bonzo em fita. Para as gravações, ele usou vários microfones de seu arsenal, alternando entre Shure SM57, Neumann U67 e U87, AKG C12 e ElectroVoice RE20 a depender da música, mas sempre buscando um som aberto de bateria que dispensasse compressão e reverb, deixando o instrumento "respirar". Embora a compressão natural de fita fosse inevitável devido ao enorme volume de entrada, Kramer optou por gravar John do modo mais perto do "ao vivo" que o estúdio móvel permitisse.

"Bonzo foi o baterista que gravei mais fácil", admitiria ele posteriormente. "Coloquei-o sozinho numa sala, tocando diante da janela saliente de um grande jardim de inverno, com três mics na bateria. O som dele era tão excelente que facilitava a obtenção de um timbre de bateria monumental em disco... Bonzo soava daquele jeito porque batia nos tambores com mais força do que qualquer um que já conheci. Tinha a habilidade de um pedreiro ao descer o braço com uma força imensa na bateria – e, no entanto, mantinha um toque muito leve."

Kramer tinha certeza de que o estilo de John era fundamental para o som da banda. "Em muitos aspectos, ele era a chave para a sonoridade do Led Zeppelin", acrescentou. "Com ele, era possível trabalhar muito rápido... O único motivo pelo qual o grupo refazia *takes* era as sequências de tempo extremamente traiçoeiras da maioria das músicas. Depois que Bonzo dominava sua parte, tudo se encaixava."

No entanto, o engenheiro de som também admitiu que lidar com John no nível pessoal podia ser uma experiência desafiadora – pelo menos quando você estava com alguma companhia feminina. "Certa vez, Bonzo entrou de supetão no meu quarto bem tarde da noite, extremamente bêbado e com uma capa de chuva enorme, exibindo as partes para mim e minha namorada, já na cama", recordou-se Kramer, rindo. "Em seguida, saiu correndo com uma gargalhada ruidosa. Porém, a porta não tinha fechadura, e logo ele voltou, ainda mais bêbado, e se exibiu de novo. Depois, um *roadie* entrou correndo e jogou um balde de água fria em nós enquanto ainda estávamos na cama, e os outros *roadies* ficavam tocando o terror, entrando pela nossa janela a noite toda. A garota foi embora na manhã seguinte, enojada. Não a julgo."

A banda encerrou os trabalhos em Stargroves em poucos dias. No final, todos ficaram satisfeitos com as faixas concluídas ali, além de algumas bases ainda sem título definitivo e de qualidades variadas, incluindo um hard rock instrumental chamado de "Slush".

Os problemas começaram quando o grupo foi ao Olympic Studios, em Londres, no dia 30 de maio, e ouviu as gravações do estúdio móvel.

A experiência em Stargroves foi agradável, mas faltava à casa de campo de Mick Jagger a acústica rica como a capturada em Headley Grange. Jimmy passaria muitos meses mixando em Londres e, enquanto o tempo corria em meio à turnê do Zeppelin, no Electric Lady Studios, de Jimi Hendrix[34], em Nova York.

Por sorte, o quarto álbum da banda seguia bem nas paradas. Ainda levaria quase um ano para o quinto ser concluído satisfatoriamente.

O grupo daria início à oitava turnê norte-americana no dia 6 de junho no Cobo Hall, em Detroit. Como havia um repertório novo para exibir ao mundo, o Zeppelin fez dois breves shows de aquecimento na Holanda e na Bélgica, respectivamente nos dias 27 e 28 de maio, antes de partir para os EUA.

Desta vez, o Led Zeppelin colheria os muitos frutos do trabalho duro realizado por Peter Grant enquanto a banda gravava em Stargroves. Do escritório em Oxford, o empresário conseguiu fechar alguns dos contratos mais impressionantes já concedidos a uma banda de rock – todos sem precedentes e, pelo menos no ramo empresarial, controversos.

Anteriormente, artistas grandes dividiam a bilheteria com a casa; Grant estava bem ciente de tal prática e tivera de agir como fiscal em nome de seus clientes por quase duas décadas. Porém, quando o Zeppelin voltou a Londres, foi recebido com uma surpresa: desta vez, Grant exigiria acachapantes 90% dos lucros de cada show – e até o momento, todas as casas nos EUA haviam concordado, a contragosto, com esses termos astronômicos. Grant apresentara uma lógica simples aos *promoters* americanos: 10% de um show esgotado do Led Zeppelin era melhor do que 50% de nada.

"Ele simplesmente concluiu que o público vai ver o artista, então o artista deve ficar com o dinheiro", Richard Cole se recordaria. "E arris-

---

34 Hendrix concebeu o Electric Lady em 1968, e o estúdio foi projetado por Eddie Kramer e pelo arquiteto John Storyk em 1970. O guitarrista morreu nesse mesmo ano, depois de passar apenas dez semanas gravando ali. (N. do T.)

cou... [Grant] alugou os estádios do próprio bolso. 'Eu alugo os espaços; vocês fazem o trabalho para mim', disse ele."

Porém, Grant tinha outro motivo para defender os rapazes com tanto afinco. No início de maio, ele sofrera uma enorme perda pessoal quando o guitarrista solo do Stone the Crows, Les Harvey, foi violentamente eletrocutado no palco durante um show no País de Gales. A banda também era cliente de Grant e até havia se apresentado junto ao Led Zeppelin no circo de rock 'n' roll "Electric Magic", em Wembley, no ano anterior. Mas, mais importante, Les era amigo próximo de Grant – e o acidente não só confirmou o medo contínuo que o empresário tinha de palcos inseguros, como deixou em alerta sua natureza protetora e paternal. De agora em diante, se uma casa quisesse trabalhar com um dos clientes de Grant, teria de pagar de acordo e se responsabilizar por quaisquer cagadas imprevistas que pudessem afetar os artistas.

A exigência linha-dura de Grant pelos lucros da banda chegou à imprensa. Em pouco tempo, todos os grandes nomes da música passaram a pedir incrementos enormes nas porcentagens dos lucros das turnês, citando Peter Grant como o principal motivador de como o mundo do rock 'n' roll abordava os negócios. Inadvertidamente, a notícia do preço altíssimo do Led Zeppelin só aumentou a demanda entre os fãs; se a banda pedia tanto dinheiro assim, o novo show devia ser incrível. Embora os rivais Rolling Stones também estivessem em turnê pelos EUA na época, na sua primeira visita ao país desde 1969, uma atualização da parte de Grant deixou o Zeppelin tranquilo: antes de a banda embarcar, os ingressos para todos os shows já estavam esgotados.

Apesar de eles terem certeza de que a música sozinha já valia o preço do ingresso, o dinheiro sem precedentes que embolsariam com a turnê pedia uma repaginada do show tradicional. O Zeppelin pagou à Showco, caríssima companhia de efeitos especiais com sede em Dallas, para dispor elementos massivos à experiência ao vivo, incluindo lasers, globos de discoteca, gelo seco e outros efeitos de fumaça e telões gigantes. Para somar à extravagância, o grupo apresentaria cada música em meio a um espetáculo de pompa e circunstância: "Dazed and Confused" era agora uma peça central hipnótica de 20 minutos, enquanto cada performance de "Stairway to Heaven" arrebatava as massas como se um ritual religioso estivesse acontecendo no palco.

Em algumas noites, o show podia chegar a quatro horas, dependendo da saúde de Jimmy e da voz de Robert; o vocalista teve sintomas de resfriado logo no início da turnê, devido ao clima seco da Costa Oeste, e cuidou da voz com uma dieta rígida de chá, mel e limão. Em L.A., em junho, John e Robert, numa participação incomum, apareceram de surpresa no popular programa de rádio de Wolfman Jack, deixando a audiência empolgada e todo mundo tranquilizado em relação aos vocais de Robert.

O *setlist* era composto das músicas recém-gravadas, ainda desconhecidas dos fãs, dos novos *standards* do álbum sem título e das velhas de guerra do Zeppelin, como "Since I've Been Loving You", "Dazed and Confused" e "Whole Lotta Love". Porém, o show agora abria com "Rock and Roll" e seguia com "Over the Hills and Far Away", "Black Dog" e "Misty Mountain Hop". Optaram por deixar "The Song Remains the Same" para depois do lançamento do novo disco.

O épico solo de "Moby Dick" já estava consolidado como um destaque para os fãs e críticos. Com a expansão do show para o ano seguinte, John foi então capaz de incrementar seu momento singular sob os holofotes por dois motivos: além de um show mais longo poder garantir um solo maior, o fato de a banda se exaurir por mais tempo tornava ainda mais necessária a pausa que o solo de John dava aos outros três.

"O grupo de rock número um da Inglaterra, o Led Zeppelin, lotou o Spectrum na noite de terça-feira para dar aos fãs um tsunami de duas horas de música", escreveu Gloria Elliott no *Philadelphia Morning News*. "Para os 'malucos por bateria' de Philly, John 'Bonso' [sic] Bonham fez um solo de 20 minutos – a maior parte dele com as mãos. Ele nunca demonstra estar cansado. A grande energia na percussão parece ser o principal ali." Uma semana depois, no *Sunday Oregonian*, John

Wendeborn escreveu sobre o show em Portland: "Incrível é a palavra, pode crer. Dentre as bandas de rock superestelares, o Led Zeppelin está sem dúvida no top 5, junto aos Stones e ao The Who... Toneladas de equipamento foram metidas no palco para servir a propósitos diversos... Quando o Zeppelin passava para alguma música pesada, isso era anunciado por rufares do enorme gongo atrás do baterista. Aí as canções eram tranquilas, depois intensas, depois pesadas de novo".

Apesar dos públicos enormes e das resenhas relativamente contundentes dos shows, a banda notou que era raro receber cobertura da imprensa americana *mainstream*. A desconfiança agressiva que eles tinham dos jornalistas já era bem conhecida a essa altura, mas, depois que a turnê dos Stones foi coberta pela sofisticada revista *Interview*, de Andy Warhol, por ninguém menos que o célebre romancista Truman Capote, o Zeppelin – Jimmy e Robert em particular – só pôde se sentir jogado para escanteio.

"Devo admitir que me incomoda, sim", confessou Robert. "Devo ter um ego e tanto, pois tenho de subir no palco, em parte, para satisfazê-lo."

A banda, no entanto, sabia bem a causa dessa dita indiferença da mídia: desde que os repórteres nova-iorquinos despejaram acusações de "*hype*" ao terem conhecimento do cachê de 100 mil dólares que o Zeppelin recebeu no Madison Square Garden em 1970, a divulgação do grupo desandou. Apesar de a atitude de Jimmy de "deixar a música falar por si" tenha se provado segura quando se tratava de vendas de álbuns e ingressos, o Led Zeppelin ainda não era o nome consagrado que os Rolling Stones já eram havia muito tempo.

Por sugestão de Grant, o Zeppelin passou a procurar um novo relações públicas. Bill Harry já tinha há muito se demitido devido ao mau comportamento de John, e o grupo ainda não havia o substituído. Na busca, Robert afirmou a um repórter, meio na brincadeira: "Sem querer soar egocêntrico, achamos que é hora de as pessoas ficarem sabendo outras coisas a nosso respeito além do fato de que devorávamos mulheres e jogávamos os ossos pela janela".

A banda enfim optou por B. P. "Beep" Fallon, relações públicas veterano no meio musical que já trabalhara com o T. Rex. Um tanto *hipster*, Fallon gostava de se vestir de maneira tão exagerada quanto os músicos que representava, bem como de falar as mesmas gírias que ouvia no ramo. Jimmy e Robert o acharam fascinante; John, de imediato, já não foi com a cara dele, sobretudo com a fachada de dândi de Fallon – e com seu apelido, "Beep".

No início da turnê, fizeram dois shows em Nova York. Na cidade, visitaram muitas das casas menores de rock 'n' roll, onde tiveram um primeiro contato com a cena musical nova-iorquina mais ousada. Em seguida, subiram para Syracuse antes da grandiosa jornada em direção ao Oeste, que inevitavelmente terminaria em Los Angeles.

Mais uma vez, se hospedaram no Continental Hyatt House, na Sunset Boulevard, e retomaram hábitos antigos, como *jams* e visitas a clubes de rock, como o English Disco, de Rodney Bingenheimer, e o Rainbow Bar. John e Robert sustentavam o caos no "Riot House", onde boatos de que Bonham andava de moto pelas escadarias labirínticas começaram a circular – embora tivesse sido o *road manager* Richard Cole quem apresentou aquele novo e perigoso hobby à banda.

Enquanto isso, Jimmy voltou as atenções para uma modelo adolescente de 14 anos, Lori Maddox, a quem começou a perseguir como um míssil guiado por calor. "Os outros, porém, estavam bastante contra mim na época", afirmaria Maddox mais tarde. "Ficaram preocupados porque alguém alertara-os de que, se Jimmy fosse descoberto com uma garota de 14 anos, seria deportado imediatamente. Então ele me mantinha fechada no quarto o tempo todo."

Os shows em L.A. foram um sucesso avassalador, bem como a nova "Moby Dick" estendida de John. Danny Holloway escreveu: "O público foi à loucura no minuto que o grupo entrou no palco, jogando bombinhas e fumando montes de maconha... Ao todo, foram cinco bis, porque a plateia gritava e batia o pé como bebês mimados até que ganhasse o que queria. Foi-me dito que a banda fez dez apresentações desse calibre em 14 dias". O apontamento estava correto. "É fácil entender o amor dos EUA pelo grupo e vice-versa."

Os shows nos EUA terminaram no final de junho, e a banda foi embora com maior lucro obtido de qualquer turnê até então. Durante os preparativos para a próxima leva de shows internacionais – a começar pela segunda visita ao Japão –, foi decidido que a publicidade teria de se tornar um aspecto maior da estratégia de marketing.

Naquele mesmo mês, John concordou em falar ao jornalista Roy Carr para um longo perfil na *New Musical Express (NME)*. "O Led Zeppelin, junto ao The Who, é uma daquelas raras combinações em que cada membro desempenha um papel igual e fundamental", escreveu Carr. A respeito da unidade dos quatro integrantes do Zeppelin, John foi bem expressivo. "É o nosso jeito e, provavelmente, um dos motivos pelos quais funcionamos tão bem e permanecemos juntos", ele comentou. "Não somos como algumas bandas por aí – [cujos membros] estão a um mundo de distância [uns dos outros]. É perigoso quando os integrantes do grupo começam a passar a maior parte do tempo tocando com outros músicos. Claro, de vez em quando não tem problema, mas quando o cara prefere tocar com outros músicos, é melhor esquecer a coisa toda... Veja bem, todas as ideias criativas dele vão para outras pessoas – e a banda acaba sofrendo."

John ainda acrescentou: "Se quiséssemos, é provável que pudéssemos fazer 12 turnês pelos EUA por ano e ganhar extremamente bem em todas elas – mas não foi por isso que formamos este grupo... Em pouco tempo, o prestígio vai embora e você se esgota. É preciso criar sua própria demanda".

Por fim, John falou do consenso do Zeppelin sobre a presença – ou a falta dela – na mídia *mainstream*. "Olha só, acabamos de fazer uma turnê pelos EUA, que foi tão bem, se não melhor, que a dos Stones, mas não saiu quase nada sobre isso na imprensa britânica. Só líamos 'os Stones isso, os Stones aquilo', e isso nos deixa putos."

Após algumas semanas em casa, na Inglaterra, o grupo voltou a Tóquio, com duas noites no Budokan, em 2 e 3 de outubro, além de shows em Osaka, Nagoya e Quioto. Assim como na visita anterior, o público japonês adorou as três horas de hard rock turbinado do Zeppelin. Para manter a qualidade do espetáculo extravagante intacta, a banda pagou ao cofundador da Showco, Rusty Brutsche, para acompanhá-los como consultor de som e iluminação.

Eles então foram a Hong Kong para uma breve folga e seguiram para Montreux, na Suíça, onde fariam dois shows. Para manter o embalo e os lucros, Grant anunciou, no dia 10 de novembro, uma turnê de dois meses pelas Ilhas Britânicas, com início no dia 30 daquele mês. Quando a banda lembrou o empresário das festas de fim de ano, ele, por sua vez, informou que todos os 120 mil ingressos haviam sido vendidos num único dia. Assim, o Led Zeppelin começou o ano de 1973 na estrada.

Depois que o show do Zeppelin explodiu em proporções épicas, o estilo pesado de bateria de John não só foi recebido com fervor pelos fãs alucinados, como passou a pedir ainda mais amplificação para fazer jus às expectativas dos públicos maiores que iam assistir à banda mais pesada de hard rock.

No início da década de 1970, a amplificação já havia sido dramaticamente incrementada. Porém, a microfonação próxima ainda era vista como uma ciência imperfeita, o que forçava todos os bateristas de rock a recorrer à criatividade para serem ouvidos por cima das guitarras, baixos e sintetizadores. Embora considerada controversa por puristas quando foi introduzida, uma solução amplamente usada era construir baterias novas com materiais sintéticos. Como um embaixador da Ludwig de longa data, John se viu na posição singular de experimentar a inovação mais recente da marca – um kit Vistalite multicolorido com cascos de acrílico.

Durante a turnê de 1973, a Ludwig mandou algumas baterias Vistalite multicoloridas para John, na esperança de que a imagem dele usando os kits modernos no palco ajudasse a promover a polêmica linha nova de produtos. A troca para as baterias de acrílico era um risco para uma fabricante antiga como a Ludwig, mas no momento que as concorrentes, como a Fibes, passaram a vender kits feitos de materiais sintéticos, a empresa não viu outra opção senão superar as demais e dominar o mercado. Como era típico dos anos 1970, a principal inovação da Ludwig no design de acrílico era trazer diversas cores dramáticas para adicionar um pouco de teatralidade a um baterista no palco.

Embora John levasse a execução e o som muito a sério, havia um lado apegado à moda nele que via potencial num kit customizado que se equipararia à Gibson de dois braços e aos trajes com lantejoulas de Jimmy e às blusas folgadas de Robert. Mais importante: um dos bateristas modernos favoritos de John, o músico de jazz fusion Billy Cobham, tinha passado a usar um kit Fibes de acrílico translúcido ao vivo. Depois de gravar com nomes como Miles Davis e a Mahavishnu Orchestra de John McLaughlin, Cobham acabara de reinventar a própria essência do jazz rock com seu álbum de estreia, *Spectrum*, gravado na toca do Zeppelin em Nova York, o Electric Lady Studios. John não se cansava desse álbum e rapidamente se convenceu de que ele também poderia desafiar os limites sônicos com um *setup* Ludwig Plexiglas Vistalite parecido.

John pediu à Ludwig que lhe enviasse um kit Vistalite âmbar completo com seu símbolo dos "três círculos", do quarto álbum, estampado com destaque na frente do bumbo. Ele notou imediatamente que a superfície refletiva do acrílico produzia um som alto e ressonante, com muito mais volume que o dos tambores de casco de madeira. Manteve sua configuração usual de 26 x 14, 14 x 10, 16 x 16 e 18 x 16. A bateria completa veio ainda com surdos de 20 e 22 polegadas, além de um bumbo extra, mas John viu pouca utilidade para essas peças. No estúdio, ele ainda optaria pelos timbres mais quentes dos kits tradicionais de madeira.

"É uma anomalia que John tenha tocado um dos piores tipos de bateria já inventados, e eu também tinha uma – um kit Ludwig Vistalite imenso", recordou-se o baterista do The Police, Stewart Copeland. "Era OK, acho, mas o som era uma merda, [e] o som de John era uma parte importante de sua técnica. Suspeito que ele não batia nos tambores com tanta força."

Copeland prosseguiu: "Sempre percebi que, quando bato nos tambores com menos força, eles soam maiores – tem a ver com o espaço entre as notas, de fato. O bumbo dele tinha muita ambiência – ele batia uma vez e fazia essa vez valer... [John] foi um pioneiro do *ambient sound*".

Naquele mesmo ano, a Paiste apresentou sua própria linha inovadora de pratos modernos, e John logo pediu amostras para combinar com a nova bateria. Apesar de já estar acostumado a usar os pratos "Giant Beats" da Paiste há mais de uma década, a nova linha "2002" o fez passar a alternar os estilos. Como era o caso com a bateria, John optava por pratos maiores que os convencionais, incluindo um chimbal Sound Edge de 15 polegadas, um gongo sinfônico de 24 polegadas e um de 38 polegadas, além de um prato de condução médio de 18 ou 20 polegadas usado como ataque do lado direito, e um prato de ataque de 16 ou 18 polegadas à esquerda. Quando os pratos maiores foram emparelhados ao novo kit Ludwig Vistalite, o som de John ficou mais alto e mais potente do que nunca.

Antes mesmo de a banda entrar no palco para tocar, o público já aplaudia só de ver a bateria, na qual o símbolo de John funcionava como um emblema de super-herói, agora sinônimo do rock trovejante que aquele kit em breve, de algum modo, produziria.

Na passagem do Zeppelin por Glasgow, na Escócia, em 3 de dezembro, Beep Fallon apanhou de cambistas. Já em Cardiff, a banda teve de pagar multas depois que John destruiu seu quarto no hotel Angel. No dia 20 de dezembro, eles tocaram cantigas natalinas diante de uma multidão jubilosa, e então, após apresentações consecutivas lotadas no Alexandra Palace, em North London, tiraram algumas noites de folga. Em 2 de janeiro, John e Robert seguiam juntos para um show em Sheffield quando o Bentley alugado quebrou na estrada. Como na época de adolescência, os dois amigos só deram risada e pediram carona até o local do espetáculo, que também estava lotado.

Satisfeita em pelo menos estar de volta à Inglaterra, a banda tinha um show marcado nos Trentham Gardens, em Stoke-on-Trent, no dia 15 de janeiro. Instalado em meio a 400 hectares de matas e jardins vistosos, o Trentham Hall, construído em 1633, foi o lar ancestral do Duque de Sutherland. Não acostumado a receber bandas de rock, o Grand Hall – um grande salão de baile com direito a um mezanino – agora seria palco para o Led Zeppelin. Como o lugar ficava logo ao norte de Birmingham, John ligou para o irmão, Mick, e deu ingressos para ele e o pai irem ao show.

"John passou em casa para ver se Jacko e eu conseguiríamos ir para lá sozinhos numa boa, pois ele tinha de chegar cedo para a passagem de som", Mick lembraria. "Quando chegamos ao local, já havia mais ou menos uns 100 fãs à espera... Fomos até o bar, achamos um espaço, nos acomodamos e esperamos o Led Zeppelin entrar no palco. Quando o salão estava metade cheio, o burburinho da expectativa já era audível... Por fim, as luzes baixaram, e John trouxe a bateria à vida, soando como se houvesse um martelo pneumático golpeando a caixa." Para a ocasião, Bonham divertidamente usou um terno xadrez cartunesco e uma gravata borboleta com as cores do arco-íris, fazendo seus familiares darem risada. Mick ainda se recordou: "Jacko e eu assistíamos orgulhosos aos rapazes, mais uma vez, darem tudo de si num show que mesclava talento e magia pura".

Segundo o relato de Mick, John guardou a performance mais dramática da noite para depois do show, uma espécie de bis de um homem só. Uma vez terminada a apresentação incrivelmente enérgica e empolgante da banda, todos os fãs e convidados pessoais se reuniram no grande bar no luxuoso *lobby* do salão para aguardar os músicos aparecerem – na esperança de compartilhar um drink e brindar a todos. Em meio à conversa agradável e ao tilintar dos *pints* e das taças de champanhe, os presentes ouviram uma saraivada de palavras rudes atravessar as paredes, uma disputa de berros que acontecia na área do camarim. "Era o nosso John", Mick relembraria, "e ele estava completamente maluco". Enquanto os convidados trocavam olhares atordoados e coçavam a cabeça, a banda e sua *entourage* apareceram vitoriosas pelas portas de segurança – sem John.

"Ele tinha sumido, então o jeito foi voltar para o bar e decidir o que fazer em seguida", relembrou Mick. "Nossa troca de ideias logo foi interrompida por um grito imenso: 'Que porra foi essa?', que ecoou pelo salão. Vinha em resposta a um barulho alto de colisão em algum lugar do lado de fora, e todo mundo foi até a saída."

Como a banda recebera todo o tratamento VIP que se esperaria graças à gerência dos Trentham Gardens, seus respectivos carros haviam sido guardados num grande pátio privado anexo ao estacionamento, protegido por portões de madeira e manobristas particulares. Naquela noite, John fora dirigindo seu próprio Rolls-Royce, e, já do lado de fora, Mick, de repente, ouviu o som inconfundível de portões de madeira sendo destruídos. De acordo com sua lembrança, "John saiu furioso do recinto, pulou dentro do carro e atravessou os grandes portões de madeira ainda fechados, deixando um contorno como o de um buraco de rato". Familiares e amigos correram na tentativa de pegá-lo antes que ele alcançasse a estrada movimentada com o Rolls, mas era tarde demais.

"Eis a imagem: estamos à procura de um jovem baterista de rock, com uma barba cheia e longa, vestido de palhaço, dirigindo um Rolls-Royce em alta velocidade pela rodovia M6 a caminho de casa", descreveu Mick.

Porém, fortemente entorpecido – e no barato da adrenalina pós-show de costume –, John entrou na rodovia errada e colocou o Rolls-Royce rumo à saída para a Escócia. Ao perceber o erro, ele rápida e perigosamente trocou de faixa, desta vez em direção a Liverpool, antes de notar que a gasolina estava quase acabando. Então, a quilômetros de distância da civilização, o carro enfim engasgou até parar, e John teve de caminhar sozinho na noite fria em busca de combustível e de uma carona de volta a Old Hyde. Ele enfim encontrou uma cabine telefônica de emergência e ligou para o sempre fiel Matthew Maloney para que fosse buscá-lo. Mick Bonham se recordaria posteriormente: "Não foi a primeira vez, durante os cinco anos que ele trabalhou para John, que Matthew teve de sair da cama de madrugada para procurá-lo. Tampouco foi a última".

Mick acrescentou que, no dia seguinte, todo mundo estava com muito medo do temperamento de John para mencionar o episódio de bebedeira, então "ninguém ficou sabendo de fato o que o aborreceu" no Grand Hall.

Essa foi uma questão que os repórteres continuariam a fazer a respeito de John à medida que sua carreira na bateria era quase ofuscada por uma segunda trajetória paralela de arroubos violentos e comportamento descontrolado. Anos depois, um aficionado pelo Led Zeppelin e colecionador de memorabilia, Howard Mylett, trouxe à tona uma história parecida ao se lembrar de um incidente assustador em Brighton no dia 22 de dezembro de 1972. O jovem ia ao máximo de shows do Zeppelin no Reino Unido que podia e fez um livro de recortes com fotos e canhotos de ingressos. Na esperança de que a banda autografasse a valiosa coleção, Mylett convenceu Mick Hinton a deixá-lo ir ao *backstage* para conhecer John pessoalmente – mas uma mudança súbita na atmosfera dos bastidores o fez dar uma rápida meia-volta. "Ouvi Bonzo destruir um camarim", relembrou Mylett. "Era possível ouvir cadeiras sendo jogadas e grunhidos sem palavras. Parecia um urso enjaulado."

Com o livro de recortes em mãos, Mylett correu para fora do teatro e foi embora para casa.

A turnê encerrou-se com alguns shows na Escócia no final do mês. A apresentação em Edimburgo contou com a presença do jornalista Nick Kent, do *New Musical Express*, que cobriria a banda extensivamente ao longo dos anos seguintes. "Ora, se Plant não estava agora mesmo de conluio com Bonzo Bonham para tornar o lugar o risca-faca tumultuoso de sempre, sobretudo ao tentar provocar uma briga falsa entre Bonham e o representante da firma de segurança Securicor, deleitando-se com o apelido de 'Patsy' e, em geral, refestelando-se com uma mistura agradável de adulação e falatório torpe", relatou Kent. "Uma guerra de cerveja começa com os srs. Plant e Bonham contra o *road manager* Richard Cole. O onipresente B. P. Fallon, extraordinário relações públicas, intervém, e este que vos escreve esconde-se atrás de uma trupe de garotas enquanto sanduíches tostados murchos de tomate e presunto e latas e garrafas de cerveja são arremessados em todas as direções."

Kent arrematou: "Por fim, dos destroços do mobiliário, um grande balde de água com gelo cai sobre mim e o sr. Fallon, e todo mundo sai às pressas. Lentamente, pegamos o restante do vinho e partimos de volta ao hotel".

Foi acordado que a banda precisava de algum tempo longe da estrada. A essa altura, o álbum que receberia o título oficial de *Houses of the Holy* estava concluído havia um bom tempo, embora a arte da capa – como de costume – estivesse causando conflito entre o grupo e os executivos da Atlantic. Os músicos, contudo, estavam certos de que o design de sua preferência acabaria sendo aceito; segundo os números mais recentes, os quatro álbuns anteriores do Led Zeppelin contabilizavam 18% das vendas da gravadora em 1972. Chegariam a um consenso em breve.

Confiantes e exaustos, os membros da banda foram cada um para seu lado no final de janeiro. John voltou feliz para Old Hyde para pegar o martelo e os pregos e continuar as reformas na propriedade.

Quando Chuck Berry, seu ídolo de infância, passou com sua turnê por Birmingham no mês seguinte, tocando no clube Barbarella's, John chamou Robert e Cole e conseguiu lugares no gargarejo. Ao longo do show, os dois notaram que John estava ficando irritado e inquieto com a performance medíocre do baterista da casa – uma daquelas implicâncias pessoais. Na metade de "Johnny B. Goode", Bonham disse a Plant: "Chuck Berry é uma lenda do rock 'n' roll, e eles colocam este baterista imprestável para acompanhá-lo... Preciso fazer algo.

Este cara não toca porcaria nenhuma!". Na música seguinte, John não aguentou mais. "Esta porra deste baterista é um inútil. Preciso tirá-lo dali!"

Para choque dos presentes, John correu para o palco. "Chuck quer que eu assuma!", afirmou ao agarrar o baterista pela camisa e arrancá-lo da banqueta. Berry se virou, assustado, e John lhe abriu um sorrisão. Berry então chamou "Roll Over Beethoven", da qual Bonham sabia todas as passagens. Ele tocou três músicas e, ao fim, até Berry aplaudiu.

John tirou o mês de fevereiro só para si. Em março, o Zeppelin percorreria a Europa e, em maio – inevitavelmente, ao que parecia –, os Estados Unidos mais uma vez.

Capítulo Quinze

MARÇO DE 1973–JUNHO DE 1973

O quinto álbum foi enfim lançado em março de 1973.

Foi o primeiro disco do Led Zeppelin a receber um nome propriamente dito, *Houses of the Holy*, apesar de a faixa-título em si, gravada no Olympic Studios em abril de 1972, ter sido considerada parecida demais em estilo com algumas outras músicas, mais consistentes, e deixada de lado.

Como já havia ocorrido com os dois álbuns anteriores, a capa de *Houses of the Holy* foi motivo de meses de atrasos. Igual ao quarto disco, ela deliberadamente omitia o nome da banda – outro ponto de discordância com a Atlantic. Já a arte, criada pelo inovador grupo londrino de design Hipgnosis, causou preocupação imediata: retratando crianças loiras nuas escalando uma formação rochosa monolítica na ilha de Staffin, no arquipélago das Hébridas, a capa sugeria ao mesmo tempo simbolismo pagão e sacrifício humano implícito, além de exibir claramente nudez infantil. Contudo, segundo a banda, foi o processo de impressão que atravancou a produção. De início, a separação falha das cores fez com que as crianças saíssem roxas; depois da correção, a segunda tentativa deu à imagem todo um estranho tom alaranjado queimado; a terceira foi a que valeu, e os fãs correram para comprar o aguardadíssimo sucessor do álbum conhecido como *Led Zeppelin IV*.

Como de costume, os críticos ficaram divididos, embora a banda estivesse intensamente orgulhosa do trabalho no álbum. Assim como *Led Zeppelin III*, foi uma tentativa predeterminada de demonstrar versatilidade; por outro lado, ao contrário do terceiro, mesmo as faixas que se cruzavam com outros gêneros, como "The Song Remains the Same" e "The Crunge", exercitavam devidamente os músculos roqueiros.

Houses of the Holy foi lançado enquanto a banda estava em meio a andanças pelo globo, o que a permitiu repaginar o *setlist* mais uma vez. Em março, o Led Zeppelin tocou na Dinamarca, Noruega, Suécia, Áustria e Alemanha. Ao final do mês, uma turnê planejada para cinco cidades na França começou em Lyon. Lá, Peter Grant ficou furioso ao descobrir que o *promoter* local não havia providenciado seguranças para o grupo de modo a cortar gastos. Grant rapidamente mobilizou o seu próprio sistema de proteção, contratando Benoit Gautier, funcionário da Atlantic na França e amigo de longa data do empresário e da banda.

O primeiro show, no dia 26 de março, foi no Palais des Sports, em Lyon, um estádio de basquete com uma arquibancada de quatro andares e capacidade para 12 mil pessoas. A encrenca começou antes mesmo de a banda entrar no palco, quando ondas de penetras tomaram o local, gritando por entrada livre e afirmando que a música pertencia "ao povo". É claro que nada era de graça – especialmente para Grant, que ficou ultrajado com o comportamento dos adolescentes. Durante a apresentação, a coisa piorou quando jovens nos assentos mais altos começaram a jogar garrafas de vinho na banda, espalhando cacos de vidro perigosos por todo o palco.

Sem esperar por ordens, Gautier correu até o mezanino, pegou o líder daquelas provocações e o arrastou pelos cabelos até o *backstage*. Depois de uma surra daquelas, Gautier e alguns dos *roadies* botaram o rapaz para fora do estádio. Por esses leais esforços, Peter Grant contratou o mão de ferro Gautier para continuar no posto de segurança nas noites seguintes, trabalhando ao lado de outro capanga contratado, Patsy Collins. Ele, por sua vez, também recebera o convite para seguir como empregado do Led Zeppelin naquela noite, depois que Grant o viu quebrar a mandíbula de um penetra.

"[Grant] tinha a reputação de ser um filho da mãe dos mais durões", Gautier se recordaria. "Eu o vi se comportar mal muitas vezes, quebrar coisas, machucar pessoas, mas sempre que ele fazia isso, era merecido. Ele era muito profissional, um *gentleman*, incrivelmente leal aos artistas e às pessoas que trabalhavam para ele e, em especial, àquelas que se desdobravam para ajudar o Led Zeppelin."

Aderindo à aversão por voar de John sempre que possível, a banda alugou dois carros para se deslocar ao show seguinte, em Nantes: um Volvo grande, dirigido por Grant, onde foram Robert e Jimmy; e um Mercedes de luxo, que John pegou primeiro, junto de Gautier e Collins. Corria tudo bem até que o grupo se reuniu num posto para abastecer e comer. Grant, de súbito, decidiu que queria dar uma volta no Mercedes, então simplesmente pegou a chave e sequestrou o carro com o vocalista e o guitarrista. Considerando isso um desafio, John pisou fundo no Volvo e disparou atrás deles.

Segundo Gautier, John jogava o Volvo na contramão na velocidade máxima, então voltava para a faixa correta por um fio, escapando por pouco de um massacre dos carros que vinham em sua direção. Na parada seguinte do grupo, uma hora depois, John ficou bêbado de vinho tinto antes de retornar ao volante. "Estou surpreso que não tenhamos morrido", admitiria Gautier.

Quando enfim chegaram ao Parc des Expositions, em Nantes, para a passagem de som, Grant ficou furioso porque os portões de acesso ao *backstage* demoravam demais para abrir. Frustrado após horas ao volante, ele meteu o Mercedes nos portões, arrancando os para-choques do carro.

Apesar das condições da banda, o show correu sem problemas. Mais tarde, porém, John ficou decepcionado um tanto quanto além da conta com os três trailers providenciados como camarins, bem como com a qualidade das refeições servidas ao grupo. Para demonstrar devidamente sua desaprovação, o baterista pegou a marreta de 38 polegadas usada no gongo chinês e destruiu os trailers. No hotel, Robert cuidava da garganta com chá, limão e mel. Notificada de que o serviço de quarto estava sem leite, a equipe de turnê se mobilizou em nome dele; portas foram arrancadas das dobradiças, quartos foram inundados com mangueiras de incêndio, privadas foram entupidas e transbordadas e móveis foram destruídos.

Incrivelmente, John não fez parte do caos daquela noite. Ele havia dado uma escapulida com Richard Cole e alguns dos *roadies* em busca de bares locais. Enquanto eles percorriam a cidade, Gautier levou Robert e Jimmy ao único restaurante 24h na região. Cambaleando pelas ruas de tanto beber, John e Cole se depararam sem querer com os membros mais sóbrios do Zeppelin desfrutando de uma refeição na madrugada e passaram a atacá-los verbalmente por terem ficado de fora. Depois de metralhar Robert e Jimmy com insultos por eles o terem esnobado, John levou seu próprio grupo ao Volvo. Jimmy e Robert, a contragosto, entraram em seguida, transformando Gautier num chofer e babá contra sua vontade.

Enquanto o carro percorria as ruas desertas pela madrugada, os passageiros começaram a destruir seu interior – depois do teto solar e das quatro portas do sedã, os *roadies* logo se puseram a arrancar outras peças do veículo e a jogá-las na rua. Quando a primeira viatura da polícia piscou a sirene, o Volvo já tinha sido desprovido do estepe e da tampa do porta-malas. Pelo retrovisor, Gautier logo notou que havia mais policiais em seu encalço. Em pânico, ele acelerou e passou a fazer curvas abruptas por becos e vielas, inadvertidamente dando início a uma perseguição em alta velocidade – para a maior diversão dos músicos. Pararam de rir quando um bloqueio foi enfim montado e todos levados à cadeia. Evidentemente, a polícia já tinha ido ao hotel e encontrado os quartos completamente destruídos.

Na posição de estrangeiros ricos, eles acabaram sendo soltos, mas sob o aviso de permanecerem no hotel até que chegasse a hora de partir para o próximo destino desafortunado. Peter Grant rapidamente refez o arranjo da viagem; tanto o Mercedes quanto o Volvo estavam destruídos e sem condições de pegar estrada. Apavorado com o comportamento do grupo em Lyon e Nantes, o *promoter* desapareceu pela noite e só reapareceria depois que o Led Zeppelin tivesse seguido para outro país.

Embora a banda como um todo tivesse solidificado a reputação para o caos desvairado naquela noite na cidade francesa, John Bonham ganhara destaque próprio por suas contribuições. Gautier não pôde evitar ficar maravilhado com a visão – e os sons – de John completamente embriagado e taciturno quando o mau humor o tomava. De fato, as pessoas eram alertadas para manter distância dele quando estivesse nessa forma rara. Para isso, o agente de segurança francês forjou um apelido – que, embora Robert e Jimmy achassem divertido, não deveria ser nem murmurado com Bonham por perto.

Como o *promoter* francês se escondera, Grant sentia que não deviam nada ao sujeito e cancelou os dois shows seguintes contratados pela companhia, um em Marselha, outro em Lille. No lugar disso, levou os rapazes para alguns dias de folga em Paris antes das duas noites que tocariam lá, em 1 e 2 de abril, no Palais des Sports. Mais uma vez, John insistiu que fossem de carro ou trem, então Grant desembolsou o dinheiro para a segunda opção.

Contudo, quando descobriu que o vagão bar ficaria fechado por toda a duração da viagem, John imediatamente destruiu sua cabine. Grant e a banda ordenaram que os *roadies* contivessem o baterista antes que seu rastro de destruição chegasse ao restante do trem. Pelas costas de John, deram a diretiva usando o apelido clandestino criado por Gautier:

"La Bête."

Os *roadies* foram instruídos a conter "a Besta" antes que ela atacasse de novo.

Numa decisão pouco sensata, Grant hospedou o Zeppelin num dos hotéis de luxo mais prestigiados do mundo, o George V, em Paris – um palácio elegante renomado pelas tapeçarias antigas e pela decoração de valor inestimável em antiguidades. Gautier se recordou que, durante a estadia, embora nunca tenham lhe pedido para obter drogas, suspeitava que elas já tivessem começado a circular no mesmo fluxo consistente da bebida. Pediram-lhe, no entanto, para usar seu conhecimento do *underground* parisiense e encontrar garotas de programa de alta classe para o entretenimento da banda. O agente de segurança ficou surpreso por John não participar dos passatempos mais carnais do grupo. Conforme ele relatou, o baterista decididamente era mais afeito a beber para as horas passarem até que pudesse voltar para casa no Reino Unido, com Pat e Jason em Old Hyde.

"Bonzo podia ser o cara mais generoso e também a pior pessoa", Gautier se lembraria. "Ele chorava ao falar da família. Então os *roadies* começavam a incentivá-lo a fazer alguma coisa, e ele ficava maluco... Não tinha um mecanismo de defesa nato contra ser manipulado e nada que pudesse protegê-lo." Segundo Gautier, nem os companheiros de banda estavam imunes a acender seu pavio. Jimmy achava divertido influenciar Bonham a jogar comida e bebida de surpresa nas pessoas, e até o contido John Paul Jones de vez em quando pulava no barco. "Eu diria que [Jones] era o mais malicioso do grupo", recordou-se Gautier. "Era o tipo de pessoa que gostava de jogos mentais. Do tipo que dizia: 'Hmmm, o Jimmy parece tenso. Não seria engraçado se alguém jogasse uma bombinha nele?'. E é claro que John Bonham então jogava bombinhas em Jimmy."

Entretanto, houve um incidente memorável que quase levou John e Gautier às vias de fato. Sabia-se que o baterista consumia pelo menos algumas das drogas e, certa vez, ofereceu uma carreira longa de cocaína para Gautier no quarto do hotel. Depois de cair com tudo no pó, o safo Gautier percebeu imediatamente se tratar de heroína – uma substância muito mais mortal de cheirar. "É heroína!", berrou ele, nervoso, sabendo que poderia ter ingerido uma dose letal. Ficou chocado quando a única reação de John foi um ataque de riso de rolar no chão. "Ele achou que seria a coisa mais engraçada oferecer coca e te dar heroína. Poderia ter arriscado matar alguém!", admitiu Gautier. No dia seguinte, porém, John exibiu seu lado sóbrio e generoso ao literalmente dar a própria camisa para Gautier.

Mesmo superando muitos de seus contemporâneos em vendas e com shows cada vez mais rentáveis, o Led Zeppelin e Grant concordavam que já passava da hora de enfim cuidarem de seu status na mídia *mainstream.* Com o braço americano da turnê se aproximando – e com o controle de danos se fazendo cada vez mais necessário em meio aos frequentes arroubos de decadência do grupo –, Grant e Jimmy decidiram que era preciso alguém mais proativo do que "Beep" Fallon, com seus *briefings* e agendamentos de entrevistas modestos. Nesta turnê, o Led Zeppelin precisaria rivalizar os Rolling Stones de todo jeito, e isso incluía cobertura na mídia.

O grupo foi orientado a se comportar o melhor que pudesse diante de dois convidados que chegariam de Nova York para assistir ao segundo show em Paris: um homem de 50 e tantos anos, de terno e gravata conservadores; e seu assistente, de 20 e poucos anos e um rabo de cavalo capaz de superar os cachos de Robert.

Lee Solters era considerado um dos mais influentes agentes de imprensa do *show business* nos EUA: Frank Sinatra figurava no seu rol de clientes classe A. Aos 23 anos, Danny Goldberg trabalhara como jornalista para a *Billboard* e escrevera para a *Rolling Stone*, e essa experiência, aliada a sua juventude, lhe dava um *insight* único para atuar como vínculo com a imprensa musical americana descolada. No voo para Paris, Solters perguntou a seu jovem protegido se fechar com o Led Zeppelin parecia um investimento que valia a pena. Goldberg conhecia a música – e a reputação – da banda muito bem e até se preparara para a viagem com uma pesquisa cronológica sobre a cobertura negativa que o Zeppelin recebera da imprensa dos EUA. Explicou ao chefe que, ao que tudo indicava, eles tinham uma base de fãs tremendamente leais, mas que todas as outras pessoas os consideravam "uns bárbaros". Até a *Rolling Stone* via o Led Zeppelin como "grosseiro" e de mau gosto, apesar das vendas e da popularidade incríveis.

Solters se acomodou na poltrona e refletiu. Mais tarde naquela noite, os dois homens foram ao show no Palais des Sports e assistiram ao Led Zeppelin abrir com "Rock and Roll". Solters reparou na reação da plateia – o público parisiense estava ensandecido. Ele se debruçou para perto de Goldberg. "Você cuida deles", gritou por cima da música.

"Antes de conhecermos a banda, Lee e eu fizemos uma reunião com o lendário empresário deles, Peter Grant", Goldberg rememoraria. "Peter provocava ressentimentos absolutos... Entendia, mais do que qualquer um de seus colegas, que os artistas haviam se tornado mais poderosos... Isso chocava a nova premissa dos *promoters* e agentes de rock. Muitos deles nunca o perdoaram, e Peter não estava nem aí."

Numa primeira impressão, Goldberg se ateve a como a enorme estatura física de Grant – combinada à barba desgrenhada, aos vários anéis de prata e turquesa e aos jeans desbotados – contrastava com a elegância do velho mundo de sua suíte no George V, onde a reunião preliminar aconteceu.

"Peter achava que o desdém pela imprensa de rock funcionara a favor da banda nos primeiros anos, mas que, em 1973, era hora de partir para outro método", disse Goldberg. "Eu falei que o Led Zeppelin tinha a reputação de bárbaros na estrada. Peter riu. 'É, mas somos bárbaros *brandos*.'"

Embora escondesse bem, John se sentia profundamente magoado pela forma como ele, em particular, era visto pela imprensa. Desde o início de sua carreira profissional como baterista, na adolescência, técnica e estilo eram suas maiores prioridades; apesar de todo o mau comportamento, ele adorava finalmente ter uma vida boa como músico. A mídia *mainstream* parecia não reparar nas inovações que ele trouxera ao instrumento ou fazia questão de ignorá-las por completo. Só alguns anos depois é que John compartilharia sua frustração com o técnico de bateria Jeff Ocheltree, que relembrou a seriedade com que Bonham queria ser levado.

"Havia uma raiva e uma amargura que começavam a se formar nele", Ocheltree mencionaria. "Nas entrevistas, nunca lhe perguntavam a respeito de seu estilo de tocar, sobre as fórmulas de compasso ou padrões que ele usava. Na verdade, nunca lhe faziam nenhuma pergunta inteligente."

Segundo Ocheltree, aquelas temidas excursões para longe de casa eram as responsáveis por fazerem as inseguranças de John o engolfarem por completo, era quando a distância de seus entes queridos e dos confortos e segurança de Old Hyde, de algum modo, trazia esses demônios interiores sedentos à superfície. "Eu passava dias e noites com ele no Rainbow Bar, na Sunset Boulevard, em L.A., frequentado por todos os músicos e membros das equipes", o técnico de bateria se recordaria. "Lembro de ele me dizer: 'Esses idiotas não sabem nada de bateria. Só querem saber de fofoca'."

"De fato", acrescentou Ocheltree, "John ouvia Max Roach, Alphonse Mouzon, Elvin Jones e muitos bateristas de fusion e jazz. É o que me impressiona a respeito de John Bonham – todo mundo pensa que ele curtia baterias grandes e tocar muito forte. Bonham curtia swing e tocar com técnica."

Porém, em 1973, eram pouquíssimos os críticos de música sérios que conseguiam notar os talentos e a perspicácia genuínos de John, ou o fato de que ele estava mudando a forma como a bateria era abordada por músicos de rock bem diante de seus olhos. A ignorância deles era mais do que uma fonte de frustração para John; àquela altura, somava-se a uma depressão crescente.

No dia em que foi formalmente apresentada a Lee Solters e Danny Goldberg, a banda se reuniu na suíte de hotel de Peter. Quando os americanos chegaram, só Robert parecia confortável o suficiente para tratar das frustrações do grupo com a imprensa dos EUA, ao relatar com vigor as exigências deles caso fossem de fato ficar com os serviços de Solters e Goldberg.

"Vejam bem, nós éramos muito jovens quando começamos", explicou Robert. "Vocês precisam levar em conta que eu tinha 19 anos e fiquei maluco! Conheci as GTOs e isso me deu um nó na cabeça. Venho de um fim de mundo nas Midlands, e lá estavam aquelas garotas com os seios de fora, dando em cima de nós descaradamente, é claro que fomos à loucura naquelas primeiras turnês... Mas aqueles dias se foram – somos adultos agora. Somos homens de negócio bem-sucedidos. Já me livrei de todas aquelas outras coisas."

Quando Robert acabou, Grant abriu um sorriso irônico. "Peter então me pediu para explicar o que ele chamava, intrigado, de 'a coisa dos bárbaros'", Goldberg relembraria posteriormente, rindo.

Apesar de ter opiniões de sobra a respeito do assunto, John foi o único membro do grupo que permaneceu em total silêncio ao longo da reunião. Aparentemente confortável com a idade de Goldberg e considerando-o mais acessível por ser jovem, John foi para o lado dele quando a conversa terminou. "O que você está dizendo", John meio que sussurrou para Goldberg, "é que você vai nos levar até gente que não nos conhece ainda?". Em resposta, Goldberg garantiu a John que sim, a ideia era aquela.

"Bem, então graças a Deus que você está aqui", o baterista disse baixinho. "Somos os maiores e somos os melhores – e ninguém sabe disso ainda... Você precisa fazer alguma coisa a respeito disso."

Goldberg se recordaria: "Apesar da afabilidade, o Zeppelin continuava a ver a imprensa de rock com desconfiança... Bonzo cuspia desprezo por aqueles a quem ele se referia como críticos que haviam depreciado seus solos de bateria notoriamente longos. 'Olha, se Buddy Rich disser que eu sou um merda, então eu sou um merda, mas que porra esses babacas sabem?'".

Goldberg concordou em começar suas tarefas como relações públicas do grupo no mês seguinte, coincidindo com a primeira parada da turnê norte-americana, em Atlanta. Seria a campanha mais ambiciosa do Zeppelin até então: em pouco menos de três meses – com uma pausa curtíssima no meio do verão –, a banda passaria por quase 30 cidades. Graças ao jogo duro de Grant em relação aos lucros das vendas de ingressos, o Zeppelin embolsaria 4,5 milhões de dólares. A imprensa publicou aspas do empresário afirmando que o grupo deveria faturar 30 milhões de dólares só naquele ano. Como o novo relações públicas, Goldberg teria de inventar novos sinônimos para *sem precedentes.*

A mística do Led Zeppelin, no entanto, estava apenas se aquecendo. Principalmente por conta do medo de voar compartilhado por John e Jimmy, a banda tentava viajar de carro ou trem o máximo possível. É claro, sempre havia a necessidade inescapável de voar entre países – e era durante esses trajetos que John geralmente bebia até apagar para evitar a fobia. Numa tentativa de apaziguar os nervos da banda, Grant fretara aviões particulares, esperando que os pequenos confortos pudessem tornar a experiência um tantinho mais palatável. Em 1973, ele já podia fazer muito mais.

Eis que surge o *Starship.*

A aeronave foi o primeiro Boeing construído. Remodelado e reconfigurado como um avião de luxo de 40 lugares, era decorado de modo vistoso ao estilo dos lounges de Las Vegas, especificamente para ser fretado por celebridades. O avião contava com um bar completo, televisões, carpete, sofás e quartos individuais adornados com chuveiros e lareiras falsas. Contudo, além de exibir publicamente o estrelato e a fortuna aparentes da banda – o que por si só já era uma jogada de mestre de relações públicas –, a decisão de Grant de desembolsar 30 mil dólares pela extravagante aeronave de luxo resolvia uma variedade de problemas pragmáticos. Primeiro, não tinha a sensação de um avião; dar à banda a experiência psicológica de estar na própria suíte de hotel ou apartamento ajudava muito a refrear tanto o tédio quanto – nos casos de John e Jimmy – o medo terrível de voar. De igual importância, ter um avião particular que também funcionasse como base de operações cortava a necessidade de reservar tantos hotéis. Agora, o Zeppelin podia literalmente viver no avião num aeroporto centralizado e fazer o deslocamento até as regiões vizinhas de carro para shows específicos. Evitava confusões, economizava muito tempo e – por último, mas não menos importante – eliminava o drama e os custos salgados dos quartos de hotel destruídos. Embora o *Starship* viesse a ser associado ao Zeppelin para sempre, entre os nomes ambiciosos que o fretaram posteriormente para turnês estão os Rolling Stones, Bob Dylan, Alice Cooper, Deep Purple e Elton John – quatro vezes.

A *entourage* do Zeppelin também cresceu. Cada integrante agora tinha um *roadie* que ficaria primordialmente responsável por suas necessidades individuais, tanto nos cuidados com os instrumentos quanto, na maioria das vezes, nos caprichos pessoais. O técnico de Jimmy, Ray Thomas, gerenciava a segurança de cada guitarra, ao passo que Brian Conliffe, veterano dos Yardbirds, encarregava-se dos diversos instrumentos de John Paul Jones. O assistente de Robert, Benji LeFevre, era um engenheiro de som contratado inicialmente para manejar as exigências de vocal que o cantor fazia ao vivo, mas passava a mesma quantidade de tempo atendendo às exigências pessoais do vocalista – como também era o caso de Mick Hinton, técnico de bateria de John de longa data, que simplesmente foi promovido a "técnico de bateria particular". Na maior parte do tempo, Hinton era o para-raios das mudanças de humor e das pegadinhas de Bonham, de modo que suas responsabilidades como assistente pessoal – que incluíam atuar como "domador" de John – eram provavelmente as mais desafiadoras.

Por exemplo, no papel, os quatro assistentes eram, supostamente, os principais dirigentes dos instrumentos e acessórios de palco de cada membro da banda. Já as necessidades de Jimmy também incluíam garrafas de água mineral, champanhe gelado e flores frescas nas suítes de hotel – e cabia a Ray Thomas garantir tudo isso, além de afinar uma dúzia de guitarras de valor inestimável. Como técnico de bateria de John nas últimas três turnês, Mick Hinton já sabia o que costumava constar na lista do baterista e, agora, também se certificava de que todos os quartos de hotel de John fossem decorados com tapete de pele de ovelha – um lembrete reconfortante de Old Hyde.

Havia um longo caminho a ser percorrido nesta turnê. Enquanto o grupo chegava a Miami para os shows iniciais pelo Sul dos EUA, as primeiras resenhas do país para *Houses of the Holy* começavam a pingar. Aparentemente, ter um relações públicas tão proativo quanto Danny Goldberg – recém-batizado de "Cachinhos Dourados" pela banda devido ao rabo de cavalo que era sua marca registrada – foi uma decisão oportuna para a turnê. As resenhas eram, na melhor das hipóteses, mistas, o que enfureceu totalmente a banda e motivou sua performance de palco, que desafiava a imprensa americana a morder a língua.

O grupo se lembrava com frequência de que a imprensa simplesmente não o "entendia" e que aquilo não deveria ser levado para o pessoal. Além disso, as vendas do álbum não eram problema. Quatro anos antes, *Led Zeppelin II* – o "Bombardeiro Marrom" – derrubara *Abbey Road*, dos Beatles, da primeira posição, e agora *Houses of the Holy* superara o próprio rei indiscutível do rock 'n' roll, Elvis Presley, ao tomar o lugar de seu *Aloha from Hawaii* como número um no país.

Porém, até mesmo as boas notícias a respeito de *Houses of the Holy* não eram capazes de animar o moral da banda por completo – sobretudo o de John. O quarto álbum fora um sucesso absoluto, e as fracas críticas iniciais de seu sucessor plantaram inseguranças entre o grupo, como se insinuassem que a escalada rumo ao posto de maior banda de rock do mundo havia estagnado.

O turbilhão de fãs no dia 4 de maio, em Atlanta, dizia o contrário. "O Zeppelin tocou durante três horas sem banda de abertura", Danny Goldberg se recordaria. "Em algum momento na metade do show, Peter apontou para uma janela que dava para uma rodovia movimentada. 'Veja só', ele me disse. 'Aqui, as pessoas estão gritando e pulando e se divertindo ao máximo, e lá, aquela gente naqueles carros não faz a menor ideia do que está acontecendo.'"

"Por volta das 19h do dia 4 de maio em Atlanta, Geórgia, era quase impossível dirigir nos arredores do Atlanta Stadium, pois havia quilômetros de congestionamento", afirmou o repórter Bill Read, do *River City News*. "A loucura se dava por causa de um show de rock... não, não um show de rock qualquer – um show do Led Zeppelin!"

O concerto começou, escreveu Read, e o público "levantou-se num gesto de boas-vindas enquanto John (Bonzo) Bonham tocava a introdução de 'Rock and Roll'... Três integrantes do grupo deram uma pausa para ele fazer um solo fantástico com a arrasa-quarteirão 'Moby Dick', de 1969, que depois se transformou nas gigantes 'Heartbreaker' e 'Whole Lotta Love'".

No dia 5 de maio, o Zeppelin estilhaçou os recordes de público no Tampa Stadium. Como observou o jornalista Rock Norcross, do *Times*: "Fazia quase quatro horas que o Led Zeppelin chegara a Tampa, atraindo quase a capacidade máxima do Curtis Hixon Hall, no centro... uma multidão de pouco mais de sete mil pessoas. O show da noite de sábado recebeu mais gente ainda". A polícia local estimou 60 mil pessoas dentro do estádio e mais 30 mil nos arredores, sem conseguir entrar.

Michael Crites escreveu para o *Watcher* que "a entrada de bateria de John Bonham trouxe a magia de alto volume do Led Zeppelin com 'Rock and Roll'. Uma escolha do quarto álbum que é da mesma estirpe da primeira obra-prima, *Led Zeppelin*".

Eles tocaram por mais de três horas e fizeram quatro bis – e mesmo assim o público não queria deixá-los sair do palco. O moral ao redor da banda não só deu uma virada, como atingiu um ápice; enquanto motos da polícia escoltavam as limousines para fora do estádio, eles festejavam com empolgação, berrando pelas janelas. No Hilton de Atlanta, John pediu ao serviço de quarto dois Brandy Alexanders para começar e, quando chegaram, disse ao garçom: "É melhor trazer mais quatro". Assim que estes acabaram, ele seguiu: "Traga uma jarra o mais rápido possível". Quando a próxima rodada chegou, ele enfim falou ao atendente: "É melhor você trazer mais duas jarras".

Cerca de 65 mil fãs munidos de ingressos ajudaram o Led Zeppelin a esmagar o longevo recorde dos Beatles de maior público – o que Danny Goldberg logo transformou num *release* enviado para veículos de comunicação de todo o país. Embora Goldberg tenha sido alertado veementemente pelo advogado do Zeppelin de Nova

York, Steve Weiss, para evitar publicar os números das finanças da banda em *releases* futuros, Peter Grant logo se impressionou com os instintos aguçados do jovem relações públicas. Poucos dias após o triunfo do Zeppelin em Tampa, Grant convocou Goldberg até seu quarto. O jovem esperou nervosamente enquanto o homenzarrão cheirava algumas carreiras grandes de cocaína. Grant enfim disse: "Seria muito bom se você conseguisse soltar alguma coisa na imprensa falando de como o Zeppelin foi a maior banda a tomar os EUA desde *...E o Vento Levou*".

Sem entender muito bem a tarefa, Goldberg perguntou inocentemente: "Você quer que eu mencione que você disse isso?".

"Não", Grant respondeu bruscamente. "Não quero que você diga isso. Acho que seria bom a imprensa dizer isso." Goldberg então voltou ao seu quarto e começou a juntar ideias, lembrando-se de que Sam Massell, prefeito de Atlanta, estivera no show naquela noite e até pedira passes de *backstage* para a família. Ele certamente não se importaria com um pouco de publicidade a mais. Na intuição, ligou para uma amiga jornalista musical, Lisa Robinson, e passou a declaração a ela. "Concluí, com precisão, que era uma invenção muito trivial para que o prefeito negasse", ele se recordaria posteriormente. "Embora tivesse suas dúvidas, Lisa prontamente 'citou' o prefeito na matéria que escreveu para o semanário britânico *Disc and Music Echo*, que fez cumprir minha tarefa e, de imediato, rendeu a ela as graças de Peter."

A cobertura contínua que Robinson faria da banda logo se tornou uma carta de grande valia, já que o então recente livro de Ellen Sander, *Trips*, enfim divulgara sua atroz experiência ao viajar com o grupo anos antes, provocando certo medo do Zeppelin entre as jornalistas. Os retratos positivos que Robinson fazia dos quatro músicos operou lentamente para mudar a opinião pública.

Inadvertidamente, Goldberg também caíra nas graças dos membros da banda. Tanto a reportagem de Robinson quanto o relatório inicial sobre os números recorde do Zeppelin atravessaram o oceano e chegaram ao influente *Financial Times*, do Reino Unido, que todas as famílias da banda liam. Robert correu até Goldberg e o abraçou. "Meu pai finalmente acredita que eu sou um sucesso!", disparou o cantor, emocionado. "Agora ele enfim acha que talvez eu tenha feito a coisa certa de não ter me tornado contador."

Pouco depois, o *Daily Express*, de Londres, publicou uma matéria semelhante sob a tranquilizadora manchete: "Acredite se quiser – Eles são maiores do que os Beatles", e Goldberg foi aceito integralmente no círculo mais íntimo do Led Zeppelin. Quando John começou a cumprimentá-lo com seu gesto típico de vestiário, sua marca registrada – agarrar as partes e perguntar: "Como vai sua maçaneta?" –, o jovem relações públicas teve certeza de que já era parte da turma.

Quando o Zeppelin chegou à Califórnia, onde fez apresentações enormes em San Diego e L.A., *Houses of the Holy* já havia tomado o primeiro lugar nas paradas norte-americanas. Levando em conta que as vendas tanto do álbum quanto dos ingressos para os shows sempre pareciam ofuscar a visão que os críticos tinham do valor do Led Zeppelin, Danny Goldberg teve a ideia de que um jornalista mais jovem – um fã do Led Zeppelin de fato – poderia fazer maravilhas para melhorar a aclamação na imprensa. No Reino Unido, Chris Welch, da *Melody Maker*, ganhara a confiança da banda por seus comentários sérios e perspicazes a respeito da música; talvez fosse possível encontrar um equivalente norte-americano.

Depois do show em San Diego, Goldberg achou esse jornalista. "Meu mantra era que os críticos gostassem ou não, o Led Zeppelin era a banda do povo, a favorita dos verdadeiros fãs de rock", ele se lembraria. "Eu destacava especificamente os fãs jovens de rock... Não foi coincidência que a matéria mais favorável sobre a turnê de 1973 do Led Zeppelin num grande jornal tenha sido escrita para o *L.A. Times*, cujo editor de música, Robert Hillburn, defendia a ideia de que havia uma transição geracional ocorrendo no rock 'n' roll. Hillburn incumbiu a matéria a Cameron Crowe."

Crowe tinha só 15 anos quando foi escolhido a dedo por Hillburn para cobrir o show na Sports Arena. Seu estilo de escrever e sua maturidade estavam bem além de sua idade, e o entusiasmo que tinha pelas bandas que cobria sempre se destacava, o que fazia dele uma voz ideal para a própria geração que, de fato, ouvia aquela música. "Exatamente no auge da histeria, quatro músicos entram no palco brilhantemente iluminado enquanto as notas iniciais retumbantes de 'Rock and Roll' explodem por meio de 33 mil watts de amplificação, potência maior que a do sistema de som usado em Woodstock", o jovem Crowe escreveu sobre o show em San Diego. "O *set* de três horas do Zeppelin tem andamento impecável com uma seleção bem feita, sob medida para agradar o público, do repertório altamente poderoso que caracterizou cada um dos cinco álbuns, todos bons de vendas, com discos de platina."

A banda se impressionou muito com o jovem jornalista. Embora tenham recusado o pedido de Crowe para uma matéria completa sobre o grupo para a *Rolling Stone*, quando chegou a hora de reconsiderar, Jimmy e Danny Goldberg insistiram para que a tarefa ficasse com o garoto.

Goldberg se recordaria: "Depois que a matéria saiu, Jimmy me disse, admirado: 'Bem, tenho um apelido para ele – Cameron Crowbar'"[35]. No mundo do Led Zeppelin, um apelido era a demonstração mais elevada de confiança.

"Na noite de segunda-feira na Sports Arena, diante de uma casa cheia com 16 mil pessoas, que começaram a se reunir na entrada ao meio-dia", escreveu Carol Olten, repórter de San Diego, "o Zeppelin confirmou toda a exaltação que antecedeu a apresentação por aqui, especificamente os shows com ingressos esgotados por todo o país e os discos de ouro que continuam a acumular... Porém, em essência, o *set* exibiu rock 'n' roll dos mais potentes".

35 Trocadilho com a sonoridade do sobrenome. *Crowbar* significa "pé de cabra", a ferramenta. (N. do T.)

Depois do sucesso em San Diego, a banda desembarcou no LAX para os shows no Forum e um desastre imediatamente se abateu. Fãs se reuniam na cerca da pista de pouso, aos gritos, na esperança de ver o Zeppelin desembarcar do *Starship*. Jovial, Jimmy notou aquele entusiasmo e falou para Richard Cole: "Me dê dez minutos e já vamos". Ao passar a mão pela cerca de arame para dar autógrafos, ele prendeu um dos dedos direitos. "Ah, merda!", gritou, dando meia-volta rapidamente para alcançar a limousine que o aguardava. "Acho que me dei mal", disse a Cole. O dedo fora torcido, o que deixaria o virtuoso da guitarra de molho por quase uma semana. Sem opção, o primeiro dos dois shows no Forum foi adiado para mais tarde naquela semana. Jimmy deixou a mão submersa em água com gelo ao longo do dia seguinte inteiro e sofreu durante todo o segundo show no Forum, no dia 31 de maio.

Ele não poderia perder o aniversário de 21 anos de John.

"Boa noite!", disse Robert ao microfone. "Esta é a festa de aniversário do Bonzo! Conheço ele há 15 anos, e ele foi um filho da mãe a vida inteira!"

Como escreveu Charles Shaar Murray: "De repente, as luzes explodem, e lá estão eles. John Paul Jones, de cabelo mais ou menos curto, bigode e baixo de cinco cordas, parecendo que acabou de sair dos Eagles; Page de peito nu, num traje de veludo preto com algumas lantejoulas, empunhando uma Les Paul imponente; Bonham se acomodando à bateria e checando se está tudo em ordem; e o leonino Robert Plant de camisa florida e jeans".

Abriram com "Rock and Roll". O público do Forum foi à loucura com o *setlist* repaginado, e só depois de horas de show foi que Robert enfim divulgou que Jimmy havia torcido o dedo, o que rendeu aplausos da arena inteira. Inspirado pela demonstração efusiva de apreciação, Robert olhou para a multidão e disse: "Eis uma música sobre vocês", abrindo passagem para o trovejante *riff* de abertura de Jimmy para "The Ocean".

Em seguida, o próprio "oceano" cantou "Parabéns a Você" para John antes de a banda fazer o primeiro bis com a obrigatória "Whole Lotta Love".

Imediatamente após o show, a banda correu para as limos e partiu para Laurel Canyon, na casa do dono de uma rádio, que, junto com Tony Mandich, da Atlantic Records, e o *disc jockey* nova-iorquino J. J. Jackson, deu uma festa de aniversário repleta de estrelas para John, no alto das Hollywood Hills.

"Um projetor exibia *Garganta Profunda* continuamente enquanto o aparelho de som enchia a casa com Johnny Winter, Stones, Humble Pie e Manassas. Roy Harper, um dos novos nomes que o Zep reconhecia como influência, estava presente, assim como Jimmy Karstein, que se destacou durante o show de Clapton no Rainbow, e B. P. Fallon, que veio do outro lado do mundo depois que a banda ligou para ele de manhã, da casa de Michael Des Barres", escreveu Nick Kent. Havia uma surpresa para John: George Harrison passou pela festa com a esposa, Pattie Boyd. O ex-Beatle admitiu ser fascinado pelo Led Zeppelin – em particular, pela aparente ascensão ao superestrelato e a queda pelo rock pesado – e havia ido ao show em San Diego no dia 28 de maio. Naquela noite, Harrison puxou um dos *roadies* de lado e perguntou quem seria a banda de abertura. Quando ele respondeu que o Zeppelin não viajava com banda de abertura, Harrison quis saber quando seria o intervalo. O Led Zeppelin nunca precisou de intervalos.

"Puta merda!", exclamou Harrison. "Os Beatles nunca ficavam mais de 40 minutos no palco quando fazíamos shows."

E era verdade; a banda nunca precisava de intervalo – em grande parte, graças ao solo de John em "Moby Dick", que proporcionava uma pausa suficiente para os outros três. Já o próprio John não precisava de pausa nenhuma.

Quando John estava prestes a cortar o bolo de aniversário enorme, George Harrison – completamente bêbado e alegre – correu até ele, meteu a mão na primeira camada do bolo e deu com ela no rosto do aniversariante. Em meio às gargalhadas dos convidados, John entendeu que era uma declaração de guerra, então pegou o resto do bolo e o arremessou na direção de Harrison. Errou, mas conseguiu se vingar mais tarde naquela noite ao jogar Harrison e Boyd na piscina. Em pouco tempo, vários convidados riam e se empurravam também – exceto Peter Grant, que todo mundo deixou em paz por medo de ele levar para o lado pessoal, e Jimmy, que se absteve, afirmando que não sabia nadar.

"O fino traje *vintage* de veludo do sr. Fallon foi destruído por completo quando ele caiu na água", acrescentou Charles Shaar Murray, "assim como a câmera de Rodney Bingenheimer e um casaco de pele que pertencia a uma dama chamada Vanessa... Sobre o acontecido, colocaremos um véu ligeiramente úmido".

Originalmente, o Zeppelin deveria tocar em noites consecutivas no Forum, mas, devido ao machucado de Jimmy, a primeira data foi reagendada – o que forçou a banda a voar até São Francisco no dia 2 de junho para, depois, retornar a L.A. para o "remendo" contratual no Forum, no dia 3 de junho.

Em São Francisco, o Zeppelin foi o *headliner* de um festival que durou o dia todo no Kezar Stadium para o influente *promoter* Bill Graham, empresário e chefão do Fillmore East e Fillmore West. Mesmo com a experiência prévia que tivera ao trabalhar com o Zeppelin, Graham ficou chocado com a reação que a banda causava nos fãs, especialmente nos últimos anos desde que eles tocaram em uma de suas casas. Para o evento no Kezar, Graham abriu os portões às 5h30min da manhã e se deparou com mais de três mil fanáticos do Zeppelin, que, dedicados, haviam acampado ali por duas noites só pela chance de ver a banda. O grupo deveria entrar no palco no início da tarde, depois de um trio de atrações que incluíam Roy Harper, o cantor folk amigo de Jimmy e Robert, seguido da banda The Tubes e de Lee Michaels.

No entanto, no dia do festival, o Zeppelin se atrasou uma hora e meia, o que enfureceu Graham. Relatou-se que Roy Harper teria silenciado alguns provocadores na plateia, gritando de volta: "O Zeppelin nem saiu de L.A. ainda, então calem a porra da boca!".

"Não houve uma recepção calorosa da plateia para com o Led Zeppelin, como foi evidente no final de semana passado, quando Grateful Dead e amigos batizaram o Kezar como uma arena para supershows de rock", escreveu Philip Elwood no *San Francisco Examiner & Chronicle*. "Uma parcela substancial do público de ontem (talvez metade) comprou ingressos em agências distantes da Bay Area e estava aqui para se divertir com o Zeppelin, não necessariamente para tomar parte nas performances comunais de grupos da região."

Quando chegou, a banda tocou por mais de três horas para compensar os fãs pacientes – e então seguiu para o *backstage* e confrontou o *promoter* em pessoa. Um homem de negócios tão duro quanto Peter Grant, Graham estava irritado desde o início, incomodado com o tanto de dinheiro que o Led Zeppelin exigira pela apresentação. O *San Francisco Examiner & Chronicle* publicou que a banda "levou mais de mil dólares por minuto, num show de duas horas e meia". Como resultado, já havia uma rixa entre Graham e o empresário do Zeppelin, que impregnou as interações dos dois ao longo de toda tarde e noite. Como demonstração de autoridade, Graham negou acesso ao palco ao fotógrafo recentemente contratado pela banda, Neal Preston, no meio do show, o que irritou Grant ainda mais. Em retaliação, depois de sair do palco, a banda deixou John à solta, incitando a Besta a virar um balde de água com gelo na cabeça do *promoter*. Graham ficou furioso, mas se intimidou demais com a combinação de Peter Grant, Richard Cole e John Bonham para levar adiante a questão. Porém, o dia da vingança de Graham em relação aos três chegaria.

"Boa parte da força musical do Zeppelin vem do ímpeto da cozinha, com John Bonham", escreveu Michael Wale no *Los Angeles Times*, "um relógio preciso na bateria, que chega a dar 20 minutos de intervalo para o resto do grupo enquanto faz um solo no palco na metade da apresentação. Ele tem a força dos melhores bateristas americanos brancos".

O repórter apontou as frustrações constantes do Zeppelin com a imprensa dos EUA, dando como exemplo a conhecida animosidade entre a banda e aquela que era provavelmente a revista de cultura pop mais influente do país. "Nos EUA, eles conduzem uma esplêndida guerra de mão dupla com a *Rolling Stone*, outrora líder da imprensa alternativa, que agora se tornou quase parte do *establishment* que antes afrontava. A *Rolling Stone* atacou o Zep, e, quando eu estive com o grupo num show em São Francisco, terra natal da revista, o Zep contra-atacou ostensivamente do palco, levantando um rugido de apoio dos 53 mil presentes... Continuaram a batalha na noite seguinte, no Forum, em Los Angeles. É improvável que a segunda metade da turnê norte-americana traga um tratado de paz."

Wade adicionou: "O Led Zeppelin é a banda definitiva de heavy metal".

De volta a L.A., eles assumiram seu lugar de costume como reis do 11º andar. Jimmy ficou trancado com sua queridinha de sempre, Lori Maddox, enquanto John e Richard Cole se alternavam na condução de motos Honda para cima e para baixo pelos corredores. Quando não estavam disputando corrida pelas escadarias, John e alguns *roadies* passavam o tempo de maneira costumeira: destruindo quartos e jogando móveis e televisores pelas janelas.

"Eles estavam cansados", Danny Goldberg se recordaria a respeito do comportamento da banda. "Nunca são contadas as histórias de quantas vezes não houve festas loucas e do quão solitários e exaustos eles ficavam."

Além do tédio e do cansaço, o grupo também ficava tenso quanto à segurança. A cada turnê, o comportamento arriscado aumentava – não só da parte deles, mas também dos fãs. Cada show era propício para revoltas, violência e caos induzido pelas drogas e pelo álcool. Peter Grant ainda se preocupava com as ameaças de morte que pareciam se acumular contra a banda à medida que a popularidade e a fama cresciam – para Jimmy em particular. Desta vez nos EUA, Grant ficou tão aflito que contratou um batalhão de seguranças particulares que ficaram na porta da suíte de Jimmy durante toda a estadia em Los Angeles.

"O Led Zeppelin sempre foi alvo de ameaças de morte", Danny Goldberg mencionaria. "A turnê de 1973 foi a primeira vez que ameaças de morte significativas foram direcionadas ao Zeppelin, então levaram muito a sério... Depois, elas viraram rotina."

A turnê chegou ao fim com uma série de shows bem recebidos. "Ninguém atingiu o nível de extravagância demonstrado pelo Led Zeppelin ao vivo no show de ontem à noite no Seattle Center Coliseum", escreveu Patrick MacDonald no *Seattle Times*. "Fumaça, fogo, luzes estroboscópicas, fogos de artifício e foguetes encheram o palco em algum momento ou outro durante as três horas ininterruptas de música. Sem falar nos três andares de luzes e alto-falantes que cercavam os quatro músicos e os painéis espelhados atrás deles... John Bonham, o baterista, demonstrou uma força sobrenatural ao encarar as três horas inteiras sem descanso, mesmo depois de um solo enérgico que deve ter durado 20 minutos... Foi uma experiência e tanto."

No dia 20 de julho, em Boston, Peter Hearts, jornalista do *Herald*, não pôde deixar de notar a exaustão da banda com o comportamento do público, que já tinha decaído como um todo durante a loucura de 1973. "O Led Zeppelin ficou um tanto quanto estupefato diante do que rolava, mas, com verdadeiro profissionalismo, continuou a tocar... Por fim, o grupo executou o que todos esperavam, o hino do heavy metal – 'Stairway to Heaven'. Uma das canções clássicas do rock, 'Stairway' ajudou a nutrir a música agressiva, pesada e violenta que atualmente prevalece e que serve como um pano de fundo adequado para os feitos de um público violento."

Por mais lucrativo que tenha sido o primeiro braço da turnê norte-americana, quando a banda tirou o mês de junho para ficar em casa, todos os quatro integrantes suspiraram juntos de alívio.

Capítulo Dezesseis

JULHO DE 1973–JANEIRO DE 1974

Certa tarde, Peter Grant chamou Danny Goldberg em seu escritório, onde o jovem executivo viu-se cercado pela banda toda à sua espera. Alegavam que havia um problema que precisavam tratar. "Estamos cansados de ver fotos nos jornais que não incluem Bonzo e Jonesy", disse Jimmy. "Esta é uma banda de quatro pessoas, e eu não quero mais que isso aconteça." John assentiu com a cabeça, e Goldberg logo entendeu que o pedido viera por insistência dele.

Enquanto Grant namorava a ideia de proibir fotógrafos nos shows – um pesadelo para um relações públicas, aos olhos de Goldberg –, chegaram a um acordo no qual o jovem executivo poderia buscar um fotógrafo "oficial" de turnês, alguém que fizesse as imagens da maneira que a banda desejasse. Ele então contatou Neal Preston, um fotógrafo de rock novato e promissor, que vinha se especializando em fotos de shows e ganhando renome rapidamente com registros informais brilhantes dos artistas nos bastidores.

"A primeira vez que fotografei o Led Zeppelin foi bem antes de trabalhar para eles", Preston se recordaria. "Eu tinha 18 anos, acho que estava no último ano do ensino médio. Eles tinham feito uma coletiva de imprensa, que depois ficaria famosa, quando foi feito o anúncio da enquete dos leitores da *Melody Maker* que os elegeu como 'melhor banda de rock do mundo' pela primeira vez... Os Beatles tinham recebido esse título umas seis vezes seguidas, então o Zeppelin tomar o lugar deles era impactante, o que rendeu uma coletiva. Eu conhecia o pessoal da assessoria e fiquei na primeira fila, fotografando Jimmy e Robert. Mais tarde, no mesmo dia, eles tocaram no Madison Square Garden, e eu fotografei o show."

Dois anos depois, Preston fez uma parceria com outro *freelancer* nova-iorquino, Andrew Kent, que se tornaria o fotógrafo oficial de David Bowie. No início dos anos 1970, a dupla fechou um contrato com a Atlantic Records, no qual um deles deveria permanecer à disposição caso a gravadora precisasse de cobertura fotográfica em cima da hora para algum evento ou show. Preston relembrou: "Fiz mais uns trabalhos para o Zeppelin por meio desse contrato. Já conhecia Danny Goldberg havia muitos anos, só depois conheci Peter Grant".

Ele prosseguiu: "De cara, já ouvi falar que a banda não frequentava a TV, então fotos seriam de suma importância. Quando ficou acordado que eles teriam seu próprio fotógrafo oficial, falei para Danny: 'Eu adoraria dar a cara a tapa'. Alguns meses depois, ele me ligou e disse: 'Você ainda tem interesse?'".

"Neal obteve acessos que outros fotógrafos não tinham em troca do direito da banda de reprovar as fotos de que não gostasse, bem como o de usar qualquer uma delas para divulgação na imprensa ou marketing", lembrou Goldberg. "Prometi ao grupo que Neal passaria o tempo todo naquela primeira noite tirando fotos com todos os quatro... Para minha surpresa e alívio, a solução foi aceita por Peter e Bonzo, e a reunião terminou abruptamente."

"Como fotógrafo, tento ser o mais invisível possível", Preston explicaria. "Tento me esconder por trás da banda e fazer o meu estilo de foto. Com o Zeppelin, o segredo para se manter invisível era ser muito visível – deixá-los ver você fazer o seu trabalho e se tornar parte do próprio tecido da turnê... Eles ficavam bem confortáveis, e essa era a ironia: se você quisesse ser invisível, teria de se fazer presente o tempo todo."

Naquela noite, Preston chegou ao Chicago Stadium para o primeiro compromisso como fotógrafo oficial do Zeppelin. Na terceira música, ele ainda estava com dificuldade de obter o tipo de registro de ação que a banda queria, principalmente devido à luz baixa que cercava a cozinha, Bonham e Jones. Procurou por Goldberg freneticamente no *backstage*, gritando por cima da música que a iluminação de Jimmy e Robert estava perfeita, mas que não conseguia capturar os outros dois.

Sem querer decepcionar o grupo, Goldberg, Preston e Richard Cole encontraram o operador de iluminação, explicaram o problema e pediram se as luzes de Bonham e Jones poderiam ser aumentadas durante uma única música para que as fotos pudessem ser feitas. "O cara da luz olhou para mim como se eu fosse maluco", recordou-se Goldberg. "Ele me explicou que 'as luzes fortes ficam em Jimmy e Robert. Sempre foi assim, é assim, e é assim que Jimmy quer', e virou as costas."

Goldberg e Preston esperaram pela ira de John e Grant. No dia seguinte, porém, John já tinha se esquecido da coisa toda.

Segundo John Paul Jones, embora o arranjo de iluminação fosse uma questão, a banda assumia suas posições no palco deliberadamente, no intuito de otimizar a colaboração entre si. "Eu sempre começava o show bem perto da frente do palco, então, ao longo da primeira música, ia me deslocando para trás e acabava debaixo do prato de condução de John", ele se recordaria. "Era o meu lugar favorito, pois conseguia sentir o bumbo ao invés de contar com os retornos. E, é claro, podia ver John por debaixo do prato, porque ele ficava num tablado, e eu conseguia olhar para ele de baixo para cima... É preciso se entreolhar para pegar as deixas. Havia muito contato visual."

Após conhecer as personalidades dos quatro artistas, parte da equipe de turnê achava o comportamento no palco bem curioso. "Quando não havia vocal, era quase como se Jimmy não deixasse Jonesy chegar perto de Bonzo, porque era o momento dos dois [Jimmy e Bonham]", lembrou o assistente e técnico de voz de Robert, Benji LeFevre. "Jimmy ficava na frente da bateria o tempo todo. Direcionava Bonzo e sugeria aonde ir. Jonesy só seguia, porque era um músico brilhante da porra, dava conta de qualquer coisa."

LeFevre acrescentou: "Acho que a telepatia entre Jimmy e Bonzo como músicos quase se estendia ao uso de drogas. Do tipo, 'vamos ver o quão fodidos conseguimos ficar e ainda tocar'".

Como fotógrafo oficial do Led Zeppelin, Neal Preston agora era uma engrenagem essencial no motor que fazia a máquina funcionar, e, como ele se recordaria mais tarde, o método para produzir o material de divulgação do grupo de cidade em cidade era um mecanismo bem azeitado. "Um esquema muito interessante", disse Preston. "Tínhamos uma 'base' em certas cidades, já que a banda possuía o próprio avião... Depois de cada show, no próximo 'dia de folga', eu colocava todos os filmes em malas para levar aos laboratórios locais que usávamos. Tínhamos um em Nova York, um em Chicago, outro em New Orleans. Então eu ia para a sala de revelação com uns 60 filmes, escrevia as instruções, e então os laboratórios eram notificados de que receberiam algo importante à noite – e eu encomendava seis impressões para cada rolo. Richard Cole me deixava usar a limo por uma hora após o show para que eu pudesse correr para o laboratório. Eu não deveria pegar garotas; eu não deveria sair para passear – só tinha uma hora, então era um corre-corre só!"

Se tudo corresse tranquilamente, Preston recebia a encomenda do laboratório local até o café da manhã do dia seguinte. "Batiam na porta do meu quarto no hotel para deixar os negativos revelados, as seis cópias e todos os *slides* – eu raramente dormia, tinha uma média de 45 minutos a uma hora de sono naquelas turnês. Então tinha de reunir tudo e fazer seis envelopes diferentes: um para cada membro da banda, um para Peter e um último conjunto para eu mesmo guardar. Saía jogando os envelopes por debaixo das portas das suítes de cada um deles. Nunca descobri o que acontecia depois disso, a menos que comentassem algo ou deixassem bilhetes – mas sei que Jimmy guardava tudo e, até hoje, acredito que ele tenha um acervo completo."

Além da câmera e do equipamento de iluminação, Preston começou a viajar com um projetor Kodak de bandeja circular. "Comportava talvez umas 80 transparências coloridas de uma vez, e nós podíamos escolher quais fotos seriam usadas na imprensa... Muitos anos depois, me dei conta de que sou muito viciado em prazos – sou um *junkie* dos prazos."

Com Danny Goldberg lidando com a imprensa e Neal Preston encarregado das imagens oficiais da banda, em 1973 o Led Zeppelin já tinha controle completo de sua presença na mídia.

O segundo braço da turnê norte-americana foi uma maratona extenuante de 16 shows em 19 dias, com quase nada de descanso para quem já andava esgotado – mas o final estava à vista. Depois de um mês inteiro em casa no Reino Unido, o grupo tinha de prosseguir apenas pelo mês de julho.

Nesse período em casa, Robert enfim cumpriu seu antigo plano de comprar outra fazenda, desta vez, para criar ovelhas na costa galesa. Jimmy tirou o tempo necessário para sua mão sarar e passou quatro semanas tranquilas em sua nova morada – a famosa "Tower House", na região de Kensington, em Londres, pela qual ele superara um lance de seu rival do rock 'n' roll, David Bowie. Antiga residência do ator Richard Harris, cada cômodo da majestosa mansão era projetado para representar um tema artístico abrangente: o oceano, as estrelas, a Terra em si – e Jimmy foi grato por estar numa fortaleza tão bem pensada, já que recebera ordens rígidas dos médicos de não encostar nas guitarras pelas próximas quatro semanas inteiras. Quando a banda desembarcou em Chicago, no dia 6 de julho, as mãos de Jimmy pareciam estar mais uma vez em plena forma.

Num período anterior ao primeiro braço da turnê, alguns meses antes, a banda fora abordada pelo cineasta experimental Joe Massot. Ele apresentou a Peter Grant um conceito incomum: um filme de um show do grupo entremeado por imagens dos integrantes em casa com suas famílias e, depois, vistos em vinhetas simbólicas oníricas que representassem suas paixões e sonhos mais profundos. Massot já fizera um faroeste de arte rock 'n' roll chamado *Zachariah*, e, em retrospecto, suas ideias para aquele projeto com o Led Zeppelin não pareciam tão estapafúrdias; um filme de show tão fora da curva poderia ser visto como uma extensão das apresentações ao vivo teatrais da banda. Ainda assim, Grant considerou que o ambicioso formato do filme seria muito caro e tomaria tempo demais e, a princípio, recusou a proposta de Massot. Ao longo do ano, porém, tanto a banda quanto o empresário reconsideraram o potencial de ter um show gravado com um bom orçamento na manga para uso futuro, talvez no lugar de uma turnê, caso precisassem de um tempo mais prolongado fora dos palcos. No intuito de ir adiante com o investimento, Grant coordenou para que Massot e uma equipe de filmagem acompanhassem o Zeppelin nas últimas três datas da turnê pelos EUA.

Ao Led Zeppelin e a essa equipe se juntaram B. P. Fallon, que Grant manteve como relações públicas no Reino Unido, e os cinegrafistas de Massot. Do aeroporto de Newark, toda essa *entourage* viajaria junta no *Starship* para determinados shows.

Em Nova York, a banda hospedou-se no Drake, outro hotel luxuoso situado na Madison Avenue. Massot filmaria os shows no Madison Square Garden, bem como as apresentações marcadas em Baltimore e Pittsburgh.

O Garden ficou para o final. Como Massot tinha sido contatado por Grant de última hora, sua equipe e equipamentos foram reunidos às pressas. Sem a meticulosa agenda de filmagem que esse tipo de projeto ambicioso geralmente requer, as câmeras foram rodadas a esmo, o que exigiu infindas refilmagens para dar continuidade e um mínimo de coesão narrativa. Antes mesmo da conclusão do filme, já se notava John Paul Jones com camisas diferentes entre um show e outro, enquanto Jimmy, que cortara o cabelo, seria forçado a usar uma peruca para bater uma cena com outra. As câmeras estavam rodando na apresentação em Nova York quando, no que seria motivo eterno de infâmia, a banda teve 200 mil dólares roubados de um cofre no hotel.

Segundo Richard Cole, o Led Zeppelin costumava viajar com volumes enormes de dinheiro vivo, chamados por ele de "trocados" para emergências ou necessidades de última hora – que iam de equipamentos musicais adicionais, tais como uma guitarra substituta para Jimmy, a grandes quantidades de drogas para todo mundo. Como os shows no Madison Square Garden eram as últimas paradas da turnê e o montante do Zeppelin era gordo, Grant optou por deixar mais dinheiro do que de costume à mão para pagar Massot e a equipe. Ele viria a se arrepender dessa decisão.

"Fui até o cofre às 2h ou 3h da manhã após um dos shows", Richard Cole relembraria, "para pegar algum dinheiro que Jimmy precisava para comprar uma guitarra, e naquele momento estava tudo ali. Em seguida, dormimos o dia todo. Então, na noite do último show, fui pegar o dinheiro para pagarmos os trabalhos no Garden quando estávamos quase entrando nas limousines, abri o treco e não tinha porra nenhuma. Não havia dinheiro, só os passaportes. Dei um berro grotesco".

Em pânico, mas ciente de que o FBI seria convocado por conta do roubo de uma quantia tão grande de dinheiro, o prestativo *road manager* se esgueirou para as suítes dos quatro integrantes e deu fim no máximo de drogas que conseguiu encontrar. Quando os agentes federais chegaram, até Cole foi interrogado a respeito de seu paradeiro, bem como submetido a um teste de polígrafo. Ele passou.

Durante o show no Garden, porém, a banda estava completamente ignorante sobre o drama que se desenrolava nos bastidores. Danny Goldberg notou a ausência de Cole enquanto o Zeppelin tocava "No Quarter" e só então começou a se dar conta do comportamento cada vez mais suspeito de todo mundo: Peter Grant, regularmente já irritável, parecia ainda mais agitado numa conversa sigilosa com o presidente da Atlantic, Ahmet Ertegun.

Sabendo que a apresentação daquela noite era para o filme, a banda deu um gás extra no palco. Para a ocasião, John Bonham distribuiu seus surdos entre 16, 18 e 20 polegadas, deixando o solo de "Moby Dick" particularmente teatral ao tocar com as mãos em conjunto com pedais de efeito de sonoridade *dub*. Também tirou melodias e *riffs* singulares dos pratos de condução e ataque – além do gongo sinfônico imenso.

Assim que John começou o solo, o restante da banda foi ao *backstage* para o tradicional descanso de meia hora. Foi quando Grant contou do roubo. Mais surpreso do que raivoso por alguém ter ousado roubá-lo, o Zeppelin conteve as emoções diante das câmeras. Mais tarde, Jimmy admitiria: "Havia chegado um ponto em que nós realmente não nos importávamos tanto assim".

No palco, "Moby Dick" chegava ao crescendo retumbante. Como esperado, a plateia nova-iorquina ficou louca com as teatralidades de John – mas não tão louca quanto o próprio ao chegar ao *backstage* e ficar sabendo do roubo. "Se fizermos uma coletiva", ele berrou, "vamos sair duplamente perdendo, isso sim! Se dermos a entender que estamos preocupados demais, vão dizer que só estamos nessa por dinheiro. Se dissermos que não nos importamos, vão falar que é porque somos ricos demais!".

Danny Goldberg contaria: "Na manhã seguinte, fui convocado ao quarto de Peter para ajudá-lo a lidar com as equipes de TV e repórteres reunidos no *lobby*. Perguntei se ele queria que eu ligasse para o departamento de RP da Atlantic, e ele surtou, dizendo que não queria a porra da gravadora ali, só queria que eu organizasse a coletiva... O *New York Daily News* publicou uma manchete de primeira página em letras garrafais que dizia 'Led Zep Roubado'. Lee [Solters] olhou para mim com aprovação e disse: 'Veja só – se não tivéssemos feito todo aquele trabalho, teriam dito 'Banda de Rock Roubada''".

Durante a coletiva, perguntaram a Peter Grant por que a banda viajava com tanto dinheiro. Inocentemente, ele explicou que era para deixar o *Starship* sempre à disposição. Pressionado se o Led Zeppelin tinha seguro para um roubo dessa proporção, Grant latiu: "Não, nós amamos os EUA!".

Eles amavam – mas ainda assim estavam fartos do país. Ninguém foi preso pelo roubo, e os 200 mil dólares nunca foram recuperados.

O Led Zeppelin voou para casa na manhã seguinte bem cedo.

"No final do verão de 1973, John se recuperava de uma turnê extenuante de 36 shows pelos EUA", Mick Bonham se recordaria.

De fato, o Bonham mais velho estava exausto e mal tivera tempo para desfrutar dos prazeres de seu novo lar em Old Hyde, seus carros, seu barco, seus touros – em particular, seu novo garanhão Hereford premiado, Bruno –, além da família e amigos. "No período que passamos reconstruindo Old Hyde, John retomou o amor pela pescaria", Mick diria. "Várias vezes, ele chegava e perguntava se Matt e eu estávamos a fim de uma boa pescaria à beira do rio."

Em setembro, John e Robert também tiraram um tempo para visitar os velhos amigos de Birmingham, Tony Iommi e os demais membros do Black Sabbath. Eles estavam finalizando seu quinto álbum no Morgan Studios, em Willesden, North London. John e Robert haviam gravado parte de *Led Zeppelin II* no mesmo estúdio alguns anos antes e ficaram animados para surpreender os antigos colegas.

"Quando os caras do Zeppelin nos visitaram nas gravações de *Sabbath Bloody Sabbath*, fizemos uma *jam*", Iommi lembraria. "Bonham queria tocar uma das nossas músicas, acho que 'Sabbra Cadabra', mas dissemos: 'Não, já tocamos as nossas músicas. Vamos só fazer uma *jam* e tocar outra coisa'."

John e Robert passaram a tarde no estúdio, e as fitas rolavam enquanto as duas bandas colaboravam num festival de blues improvisado. "Não sei se ainda existem as gravações disso", admitiu Iommi. "Seria um negócio diferente – *Black Zeppelin!* Foi a única vez que as duas bandas tocaram juntas... John chegou a subir no palco e fazer *jams* conosco no início, mas Bill [Ward] nunca gostou que [Bonham] tocasse no kit dele. Era o seu xodó, e Bonham sempre quebrava alguma coisa."

"Ah, Bill, me deixe tocar", John implorava.

"Não, você vai quebrar algo", respondia Ward.

John era insistente. "Me deixe experimentar, Bill!"

"Não!"

"Eram sempre o Zeppelin, o Sabbath e o Purple", Iommi rememorou, "mas a rivalidade mesmo era com o Deep Purple, mais adiante, quando *Paranoid* estava nas paradas, e eles tinham lançado 'Black Night'. Foi aí, quando as duas bandas estavam subindo nas paradas, que sentimos uma rivalidade real... Éramos muito bons amigos do Led Zeppelin, a ponto de [mais tarde] eles até nos quererem no selo Swan Song... Teríamos adorado que Peter Grant fosse nosso empresário também, mas não era para ser".

Antes de sair do Morgan Studios, Iommi contou a John que planejava se casar com sua namorada de longa data, Susan Snowdon, no início de novembro. Ele então convidou o velho amigo para ser padrinho.

No final de setembro, os leitores da *Melody Maker* escolheram Robert como o vocalista número um do mundo, lembrando à exausta banda do porquê ela havia passado a maior parte de 1973 dando tão duro: os fãs a adoravam e sempre queriam mais. Porém, mesmo longe da estrada, eles tinham obrigações para manter o grupo em alta. Em outubro, Joe Massot anunciou que era hora de gravar as sequências oníricas para o filme. O cineasta visitou todos os integrantes da banda em suas casas e permitiu que eles ditassem que simbologias e paixões mais profundas queriam filmadas para representá-los. Jimmy levou Massot até a velha propriedade de Aleister Crowley às margens do lago Ness, Boleskine, e pediu que capturasse imagens dele escalando uma montanha ali perto; tudo indicava que a mão de Jimmy se curara por completo. No precipício, ele usou um manto escuro e ritualístico, parecendo assumir a forma do Velho da Montanha, empunhando simbolicamente a lamparina do ermitão do tarô, não por acaso trazendo à mente a estranha imagem interna do quarto álbum do Led Zeppelin, a obra-prima da banda.

De maneira mais simples, Robert quis que sua vinheta mostrasse imagens dele brincando com a família na fazenda no País de Gales e no castelo Raglan. John Paul Jones andou a cavalo vestido como um cavaleiro à la Príncipe Valente, de armadura reluzente, e, por fim, leu histórias de ninar para suas duas filhas antes de apagar a luz.

Sem ser afeito a contos de fada, John se considerava mais feliz e em paz quando estava em casa, em Birmingham, cercado pelas coisas que mais amava – Pat, a fazenda e sua agora enorme coleção de carros. "Após umas duas semanas de descanso, John chegou à fazenda", Mick Bonham se recordaria, "mas, dessa vez, veio com uma equipe de filmagem completa... Ele só queria fazer aquilo que mais curtia, que era ficar na fazenda com a família, jogar bilhar num clube local, dirigir carros velozes e tomar um *pint* no pub".

A cena do baterista abria com imagens idílicas dele e Pat caminhando de mãos dadas por Old Hyde e, em seguida, subindo numa charrete para um passeio romântico pelos campos. Daí em diante, trechos de John no palco do Madison Square Garden seriam contrapostos à sua paixão por automobilismo. Ele se divertiu ao pensar em qual de seus automóveis *vintage* deveria aparecer na vinheta, até enfim se decidir pelas duas aquisições mais recentes – um caminhão de gelo Ford Model T customizado, transformado num *hot rod*, e uma moto chopper fabricada nos EUA, com um motor britânico Bonneville de 650 cilindradas. O *hot rod*, chamado de "Instant T", vencera o Oklahoma Custom Car Show e era movido por um motor de sete litros com um *blower*, que propulsionava o veículo a até 95 km/h em menos de três segundos.

Massot filmou uma das cenas mais memoráveis do longa em Blackpool, tão perigosa que a polícia da cidade precisou ser avisada de que se tratava da produção de um filme. John insistiu que sua vinheta fechasse com ele entrando na *dragster* do célebre corredor britânico Clive Skilton e disparando pela pista Santa Pod, em Podington, Bedfordshire. Repletas de ação, as imagens capturaram o baterista na máquina perfeita e foram justapostas a "Moby Dick".

Sem querer ficar para trás, Peter Grant e Richard Cole apareceram juntos na abertura do filme, vestidos de gângsteres dos anos 1920 e empunhando metralhadoras, com as quais disparavam uma saraivada de balas em vítimas sentadas num bar. Quando Massot exibiu um corte bruto do filme para o grupo, porém, foi Grant quem se sentiu vitimizado.

Por ter financiado a produção do próprio bolso, ele explodiu, acusando a fita de ser "o pior e mais caro filme caseiro já feito". Depois de considerá-lo impossível de ser lançado, Grant demitiu Massot e guardou as imagens brutas para uso em outra coisa futuramente – se necessário. Até Jimmy ficou furioso. Como o diretor não filmou, dentre tantas coisas, "Whole Lotta Love"?

Em 3 de novembro, John deixou o brilho, o glamour e o superestrelato do rock 'n' roll e de Hollywood de lado e aceitou as honras de ser padrinho de casamento de Tony Iommi – o primeiro casamento de quatro do guitarrista.

Iommi admitiria posteriormente o quão intimidado estava com a família da noiva: uma gente endinheirada que vivia num casarão enorme e imponente. No dia que ele foi até a mansão para pedir a mão de Susan em casamento, os pais dela convocaram os empregados a trazer uma bandeja com chás e bolos chiques, dispostos em chaleiras e xicarazinhas de porcelana chinesa fina. Assim que os futuros sogros de Iommi pediram que a recepção do casamento acontecesse na própria casa, o guitarrista logo temeu o momento que teria de apresentar a lista de convidados – os membros do Black Sabbath e do Led Zeppelin na mesma sala. "Com mil diabos", Iommi pensou. "O que vai acontecer quando eles virem meus amigos?"

Porém, essa preocupação ficaria para outro dia. Primeiro, ele tinha de passar pela despedida de solteiro – a noitada obrigatória – cujo anfitrião seria ninguém menos que John Bonham.

Na noite anterior ao casamento, John manteve a palavra de tentar fazer da programação a mais inofensiva e sem comportamentos malucos o possível. Afinal, precisariam acordar cedo no dia seguinte, sendo que o próprio John era o responsável por levar o noivo à igreja a tempo. Para simplificar a noitada, não convidou mais ninguém, seriam só ele e Iommi mais um motorista que os levaria pelos pubs do centro de Birmingham. As horas voaram e, quando os dois chegaram ao último pub do roteiro, um antigo lugar na Corporation Street chamado

Sloopy's, faltavam poucos minutos para fechar. Iommi já estava pronto para encerrar os trabalhos.

"Vamos tomar mais uma", insistiu John.

"Certo, uma saideira!", Iommi se recordaria. "John enfileirou 12 garrafas de champanhe e 12 taças no bar – e disse ao *bartender*: 'Pode servir!'. Achei que ele ia servir todo mundo no pub, mas não, afirmou que era tudo para mim."

"Vai cagar, John", Iommi tentou argumentar. "Vou me casar de manhã. Se eu beber isso tudo, nunca vou chegar lá!"

John pensou por um instante. "Bem, eu bebo, então", e virou a primeira taça da fileira.

Os dois amigos entornaram o máximo que puderam, já que o Sloopy's se esvaziara e o *bartender* estava ansioso para fechar. "Na saída", lembrou Iommi, "John pegou o dono do bar pelo pescoço, e o camarada caiu da escada. Ele se feriu, então não ficou muito contente. Eu e nosso motorista conseguimos tirar o Bonham do pub e colocá-lo no carro, levando-o para casa primeiro".

Ao enfim chegar a Old Hyde às 4h da manhã, John vasculhou os bolsos e, de repente, percebeu que não estava com as chaves – e mal conseguia ficar em pé. Iommi apoiou o imenso baterista e tentou tocar a campainha. Sem resposta. Ele tocou mais uma vez, ainda sem sucesso. Na terceira vez, viu uma luz se acender num quarto do segundo andar da casa. Pat, meio dormindo, se debruçou na janela e disse aos dois: "Ele não vai entrar!".

"Eu disse: 'Pat, por favor, deixe-o entrar. Vou me casar de manhã, e ele precisa estar lá!'", recordou-se Iommi.

"'Ele não vai entrar!'"

"Por favor!", gritou Iommi de novo.

"Por fim, Pat falou: 'Tudo bem, mas ele não vai subir! Se entrar, pode dormir na sala'", relembrou o guitarrista.

Iommi concordou, apoiou John contra a porta e esperou que a exausta Pat viesse destrancá-la. De camisola, ela abriu e correu de volta para o quarto, deixando que Iommi e o motorista levassem John para dentro. Ao colocá-lo sentado num aquecedor, Iommi perguntou a Bonham, que estava hostil: "Você não vai conseguir chegar amanhã, vai?".

John fez um sinal de positivo e balbuciou: "Sim, vou, sim".

O motorista levou Iommi embora, e, no banco traseiro, o guitarrista tinha certeza de que o amigo nunca conseguiria chegar ao casamento pela manhã e que ele ficaria com um padrinho a menos no altar. Porém, dito e feito, às 8h, Iommi estava começando a passar o smoking quando deu uma olhada pela janela do quarto e, chocado, viu John Bonham, arrumado e sóbrio, vindo alegremente até a casa, todo empolado de cartola e fraque. "Ele morava a uns bons 35 minutos de distância da minha casa, e eu nem tinha me barbeado ainda", lembrou. "Abri a porta, e ele estava todo animado e enérgico, do tipo: 'Estou pronto. E você?'."

Sentindo os efeitos de uma ressaca pesada, Iommi não podia acreditar que John não só chegara na hora, como também estava alegre e sóbrio como um coroinha. No carro, cheiraram algumas carreiras de cocaína, e Iommi, com razão, temeu que tal comportamento trouxesse um tom desordeiro ao resto do dia. "Pensei: 'Minha nossa, então vai ser assim!'. Chegamos à igreja, e, antes de entrarmos, todos da nossa turma ficavam indo para os fundos, um após o outro, para dar um tiro. Vai, cheira, volta. 'Pronto!'", contou o guitarrista.

Segundo Iommi, os convidados do lado da noiva coçavam a cabeça, se perguntando por que todos os amigos do noivo não paravam de sumir – e, quando voltavam, fungavam ao longo da cerimônia inteira. Assim que o grupo seguiu para a mansão dos Snowdons para a recepção, os amigos músicos de Iommi continuaram com os sumiços. Por fim, sua nova sogra o puxou de lado e disse discretamente: "Engraçado, nenhum dos seus amigos está comendo...".

Para evitar um drama sério na festa, Iommi tomara uma precaução. Sabendo que John e o vocalista do Black Sabbath, Ozzy Osbourne, eram os mais beberrões do grupo, insistiu para que houvesse apenas um brinde de champanhe, de forma que nenhuma outra bebida alcoólica fosse oferecida. Os garçons foram instruídos a servir suco de maçã a quem insistisse num "refil" da taça – o que não caiu bem com a grande turma de *rock stars* depois que a enganação foi descoberta.

Ao dar um gole, John cuspiu de imediato. "Porra de suco de maçã!", berrou, para espanto de todos. A recatada e empertigada família Snowdon nunca usava palavrões em casa, então a explosão de John ganhou olhares de reprovação, como esperado. Segundo Iommi, foi sua querida e doce mãezinha quem improvisou e salvou o dia. "Ela disse a Bonham: 'Não se preocupe, John, vamos para a minha casa depois. Tenho bebida de sobra lá'", relembraria o guitarrista. "Todos foram para a casa de mamãe e continuaram a beber lá... Se não fosse por ela, provavelmente acabaríamos com antiguidades arremessadas nas paredes por conta de tanto suco de maçã."

⁂

DURANTE O HIATO EXTENSO DA BANDA, JIMMY PAGE SE MANTEVE OCUPADO com diversos projetos, dos quais pelo menos três precisariam da formação completa do Led Zeppelin. Em breve, começariam os ensaios para o próximo álbum, mas, numa tentativa de agilizar o lançamento e enfim concretizar seu antigo plano de lançar uma obra-prima dupla, ele começou a mixar material que datava desde Bron-Yr-Aur e Headley Grange. Num período de meia década, muitas das sobras de estúdio do Led Zeppelin eram consistentes o bastante para funcionar por si só, e Page concluiu que mais meia dúzia de músicas novas poderia dar gás a um álbum sólido.

Jimmy e Grant concordavam que o lançamento de um álbum tão grande do Zeppelin deveria ser visto como um evento, um marco para a banda e um retorno à forma depois da recepção mista de *Houses of the Holy*. As vendas foram excelentes, assim como a turnê, mas os puristas do hard rock ainda ansiavam por hinos pesados com mais sustança.

Assim como o unanimemente elogiado quarto álbum fora uma resposta direta aos detratores de *Led Zeppelin III*, o disco seguinte calaria os críticos de *Houses of the Holy*.

Enquanto Jimmy ruminava as possibilidades para o tal álbum duplo, o contrato original de cinco anos do Led Zeppelin com a Atlantic Records se aproximava do vencimento, ao final do ano. Peter Grant já planejava jogar duro para pedir muito mais dinheiro, mas as próprias circunstâncias poderiam colocar a banda na posição singular de exigir além de uma porcentagem maior – havia mais poder em jogo. Para isso, começaram as discussões a respeito da fundação de um selo próprio do Led Zeppelin.

Danny Goldberg, mais tarde, explicaria a linha de pensamento por trás da nova estratégia do grupo. "A ideia de uma banda de rock ter seu próprio selo começou com os Beatles e a Apple Records, seguida pelo Grunt Records, do Jefferson Airplane; o Purple Records, do Deep Purple; e o Rolling Stones Records", recordou-se Goldberg. "Esses selos, bem como o do Zeppelin, eram, na realidade, fundados pela gravadora do artista, que, no caso do Led Zeppelin, era a Atlantic Records. A teoria era a de que superastros frequentemente notavam artistas antes do pessoal de A&R, e, ao contrário dos Beatles e dos Stones, o Led Zeppelin queria que o selo fosse mais do que uma vitrine de seus gostos – eles queriam fazer artistas estourarem."

Depois de uma negociação que levou uma noite inteira entre Peter Grant e Ahmet Ertegun, o presidente da Atlantic concordou com os rígidos novos termos sob os quais a gravadora distribuiria o próximo álbum do Led Zeppelin – incluindo seus projetos de estimação, ou seja, os outros artistas que eles "descobrissem". Em janeiro de 1974, Grant e a Atlantic fizeram uma coletiva de imprensa conjunta em Londres para anunciar o lançamento do selo do Led Zeppelin, e, embora o nome ainda não fosse divulgado, a banda deu alguns exemplos de artistas com os quais planejava assinar: Bad Company, grupo de hard rock capitaneado por Paul Rodgers, ex-vocalista do Free; Roy Harper, um cantor folk amigo de Jimmy e Robert, que os dois estavam loucos para lançar, bem como os Pretty Things, iconoclastas dos anos 1960; e Maggie Bell, cantora folk *bluesy* que já vinha sendo preparada por Grant para estrear pelo selo. "Vamos trabalhar com gente que conhecemos e gostamos", adiantou Robert. "É um veículo para quem admiramos e queremos ajudar... gente como Roy Harper, que é bom demais e cujos discos nem foram lançados nos EUA."

Danny Goldberg foi convocado a Londres para se encontrar com Grant, que havia ligado para o jovem relações públicas no escritório em Nova York, mas se recusou a entrar em detalhes até que estivessem cara a cara. Com a permissão de Lee Solters, Goldberg rapidamente embarcou para o aeroporto de Heathrow, onde foi logo colocado dentro de uma limousine e levado à casa de campo de Grant, em Sussex. Conduzido ao enorme quarto do empresário no segundo andar, Goldberg se colocou às ordens enquanto ele repousava de robe e touca. "Jimmy gosta de você", Grant enfim disse. "O Led Zeppelin ganhou um selo próprio da Atlantic, e preciso que você seja meu embaixador."

Grant ficou surpreso quando Goldberg respondeu que precisava de alguns dias para pensar. "Fiquei agoniado por causa da má reputação deles", explicou. "Mas parecia bom." Ele sabia que seria um desafio, mas o Led Zeppelin era a maior banda do mundo, então trabalhar para eles nesse nível só poderia ser uma oportunidade decisiva para um jovem executivo que ainda não tinha 30 anos. Ao final da semana, ele aceitou e foi imediatamente nomeado vice-presidente da Culderstead, Ltd., de Grant, a companhia que supervisionaria o selo do Zeppelin – depois que a banda escolhesse um nome.

"Além de fazer relações públicas para os artistas, eu seria o contato com os departamentos de promoção e vendas da Atlantic", Goldberg explicaria. "Já que Peter seria o empresário dos primeiros artistas contratados do selo, também queria que eu ajudasse a planejar turnês com agentes e *promoters*."

Enquanto isso, Grant montava o escritório do Led Zeppelin na King's Road, em Chelsea, bairro descolado de Londres.

A banda se preparava para gravar o primeiro álbum pelo novo selo e marcou os ensaios preliminares e as sessões iniciais de gravação. Mais uma vez, Jimmy teve de colocar em pausa o quarto e último grande projeto com o qual vinha se virando: a trilha sonora para a obra *underground* obscura de Kenneth Anger, *Lucifer Rising*. Ao aceitar a tarefa, Jimmy alertara claramente o diretor que o Led Zeppelin sempre seria sua prioridade, mas mesmo assim Anger começava a perder a paciência. Trabalhando na trilha do filme somente durante suas raras horas vagas, Jimmy compunha lentamente e em fragmentos, embora essas composições estivessem entre suas mais experimentais e atmosféricas. Ele planejava levar o projeto consigo na próxima turnê do Zeppelin, de forma a fuçar nele nas várias suítes de hotel.

Ao anunciar o lançamento do selo do Led Zeppelin no início de 1974, Jimmy foi questionado a respeito do próximo álbum da banda e dos planos de retornar aos Estados Unidos. Não era segredo que o grupo estava exausto, mas, como o guitarrista explicou timidamente, os quatro não tinham planos de se aposentar. "Ficaremos juntos até um de nós sair de cena", disse ele a um repórter, convicto de que só a morte poderia dar fim ao Led Zeppelin.

Capítulo Dezessete

JANEIRO DE 1974–NOVEMBRO DE 1974

Foi um alívio para os membros do Led Zeppelin o fato de, pelo menos, metade do próximo álbum já estar pronta na primavera de 1974. Jimmy, perfeccionista absoluto, estava convencido de que as faixas que ele salvara nos últimos anos não só funcionavam bem juntas, como, num todo com algumas músicas novas, também poderiam formar uma retrospectiva solta no LP duplo.

Várias músicas que entraram no disco haviam sido gravadas no estúdio móvel dos Rolling Stones em Headley Grange e Stargroves. No ano de 1974, porém, ele não estava disponível. O Zeppelin então pegou emprestada uma unidade similar, de propriedade de Ronnie Lane, baixista e membro fundador dos Faces. Lane montara cuidadosamente o equipamento desse estúdio móvel com a ajuda do engenheiro de som americano Ron Nevison – fortemente recomendado a Jimmy quando chegou a hora de formar uma equipe. "Quem melhor para manejar um estúdio do que o cara que o construiu?", Jimmy diria.

"Levei a unidade móvel de Lane até Headley Grange", Nevison contaria. "Era uma mesa de som Helios de última geração, a mesma que os Stones tinham no seu caminhão, 16 pistas, como na maioria dos estúdios grandes."

A banda reuniu-se em Headley Grange no final de janeiro, com planos de gravar cerca de meia dúzia de músicas novas para complementar as sobras de estúdio finalizadas, que já estavam reservadas. Os problemas começaram quase que de imediato, e os relatos variam: John Paul Jones ficou doente ou simplesmente não aguentou mais os rigores da agenda do Zeppelin; admitiu a Peter Grant que considerava sair da banda, mencionando não ter tempo suficiente para ficar em casa com a família. Grant disse ao baixista para refletir por algumas semanas, mas suplicou para que ainda não saísse do grupo por completo. Durante a ausência de Jones, os demais visitaram suas próprias famílias, tensos quanto ao futuro do próximo álbum. Quando ele concordou em permanecer na banda, os quatro retornaram a Headley Grange e as gravações foram retomadas.

À medida que chegavam à mansão, ficava aparente o quanto estavam revigorados e bem preparados, todos esperando tornar o processo de gravação mais rápido do que costumava ser. O assistente pessoal de Robert, Benji LeFevre, revelou ter se preocupado com o bem-estar da banda, a princípio, especialmente após saber quais substâncias o grupo trouxera para garantir a criatividade e o hiperfoco. "Bonzo e Robert chegaram no BMW novo em folha de Bonzo", disse LeFevre. "'Arrggh, melhor carro que já tive, porra!' – e aí ele diz: 'Olha aqui, Benji, olha o que eu trouxe'. Era um saco com uns 500 Mandrax[36]... Pensei: 'Bem, vai ser uma boa gravação, não?'. Ele distribuía os comprimidos como se fossem balas e dizia: 'Não conte ao Robert'. 'Bonzo, é melhor você guardar essa porra em outro lugar', falei. Então, logo depois, ele me diz: 'Vem ver'. Tinha colado o pacote dentro do tom-tom com fita adesiva – e, é claro, se esqueceu de que o kit era de acrílico e todos podíamos ver."

Desde o início, a banda ficou apreensiva por se hospedar em Headley Grange de novo. Agora estavam mais velhos e admitidamente cansados das explorações exaustivas que, quase sempre, tinham levado às inovações dos álbuns anteriores. Desta vez, Robert, Jonesy e John,

---

36 Metaqualona, substância sedativa e hipnótica que era vendida comercialmente no Reino Unido, como Mandrax, e nos EUA, como Quaalude. (N. do T.)

em especial, estavam ávidos por mandar ver em gravações diretas e potentes e voltar para casa.

"Foram bem poucos *takes*, cerca de uns seis a oito", Ron Nevison se recordaria, "a maioria feita para inserir pequenos ajustes e garantir que o andamento fosse absolutamente o que eles queriam e que o som da bateria estivesse correto. Começávamos às 13h e terminávamos por volta de 1h da manhã... Comecei morando em Headley Grange com a banda, mas aí me dei conta de que não ficar lá seria melhor para mim. Às vezes, o clima ficava meio maluco. Por exemplo, eles me acordavam querendo começar a gravar às 4h da manhã ou algo do tipo".

Nevison também relembrou que a atmosfera frenética das sessões podia, pelo menos em parte, ser atribuída à presença cada vez maior de drogas – cocaína, em especial, a que a banda, na clandestinidade, se referia como "Charlie". "Eu era bem ingênuo", Nevison admitiria. "'Quando o Charlie vai chegar?', eles ficavam perguntando. E eu nunca conheci o Charlie... Houve uma mudança clara no clima assim que o Charlie chegou. Depois de alguns dias, percebi o que estava rolando. Em algum momento durante as gravações em Headley, tomei a decisão de não passar a noite na casa, e sim trancar o caminhão e voltar para Londres após cada sessão."

Numa tentativa de apaziguar a banda inquieta, Richard Cole optou por hospedar os três membros mais apreensivos do Zeppelin em acomodações mais agradáveis do que a fria e úmida Headley Grange. "Quando voltamos para lá para as gravações, coloquei Robert, Bonzo e John Paul num hotel chamado Frencham Pond", explicou Cole. "Jimmy não quis ficar lá... Estava bem contente naquela porra daquela casa velha horrível."

Na primeira tentativa de gravação no local, semanas antes, a causa inadvertida dos atrasos fora John Paul Jones. Desta vez, a banda ficou furiosa quando o engenheiro de som não teve escolha se não cumprir outra obrigação que tinha em paralelo. "Eu me comprometera com Pete Townshend a começar a trabalhar no filme *Tommy* no fim de janeiro",

Nevison contou. "Como Jonesy ficou uma semana fora, em dado momento, tive de pedir para sair do projeto, e acho que ninguém na história do Led Zeppelin pediu para sair de um projeto."

O engenheiro de som relembrou que a banda não recebeu muito bem a notícia de sua partida. "Quando liguei para eles e disse que não poderia continuar", acrescentou Nevison, "foram muito mal educados comigo no telefone. Todos berraram e gritaram, foi bem desagradável. Especialmente Bonham, que me xingou de tudo quanto era nome".

Independentemente disso, a banda insistiu e seguiu em frente, o que resultou em alguns dos rocks mais pesados gravados pelos quatro até então e em algumas das performances mais afiadas produzidas por eles. E, nas contínuas tentativas de se superarem como músicos, o álbum também traria algumas das composições mais musicalmente complexas, que colocariam no bolso as experimentações com fórmulas de compasso de *Houses of the Holy.*

A banda fez a segunda homenagem ao clássico "Shake 'Em On Down", de Bukka White, ao abrir o álbum com "Custard Pie", pesada e cheia de guitarras, que deu a John espaço de sobra para colocar seu toque pessoal num ritmo à la Bo Diddley e um *groove* de blues. Nela, a letra brincalhona de Robert é combinada às semicolcheias de chimbal do baterista, que dão uma ênfase pesada nas colcheias, dobrando a atmosfera dos efeitos de eco.

"In My Time of Dying" era um velho *spiritual* já gravado por Blind Willie Johnson, em 1927, e Bob Dylan, em seu disco de estreia de 1961, entre outros. Aqui, Jimmy a modernizou com um clima sinistro e *bluesy*, usando um *slide* para conduzi-la gradualmente a uma pegada mais pesada típica do Zeppelin. A faixa ultrapassa os 11 minutos e destaca as melhores qualidades de cada membro da banda numa *jam.* John entra na música utilizando um padrão cravado no tempo, que mais uma vez tempera com um uso inovador de semicolcheias de bumbo. Ele encabeça a característica pesada dos dois terços finais da canção, na marca dos quatro minutos, estruturados com esperteza em torno do *riff* de

Jimmy, e chega mais perto dos trejeitos do jazz fusion do que muitas de suas tentativas anteriores. Mais um minuto depois, quando Jimmy entra num solo épico, John opera o bumbo sob um chimbal em semicolcheia. A longa faixa parece perder todo o senso de tempo e espaço até que, por fim, John faz um pouso forçado, no qual os pratos explodem com o impacto.

O *drone* hipnótico de "In the Light" – originalmente intitulada "In the Morning" – foi apresentado como a nova peça central de Jimmy enquanto maestro da guitarra com arco. Fortemente inspirado por seu amor pelos sons e percussões orientais, o guitarrista replicou nela os *voicings* distintos do harmônio e, mais uma vez, do *shehnai* indiano. A letra escancaradamente espiritual de Robert parecia outra camada do efeito de coro acrescentado em *overdub* por Jimmy. Já os sons em si davam um lampejo da atmosfera assombrada com a qual o guitarrista vinha mexendo havia algum tempo para as gravações da trilha sonora do cineasta Kenneth Anger, ainda incompletas.

Para encerrar as sessões, a banda optou, com poucas exceções, por um caminho mais tradicional de hard rock. "Ten Years Gone" era uma carta de amor para uma das primeiras namoradas de Robert, que o fizera escolher entre ela e as ambições musicais. "Sick Again" e "The Wanton Song" eram sob medida para agradar ao público – contavam fortemente com a bateria de John, mas eram muito voltadas para a guitarra. As composições delicadas "Bron-Yr-Aur" e "Down by the Seaside" estavam entre as primeiras sobras de estúdio que Jimmy tirou da geladeira, ambas datadas das sessões de 1970 de *Led Zeppelin III*. "Night Flight" e "Boogie with Stu" eram saldos de Headley Grange de 1971. "Houses of the Holy", cuja mera presença na lista de faixas parecia sarcástica, era, claro, a faixa-título esquecida do álbum homônimo de 1973.

Isso deixava apenas alguns poucos espaços restantes para John de fato demonstrar suas habilidades. Por estar de volta a Headley Grange, onde a própria estrutura da mansão e a acústica vistosa haviam propiciado aquele que provavelmente foi o maior momento de John capturado em fita em 1971, "When the Levee Breaks", Jimmy tinha grandes planos para uma sequência espiritual: outra obra-prima da bateria que serviria de âncora para toda a coleção de canções do álbum. Contudo, por se tratar de um disco duplo, talvez houvesse terreno para dois clássicos como aquele.

"Trampled Under Foot" começava de forma bem simples, com John Paul Jones brincando com um *riff* inspirado por "Superstition", de Stevie Wonder, no clavinet. O Led Zeppelin não era conhecido por fazer música dançante, mas, graças em grande medida à abordagem suingada de John a um jeito pesado de tocar, seus *riffs* de bateria baseados no *groove* se abriam a tal possibilidade, na qual Jones mergulhou de cabeça aqui, apresentando à banda sua primeira faixa de funk legítimo.

"Acho que eu andava ouvindo muito Stevie Wonder na época", Jonesy mencionaria. "Também éramos grandes fãs de James Brown." E embora "The Crunge" tivesse sido gravada como uma homenagem deliberada ao estilo de Brown, até mesmo a banda admitia que não era uma canção tão bem-sucedida, um mero fac-símile. Por outro lado, "Trampled Under Foot" era puro Zeppelin – mas numa veia *funky*. John se sentiu em casa nas experimentações com Jonesy, inserindo algumas tercinas incríveis nos *turnarounds* de clavinet e guitarra. Na marca dos cinco minutos, ele ainda dispara uma sequência rápida de notas no chimbal, criando um novo espaço para seu efeito de bateria, precisamente uma semicolcheia antes e depois do quarto tempo de cada compasso. Mais uma vez, John demonstrava ter a habilidade de tocar jazz e funk com os melhores desses gêneros.

Totalmente energizado pelo que tocou nessa faixa, John estava pronto para sua própria obra-prima – o épico âncora do novo disco, que superaria até mesmo "When the Levee Breaks" como a gravação de bateria definitiva.

Durante as sessões preliminares em janeiro, John e Jimmy experimentaram fazer uma demo em dupla, na qual o guitarrista tocou na afinação celta/indiana/árabe obscura que usava em seu solo "White Summer" na guitarra Danelectro. Quando o Zeppelin se reuniu no início de fevereiro, depois do necessário retiro de John Paul Jones com a família, Jimmy e John revisitaram essas fitas demo. A própria afinação já sugeria uma atmosfera épica, e, ao ouvi-la, Robert rapidamente começou a escrever uma letra inspirada por suas jornadas pelo Oriente com Jimmy.

Ron Nevison relembraria a estratégia intrincada na qual John insistiu para a gravação da bateria. "O kit foi montado no mesmo lugar que fora para o quarto álbum", disse o engenheiro de som. "Cerquei-o de microfones, e Bonham me pediu para tirá-los. 'Bem, só por desencargo...', tentei argumentar, e ele retrucou: 'Não, nada de desencargo – tire'. Então tirei-os, e os caras me mostraram onde colocar os microfones, onde haviam usado antes."

Enquanto Robert terminava a letra da música, com o título provisório de "Driving Through Kashmir", os outros três músicos gravavam a faixa instrumental inteira. Com os *riffs* estranhamente calmos de Jimmy inspirados pelas areias movediças do deserto somados à orquestra árabe simulada por Jones no sintetizador na imensa ponte da canção, "Kashmir" se tornou o parque de diversões definitivo para o eco reverberado abundante de John. De fato, Headley Grange mais uma vez provou seu valor.

"Eu tinha ouvido falar que os *phasers* Eventide soavam ótimos nos pratos, então levei um para gravar 'Kashmir'", acrescentou Nevison. "Eu só tinha duas pistas para bateria, então o que fiz foi ajustar o *phaser* e passar uma das pistas por ele, só para ver no que ia dar. Eles adoraram e deixaram, e isso é parte daquele som todo de 'Kashmir'."

Mais ainda do que em "When the Levee Breaks", a bateria de John em "Kashmir" é cinematográfica e teatral, com ecos tão profundos quanto o de uma catedral. Embora nem Robert nem Jimmy tivessem visitado a Caxemira, a busca visionária sugerida na letra parecia representar a cidade como algo maior do que uma localidade; a Caxemira deles era um estado de espírito, como William S. Burroughs apontaria de forma tão eloquente no encontro que teve com Jimmy no ano seguinte.

Com a música pronta, Robert apresentou a narrativa poética de uma longa jornada de carro pelo Marrocos, de Guelmim a Tan-Tan – com o sol do Saara a pino no céu azul. A banda foi embora mais confiante do que nunca de que o novo álbum era sua obra-prima. No mesmo nível de importância, o LP duplo seria um marco digno para o lançamento do selo. Agora, eles só queriam voltar à companhia das famílias. Gyl Corrigan-Devlin, amigo próximo de Jimmy e Robert, fora convidado a passar em Headley Grange algumas semanas antes. Posteriormente, ele se recordaria da exaustão emocional de todos os quatro integrantes – de John, em especial. "Ainda me lembro da noite em que tudo ficou meio assustador para mim em Headley", disse Corrigan-Devlin. "Eu estava preocupado com Bonzo, acho, pois ele acabara com o vinho no jantar e depois pegou um Jack Daniel's. E essa foi a primeira vez que passei um tempo com ele à mesa. Eles não estavam na estrada – ele não estava desopilando de nada. E ficava triste no final da noite, dizendo que queria ir para casa."

Embora Jimmy fosse terminar a mixagem das faixas em meados de junho, levaria mais um ano até que o álbum duplo do Led Zeppelin fosse lançado. Nisso, a banda já tinha se decidido quanto a um título – algo que falasse da natureza orgânica das canções e dos toques pessoais que cada faixa representava como uma retrospectiva da última década: *Physical Graffiti*.

No dia 14 de fevereiro, John topou participar, junto com Robert e Jimmy, do show "Valentine's Day Massacre", de Roy Harper, no Rainbow Theatre. Ele e Robert embarcaram no trem de Birmingham a Londres já devidamente alegres de bêbados e passaram a viagem rindo e fazendo graça na frente dos outros passageiros. Seria uma longa noite, então, ao chegarem, se encontraram com Jimmy e decidiram pegar quartos no refúgio tradicional da banda em Londres, o Blake Hotel, em South Kensington. John gostava de frequentar o pequeno bar no porão do hotel, e os locais o festejavam quando ele entrava.

Embora John e Richard Cole tivessem se cansado da presença persistente de Roy Harper nos shows do Zeppelin – ele se estabelecera como figurinha fácil da *entourage* da banda havia anos –, o show no Rainbow contou com alguns incentivos para fazer com que a noite valesse mais a pena. Um deles é que a apresentação seria gravada para aquele que se tornaria um LP ao vivo de Harper, *Flashes from the Archives of Oblivion*. Porém, mais instigante era o fato de que John teria a oportunidade de dividir o palco com seu amigo e colega insano na bateria, Keith Moon.

O crítico de música local Austin John Marshall compareceu ao evento repleto de astros e publicou uma resenha no *NME* na semana seguinte. "'Too Many Moves', um blues lento de Harper, direto da St. James Infirmary, deu ao trio azeitado de guerreiros do rock 'n' roll a chance de mostrar o quão relaxados poderiam ser", escreveu Marshall. "Porém, não havia jeito nenhum de impedir John ('Bonzo') Bonham de fazer qualquer coisa que ele estivesse determinado a fazer. E do que ele estava claramente convicto durante a terceira música ('Home') era pinotear pelo palco com o violão de Harper, de casaco vermelho, chapéu coco e calça preta justa. No rosto, o brilho fanático de um homem decidido a fazer com que todo mundo se divirta como ele, custe o que custar. Ninguém parecia inclinado a pará-lo, então não importava, não é mesmo?"

Marshall acrescentou: "Enfim, Bonzo apareceu sozinho na cerimônia de premiação que se deu em seguida (depois que Robert Plant, resplandecente vestindo estampa de leopardo, passou para expressar sua apreciação). Lembro-me de tentar somar nos dedos a quantidade de álbuns vendidos pelo Zeppelin, o The Who e os Faces. Os milhões ultrapassaram os dedos quando Bonzo entregou cinco discos de ouro a Keith Moon".

Ainda em Londres, mais tarde naquela semana, a banda se reuniu no escritório em Chelsea com Peter Grant para enfim decidir um nome para o selo. Levando a tarefa apenas mais ou menos a sério, o grupo lançou sugestões crassas, como Slut Records, até chegar a um acordo com Eclipse Records. Porém, uma busca feita pelo departamento jurídico da Atlantic revelou que outra entidade já detinha a marca registrada para esse nome, de modo que a reunião em Londres foi em vão.

Como o Zeppelin ainda não tinha bolado um nome definitivo, Maggie Bell, cliente de Grant, foi forçada a lançar sua estreia pela companhia-mãe, a Atlantic. Depois de lembrar ao grupo de que tinham de coordenar o lançamento de *Physical Graffiti* a tempo para a turnê de verão, Grant ficou aliviado quando Jimmy propôs "Swan Song". O guitarrista já havia usado o nome para uma composição acústica extensa que gravara em casa e o considerara como um título alternativo para *Physical Graffiti*. Parecia mais do que adequado para batizar o selo do Led Zeppelin.

Entretanto, alguns dos executivos da Atlantic ficaram confusos, já que o termo – "o canto do cisne" – sugeria um "último suspiro", ou uma espécie de *grand finale*; estaria a banda passando uma mensagem velada de que havia acabado? Jimmy negou essa interpretação e explicou a Danny Goldberg: "Dizem que quando um cisne morre, produz o mais belo dos sons".

"E aí vieram as festas", recordou-se Richard Cole. "Para celebrar o lançamento do Swan Song, fomos aos EUA para recepções no Four Seasons, em Nova York, e no hotel Bel-Air, em Los Angeles." Essas recepções foram marcadas com poucas semanas de intervalo, em maio. Como se tratava da apresentação do selo, os eventos também contariam com o Bad Company, cujo álbum de estreia seria o primeiro lançamento oficial do Swan Song.

Embora a ideia fosse fazer algo que parecesse elegante para o público – sobretudo para os padrões do rock 'n' roll –, a banda se aventurar pelos EUA sem o itinerário de shows de costume levantou certas suspeitas quanto aos membros do Zeppelin: as esposas não exatamente adoraram a ideia de seus maridos viajarem com o único propósito de dar festas potencialmente doidas. Danny Goldberg recebeu ordens de inventar itinerários falsos, que afirmasse que os eventos do Swan Song seriam em Denver e Atlanta, não nos antros de decadência disponíveis em Nova York e L.A.

Nova York seria a primeira parada. A banda hospedou-se no hotel St. Regis, ao passo que a festa de lançamento aconteceria no Four Seasons, no Upper East Side, em Manhattan. A ideia de Grant para o evento de negócios de bom gosto incluía cisnes na grande piscina decorativa do restaurante. Porém, quando Danny Goldberg alugou "gansos cisnes" de um treinador de animais duvidoso, Grant ficou louco. "Nós todos moramos em fazendas, porra!", berrou. "Quem você está tentando enganar? Tire esses gansos daqui!"

Entendendo isso como uma deixa, John e Richard Cole, aos risos, reuniram as aves e as soltaram para cima dos pedestres na Park Avenue.

O Led Zeppelin pode ter dado um almoço de gala luxuoso para passar ao mundo uma nova imagem de jovens empreendedores – cada um deles na estica, de terno e gravata –, mas nenhum parecia confortável nesse disfarce durante o evento. Enquanto 200 convidados e personalidades da mídia socializavam, conheciam os membros do Bad Company e devoravam comidinhas caras em formato de cisne, Jimmy, Robert, John Paul e John ficaram sentados num canto bebendo, esperando a noite cair.

John estava devidamente trêbado quando a festa acabou. O almoço do Swan Song não era o tipo de coisa que ele curtia; seus planos para a noite com Robert e Peter Grant eram muito mais a sua cara. O Mott the Hoople ia tocar no Uris Theater, na 54th Street, com o Queen como banda de abertura. Os três homens embarcaram numa das muitas limos do Zeppelin e partiram para o show, onde John chegou já torto. Como eram astros maiores do que os *headliners*, os três não precisaram de ingressos nem de passes para o *backstage*, mas, quando John insistiu em subir no palco para tomar o lugar do baterista do Mott the Hoople, Dale "Buffin" Griffin, as coisas ficaram feias.

"John Bonham ficava me cutucando", Griffin se recordaria. "Eu estava impressionado com ele, e ele estava fora de si. No fim, precisei me esconder no banheiro porque ele não parava de me seguir."

O *frontman* do Mott the Hoople, Ian Hunter, se lembraria da confusão que John causou. "Ficou bem feio", disse. "Era tudo o que precisávamos: nossa primeira noite na Broadway e umas brigas rolando. Robert Plant e eu só seguimos para o camarim."

Ao que consta, John instigou uma briga depois de ter o acesso ao palco negado. A situação então piorou quando os *headliners* se preparavam para entrar, segundo as lembranças de Griffin. "Por fim, rolou uma rixa, e um dos caras da equipe [do Led Zeppelin] me deu um chute no joelho logo quando íamos entrar. Meu joelho inchou feito um balão. Era a nossa primeira noite e nós queríamos aproveitá-la... Foi horrível tocar com Bonham nas coxias. Eu estava dolorosamente ciente da proeza dele como baterista e praticamente congelei, me sentindo cada vez mais inadequado."

Ian Hunter acrescentou: "Lembro que estava andando pelo palco depois do show, e o empresário do Zeppelin, Peter Grant, me abordou antes de ir embora e sussurrou para mim: 'Perdão pelo que houve'. Acho que foi a única vez que Grant se desculpou por alguma coisa na vida".

Depois de uma briga violenta, a equipe do Mott the Hoople teve de jogar John do teatro para a rua.

Seguiram então para L.A. e o Riot House.

"Centenas de fanáticos pelo Zeppelin apenas presumiram que iríamos congregar no Riot House – então fizeram o mesmo", lembrou Richard Cole. "O *lobby* estava inundado de fotógrafos com câmeras a postos e garotas fáceis."

Durante a visita anterior da banda a Los Angeles, Peter Grant tomara a iniciativa de incrementar as medidas de proteção ao deixar guardas armados 24h a postos na porta da suíte de Jimmy. Desta vez, por sugestão do novo chefe de segurança do Led Zeppelin, Bill Dautrich, cada integrante do grupo contaria com o mesmo tratamento. O Zeppelin já tinha tomado o 9º andar do Hyatt, bem como partes do 10º e 11º andares, mas agora cada membro contava com uma suíte de canto e um segurança particular – geralmente um policial de folga que queria ganhar um dinheiro extra. Embora o intuito de tais medidas fosse tranquilizar a banda quanto à segurança, seguir protocolos tão drásticos só aumentava a ansiedade de se estar tão longe de casa.

A festa do Swan Song na Costa Oeste seria dali a alguns dias no hotel Bel-Air. Com algum tempo para gastar, Peter Grant e Richard Cole fizeram um *brainstorm* de passatempos que, se possível, mantivessem o caos e a destruição mínimos. Grant contatou o *promoter* da banda, Jerry Weintraub, e perguntou se um dos outros clientes dele estaria disponível para se encontrar com o Zeppelin, já que eram grandes fãs; depois de mexer alguns pauzinhos, Weintraub disse que sim, o rei do rock 'n' roll em pessoa, Elvis Presley, ficaria deleitado em conhecer o Led Zeppelin.

Foi uma das raras passagens por L.A. em que o Zeppelin não tinha um show marcado no Forum. Desta vez, Elvis é quem tocaria lá e estava hospedado nas redondezas. Entre quatro paredes, o cantor desabafara sua frustração aos confidentes mais próximos, a Memphis Mafia, que Presley mantinha na folha de pagamento só para lhe fazer companhia: ele estava ciente de que os rapazes do Led Zeppelin, mais jovens e mais atraentes, estavam superando-o em vendas de álbuns e de ingressos. Havia concordado em recebê-los em sua suíte por uma certa curiosidade mórbida. Ultimamente, dizia-se que ele até teria soltado um chiste: "Bem, posso não ser o Led Zeppelin, mas ainda consigo encher a casa".

Do outro lado desse cenário, John, Jimmy e Robert estavam alegres feito moleques com a oportunidade de finalmente conhecer um de seus heróis genuínos de infância. Robert, em particular, quando garoto nas Midlands, passara horas praticando os requebros de Elvis na frente do espelho; Jimmy idolatrava de longa data o guitarrista solo do cantor, James Burton; e John ouvira muito os sucessos de Elvis do Sun Studio com seu irmão Mick.

Antes do encontro com o rei, Jerry Weintraub informou as regras. A primeira era que, em nenhuma circunstância, eles deveriam discutir música. Além disso, Elvis era um "*good ol' boy*" – ou seja, um cavalheiro do interior –, então não deveriam falar palavrões na presença dele.

No hotel, a banda foi conduzida à suíte de Elvis por um de seus muitos guarda-costas anônimos da Memphis Mafia. Na luxuosa sala de estar, ele os aguardava acompanhado de sua namorada do momento, Ginger. Quando a banda entrou, o rei os ignorou deliberadamente, deixando alguns minutos passarem enquanto resolvia negócios e permitindo que a tensão dramática subisse. Pela primeira vez em sua história, o Led Zeppelin ficou sem palavras.

Por fim, o rei voltou sua atenção a eles. "Rapazes, as histórias que não paro de ouvir do que vocês fazem na estrada", disse de súbito. "São reais?"

Os três jovens trocaram olhares nervosos. Robert enfim falou primeiro: "Nah, claro que não!", respondeu, rindo. "Somos homens de família! Gosto é de perambular pelos corredores dos hotéis, cantando as suas músicas." E, quebrando a primeira das regras de Weintraub, ele começou a cantar "Love Me", sucesso de Elvis de 1956. Entretido, o rei apenas passou a cantar junto – e a tensão acabou. Ele então deu aos homens o maior dos elogios ao admitir que gostava de "Stairway to Heaven".

Naturalmente tímido, John foi o que menos falou, deixando que Robert e Jimmy trocassem ideias com Elvis enquanto ele considerava em silêncio algum terreno em comum que pudesse pisar. Quando o assunto passou ao amor de Elvis por bons automóveis, John enfim se sentiu confiante para dar pitacos e, para a diversão de seus dois companheiros de banda, monopolizou a conversa ao comparar seus veículos favoritos – *hot rods*, modelos vintage colecionáveis e motocicletas – com Elvis. O rei ficou particularmente impressionado por John saber os modelos que ele dirigiu em filmes específicos.

No fim, Elvis cumprimentou os três e os conduziu até a porta. Pouco antes de eles saírem, transbordando de alegria e sorrindo, o cantor se lembrou de algo e os segurou rapidamente. Sua filha, Lisa Marie, queria que o pai levasse autógrafos do Led Zeppelin para ela.

⁂

A SEGUNDA FESTA DE LANÇAMENTO DO SWAN SONG ESTAVA MARCADA PARA O dia 10 de maio no hotel Bel-Air.

Grant e a banda deram a Danny Goldberg uma longa "lista de desejos" da elite de Hollywood que ele deveria convidar para a festa exclusiva. Grant e Jimmy visualizavam o Zeppelin socializando com nomes como Warren Beatty, Robert Redford e Jane Fonda – principalmente para rivalizar com os Rolling Stones. Daquela lista dos sonhos, a maior lenda de Hollywood que aceitou o convite foi Groucho Marx, embora outros *rock stars*, como Bill Wyman e Bryan Ferry, do Roxy Music, também tenham passado pela festa.

Inspirado pela simpatia demonstrada por Elvis Presley poucos dias antes, John abordou Ferry e perguntou se ele poderia lhe dar um autógrafo para levar para Jason quando retornasse a Old Hyde.

Como fora o caso no Four Seasons, em Nova York, o Zeppelin ficou absolutamente entediado de ter de bancar o anfitrião, e os quatro se plantaram num canto para beberem sozinhos. Estavam, contudo, impressionados com Groucho Marx e enviaram Danny Goldberg para pedir um autógrafo. Durante a festa, Jimmy ficou bem ocupado. Poucas horas antes, Bebe Buell – sua nova namorada na Costa Oeste, que o guitarrista havia surrupiado de outro roqueiro, Todd Rundgren, como substituta de Lori Maddox – chegou ao Riot House e levou Jimmy para a suíte. Maddox descobriu e, enfurecida por ser desprezada, passou a noite inteira no Bel-Air e, depois, na *after party* no Rainbow Bar & Grill, na tentativa de confrontar Jimmy por esse comportamento.

Ninguém da banda pensou muito na festa após retornar à Inglaterra; os quatro ficaram bastante aliviados de estar de volta ao solo nativo, já que percorrer metade do globo para gastar dinheiro era bem diferente de viajar em turnê para ganhar dinheiro. Infelizmente, algumas semanas depois, a *Melody Maker* publicou um artigo sobre as duas noitadas do Swan Song – e o confronto entre Jimmy e a ex-namorada Lori Maddox no Rainbow – que trazia uma foto grande de Robert com uma jovem adorável que não era sua esposa. Maureen Plant não ficou muito contente. Quando Peter Grant ligou para Danny Goldberg num acesso de raiva, relatando o infortúnio de Robert e exigindo saber como as fotos vazaram para a mídia, o jovem vice-presidente apelou ao senso de lógica do chefe. "Se a banda quer privacidade", disse Goldberg, inocentemente, "não deveria ir a lugares como o Rainbow, na Sunset Strip".

Talvez inspirada pela observação sensata de Danny Goldberg, a banda se manteve discreta pelo restante do verão. No dia 1º de setembro, Jimmy viajou de Londres para Austin, Texas, para participar de um show do Bad Company, os protegidos do Swan Song. Duas semanas depois, foi com Robert e John a um grande espetáculo no estádio de Wembley: Joni Mitchell, adorada por ele e Robert, ao lado de Crosby, Stills, Nash & Young.

Na manhã do dia do show, John ligou para um velho amigo de Birmingham, também entusiasta de carros, David Hadley, e disse que o Zeppelin tinha um lugar a mais no camarote. Hadley trabalhara para o *Birmingham Post*, mas agora tinha uma companhia que vendia suprimentos automotivos em Bromsgrove e compartilhava muitos dos interesses de John – carros velozes, música de *big band* e sinuca. Ciente de que os ingressos daquele show aguardadíssimo eram os mais procurados da cidade, Hadley avisou a esposa: "Vou só dar uma saidinha para ver um show com John – até mais tarde", e correu para se encontrar com o amigo superastro.

John buscou Hadley de Range Rover, e os dois seguiram para Londres, chegaram cedo e se sentaram na área VIP. Inspirado pela atmosfera country rock, John estava vestido ao melhor estilo interiorano – um terno charmoso de *tweed* e boina, parecendo mais um fidalgo da virada do século numa caça a raposas do que um integrante da maior banda de rock do mundo.

Depois de cerca de 20 minutos no bar, as primeiras atrações de abertura iriam começar, e Bonham e Hadley foram avisados que o local ficaria fechado durante a apresentação. "Isso não é bom", disse John ao amigo. "Vamos ficar aqui o dia todo." Sabendo que nunca aguentaria um longo dia de música sem o volume apropriado de bebida, pediu um engradado de cervejas. "E aproveite e nos dê aquela jarra de scotch que está atrás do bar", disse ao *bartender.*

Durante a tarde, os próprios John e David bancaram os *bartenders* de seus assentos no camarote, servindo o uísque da jarra para os demais. As aberturas do show incluíam grandes nomes como Beach Boys, Joe Walsh e Carlos Santana, atraindo muitos astros ingleses que nunca tinham visto os artistas americanos em pessoa. Possivelmente os maiores ícones de toda a arena, John, Jimmy e Robert receberam diversas visitas, incluindo o ex-vocalista do Jeff Beck Group, Rod Stewart, que saíra da banda para seguir carreira solo com um sucesso imenso. E cada visitante ganhava uma dose de uísque do maior baterista do mundo.

Quando Crosby, Stills, Nash & Young enfim deixaram o palco, horas depois, Jimmy e Robert saíram com Stephen Stills e Graham Nash para fazer uma *jam* com eles num pequeno clube perto dali. John, por outro lado, depois de um dia inteiro de bebedeira, não estava no clima para se sentar à bateria, então ele e Hadley foram jantar tarde da noite num restaurante chinês em Chelsea com Rod Stewart e sua *entourage.* Ainda sem vontade de ir para casa, John insistiu para que ele e Hadley prosseguissem para uma festa na madrugada no Quaglino's, casa onde a banda Mike Sheridan & The Nightriders, de Birmingham, estava se apresentando.

Como Hadley recontaria, ele só se lembra de ter acordado com uma ressaca daquelas no banco traseiro do Range Rover de John, os dois sozinhos parados num posto. Com dor de cabeça, Hadley não fazia ideia de que dia era, mas presumiu que fosse a manhã seguinte, um domingo. John abriu um sorriso diabólico para o amigo. "Não", afirmou, em meio à própria ressaca. "É terça-feira, meu velho."

Uma semana depois, Jimmy foi para os EUA para sua segunda aparição surpresa no palco com o Bad Company dentro de um mês, desta vez no Central Park, em Nova York. Como primeiro lançamento do Swan Song, o álbum de estreia do Bad Company foi direcionado propositalmente ao público americano, e a estratégia compensou: o compacto "Can't Get Enough" subiu rapidamente pelas paradas, e, ao final de setembro, o LP era o número um no país – graças não em pequena medida à ligação da banda com o Zeppelin. Numa cartada contrária às exigências quanto às músicas do Led Zeppelin, Peter Grant insistiu para que a faixa do Bad Company fosse lançada como compacto avulso. Este chegou também à primeira posição.

Na esperança de reproduzir esse mesmo sucesso com os Pretty Things na Inglaterra, o Zeppelin deu uma festa de Halloween suntuosa – e bastante blasfema – para o grupo nas cavernas de Chislehurst. O tema era uma "missa negra" – bem a praia de Jimmy –, e o evento contou com atrações propícias para a data, como *strippers* seminuas em hábitos de freira, mágicos e apresentadores de circo. Com galões de bebida rolando, a noite terminou com John incitando uma guerra de comida com os *roadies* do Zeppelin, que metralharam os presentes com montes de gelatina.

Ao final do ano, os membros do Led Zeppelin estavam contentes por se encontrarem em casa, no Reino Unido, observando seus investimentos renderem sem a necessidade de mais uma turnê mundial exaustiva. Só Jimmy desenvolvia uma síndrome da cabana. Sua vida pessoal estava em frangalhos: tinha recentemente começado um relacionamento com a jovem esposa de seu amigo Ron Wood, Chrissie; e seu projeto paralelo, a trilha sonora de *Lucifer Rising*, de Kenneth Anger, prosseguia trôpego – o diretor chegou a se mudar para o porão da Tower House, em Londres, tanto para editar o material quanto para ficar de olho na produtividade do guitarrista. Dessa forma, a estrada parecia clamar por Jimmy.

Enquanto isso, John enfim tinha a oportunidade pela qual ansiava: colher os frutos de seu trabalho na fazenda Old Hyde. Depois de muitos meses, seu irmão, Mick, e seu pai, Jacko, estavam quase terminando a longa lista de reformas e acréscimos à propriedade. O chalé e os anexos da fazenda estavam prontos, e os novos celeiros e estábulos devidamente instalados; John até transformara um dos diversos celeiros numa oficina automotiva funcional para seus muitos carros e motocicletas antigos. O administrador Brian Treble vinha fazendo um trabalho consistente ao cuidar do gado e dos touros Hereford premiados, e John estava bem satisfeito com o resultado de seu lar.

"Enquanto esse vai e vem todo acontecia, todo o trabalho duro e as noites sem dormir de Brian recompensaram", Mick Bonham se recordaria. Perto do fim do ano, um bezerro nasceu no valioso rebanho de John, deixando os ajudantes da fazenda empolgados. "Para comemorar, convidamos Brian a ir ao Conservative Club, com Pete e Stan [Blick], para brindar ao recém-nascido. Embora Brian não bebesse, ele ficou tão animado com o bezerro que foi só pela companhia de seus companheiros de trabalho."

Segundo as memórias de Mick Bonham, o jovem administrador estava exausto de tanto acordar cedo e dormir tarde em Old Hyde e logo foi embora da festa. Na manhã seguinte, Mick ficou chocado com a notícia que recebeu: Brian foi morto instantaneamente num acidente de carro enquanto voltava para casa do Conservative Club. "Todo mundo ficou devastado, já que Brian havia se tornado parte fundamental do projeto, com seu entusiasmo e esforço... Para somar à tragédia, ele deixava a jovem esposa, Lin, grávida do primeiro filho."

John levava a fazenda muito a sério e considerava seus empregados como família. Portanto, a notícia da morte de Brian o abalou fortemente. Ele então pediu ao irmão e a Matthew Maloney para assumirem a supervisão de Old Hyde, sabendo que poderia confiar neles enquanto estivesse longe à força, devido às obrigações do Led Zeppelin.

"Matthew e eu acampamos numa casa inacabada para ficar de olho nas ovelhas ao longo da noite", lembrou Mick. "Se víssemos uma fêmea com algum problema, tínhamos de chamar ajuda para o parto... Após umas boas duas semanas na fazenda, 24h por dia, fui dispensado. Ao retornar no dia seguinte, encontrei Bonzo espumando porque eu estava um pouco atrasado. Depois de uma troca de palavras curtas e afiadas, fui demitido... mas, no próximo dia, lá estava John ao telefone, me perguntando por que eu não havia aparecido para trabalhar e rindo dos acontecimentos do dia anterior."

Naquele ano, John ficou mais nervoso do que o habitual por deixar a fazenda. E desta vez, para piorar a situação, seria o máximo de tempo longe. Numa reunião no escritório do Swan Song em Chelsea semanas antes, o contador da banda dera a notícia de que o sucesso financeiro do Zeppelin, amplamente divulgado, os colocara na posição dúbia de ter faturado "dinheiro demais" – ao menos para as leis fiscais britânicas. Por insistência de Peter Grant, a banda decidiu, com relutância, que não havia opção se não se juntar a muitos de seus contemporâneos do rock 'n' roll inglês como exilados fiscais.

As polêmicas leis fiscais da Grã-Bretanha eram motivo de debate entre os artistas do país já havia quase uma década; sob as diretrizes do Reino Unido, os músicos pop mais bem-sucedidos estavam sujeitos à incidência de pesados impostos sobre a renda dos *royalties* – quase todo o seu lucro. Os Rolling Stones já tinham se mudado para o exterior, bem como David Bowie e Rod Stewart. Por ora, os integrantes do Led Zeppelin não tinham escolha se não dividir o tempo igualmente entre a terra natal – e as famílias – e algum outro lugar do mundo. Grant então sugeriu uma turnê mundial para manter a banda ocupada e o dinheiro entrando.

Sob as circunstâncias da morte prematura de seu amigo e administrador da fazenda, John planejava ficar mais tempo com a mão na massa em Old Hyde e passar o ano com a família. Agora, ele e o restante do Led Zeppelin se viam vítimas da própria fama. Passariam o ano de 1975 como ciganos.

"Os últimos dois anos haviam sido muito divertidos, eu trabalhava com Jacko e John e ficava sabendo do progresso da banda em primeira mão pelas histórias que ele nos contava", recordou-se Mick Bonham. "Agora era hora de voltar ao mundo real e acompanhar a banda pela imprensa musical."

PARTE TRÊS

INFERNO

1975–1980

A Solidão do Baterista de Longa Distância

Capítulo Dezoito

JANEIRO DE 1975–FEVEREIRO DE 1975

O Led Zeppelin deixou a Inglaterra no início de 1975, determinado a fazer o ano de exílio fiscal dar certo. Como não havia outro lugar onde ir, subir nos palcos dos EUA, da Austrália e talvez até da América do Sul garantiria um retorno financeiro enorme depois que o grupo pudesse voltar ao lar. Porém, já fazia mais de um ano que a banda não tocava, e, sem o incentivo de um retorno rápido para casa, os quatro estavam com os nervos à flor da pele.

Os ensaios do Zeppelin para a turnê aparentemente sem fim foram marcados para o final de novembro de 1974, em Ealing, West London, e contaram com a presença de poucos convidados selecionados, incluindo alguns repórteres e amigos. Para começar bem, a banda fez *covers* de canções favoritas, como "Hound Dog" e "Don't Be Cruel", de Elvis Presley, para então partir para seu repertório mais recente, cujo intuito era aguçar o apetite do público pelo novo álbum: "Custard Pie", "Sick Again", "In My Time of Dying" e as peças centrais de John, "Trampled Under Foot" e "Kashmir".

Até então o palco do Led Zeppelin seguia um formato mais ou menos determinado: Jimmy à direita, Robert à esquerda com Jones, e Bonham na bateria ao centro, um pouco para trás e na mesma altura do restante do grupo. No entanto, a recente inclusão de apetrechos e efeitos, tais como os caros lasers e a pirotecnia da Showco, inspirou uma repaginada geral. Para a turnê de 1975, a bateria de John seria montada num tablado elevado, e ele rivalizaria os trajes de palco customizados de Jimmy – os ternos de dragão e de flores, entre outros – com seu próprio figurino escolhido a dedo: um macacão branco e um chapéu coco preto, saídos diretamente de *Laranja Mecânica*. Nada dizia "ultraviolência" mais do que um baterista vestido de drugue; John mandou fazer um traje idêntico para seu assistente, Mick Hinton, e, juntos, os dois tomavam de assalto a área do *backstage* como se fossem uma gangue em guerra. "A maioria das pessoas se cagava de medo deles", se recordaria o assistente de Robert, Benji LeFevre.

Os efeitos especiais do show eram uma empreitada onerosa, como o cofundador da Showco, Jack Calmes, apontaria mais tarde. Quando ele foi convocado ao escritório de Peter Grant, em Chelsea, para expor as especificações do show de lasers, dos telões gigantes montados acima do palco e dos 70 mil watts de amplificação do Zeppelin, que sacudiriam qualquer casa (independentemente do tamanho), primeiro esperou que Grant enfiasse uma grande faca *bowie* num imenso monte de cocaína, cheirasse uma carreira e, então, considerasse os custos antes de fechar negócio. Reunidos ao redor da mesa de Grant, os rapazes do Zeppelin deixaram que o empresário terminasse aquele teco enorme, como de costume. "Ficaram todos me encarando, o que foi bem intenso", lembrou-se Calmes. "Exibimos o modelo a eles. Bonham olhou para mim e disse: 'Porra, quanto dinheiro isso vai nos custar?'. 'Serão 15.785 dólares por show', respondi. Um silêncio sepulcral se abateu sobre a sala. Ninguém disse uma palavra. Começaram a se entreolhar de lado. Bonzo se levantou, foi até a janela que dava para a New Kings Road e a abriu como se fosse me jogar por ela. Então veio na minha direção, me deu um abração de urso e começou a rir. 'Beleza, manda ver. Estamos dentro.'"

Todos concordaram que os ensaios em Ealing foram bons. Mas, entre quatro paredes, também concluíram que a voz de Robert estava diferente, num registro claramente mais grave em seguida a uma cirurgia clandestina na garganta feita após a turnê anterior ter maltratado suas cordas vocais. Eles estavam preocupados ainda com a condição de John. Ele estava absolutamente deprimido por largar Pat, Jason e a fazenda para trás, deixando isso claro para todo mundo. A equipe percebeu que ele vinha bebendo muito mais do que de costume e tinha engordado bastante. No ensaio, parecia inchado e fora de forma, e, além do aumento no consumo de álcool, havia rumores de que ele vinha brincando com heroína. Porém, ninguém disse nada, não naquele momento; afinal, ele parecia estar tocando bem como sempre.

Mesmo nessa condição física, John estava determinado a continuar a evolução de seu estilo de tocar – e sua abordagem à execução – a cada turnê. O processo do Zeppelin de incorporar todas as formas de novas extravagâncias tecnológicas ao show se estendia, na visão de John, ao seu próprio equipamento. Ainda na figura de um orgulhoso embaixador da Ludwig – que ele também representava numa série de novos anúncios –, o baterista trocou seu *setup* durante a campanha de 1975.

Embora ainda satisfeito com seus diversos kits Vistalite, ele optou por voltar ao clássico kit "Silver Sparkle" com casco de madeira. Porém, não parou por aí, e escolheu variar os tamanhos da Silver Sparkle entre a gama de 15 polegadas, 16 polegadas, 18 polegadas e 26 polegadas. Continuou a experimentar com essa variação por mais alguns anos. Seu técnico de bateria de 1977, Jeff Ocheltree, contaria: "O motivo pelo qual John escolheu o surdo de 15 polegadas foi a saúde. Ele estava um pouco mais lento e buscava mais os tom-tons maiores do que os surdos... Fico triste de dizer isso, mas foi o que eu vi – ele engordou e não se sentia bem. Ainda assim, não houve um show sequer em que não tenha tocado bem. Ele acreditava muito na performance".

⁂

No dia 11 de janeiro, o Zeppelin fez o primeiro show grande da turnê, uma aparição surpresa no Ahoy, um clube em Roterdã, na Holanda.

O público pôde sentir o nervosismo do grupo: Robert esqueceu a letra de "Stairway to Heaven", mas conseguiu segurar a onda ao convidar a plateia a cantar com ele. No *backstage*, depois do show, todos concordaram que tinham tocado músicas demais para uma primeira apresentação. Infelizmente, essa inquietação transbordou para a noite seguinte, em Bruxelas, na Bélgica. Dispensando os lasers e as luzes em favor de uma apresentação direta do *setlist*, percorreram com dificuldade o repertório de *Physical Graffiti* e tocaram pela primeira vez "When the Levee Breaks", do quarto álbum.

John estava de ressaca da noite anterior e surpreendeu o público ao não tocar "Moby Dick", sua marca registrada. Jimmy também não estava bem e deixou de fora seu épico "Dazed and Confused". Sem cerimônia, a banda saiu do palco depois de apenas duas horas – e ignorou os pedidos de bis. Ciente de que só tinham uma semana até a primeira data nos EUA, em Chicago, Jimmy resmungou com Peter Grant que eles precisavam se recompor. O público dos 37 shows que estavam por vir e a *entourage* de 44 homens dependiam deles.

⁂

Com a turnê mais recente em andamento e o lançamento de *Physical Graffiti* ainda pendente, Danny Goldberg estava fazendo turnos de 24h no escritório do Swan Song na região central de Manhattan. O selo ocupava o último andar do Newsweek Building, um arranha-céu de tijolos à vista no número 444 da Madison Avenue. O gabinete de Goldberg tinha uma decoração minimalista: uma escrivaninha, arquivos, uma grande estátua azul de Krishna tocando flauta, um sofá que mal era usado e um telefone que ele parecia incapaz de desligar. Como parte da divulgação da volta do Zeppelin aos EUA, Goldberg lançou mão de uma nova estratégia de mídia, desta vez envolvendo mais membros da imprensa musical.

"Quando o Zeppelin anunciou *Physical Graffiti* e os planos para uma turnê em 1975, Jann Wenner ligou de novo, oferecendo uma matéria de capa na *Rolling Stone*", recordou-se. "Jann disse que poderíamos escolher o jornalista." Sabendo das opiniões duras da banda sobre a imprensa americana e a *Rolling Stone* em especial, Goldberg argumentou que era hora de deixar a influente revista enfim ter uma segunda chance para reavaliar a carreira do Zeppelin. Jimmy concordou e pediu que fosse enviado o adolescente californiano Cameron Crowe como correspondente, já que ele havia escrito a resenha mais carinhosa da apresentação em San Diego na turnê anterior. Goldberg também convenceu o grupo a permitir que o repórter britânico Stephen Davis cobrisse o braço da Costa Leste e defendeu o envio de uma cópia preliminar de *Physical Graffiti* para angariar elogios de antemão.

Pouco antes da partida para os EUA, outro desastre: Jimmy prendeu a mão esquerda na porta deslizante de um trem na Victoria Station e imediatamente temeu que os shows teriam de ser adiados – ou pior, cancelados. Embora os exames tivessem revelado uma torção feia no dedo anelar, Grant foi rápido em lembrar ao guitarrista de que 40 shows em 26 cidades já estavam com ingressos esgotados e seria preciso devolver cinco milhões de dólares se eles fossem cancelados. Danny Goldberg foi instruído a publicar uma nota à imprensa anunciando o acidente, mas confirmando que os shows aconteceriam. Jimmy vinha experimentando uma "técnica de três dedos", dizia o *release*, então os fãs não precisariam se preocupar.

O Led Zeppelin chegou a Chicago no dia 16 de janeiro, e Richard Cole os hospedou num andar inteiro do hotel Ambassador, com vista para o lago Michigan. O local ficou sob a vigilância atenta de dois ex-agentes do FBI, os novos membros da *entourage* da banda. Devido ao medo de que o resfriado leve de Robert piorasse e prejudicasse sua voz, um terceiro membro também foi acrescentado: um jovem doutor que já havia trabalhado para os Rolling Stones e cujas valises médicas supostamente continham a cura para tudo, de "*overdoses* e tiros" a saudades de casa.

Cameron Crowe, de 17 anos, logo desembarcou em Chicago para conhecer a banda e socializou alegremente com Robert e Jimmy para ouvir o álbum *Blood on the Tracks*, de Bob Dylan, prestes a ser lançado. Criando vínculos com o jovem, Jimmy e Robert escapuliram do hotel com ele para assistirem a uma sessão da madrugada de *O Jovem Frankenstein*. Não surpreendentemente, quando o artigo foi publicado, no dia 13 de março, era um perfil elogioso da banda, da turnê e do álbum mais recente.

A banda fretou um jatinho para Minneapolis no dia seguinte, onde ensaiou no Met Center antes do show do dia 18 de janeiro. John tocou "Moby Dick" por apenas 15 minutos. Apesar da maleta mágica do médico, o resfriado de Robert piorou, levando o show a se encerrar pouco depois das duas horas de duração; o público zombou da brevidade da apresentação.

Na noite seguinte, John estava com um mau humor particular. No hotel, ele lia o jornal tranquilamente na suíte quando um dos *roadies* cometeu o erro de lhe mostrar o resultado da mais recente enquete musical da *Playboy*: os editores de música da revista tinham-no tirado da posição de melhor baterista de rock para colocar Karen Carpenter no lugar.

"Ah, meu Deus, não!", urrou Bonham. "Karen Carpenter! Karen Carpenter!", repetia ele, enquanto pisava duro e arremessava um cinzeiro contra a parede. "Não acredito! Eu desisto! Se a Karen Carpenter é uma baterista melhor, então estou no ramo errado! Vou arrumar um emprego de taxista! Alguém, por favor, me ajude!"

Segundo Richard Cole, naquela noite no estádio, John não largou mão do assunto. "Vestido naquele macacão branco sinistro e com o chapéu coco, Bonzo urrava no camarim do Chicago Stadium: 'Eu gostaria que fosse divulgado que estou depois da Karen Carpenter na enquete de bateristas da *Playboy*! Ela não duraria dez minutos tocando alguma coisa do Zeppelin!'". A confiável repórter Lisa Robinson afirmou que, 24 horas depois, John ainda estava incrivelmente chateado com aquele resultado. Após ela pressionar um pouco, porém, ele revelou a verdadeira fonte do aborrecimento: de tudo o que poderia acontecer com ele exilado longe de casa, Pat acabara de descobrir que estava grávida do segundo filho. "Bem tarde naquela noite, no Bistro, Bonzo ficou sentado numa mesa em silêncio, sozinho", Robinson diria posteriormente. "'Sabe, minha esposa está gravida de novo, para julho... Ela é realmente incrível, o tipo de mulher que, quando chega uma visita em casa, já oferece uma xícara de chá, ou um drink, ou um sanduíche.

"'Quando nos conhecemos, tínhamos 16 anos, nos casamos aos 17'", prosseguiu ele, elogiando Pat e deixando claro que ele sentia terrivelmente a falta dela. "'Fui carpinteiro por alguns anos – eu me levantava às 7h da manhã, trocava de roupa na van e ia para os shows à noite. Como você acha que me sinto ao não ser levado a sério, ao vir depois de Karen Carpenter na enquete da *Playboy*? Karen Carpenter... Que papo furado de merda!'"

O primeiro show em Chicago não adiantou muita coisa para aumentar o moral, já que Robert estava com febre, de modo que o grupo teve a certeza de que ele havia pego uma gripe. Plant se apresentou mesmo assim, mas pediu desculpas ao público de 20 mil pessoas cinco vezes ao longo da apresentação. Quando suas cordas vocais foram ainda mais forçadas nas duas noites seguintes, a banda concordou em tirar alguns dias de folga.

Muito tempo depois, o jornalista britânico Chris Charlesworth observaria os aspectos mais obscuros dos primeiros shows da banda em 1975, a começar pelo memorável trajeto de carro que ele fez com John do centro de Chicago ao aeroporto de O'Hare. Bonham, protegido contra o frio invernal de casaco de pele e bebendo Smirnoff no gargalo, balbuciou sozinho durante todo o caminho. "Embora tenham se passado poucos minutos do meio-dia, Bonzo não está sóbrio", rememorou o jornalista. "Não consigo nem ter certeza de que esta é a primeira garrafa de vodca que ele encarou hoje e, tendo em mente sua reputação por agressões gratuitas contra jornalistas musicais, estou plenamente ciente de que a situação pode ficar bem feia... Estou atento e tomando cuidado com o que falo."

Charlesworth apontou ainda que o principal problema de Bonzo era que ele sentia muita falta de casa. "Ele quer estar de volta à Inglaterra, na sua fazenda no Black Country com a esposa Pat e os filhos, respirando o ar de Albion, cuidando do gado... O fato de o Led Zeppelin ter agora 48 horas de folga deixa Bonzo sem motivo para estar aqui em primeiro lugar, o que só aumenta essa sensação inconsolável... Observando da janela a paisagem cinzenta e congelada, Bonzo fecha os olhos. 'Talvez esteja cochilando', penso. Ele então os abre novamente. 'Que porra estou fazendo aqui', murmura. 'Queria estar EM CASA.'"

Com a banda desesperada para ir embora da frígida Chicago por três dias, Grant fez uma reunião em sua suíte no hotel Ambassador. John sugeriu a Jamaica, que os levaria para um pouco mais perto de casa. De acordo com as memórias de Charlesworth: "Bonzo, é claro, gostaria muito de voltar para casa, em Worcestershire, para enfim poder passar uma noite com sua amada Pat, mas ele aceita a Jamaica se a outra opção estiver fora de questão". John Paul Jones sugeriu as Bahamas. Tratando do dedo torcido com Jack Daniel's, Jimmy pediu L.A., e, já que o *Starship* não estava licenciado para sair dos EUA, acabou sendo esse o destino escolhido. Robert, por sua vez, ficou injuriado por ter de permanecer de molho e perder a diversão.

Durante o voo para L.A., o clima negativo da turnê chegou ao auge. Enquanto o *Starship* voava a 30 mil pés, duas comissárias bonitas serviam drinks, e, após terminar um jogo intenso de gamão com um dos seguranças, John Paul Jones entretinha os passageiros ao órgão. Para fazer a cobertura, estavam a bordo Chris Charlesworth, o jovem Cameron Crowe e o fotógrafo oficial, Neal Preston. Peter Grant reclinou seu assento e começou a cantar.

Enquanto isso, John tinha matado uma garrafa inteira de uísque e, agora já muito incoerente, precisou ser levado para o quarto grande nos fundos do avião por Richard Cole e Mick Hinton. Durante o voo, Charlesworth foi levado a um *tour* completo pela luxuosa aeronave, sendo autorizado até a segurar os controles por um breve e emocionante momento. Entretido, Grant, para alívio imediato de Charlesworth, comentou: "Isto não é nada. Bonzo voou a gente pelo trajeto inteiro da porra de Los Angeles até a porra de Nova York numa turnê". De repente, Richard Cole apareceu ao lado do jornalista. Sabendo que Charlesworth acompanhara John até O'Hare, o *road manager* ficou preocupado com o comportamento que o baterista pudesse ter exibido na frente de um membro da imprensa e perguntou o que John bebera na limo.

"Só vodca, mas muita", respondeu Charlesworth.

"Nada de comprimidos? Cocaína?"

"Não, não que eu tenha visto. Ele só bebeu vodca direto do gargalo."

"Mais nada?", insistiu Cole.

"Não."

Cerca de meia hora antes do pouso no LAX, o voo já estava mais calmo e alguns dos passageiros dormiam. Até que, do fundo do avião, ouviu-se um estampido sinalizando que John havia acordado; só de robe, cambaleando, ele saiu pelo avião disparando palavrões. Totalmente bêbado, jogou-se para cima de uma das comissárias, a agarrou e começou a apalpá-la, balbuciando incoerências. Quando ela tentou escapar, John a prendeu com uma chave de braço. A garota gritou. Todos no voo despertaram, e Grant e Cole correram até a cena, arrancando o baterista embriagado de cima da garota e o derrubando no chão. Arrastaram-no de volta para o quarto e trancaram a porta. Alarmado pelos gritos da comissária, um dos pilotos veio correndo do *cockpit*, exigindo saber o que havia acontecido. Ao ser informado sobre a postura de John, ficou furioso. Grant acolheu a garota trêmula e a acalmou, enquanto Cole foi em silêncio até Charlesworth, Crowe e Preston, chocados. "Não quero ver uma porra de uma palavra sequer na porra das revistas de vocês", alertou ele, sem o menor sinal de um sorriso. "Certo?"

O jornalista Stephen Davis recordou-se de que Richard Cole, certa vez, lhe explicou as bases para esse comportamento volátil de John. "Uma delas era 'Bonzo', um grande camarada, muito divertido – e a outra era 'a Besta', do tipo: 'Tem uma festa mais tarde? Não conte para a Besta'", afirmou Davis. Cole aprofundaria o esclarecimento: "A Besta era um *bully* psicótico que atacava as pessoas e depois ficava envergonhado quando descobria... Era um problema real nas turnês do Led Zeppelin. Ninguém era capaz de prever quando a Besta viria à tona – mas geralmente acontecia quando John Bonham estava bebendo e com uma saudade desesperadora da família".

⁂ ⁂ ⁂

Após retornar de L.A., o restante da banda ficou contente em encontrar Robert sentindo-se bem o bastante para completar o braço da Costa Leste da turnê. "A sensação geral entre o público do Coliseum lotado na noite de sexta foi a de fazer parte de um evento especial, mais do que apenas outro show", dizia uma resenha da apresentação do grupo em Richfield, Ohio. "O Zeppelin conseguiu conquistar essa posição ao longo de um período de seis anos como grupo de status de *headliner*... Compreensivelmente, as expectativas eram grandes."

A resenha prosseguia: "O nível de musicalidade foi alto ao longo de todo o show... Page e John Bonham mantiveram seus elevados padrões de sempre, e o último, trajado à la *Laranja Mecânica*, levou o público ao êxtase com o solo 'Moby Dick'".

No *Cleveland Review*, Ron Weiskind escreveu: "Um solo de bateria longo de Bonham lembra uma erupção vulcânica pela pura força com que ele toca. Ele constrói um crescendo de ritmos trêmulos, então esfria, depois entra em erupção de novo, violentamente. Justo quando você pensa que acabou, as luzes da bateria transparente se acendem uma a uma, criando um 'fluxo de lava' brilhante que contorna Bonham ao fundo". Do mesmo modo, Robert Eckert, de Indianapolis, destacou: "'Moby Dick', com o lendário solo de bateria de meia hora de John Bonham, veio em seguida. Nos primeiros minutos do solo, Bonham enfrentou a concorrência de uma pequena celeuma nas primeiras fileiras, entre a polícia e os fãs mais ávidos. Porém, o show se manteve no palco ao longo de toda a exibição, do som padrão do início, à demonstração de mãos nuas, ao solo de tímpano que percorreu a arena de alto-falante em alto-falante". Uma resenha de Greensboro apontou que "o baterista John Bonham ribombou até fazer a própria fundação do Coliseum tremer no ritmo" e que o Zeppelin em si era "uma fortaleza de heavy metal".

Embora tenha começado a resenha com o aviso de que 34 pessoas haviam sido presas durante o show, Jerry Kenion, do *Greensboro Daily News*, realçou que "John Bonham, chamado de Bonzo, é um conjunto de percussão de um homem só, fato que ele demonstrou durante um solo de 20 minutos" na apresentação. "Primeiro, as baquetas voaram sobre os tambores, gongos e pratos; em seguida, ele tocou com a palma e as laterais das mãos. Daí ele passou para a percussão com um sintetizador, que, em áudio quadrifônico, parecia engolfar o público em sons retumbantes maravilhosos... A plateia celebrou e aplaudiu com os braços para o alto ao final da exibição de 20 minutos apresentada por Bonham."

Apesar de algumas resenhas mistas, os shows foram um sucesso avassalador, provando que os públicos americanos estavam famintos pelo Zeppelin. Mick Bonham lembrou que "os ingressos estavam em tão alta demanda que houve tumultos em muitos locais de shows, sendo o pior no Boston Garden, resultando na proibição da banda de se apresentar no estádio".

Apesar dos esforços para mudar a imagem nesta turnê, a reputação da banda a antecedia no quesito hospedagem. Quando fizeram o *check-in* no Plaza, em Manhattan, semanas depois, o luxuoso hotel exigiu um cheque caução de dez mil dólares antes de aceitar a reserva.

⁂ ⁂ ⁂

PARA CONDUZIR O GRUPO DE VOLTA AOS EIXOS, GRANT PLANEJOU UMA PEQUENA pausa em março, entre as datas da Costa Leste e as da Costa Oeste, que culminariam com uma residência de três noites no L.A Forum. Ainda no aeroporto, a primeira ordem executiva da banda foi ir direto para seu "lar" não-oficial em L.A. – o Rainbow Bar & Grill, na Sunset Strip, onde foram recebidos na área VIP do clube. Para passar o tempo, John acrescentou mais um automóvel caro à sua coleção: um sedã Ford construído com especificações de *hot rod*, que ele retirou prontamente e já saiu acelerando pela Sunset.

"Bonzo tinha acabado de comprar um carrão e dirigia a uns 140 km/h na Strip", John Paul Jones se recordaria. "Estava louco, e você sabe como é a polícia da cidade quanto a excesso de velocidade... Enfim, não demorou muito até que uma viatura o parasse, com os policiais pulando do veículo com as armas já sacadas. Nisso, John também saiu do carro e gritou: 'Calma! Calma!'. Um dos agentes perguntou bruscamente: 'Que merda você pensa que está fazendo?', ao que ele respondeu: 'Bem, olha só, acabei de sair do Forum, onde fizemos um show daqueles, e estou com este carro novinho em folha'. E então completou: 'Vem dar uma olhada... Olha o tamanho deste motor!'."

Segundo Jones, que assistia à cena da janela do quarto no Riot House, os policiais ficaram tão surpresos com a atitude espontânea de John que se entregaram à diversão e foram ver o motor do *hot rod*. "O cenário mudou de uma situação alarmante para uma conversa sobre potência em cavalos com o capô aberto", relembrou Jones. "Então a polícia foi embora só dizendo para Bonzo pegar leve da próxima vez, e ele ofereceu aos agentes ingressos para o próximo show. Foi inacreditável, mas ele se safou de novo."

Claro que não foi a primeira vez que John precisou usar suavemente o charme, valendo-se de uma sinceridade pé no chão para escapar de situações cabeludas. Jones contou sobre uma outra situação no Texas na qual ele e John cometeram o erro de ir a um bar local cheio de caipiras, que não se impressionaram com o visual hippie dos dois músicos. "Bonzo estava bem animado, então eu tentava mantê-lo discreto. Quando entramos no bar, o lugar ficou em silêncio, com todo mundo se virando para nós... Eu queria sair dali, mas Bonzo pediu mais bebida. O clima estava ficando feio, parecia que íamos acabar numa encrenca, mas, como só ele era capaz, Bonzo virou-se e perguntou: 'OK, que tipo de gado vocês criam por aqui, rapazes?'. A atmosfera toda mudou, e, em questão de minutos, todos fizeram uma roda para conversar sobre gado Longhorn e novilhos! E Bonzo lá no meio, falando de Herefords e de qual era o melhor tipo de alimentação... Ele tinha um talento incrível para sair de situações cabeludas, de escapar de qualquer coisa só no papo."

⁂

Em Nova York, o Zeppelin cedeu e pagou os dez mil dólares ao Plaza para que pudesse se hospedar lá – mas o hotel teria de se esforçar: os *roadies* chegaram com uma montanha de "necessidades", incluindo toneladas de bagagem, instrumentos, o equipamento de vídeo de Jimmy para o trabalho na trilha sonora de Kenneth Anger e o piano de John Paul Jones. Como Bonham fora a principal razão para o hotel pedir o salgado cheque caução, ele fez suas próprias exigências, como uma mesa de sinuca para praticar seu jogo favorito.

O grupo tocaria no Madison Square Garden nos dias 3, 7 e 12 de fevereiro, com shows intercalados em Long Island, Filadélfia, Maryland e Montreal, de modo que Nova York tornou-se uma base. Assim que se instalaram na cidade, ficaram entediados de imediato.

Richard Cole se recordaria mais tarde: "Certa noite, em Nova York, Mick Jagger ligou para perguntar se algum de nós queria ir com ele e Ronnie Wood a um clube no Harlem... Jimmy, Bonzo e eu decidimos que parecia melhor do que passar a noite no hotel, então chamei duas limos e descemos para encontrar Mick e Ronnie na frente do Plaza".

Jimmy foi com Jagger e Wood na primeira limo e fez Bonham ir com Cole na segunda. Sentindo-se excluído, John ficou aborrecido e começou a resmungar baixinho. Enquanto o motorista se comunicava com o colega do outro carro pelo rádio, ele escutou os dois debatendo sobre o perigo em potencial de ir para o Harlem tão tarde da noite. Cole quase pôde ver a lâmpada se acendendo sobre a cabeça de John.

"Matty", Bonham disse ao motorista, "sei que você tem umas armas aí – me dê uma depois de se certificar de que está descarregada".

Matty, o motorista, fez o que John pediu, descarregou uma Beretta e a entregou ao baterista por cima do banco.

"OK", falou John. "Agora, emparelhe com a outra limo."

O motorista mudou de faixa e emparelhou, como ordenado, com a limo de Jimmy e dos Stones, o mais próximo que pôde. Do banco de trás, John gesticulou para os outros, pedindo para Jagger abaixar o vidro. O vocalista abriu aquele sorriso de um milhão de dólares e entrou na onda – no exato momento que John sacou a Beretta e a apontou para ele. "Vou ensinar vocês a não me deixarem para trás, seus fodidos!", gritou.

"Na outra limo, eles ficaram completamente malucos", recordou-se Cole. "Mick, Ronnie e Jimmy se jogaram no chão ao mesmo tempo, berrando... O motorista deles pisou fundo e passou por dois sinais vermelhos, convencido de que a insanidade de Bonham o transformara num assassino."

Ao chegar ao clube no Harlem, John saiu da limo e pediu desculpas. Disse que havia sido apenas uma brincadeira.

⁂ ⁂ ⁂

Ainda naquela semana, Danny Goldberg organizou uma entrevista dupla com Jimmy e o renomado escritor *beatnik* William S. Burroughs, que seria publicada na revista contracultural *Crawdaddy!*. Mais tarde, Jimmy afirmaria que o encontro foi "uma das maiores experiências" de sua vida. Na noite seguinte, Burroughs foi ao primeiro dos shows no Madison Square Garden e abraçou o experimento imersivo por completo, dispensando as bolas de algodão recomendadas aos seus ouvidos idosos diante da potência sônica de 70 watts do Zeppelin. Conduzindo a entrevista durante um jantar, Burroughs falou com Jimmy a respeito da abordagem ritualística que há no Marrocos em relação à música, e o guitarrista admitiu timidamente que ainda não havia visitado o país.

No ensaio publicado, o autor comparou a natureza hipnótica do rock 'n' roll do Zeppelin à música transcendental dos Master Musicians of Jajouka, do Marrocos, uma banda primitiva de mágicos sônicos conhecidos pelos sopros e tambores barulhentos como uma tempestade de raios. Para o grande deleite de Jimmy, Burroughs sugeriu que a música do Zeppelin inspirava uma forma de projeção astral espiritual entre o público.

Sobre a performance no Madison Square Garden, a revista *Disc* publicou: "As músicas novas, de *Physical Graffiti*, estão entre as melhores criadas pelo Zeppelin, com 'Kashmir', uma fantasia noturna arábica, entre os destaques mais impressionantes".

Brian "Rat" Ganin, resenhista e estudante, apontou que "o baterista John Bonham roubou a cena com um solo de bateria de 20 minutos em 'Moby Dick', faixa de *Led Zeppelin II*, pelo qual ele recebeu os únicos aplausos em pé da noite, com exceção dos bis. Foi uma criação poderosa e melódica, que fez [o músico de jazz-fusion] Billy Cobham parecer rápido, mas desinteressante".

⁂

Depois da cena lamentável que John causou a caminho de Los Angeles no mês anterior, a equipe do Zeppelin ficou apreensiva de receber convidados a bordo do *Starship* – sobretudo jornalistas. Na viagem de volta para a Costa Leste, Jimmy e Peter Grant permaneceram em seus quartos, enquanto John Paul Jones desafiava os outros passageiros em seu jogo favorito, o gamão. Robert estava jovial, batendo papo com os visitantes e a tripulação ou relaxando na área comum, assistindo a vídeos. A princípio, Grant tinha certeza de que um jato particular daria à banda uma sensação de "lar" mesmo quando estivessem na estrada, mas em pouco tempo o pavor que John tinha de voar reemergiu, e, por conseguinte, ele passou a beber muito mais. Com menos gente de fora a bordo, parecia haver menos chances de incidentes. No voo para Detroit, porém, essa suposição se mostrou incorreta.

"Houve um momento horrível no qual Bonzo tirou os óculos grossos do rosto de um cara da Atlantic do Meio-Oeste, Danny Markus, e pisou neles", lembrou Danny Goldberg. "Todos nós, incluindo Markus, congelamos numa utopia de que nada sério havia ocorrido." Sem motivo aparente, John abordou o gerente regional da Atlantic Records no meio do voo, pegou os óculos do rosto dele e os destruiu com as próprias mãos, moendo o vidro no carpete. Grunhindo, ele então seguiu para a traseira do avião sem dizer uma palavra. Como de costume, Richard Cole correu para manter Markus calmo. "Foi um exemplo particularmente feio de como alguns artistas perdiam a civilidade quando intoxicados e com longos períodos de adulação", ponderaria Goldberg.

Nas paradas pela Costa Leste, as resenhas dos shows do grupo seguiam firmes. "Os críticos passaram a tomar emprestadas expressões uns dos outros para reclamar da banda de rock pesado mais popular do mundo, a que está no topo do pop", observou Hugh Cutler depois da apresentação de 8 de fevereiro no Philadelphia Spectrum. "Talvez seja uma tendência natural dos críticos disparar contra os grandes nomes... O empresário do Led Zeppelin, Peter Grant, dá credito a dois fatores para o sucesso da gangue: 'Número 1 – Jimmy é um guitarrista absolutamente sem paralelos, e os rapazes têm uma devoção fanática à perfeição. Número 2 – eles não se expõem em excesso. Fazem os discos com paciência e não marcam shows além da conta.'"

Em relação ao momento de John sob o holofote, Cutler escreveu: "Um solo de bateria estendido, incrementado por um sintetizador que manipula o som da percussão num arco de eco que percorre os alto-falantes como a decolagem de um jato, é provavelmente o ponto alto, por consenso. A multidão também urra quando a fumaça aos pés dos músicos ganha tons multicoloridos e luzes estroboscópicas piscam freneticamente. Uma sobrecarga".

Nessa turnê, Bonham e John Paul Jones ganharam mais elogios da crítica do que nunca – talvez devido às contínuas dificuldades vocais de Robert e aos solos curtos de Jimmy. Em pouco tempo, os dois músicos da seção rítmica chamaram Danny Goldberg de lado e pediram para ter mais proeminência sob as luzes – e talvez mais publicidade para o lado deles ou entrevistas mais sérias a respeito de suas contribuições criativas. Como prometido, Goldberg mencionou isso a Jimmy e foi encaminhado ao diretor de iluminação da Showco, que afirmou ter ordens estritas de Page de que nem Jonesy nem Bonzo deveriam ser iluminados. O assunto acabou aí.

No dia 10 de fevereiro, a banda voou para Washington para um show no enorme Capital Centre, em Maryland, perto dali. O colunista George F. Will cobriu a apresentação para o *Baltimore Sun*: "Quando o Led Zeppelin pousou em Washington recentemente, 18,7 mil ingressos foram vendidos em três horas. Alguns fãs que não conseguiram comprá-los extravasaram a frustração do mesmo modo como, talvez, vienenses decepcionados faziam quando não conseguiam entrar num recital de Mozart. Jogaram garrafas contra a polícia".

Após os últimos dois shows em Nova York, o Zeppelin tirou uma folga de dez dias. Jimmy e Robert foram para a ilha caribenha de Dominica, enquanto o restante do grupo voltou para as respectivas famílias.

Ávido para retornar para casa, John enfim parecia feliz depois de semanas. Ele poderia finalmente passar algum tempo com sua esposa grávida.

Capítulo Dezenove

FEVEREIRO DE 1975–MAIO DE 1975

Physical Graffiti foi enfim lançado no dia 24 de fevereiro de 1975 – com mais de um ano de atraso e recebido com muita pompa. Só as vendas antecipadas somaram 15 milhões de dólares, e, para o grande deleite da banda, o álbum estreou na parada da *Billboard* numa muito respeitável terceira posição. Notadamente, com o lançamento de *Physical Graffiti*, o Led Zeppelin conquistou um feito inédito na história dos grupos de rock donos dos próprios selos: impressionantes nove álbuns nas paradas americanas – seus seis lançamentos, além das estreias de Bad Company, The Pretty Things e Maggie Bell pelo Swan Song. Para completar a incrível jogada de negócios da banda, *Physical Graffiti* logo chegou à primeira posição na *Billboard*.

⁂ ⁂ ⁂

Depois de duas semanas de descanso, Jimmy e Robert voltaram da Dominica e retomaram a turnê aparentemente interminável. Tanto os companheiros de banda quanto a equipe de empregados do Zeppelin estavam cada vez mais preocupados com o comportamento de John; a cada vez que retornava à estrada, seu temperamento ficava mais moroso e deprimido, quase sempre se manifestando por meio de acessos de fúria violentos e escapadas bêbadas. Na passagem pelo Texas, Richard

Cole teve a sensação de que John estava propenso a acabar preso por mau comportamento, então designou um ex-agente do FBI chamado Jack Kelly para ficar de olho só no baterista pelo resto da viagem. Como John frequentemente bebia durante o dia, isso também forçou Kelly a assumir o cargo adicional de chofer para o músico imprevisível.

Certa tarde, entre shows do Zeppelin em Dallas, Kelly dirigia enquanto John observava a cidade passar pela janela. Um belo Corvette 1959 customizado estacionado na rua chamou a atenção do baterista, e ele pediu ao segurança que parasse para que pudesse dar uma olhada de perto no carro. "Jack", disse John, "quero que você espere ao lado deste carro até o dono chegar, então diga a ele que o sr. Bonham gostaria de pagar-lhe um drink. Se ele não topar, veja se consegue mandar prenderem-no".

Kelly não tinha certeza se o pedido condizia com suas funções, mas, mesmo assim, fez o que lhe foi ordenado. Algumas horas depois, John pagou ao dono do Corvette 18 mil dólares em dinheiro vivo pelo carro, cerca de cinco mil acima do valor real. No entanto, recentemente sua carteira de habilitação britânica havia sido suspensa por ele dirigir embriagado em Birmingham, de forma que ele também não tinha uma habilitação válida nos EUA. Sob ordens rígidas de Peter Grant, John mandou o Corvette para Los Angeles de caminhão, onde foi guardado na garagem subterrânea do Hyatt House. Enquanto isso, o departamento jurídico do Zeppelin passou o resto da semana no DMV[37] da Califórnia na tentativa de conseguir seguro e placas temporárias.

Segundo Danny Goldberg, "todos ficaram com medo de que Bonzo se envolvesse num acidente durante a turnê. Assim, [o advogado] Steve Weiss o convenceu solenemente de que fora impossível obter, a curto prazo, um seguro que cobrisse um carro do Texas dirigido por um motorista britânico nos EUA".

---

37 Department of Motor Vehicles, "Departamento de Veículos Motorizados", em tradução livre. Órgão mais ou menos equivalente ao nosso Detran. (N. do T.)

John ficou o tempo todo sentado no carro estacionado, na companhia de Mick Ralphs, do Bad Company, pisando no acelerador e fazendo caretas. Rapidamente entediado, vendeu o carro dois dias depois.

Após duas semanas, John fez outra compra por impulso, adquirindo um Ford Model T, que enviou para Old Hyde, em Worcestershire. "A TWA Airlines mal podia acreditar no que estava vendo quando chegou a hora de descarregar um envio dos EUA", anunciou um periódico do ramo de *hot rods*. "Alguém descreveu a curiosa encomenda como um 'desenho animado sobre rodas', e outro comentário foi que se tratava de 'um veículo de entregas projetado pelo Monty Python para a Mary Poppins!'"

"Na verdade, era um Model T *hot rod* comprado por John Bonham, do Led Zeppelin!", prosseguia o artigo. "Com quase duas toneladas e avaliado em nove mil dólares, o *hot rod* foi enviado de São Francisco a Heathrow, Londres, num avião de carga... Esperamos que tenha chegado bem!"

* * *

Durante a estadia em L.A., a banda estava completamente exausta dos shows no Texas e ficou bem decepcionada ao descobrir que uma apresentação enorme na Flórida (com um cachê de meio milhão de dólares) fora cancelada; Peter Grant pesou um pouco demais para cima de um dos *promoters*, e a casa não conseguiu a quantia a tempo. Com uns dias para matar, a banda se manteve no Riot House, enquanto Danny Goldberg cortejava a imprensa britânica. Vindos de Londres, os jornalistas foram hospedados em quartos individuais no hotel, infelizmente perto da suíte de John. Ainda ressentido da decepção com o Corvette e insatisfeito como sempre com a cobertura que recebia da mídia, ele se dispôs a manter os repórteres acordados a noite toda ouvindo LPs de bateria de Alphonse Mouzon a todo volume.

Desta vez, as coisas no Riot House foram definitivamente mais tranquilas do que no passado; sem motos pelos corredores e sem tantas picardias com as *groupies*. Mais tarde, Richard Cole confessaria ter sido na turnê norte-americana de 1975 que as drogas que circulavam pela banda e pela *entourage* ficaram mais pesadas, sendo Page e Bonham os prováveis culpados. Muitos de seus contemporâneos da comunidade do rock 'n' roll haviam começado a injetar heroína – e era só questão de tempo até que essa droga fosse disponibilizada.

"Não posso falar pelos outros, mas, para mim, as drogas eram uma parte essencial da coisa toda, desde o início até o fim", diria Jimmy a um repórter, embora tenha omitido quais drogas eram essas. "E parte da condição de se usar drogas é que você começa a pensar que é invencível."

Nas várias sessões de gravação em Headley Grange, havia tantas substâncias circulando que os *roadies* acordavam cedo e esticavam suas próprias carreiras de cocaína a partir dos restos que a banda tinha deixado. Agora, porém, os membros do Led Zeppelin estavam chegando aos 30 anos e muito distantes da invencibilidade. John, em particular, começava a sentir o peso de anos de vida a mil. A caminho do aeroporto rumo ao show em San Diego, a caravana de limousines alugadas teve de parar várias vezes, em diferentes postos, devido aos problemas de estômago de John. Constrangido, ele logo passou a carregar um frasco de antiácido no bolso.

Apesar do fardo físico, a performance de palco e as inovações de John recebiam os elogios devidos. A respeito da apresentação da noite, um crítico de San Diego escreveu que "as pessoas não querem ficar esperando 24 horas na chuva para ver outros grupos, já o Zeppelin, elas esperam". E completou sobre o solo de John: "O baterista John Bonham tomou o palco com um solo de 20 minutos que fez a arena tremer. Um segmento da área de shows que merece mais crédito é o daqueles que atuam na mesa de som e que, durante o solo de bateria, transformaram a sonoridade de uma mera batida retumbante num estardalhaço quadrifônico" – sem saber que aqueles elementos sintetizados tinham sido projetados, em grande parte, pelo próprio John.

* * *

"No último dia completo no Riot House, o tédio da turnê enfim pegou Bonzo", Richard Cole rememoraria. "Para enfrentar a monotonia, ele decidiu fazer arremessos à cesta da janela da suíte – não com bolas de basquete, mas com aparelhos de televisão. Um a um, meia dúzia de televisores RCA voaram pelo Sunset Boulevard e se espatifaram em lascas de plástico e vidro que decoraram a passagem de carros que dava para a entrada do hotel."

"Não vou me meter em encrenca alguma desta vez", John disse ao *road manager* antes do primeiro arremesso. Na cara de pau, o baterista confiscou as TVs dos quartos dos *roadies* ao invés de usar a sua. "Quando o gerente assistente do hotel correu para tentar pegar o desordeiro no flagra", recordou-se Cole, "achou tudo no lugar na suíte de Bonham, incluindo a TV, que estava sintonizada numa novela vespertina".

Depois de engambelar a gerência com sucesso, John tentou arrastar o piano de cauda da suíte até a janela para o próximo arremesso – mas o instrumento se mostrou pesado demais para sair do lugar.

Enquanto isso, a banda corria um enorme risco ao continuar convidando a imprensa para eventos do Zeppelin, especialmente nas viagens da turnê em si. Mesmo com críticas cada vez mais positivas na mídia *mainstream*, individualmente, os membros seguiam mais do que céticos; no caso de John, eram agressões contínuas. Um dos jornalistas musicais de quem ele menos gostava e se tornara figurinha carimbada nas turnês da banda pelos EUA era Nick Kent, crítico de rock inglês que John adorava provocar com o apelido depreciativo *"Nick Bent"*[38]. Kent cometeu o grave erro de fazer uma crítica média a *Physical Graffiti* no *NME*, e, quando John encontrou o jornalista pouco depois, ele e Richard Cole o ensoparam de Bloody Marys. "Sua vida não vale um puto", os dois su-

38 Na gíria britânica, *bent* pode significar "corrupto, desonesto". (N. do T.)

postamente teriam dito a Kent, que, por sua vez, compreendeu a reação do grupo. Como muitos outros que já haviam estado no olho do furacão Led Zeppelin, ele a atribuiu às drogas. "Usar cocaína permitia a Bonham beber mais", afirmaria Kent. "A combinação de cocaína e álcool é quase tão perigosa quanto a heroína, porque você desenvolve duas dependências distintas... Além disso, havia a preocupação de que ele começasse a usar heroína. Era, tipo, 'Custe o que custar, não o deixe experimentar heroína. Ele vai cheirar um grama inteiro e ter uma *overdose*'."

Kent ainda acrescentou: "Nunca na vida vi alguém se comportar pior do que Bonham e Cole. Certa vez, vi os dois darem uma surra insana num sujeito, sem motivo, e depois jogarem dinheiro na cara dele". Posteriormente, o velho amigo Glenn Hughes recontaria um incidente semelhante, ocorrido na mesma época. "Lembro-me de uma festinha no Rainbow. John pegou um punhado de cocaína do bolso, colocou nas mãos em concha e jogou no próprio rosto – nós observávamos o pó caindo. Quer dizer, você ouve falar em excessos e mesmo assim não acredita no que está vendo num momento desses."

Janine Safer, que viria a ser assessora do Swan Song, recordou-se do que sentiu ao ver a queda em espiral de John depois da turnê de 1975. "Pessoalmente, nunca tive medo de Bonzo. Considerava-o um querido mesmo, uma das pessoas mais doces. Miseravelmente infeliz quando Pat não estava com ele. Não muito inteligente, nem de inclinações intelectuais... Gostava de tocar bateria, amava a esposa. Ficava completamente fora dos eixos quando ela não estava por perto."

⁂

DEPOIS DE L.A., O *STARSHIP* VOOU AO NORTE, EM DIREÇÃO A VANCOUVER e Seattle.

Em Seattle, John Wendeborn, do *Oregonian*, escreveu sobre a apresentação do dia 17 de março. "O Zep é diferente por fazer shows ininterruptos de três horas, sem atração de abertura. Faz valer o dinheiro gasto pelos fãs... O quarteto funciona como um motor bem azeitado, mas cada um deles pode receber as honras pelo comprometimento ao som... Bonham é um baterista dinâmico que percorre o kit com facilidade ao estabelecer ritmos retumbantes. Como solista, tem um longo tempo para provar sua habilidade. Nos primeiros momentos, fez pouco mais do que mostrar que é capaz de tocar alguns *paradiddles* e *ratamacues*. Porém, chegou enfim à alma da coisa ao construir, camada a camada emocional, um solo poderoso. Durou cerca de 20 minutos e terminou com Bonham tocando vários tambores através de um sintetizador que se somava aos efeitos sonoros ocasionalmente bizarros."

Quando a turnê acabou, em Los Angeles no final de março, o Led Zeppelin ficou na Califórnia. Com o exílio fiscal já a todo vapor, eles não poderiam voltar para casa, o que causou uma grande frustração. John sabia que Pat daria à luz em poucos meses e queria desesperadamente estar presente para o nascimento do segundo filho.

"Bonham era muito emotivo", recordou-se Richard Cole. "Era extremamente ligado à esposa e ao filho e não queria ficar longe deles, mas precisou, por causa do negócio dos impostos. Então ficava deprimido, e, se alguém dissesse alguma coisa, levava um tabefe de Bonzo."

No dia 26 de março, o grupo deu uma festa no Hyatt Regency para os Pretty Things, contratados do Swan Song cujo álbum de estreia havia estagnado. Depois de anos de tensões internas, a banda se reunira mais uma vez, e o Zeppelin esperava que uma chancela luxuosa diante do público a inspiraria a colocar as coisas em ordem. A lista de convidados para o evento incluía membros do Bad Company, o mais bem-sucedido dos grupos do Swan Song, cujo primeiro álbum vendera um milhão e meio de cópias nos EUA. Infelizmente, a festa também recebeu dezenas de jornalistas de diversos veículos de comunicação, e os integrantes do Zeppelin ainda não eram totalmente capazes de bancar os anfitriões de noitadas sofisticadas. Quando o primeiro repórter cometeu o erro grave de abordar John, ele já estava completamente embriagado.

Bonham estava sozinho no bar quando Andy McConnell, um calmo e educado repórter britânico, da revista *Sounds*, sentou-se ao seu lado. Aparentemente, John era um dos heróis musicais de McConnell – mas isso não duraria por muito mais tempo. "Sr. Bonham", falou ele, "só gostaria de lhe dizer que o considero o maior baterista do mundo e sempre quis cumprimentá-lo".

Os relatos do momento seguinte divergem, mas é consenso que John pegou o jornalista pela lapela e chegou bem perto do rosto dele. "Já estou farto de vocês, cuzões da imprensa!" Supostamente, John gritou ou elevou a voz a um volume suficiente para logo chamar a atenção dos presentes e dos seguranças, que afastaram o baterista do jornalista em choque. De início, o jovem Cameron Crowe descreveu a discussão com um tom levemente mais compreensivo a respeito do comportamento de John. "Numa festa dada pelo Zeppelin para os Pretty Things, Bonham deu vários socos na barriga do correspondente da *Sounds*, Andy McConnell. Este, que havia tido um encontro amigável com o baterista naquela tarde, acendeu uma lanterna na cara de Bonham e lascou: 'Você é feio pra caralho, hein?'. Bonzo então respondeu jogando McConnell para o outro lado do salão."

Independentemente do que começou a confusão, um *roadie* anônimo contou a Crowe que o resultado era inevitável. "Você não faz esse tipo de coisa com Bonzo, especialmente depois que ele já tomou umas... Após certo ponto, a Besta está a solta, e a única coisa que a entretém é a destruição."

Danny Goldberg se recordaria: "Como muitos músicos de rock, Bonham era incapaz de internalizar o fato de que só porque um jornalista em particular publicou certa vez algo hostil a respeito dele, isso não queria dizer que todos os jornalistas daquela publicação compactuavam ou sequer sabiam de tais insultos... Passei boa parte da noite acalmando McConnell e prometendo acesso e cooperação futuros da banda se ele evitasse se referir àquela explosão vergonhosa em sua coluna".

Mais tarde naquela noite, Goldberg já dormia profundamente em seu quarto no Hyatt House quando ouviu batidas barulhentas na porta. Eram 3h da manhã. "Sei que você está aí, Cachinhos Dourados!" Era John. "Sei que você está aí. E quero que você ligue para aquele pentelhinho do caralho da *Sounds*", berrou ele, furioso. "Diga que eu quero dar outra porra de entrevista! Vou dar uma que aquele desgraçadinho nunca vai esquecer!"

Confuso quanto ao protocolo nesse tipo de situação, Goldberg ignorou os gritos até ouvir John cambalear pelo corredor, frustrado, de volta ao quarto. "No dia seguinte, expliquei nervosamente a Peter minha lógica em ter ignorado Bonham", lembrou. "Peter me interrompeu: 'Se você acha que isso é problema, imagine o que acontece comigo. Você é só a porra do relações públicas; eu sou o empresário. Se a coisa ficar muito feia, você pode fazer o que eu faço – pegue dois quartos, diga à banda que está em um e vá dormir no outro'."

"Exuberante é um bom termo para Bonzo", Plant diria. "Ele era cheio de vida, força e vigor, não dava a mínima para o que os outros pensavam."

⁂

EM MAIO, O LED ZEPPELIN TRANSBORDOU DE ALEGRIA AO RETORNAR PARA CASA, na Inglaterra. Trazia o show de efeitos especiais e luzes de última geração que o Reino Unido ainda não tinha visto. Anúncios para as apresentações em Earls Court foram imediatamente revelados no dia 19 de abril. Os ingressos para os três shows, nos dias 23, 24 e 25 de maio foram todos vendidos em questão de cinco horas, o que convenceu a banda a acrescentar mais duas datas no final de semana anterior, 17 e 18 de maio. Esses 24 mil ingressos extras também se esgotaram rapidamente.

Sob as condições do exílio fiscal, eles só podiam passar alguns dias por vez em casa, e John quis fazer o tempo com a família valer muito. Seu irmão Mick recentemente ficara noivo da namorada de longa data,

Linda Turner, e planejava se casar em setembro. Os shows do Zeppelin em Earls Court foram a primeira ocasião na qual os irmãos se viram em meses. "Desde que terminamos os trabalhos em Old Hyde, eu mal vira John. Então, no aniversário de Jacko, John e Matthew [Maloney] vieram para o levamos a percorrer os pubs", Mick mencionaria mais tarde. "Ao longo da noite, John nos falou dos shows em Earls Court, em Londres... Ele nos deu ingressos para o do dia 23 de maio, Matt o levou para casa, e Jacko e eu voltamos para o apartamento."

Mick ainda lembrou: "Parece maluco que, alguns anos antes, o Zeppelin mal tenha conseguido cobertura na mídia neste país, e agora, na expectativa dos shows em Earls Court, todos os jornais publicavam artigos sobre eles".

As apresentações seguiram a mesma linha da turnê pelos EUA, com a banda abrindo com "Rock and Roll" e levando o público britânico à loucura. "Esta é uma jornada por algumas das nossas experiências", declarou Robert à imensa multidão, "as positivas e as negativas, dos últimos seis anos". O Zeppelin então tocou uma retrospectiva de três horas, incluindo as favoritas dos fãs de cada um dos álbuns. Jimmy trocou de guitarra para "In My Time of Dying", que Robert dedicou com sarcasmo a Denis Healey, chanceler do Tesouro, figurão britânico diretamente responsável pelas normas fiscais que mandaram a comunidade rock 'n' roll para o exílio.

Uma vez terminada "Trampled Under Foot", Robert introduziu "Moby Dick". Depois do solo de John, o vocalista anunciou: "John Bonham – o mestre das peles! O único homem capaz de tocar bateria e cantar 'The Last Waltz'. John vem de uma família circense – meu Deus, como é que um grupo tão pesado consegue ser tão bobo! Enfim, esta é uma canção que nos leva de volta ao início. Bonzo se recusou a tocar conosco porque ganhava 40 libras com Tim Rose. Mandei oito telegramas para o Three Men in a Boat, em Walsall... Ninguém acreditava nos New Yardbirds!".

Na bateria, John sorriu e gritou para Robert: "Nada mudou!".

"Em pleno voo de John durante 'Moby Dick', Jacko dançava pelos corredores com os fãs mais ávidos", recordou-se Mick Bonham. "E enquanto todo mundo olhava curioso para aquele senhor de terno, ele não parava de dizer: 'Este é o meu garoto!'. Ao observar Jacko assistir a John, me dei conta de que não há nada mais satisfatório do que o rosto de um pai ao testemunhar seu filho ou filha conquistar suas ambições."

Na série de shows em Earls Court, John quis dedicar uma de suas épicas performances de "Moby Dick" ao membro mais especial da plateia – seu filho Jason. "Hoje à noite, tem um rapaz aqui assistindo ao pai", Robert contou ao público, "e ele é um baterista notável, embora tenha apenas oito anos... É um baterista melhor do que 80% dos bateristas das bandas de rock de hoje e só tem oito anos! Então, Jason, eis o seu pai – John Bonham! 'Moby Dick'!".

Apesar da já extensa carreira de turnês do Led Zeppelin, os shows em Earls Court foram rapidamente reconhecidos como eventos importantes para os fãs devotos e uma espécie de marco para os músicos. No *Observer*, o crítico Tony Palmer escreveu: "Não há teatro como este, não há *action painting* que se aproxime dos padrões de luz e som em constante flutuação que esta combinação letal de talentos foi capaz de desencadear. Se os Beatles arrancaram a música pop das tolices voltadas aos negócios da classe média de meia idade, então o Led Zeppelin propulsionou o rock 'n' roll para a dianteira das conquistas artísticas de meados da década de 1970".

Nesses shows, o *NME* encarregou o veterano Charles Shaar Murray para fazer uma matéria extensa de duas páginas. "Foi uma ocasião e tanto", abordou o repórter. "A tensão e a ansiedade eram palpáveis daquele jeito que só acontece quando algo esperado com uma intensidade genuinamente forte está a poucos segundos de chegar. Veja bem, faz um tempo dos diabos desde que essas pessoas tiveram a oportunidade de ver o Led Zeppelin, que, afinal, é uma das maiores bandas de rock 'n' roll do mundo."

Murray prosseguiu: "Assim como a guitarra de Jimmy Page, a bateria de John Bonham representa uma soma enorme de energia furiosa que é rigorosamente canalizada em áreas específicas. Ele nunca se aventura pelas loucuras bombásticas exploradas por nomes como Keith Moon, preferindo ser uma rocha que não rola. Sua marcação de tempo é impecável e seu estilo é, ao mesmo tempo, elegante, musculoso e funcional, ainda que um tanto quanto sem humor. O rosto de Moon se contorce numa careta demoníaca, ao passo que os traços de Bonham pouco entregam enquanto ele está tocando, exceto por um orgulho impassível e cuidadoso.

"Assim como Page, ele nunca baixa a bola, nunca erra, além de usar o autocontrole para modificar e moldar aquilo que seus instintos o informam. Toca limpo, alerta e sério, com a pressão exata para criar aquele efeito de escavadeira do Zeppelin... O solo de Bonham em 'Moby Dick' é uma das principais revelações da banda. Já o ouvi tocar esse solo várias vezes e, em todas elas, me surpreendi ao me flagrar curtindo, pois tenho uma repulsa total a solos de bateria."

Mick Bonham se recordaria do encontro com John e a banda depois da performance do dia 23 de maio. "Após o show, fomos tomar um drink com John e os outros membros do grupo no *backstage*. Uma perua grande foi instalada para funcionar como camarim e bar. Quando chegamos, John veio até nós e abraçou todo mundo, perguntando o que queríamos beber. Um membro da equipe foi pegar as bebidas dentro da perua. Cervejas para nós, é claro, mas só Coca para a pequena Debbie. Não tive como não rir ao ouvir uma voz gritar de dentro da perua: 'Não isso, seu idiota do caralho! É para a irmãzinha do John! É Coca-Cola, seu estúpido!'"

Capítulo Vinte

JUNHO DE 1975–OUTUBRO DE 1975

No dia 10 de junho de 1975, John e Pat deram as boas-vindas à nova filha, Zoë Bonham.

Pat ficou no hospital com a bebê, cercada por suas irmãs e outros familiares, enquanto John cuidava de Old Hyde. Não muito afeito a ficar sozinho, convidou o único repórter em quem confiava e de quem era amigo, Chris Welch, para visitar a fazenda no dia seguinte.

"Viajei até a fazenda para entrevistar John no verão", Welch escreveria mais tarde. "Fui dirigindo de Londres até a casa de campo de Bonham, em Worcestershire. Atravessar a fazenda, que tem um longo cercado branco, me lembrou do rancho Ponderosa da série de TV *Bonanza*. Tinha até uma placa com o nome da propriedade balançando na brisa na ponta de uma estrada longa e reta, ladeada por árvores... Pat estava no hospital, acabara de dar à luz Zoë... Naturalmente, havia bastante motivo para celebrar." Mesmo assim, ele não pôde ignorar a condição física de John, o peso que ganhara e a lentidão de seus movimentos. "Ele estava robusto e amigável. Não ocultava nada."

John estava incomumente pensativo durante a visita de Welch, a primeira e única vez que um repórter foi convidado ao santuário de Old Hyde. Ao longo do dia, ele o conduziu pela propriedade de 40 hectares, conversando sobre música, vida, sua filha recém-nascida – e o futuro do Led Zeppelin. "Embora John tivesse recebido outra suspensão de seis meses da carteira de habilitação, parecia contente, relaxado e satisfeito com a vida", afirmou Welch.

Antes de se aventurarem pela fazenda, John e Welch desfrutaram da casa renovada do baterista, que contava com um *lounge* pitoresco com direito a uma bateria, uma mesa de sinuca e "uma *jukebox* carregada com os discos favoritos dele", incluindo, curiosamente, Cat Stevens, Joni Mitchell, Supertramp e Abba (que, mais tarde, deixaria o Led Zeppelin usar seu estúdio particular em Estocolmo). Enquanto tomavam um drink, John fez uma confissão surpreendente a Welch. "Ele confidenciou a mim que vinha sofrendo ataques de pânico antes dos shows... John confessou que achava cada vez mais difícil fazer os solos longos."

A entrevista casual tomou um rumo mais leve quando John levou Welch à sua área favorita da propriedade: um antigo celeiro que havia sido convertido numa garagem particular e luxuosa. "Esta é a oficina dos carrões", brincou John ao abrir as portas, mostrando a Welch em seguida "um trio de veículos altamente improváveis" – como um táxi com uma pintura elaborada e pneus gigantes de corrida. Segundo John, o curioso táxi era "um carro de exposição", acrescentando que "tinha comprado em L.A. e chegava a 240 km/h". Depois exibiu um Corvette 1967 com motor de sete litros e, por fim, um Ford 1954 de duas portas, com motor de oito litros. Sobre o Ford, John explicou: "É um carro incrível – olha só os cromados dentro. Só tinha 16 mil km quando comprei".

Por último, mas certamente não menos importante, apresentou o Ford Model T 1923 de duas portas, que tinha comprado por impulso alguns meses antes para substituir o amado Corvette de Dallas, impossível de ser segurado. John descreveu orgulhosamente que o *hot rod* fora customizado em São Francisco com um tremendo motor Chevrolet de sete litros por Andy "The Rodfather" Brizio, piloto e mecânico que, em 1970, ganhara o prêmio de carro mais bonito dos EUA com o Andy's Instant T, invenção sua de um Model T incrementado. O de John era capaz de ir de 0 a 100 km/h em 3,2 segundos.

Em abril de 1971, John também havia comprado um *hot rod* de Jeff Beck. Conhecido como "Boston Strangler", era um Model T feito na década de 1960 pelo mecânico Rick Heinrick, de Massachusetts. Tinha uma pintura verde metalizada e era movido por um motor enorme, sem silenciadores, que o fazia rugir como um animal selvagem na estrada. Em dado momento, Beck bateu o carro e o reconstruiu por completo, refazendo a pintura com tons de roxo.

John levava com frequência os carros mais velozes de sua coleção pela Hagley Road até a pista dupla de Bromsgrove, perfeita para altas velocidades.

O velho amigo Bev Bevan era uma das pessoas que vivenciara o terror de andar no banco do carona com John ao volante do Model T. "Era absolutamente assustador. 'Vou te mostrar como é rápido', ele dizia. Ia até a pista dupla e, depois de alguma curva, simplesmente estacionava na faixa rápida... Ficávamos ali esperando um carro virar com tudo em nossa direção, a 110 km/h. Ele via pelo retrovisor. E aí pisava fundo... O carro ia de 0 a 100 km/h em uns quatro segundos, alguma coisa ridícula assim. Era absolutamente apavorante – mas muito típico do John!"

Garry Allcock, seu amigo e um de seus primeiros mentores na bateria, recordou-se de uma experiência igualmente medonha com John. "Ele também tinha um FF Jensen Interceptor com tração nas quatro rodas e me levou para um passeio. Pisou fundo, e eu quase morri de medo."

Chris Welch ficou encantado ao descobrir que o amor de John por carros velozes se estendia à generosidade para com seus entes queridos. Segundo John, após cometer o terrível erro de se esquecer de comprar um presente de aniversário para Pat num determinado ano, levou-a até um *showroom* em Birmingham e lhe comprou um Aston Martin novinho em folha, no ato. Resoluto em demonstrar as capacidades do veículo esportivo de luxo à esposa, John acelerou a mais de 160 km/h, fazendo a pobre Pat jurar que nunca mais pisaria dentro do carro. "Ele sempre tinha seis automóveis", lembrou Bev Bevan, "e trocava um deles a cada mês... Era o sonho dos vendedores de carro. Chegava e comprava uma Ferrari, um AC Cobra vermelho e um Aston Martin".

A paixão de John por comprar automóveis caros desabrochara num vício; nos primeiros 18 meses de sucesso do Led Zeppelin, ele adquiriu cerca de 28 carros. De 1971 em diante, parou de contar. Como Chris Welch apontou, John não parecia ficar muito tempo com eles. Para Bonham, não eram investimentos – e sim passatempos divertidos que agora era capaz de bancar.

Anos depois, Jason Bonham, já adulto, compartilharia uma lembrança bem-humorada do quão descarado o impulso do pai por comprar carros poderia ser. "Numa ocasião, ao final de uma das turnês do Zeppelin, Jimmy Page ligou lá para casa e pediu para falar com John. Minha mãe ficou confusa e disse: 'Ele não voltou da turnê ainda. Como é que você já está em casa?'. E antes que Jimmy pudesse responder, todos ouvimos o ronco do motor de um carro esportivo. Dito e feito, lá vinha o papai. Ele foi direto do aeroporto para uma concessionária e comprou uma Lamborghini."

E por mais estranhos e obscuros que fossem alguns dos modelos de John, nenhum se comparava ao Model T "carro do pão" customizado, comprado por ele principalmente pelo ar pitoresco do veículo. O carro do pão era um dos favoritos de John entre sua vasta coleção. Certa vez, durante uma sessão de gravação no Shepperton Studios, em Londres, ele estacionou o bizarro veículo inocentemente na frente da entrada principal do estúdio. Um padre da igreja vizinha parou ao passar pelo carro. "Este é um automóvel de aparência muito perigosa", disse o pároco a John, numa tentativa de fazer uma piada leve. "Abençoo este carro e este rapaz." John sorriu educadamente, e o padre voltou à igreja para pegar água benta e benzer o carro – e o baterista.

Ao retornarem da grande garagem para a casa, John e Welch se acomodaram no *lounge* mais uma vez. Enquanto o jornalista continuava a entrevista, Jason, de nove anos, chegou em casa com uniforme de futebol e imediatamente começou a batucar sua bateria em miniatura, montada na frente da *jukebox* de John. Mais tarde, Welch se recordaria que, já naquela idade, o jovem Bonham era muito bom e obviamente tinha herdado a paixão do pai pelo instrumento. Porém, segundo John, não foi só isso que o pequeno Jason herdara dele. "Você não consegue ensinar nada para ele", comentou baixinho ao repórter. "Ele tem um temperamento terrível."

Os dois homens fecharam o dia bebendo discretamente no pub favorito de John na região, o Chequers, no centro da cidade. Enquanto tomava alguns *pints* de cerveja, John refletiu a respeito de suas emoções mistas por estar em turnê com tanta frequência e de suas próprias inseguranças como músico. Segundo Welch, "só a ideia de ter de propulsionar o Led Zeppelin por duas ou três horas toda noite na estrada, às vezes induzia uma espécie de ataque de pânico [em John]. Não tinha a ver com medo de palco ao se apresentar; era a espera antes do show. De fato, eu já o tinha visto passar mal antes de uma apresentação ou ficar tenso e moroso, incapaz de falar".

Ao terminar um *pint*, John revelou: "Piorei... Meus nervos ficam terríveis toda vez. Depois que começamos, com 'Rock and Roll', tudo bem. Só não consigo ficar esperando e tenho medo de tocar mal – e, se tocar, aí fico realmente puto da cara. Se tocar bem, me sinto bem".

A noite caiu, e Welch preparou-se para retornar a Londres. Porém, antes de se despedir dele, John insistiu em dar de presente ao repórter um item especial em nome de todos aqueles anos de cobertura justa e precisa. "Enquanto eu ainda balbuciava que ele realmente não precisava, John e Matthew carregaram um enorme kit Ludwig Vistalite preto, maravilhoso, no meu carro", relatou Welch, que ficaria impressionado para sempre com a generosidade de John. "Tivemos de dar um tranco para fechar o porta-malas e amarrar com uma corda para acomodar todo aquele equipamento... Já passava da meia-noite quando me despedi de John e dirigi de volta para casa pelas estradas interioranas e rodovias até Londres, sem visão pelo retrovisor e na expectativa de ser parado pela polícia a qualquer instante."

John sabia que levaria um bom tempo até que se encontrasse com Welch de novo. O prazo para o Led Zeppelin deixar o país por conta do status fiscal se aproximava. Ele dera a bateria ao jornalista como um presente adequado de despedida.

⁂ ⁂ ⁂

Por mais que John estivesse transbordando de alegria com o nascimento de Zoë, ele enfrentava uma depressão constante devido à sua situação. O período do Led Zeppelin como ciganos fiscais não estava nem perto do fim; além do mais, se eles quisessem continuar a ganhar fortunas vastas, não havia um término em vista de fato. John tinha um belo lar e uma bela família, mas só podia desfrutar deles numa divisão de tempo autoimposta com o próprio sucesso. Ao dar um acesso sem precedentes a Chris Welch às coisas que mais lhe eram caras na vida, ele inadvertidamente dera a si mesmo um *tour* triste de tudo o que estava prestes a deixar para trás.

Só o fato de saber disso já somava à depressão e à frustração de John, que quase sempre as direcionava às pessoas erradas. Quando Welch o visitou, no dia 11 de junho, o baterista não mencionou ter tido uma briga horrível na noite anterior com seu amigo mais próximo – seu irmão Mick.

"John nos telefonou para dar a notícia [do nascimento de Zoë] e combinou de nos encontrar no Conservative Club para celebrar", Mick contaria. "Jacko e eu chegamos às 20h e esperamos por John... Às 21h, ainda não havia nem sinal dele, então seguimos com nossa própria celebração. Às 22h30min, a garçonete veio nos avisar que John estava ao telefone. Aparentemente, ele tinha passado no New Inn para tomar uma rápida, mas acabou numa festa e queria que Jacko e eu fôssemos para lá. Não tínhamos como ir, já que nenhum de nós estava em condições de dirigir." Como os três homens – John, Mick e Jacko – estavam bebendo, um mal-entendido era inevitável. John ficou furioso com aquilo que interpretou como uma afronta ao nascimento da filha. "Às 23h30min, ele ligou de novo, desta vez num humor terrível, e me deu uma bela *encheção de saco* por não ir até lá, mas, quando tentei explicar qual era o problema, ele já não estava mais na linha."

Não totalmente cientes da extensão do ressentimento de John, Mick voltou para casa inocentemente com o pai. Pouco depois da meia-noite, os dois homens foram acordados no susto por murros na porta do apartamento – era John num acesso de fúria ébrio. "Quando abri a porta, ele entrou com tudo e queria me dar uma surra, enquanto Jacko tentava nos apartar e parar com aquele pandemônio. Nessa peleja, Jacko levou um soco que cortou seu lábio. Nisso, John parou, abraçou o pai e pediu desculpas. Então se voltou para mim e disse: 'Olha só o que você fez agora', e mirou mais alguns golpes na minha direção... John olhou ao redor, incrédulo, o que me deu um respiro, voltou a se concentrar no que tinha de fazer, gritou comigo de novo e sumiu pela porta."

Então John e os membros do Led Zeppelin tiveram de partir para a próxima rodada do exílio fiscal. Mick ficou mais um ano sem falar com o irmão.

⁂ ⁂ ⁂

ALGUMAS SEMANAS DEPOIS DOS SHOWS TRIUNFANTES EM EARLS COURT, PETER Grant chamou Richard Cole de lado e explicou precisamente porque estimara tanto aquelas apresentações. "Em certo sentido, [Grant] viu os shows como 'presentes de despedida' ao país", Cole admitiria. "'Estamos indo embora', ele afirmou. 'O leão está nos expulsando da Inglaterra. Esses foram os últimos shows por aqui por um bom tempo.'"

O giro mais recente do exílio fiscal já tinha sido ruim o bastante, já que nenhum dos integrantes do Zeppelin se encantou muito com a turnê de 1975. É claro que tinham faturado dinheiro aos montes – mas era justamente essa fortuna a causa do exílio forçado. "Minha casa é aqui", insistiu John. "Não vou a lugar nenhum." No entanto, os registros financeiros da banda exigiam que ele mudasse de ideia. Permanecer no Reino Unido teimosamente seria entregar a maior parte dos ganhos ao governo. Ao invés disso, embora cada membro do grupo mantivesse uma casa na Inglaterra, havia um número limitado de dias que eles poderiam ficar no país antes de serem marcados pelo leão, o que os forçava a passar o tempo entre esses períodos em outro lugar.

John resistiu por mais tempo do que os outros três; estava determinado a ficar ao lado de Pat o máximo possível durante a gravidez. "Que se foda o dinheiro", disse ele a Richard Cole na época. "Vou passar um tempo com a minha esposa, bem aqui, onde ela precisa de mim."

Após o nascimento de Zoë, a banda suplicou a John que tomasse juízo. Ele se encontrou com os demais em Jersey, a maior das Ilhas do Canal. Cercado de turismo e sol, John imediatamente sentiu falta da calidez e da familiaridade de Old Hyde. Quando perguntado o que achava da ilha, apontou: "Os locais aqui não parecem fazer muito além de beber e trocar de esposas".

Robert, por sua vez, decidiu levar a família de férias ao Marrocos. Semanas depois, Jimmy juntou-se a ele, buscando cumprir a promessa feita a William S. Burroughs de conhecer essa parte antiga do mundo e aprender sobre sua história musical. Em seguida, os dois se reuniram à outra metade do Zeppelin em Montreux, onde discutiram os planos da turnê do ano seguinte.

Embora estivesse afastado dele na época, John, mais tarde, contaria a Mick o verdadeiro destaque desse período: conhecer os membros da orquestra de Count Basie no Festival de Jazz de Montreux, em julho, graças a John Paul Jones e ao renomado baterista de jazz Butch Miles, que era um grande fã do trabalho de Bonham no Zeppelin. "John ficou apreensivo, querendo saber por que o baterista de Basie queria conhecê-lo", lembrou Mick Bonham, "mas, no *backstage*, os papéis se inverteram – no fim das contas, o baterista era um dos maiores fãs de John, estudara seu estilo e copiara várias de suas técnicas... Isso queria dizer muita coisa para um baterista de uma banda de rock 'n' roll".

John Paul Jones, mais tarde, reforçaria o quanto esse encontro foi significativo para Bonham. "Eu os apresentei: 'Butch Miles, este é John Bonham'. Bonzo foi cumprimentá-lo, e Butch disse: 'John Bonham! Uau, cara. Cresci ouvindo sua música. Aprendi a tocar bateria ouvindo seus discos'.[39] Então eles se deram muito bem."

Em seguida ao festival de jazz, Jimmy, Charlotte e a filha deles, Scarlet, juntaram-se a Robert, Maureen e os dois filhos deles na ilha grega de Rodes. No dia 3 de agosto, Jimmy fez uma breve viagem à Sicília para conferir em primeira mão a antiga casa de campo e abadia de Aleister Crowley, recentemente colocada no mercado imobiliário; depois planejava encontrar a família de Robert em Paris. No dia seguinte, porém, aconteceu um desastre. Maureen Plant dirigia um carro alugado, com Robert no banco do carona e os dois filhos e Scarlet no banco de trás. De repente, ela perdeu o controle do veículo, deslizou pela estrada estreita da ilha e bateu numa árvore. A princípio, Robert olhou para a esposa imóvel e pensou que ela estivesse morta. Richard Cole recebeu um telefonema desesperado de Charlotte no dia seguinte e agiu rapidamente, usando todos os recursos disponíveis ao Led Zeppelin para dar os melhores cuidados médicos possíveis aos Plants. Maureen fraturou o crânio e a pélvis; Robert estilhaçou o tornozelo e o cotovelo; as crianças ficaram bem. Na pitoresca ilha grega, não tiveram como chegar ao hospital mais próximo sem a carona de um caminhão de frutas de um fazendeiro.

John e Peter Grant estavam em Jersey quando os telefonemas frenéticos começaram a chegar. Richard Cole conseguiu levar Robert e Maureen de volta à Inglaterra, onde disseram que ela ficaria sob cuidados intensivos no hospital por semanas e que ele não andaria por pelo menos seis meses. Mais uma vez, as tristezas ligadas ao exílio fiscal

39 Vale ressaltar que Butch Miles nasceu em 1944, quatro anos antes de Bonham, formou-se na faculdade de música em 1966 e, nessa segunda metade da década de 1960, antes da formação do Led Zeppelin, já atuava como baterista profissional. (N. do T.)

logo se apresentaram: Robert teria de deixar a esposa enquanto ela se recuperava, já que, sob as normas legais, o tempo que tinha na Inglaterra estava quase acabando. Relutante, ele permitiu que Richard Cole lhe arrumasse um voo para se encontrar com John e Peter Grant em Jersey. Richard fez as malas e foi junto, assim como Benji LeFevre, que atuaria como o principal cuidador de Robert pelos seis meses seguintes.

Quando Plant chegou à ilha, John deixou sua própria depressão de lado por um tempo. Estava apenas aliviado por seu velho amigo estar vivo.

⁂

Ansiando pelo conforto dos amigos e da família, John convidou um velho parceiro das Midlands, David Hadley, para se juntar a ele e a Robert, que se recuperava lentamente, na ilha tropical algumas semanas depois. "Jersey era o mais perto que eles conseguiam chegar da Grã-Bretanha durante o exílio fiscal, então ficaram no hotel Atlantic por um tempo", recordou-se Hadley. "Disseram que fariam um show para o dono de um pequeno clube, que foi bem amigável e prestativo com eles... Só pediram para que não contasse a ninguém antes."

Enquanto Hadley curtia mais um "final de semana prolongado" com John, teve a oportunidade de ver uma das aparições surpresa do Zeppelin no Belhan's Nightclub. Plant apresentou-se de cadeira de rodas, com a perna ainda engessada. "Os caras então entram no palco, e o dono do clube anuncia: 'Senhoras e senhores, uma atração especial esta noite – Led Zeppelin!'", riu Hadley. "Todos acharam que era piada, é claro, mas quando a banda começou a tocar, as pessoas foram chamar todos os amigos na rua. Lá estava Robert, cantando de cadeira de rodas num clubezinho... Foram uns dias muito loucos."

Novamente apático, John usou o exílio em Jersey para esbanjar ainda mais com carros de luxo. "Bonzo colocou um traje grã-fino e saiu dirigindo um Bentley pela ilha, com a polícia atrás dele", David Hadley rememoraria. "Acho que ele deu três voltas na ilha, mas não o pegaram. Tinha aprendido uma série de manobras para despistar a polícia."

No entanto, o carro favorito de John para desfilar pela ilha era seu Rolls-Royce. Certa tarde, ele o estacionou na frente de um pub e começou a lavá-lo com um balde e uma esponja. De jeans cortados e camiseta, ninguém que passasse por ali pensaria que ele era o dono do veículo. Em pouco tempo, um senhor de idade bem vestido parou para observar o carro, bem como o trabalho de John com a lavagem. "Ora, ora, ora", disse, com um sorriso irônico. "É a primeira vez que vejo um homem precisar lavar seu próprio Rolls-Royce!"

John não estava com paciência. Como se uma chave tivesse sido virada, ele inexplicavelmente perdeu a calma. "É mesmo?", gritou, rangendo os dentes, estremecendo o senhor por completo. Então fez uma performance memorável, batendo com força uma das portas do Rolls e chutando os painéis laterais do carro – arrebentando o veículo inteiro. O ataque de nervos seguiu por vários minutos diante do senhor estupefato. Quando John enfim terminou, sem fôlego, havia dezenas de amassados por todo o exterior do carro.

"Suspeito que esta tenha sido a primeira vez que você viu um homem arrebentar a porra do seu próprio Rolls-Royce também?", perguntou John retoricamente, recuperando o fôlego. "Por que você não vai à merda e cuida da própria vida?" Ele então entrou no pub e pediu um coquetel com gim.

⁂

NINGUÉM NO LED ZEPPELIN ESTAVA NUM HUMOR PARTICULARMENTE BOM. Embora gratos pela sobrevivência de Robert e Maureen, o episódio tinha, de qualquer modo, anulado os planos para uma turnê rentável, deixando os exilados sem nada para fazer. A banda também teve medo de que um hiato tão extenso pudesse afetar não só a carteira coletiva, como também sua credibilidade; com Robert fora de ação, como eles permaneceriam relevantes? Talvez demorasse uma vida até que o grupo pudesse sair em turnê novamente. Peter Grant sugeriu uma solução: ressuscitar o finado filme do Led Zeppelin. Enquanto a banda debatia a possibilidade de lançar o material, Jimmy e Robert pensavam silenciosamente em como seria possível organizar sessões de gravação.

A banda concordou em ir embora de Jersey de uma vez por todas e se reunir novamente em L.A., em setembro. O ambiente familiar da Califórnia – devassidão e coisa e tal – poderia trazer um senso de normalidade e rotina aos primeiros ensaios. De início, Richard Cole hospedou-os, como de costume, no Riot House, mas, com todas as mudanças que haviam ocorrido – e já que estavam mais velhos –, o hotel não parecia ter o mesmo charme de antes. Para mudar o cenário, alugaram casas individuais na ostentosa praia de Malibu Colony, onde Robert começou uma rotina intensiva de composição e fisioterapia. Logo perguntou a Danny Goldberg se ele acreditava em karma.

Em sua própria casa na Malibu Colony Drive, Jimmy se pôs a criar música para o próximo álbum. Ao mesmo tempo, supervisionava as operações cotidianas do Swan Song, que recentemente contratara uma nova banda chamada Detective, capitaneada por Michael Des Barres, amigo de Jimmy, para substituir a agora finada Pretty Things. Embora o Detective tivesse fechado um contrato milionário extravagante – além do bônus do prestígio pela própria associação com o Led Zeppelin –, Des Barres logo ficou desencantado com o que entendeu como uma falta de participação generalizada da parte do Zeppelin. "Quando Bonzo é dono de um quinto seu", o cantor diria mais tarde, "você sabe que é uma situação fora do comum. Após fecharmos contrato, não vimos ninguém do Led Zeppelin por dois anos. Tratávamos com Danny [Goldberg]. Fomos produzidos para soar o máximo possível como o Zeppelin".

"O clima em torno do Led Zeppelin tornou-se mais entorpecido do que eu já tinha visto", Goldberg apontaria. "Fiquei muito próximo de Michael Des Barres, do Detective, e da esposa dele, Pamela... Quando chegou a hora de fazer a foto da assinatura do contrato com o Swan Song, consegui uma limo para buscar Jimmy na Malibu Colony. Trouxe-o ao meu quarto no Beverly Hills Hotel, onde os membros do Detective e Neal Preston se encontrariam conosco. Jimmy ficou pescando no carro o trajeto inteiro e, assim que chegamos ao quarto, deitou no sofá e adormeceu de imediato. Quando a banda veio, Michael e eu tentamos acordá-lo insistentemente, sem sucesso... Depois de meia hora, pedi a Neil que fotografasse o Detective sentado ao lado de Page adormecido e, então, mandei a banda e o fotógrafo para casa."

Logo que Jimmy acordou, horas depois, ficou enfurecido por Goldberg ter permitido fotos dele adormecido ao lado da banda mais recente contratada pelo Swan Song. "Havia rumores de que Jimmy andava usando heroína, e esse comportamento me fez crer nesses rumores", recordou-se Goldberg. "É claro que Page dava uma explicação diferente, dizendo que tinha tomado um Valium e provavelmente o efeito fora muito forte... Ele me deixou circular a foto, mas depois reclamou que, ao fazer isso, eu 'o fiz parecer um babaca'. Em retrospecto, ele estava certo. Aquela foto nunca deveria ter visto a luz do dia."

A ex-amante de Jimmy, Lori Maddox, posteriormente alegaria que o guitarrista usou heroína por sete anos seguidos e, depois, foi para a Suíça para trocar todo o sangue, como Keith Richards. Page, uma pessoa notadamente reclusa, nunca reconheceu ou discutiu o uso da droga em público.

"A casa onde Robert e eu ficávamos era bem no meio da colônia", contou Benji LeFevre, "e quando o El Niño se enfureceu por dias a fio, levou embora toda a areia da praia e fez algumas casas tombarem... Havia muito Charlie [cocaína], e eu disse a ele: 'Você tem de maneirar, cara, porque, caso contrário, não vai melhorar'... Ao mesmo tempo, na casa de Jimmy, um pouco mais adiante na rua, as portas e cortinas ficavam fechadas. Nós nos referíamos à heroína como 'Henry Hall'. Robert começou a ficar muito desiludido com a coisa toda. Foi um tempo de muita reflexão para ele".

Depois do retiro de composição de um mês de Jimmy e Robert, Bonham e John Paul Jones voaram para Malibu no final de outubro, e os ensaios começaram. A princípio, usaram as casas na praia como espaço para tocar, mas logo se realocaram para o SIR Studios, em Hollywood. No entanto, durante esse período tumultuado, L.A. se mostrou a pior influência possível para o estado de espírito – e o comportamento – de John. Como Richard Cole expressaria mais tarde, "Bonzo ficou realmente fora de controle em Malibu".

Descontente com a moradia em Malibu, John tomou a estranha decisão de se hospedar sozinho no Riot House, para o desgosto e reprovação de todos, incluindo Peter Grant. "John se mudou para o Hyatt House", Grant se recordaria. "Havia muita tensão naquele período, estávamos todos entocados em casas onde não queríamos de fato estar."

Com Robert ainda mal por causa da perna, Jimmy entocado nos próprios vícios e dúvidas e John Paul Jones cada vez mais desiludido com aquela empreitada toda, Bonham se soltou na Sunset Strip e foi deixado à própria sorte. Em Beverly Hills, foi parado por dirigir de forma imprudente a caminho do mercado Safeway; frequentava o Rainbow, como de costume, e o Trader Vic's; viu o Little Feat em Venice; foi ao Roxy para ver Bob Marley com Ringo Starr e Keith Moon. Hospedado no Beverly Wilshire, assistia a filmes dos irmãos Marx e do Monty Python. "Bonzo era um adulto enorme com as emoções de uma criança de seis anos e uma licença artística para se esbaldar em todo tipo de comportamento infantil ou destrutivo que o divertisse", lembrou Danny Goldberg.

"Bonzo era um cara doce, afável e brincalhão até ficar bêbado, e aí você só queria evitá-lo", Pamela Des Barres, esposa de Michael, mencionaria mais tarde. "Eu o vi socar minha amiga bem no queixo só por estar no mesmo lugar que ele no Rainbow."

Numa noite particularmente movimentada, John foi sozinho ao Rainbow e sentou-se no banquinho de costume no bar e pediu 20 Black Russians. Após entornar metade, examinou o salão em busca de rostos familiares. A amiga de Pamela Des Barres, uma assistente do *promoter* Kim Fowley, cometeu o erro de sorrir para ele. Segundo alguns relatos, John se convidou até a mesa da assistente e berrou no rosto dela: "Que porra você disse?". Quando a jovem começou a responder, John lhe deu um soco no rosto que a jogou ao chão. Porém, segundo Kim Fowley, o incidente foi mais como uma luta equilibrada. "Ela era uma lutadora", afirmou Fowley. "Uma garota sensível, mas que sabia brigar – e ela e Bonzo travaram uma luta greco-romana no chão."

Numa outra noite no Rainbow, John planejava se encontrar com Simon Kirke, baterista do Bad Company e, enquanto esperava pelo amigo, arrumou briga com a pessoa errada – um dos seguranças treinados em artes marciais, Bear. "Depois dos shows... John virava basicamente um canhão descontrolado", recordou-se Kirke. "Ele foi imobilizado após beber 15 Brandy Alexanders e levado para a cadeia... Bear se desculpou bastante, porque teve de dar uma chave de braço num Bonzo muito bêbado e combativo, chegando a deixá-lo inconsciente." Bear tinha a possibilidade de prestar queixa – havia inúmeras testemunhas do comportamento de John –, mas deixou passar.

Até os amigos de John que não viam problema em compartilhar do estilo de vida festeiro do rock 'n' roll começaram a sentir o perigo na postura dele, bem como o potencial para uma espiral descendente embebida em álcool e drogas. "John e eu passamos muitas noites cheirando pó, chegando a um ponto no qual ele fazia uma montanha numa bandeja e só jogava no rosto", Tony Iommi afirmaria. "Você pensava em dizer alguma coisa, mas, naquele estado, era difícil conversar com John."

De acordo com as memórias de Danny Goldberg, "Bonzo era parte de muitos dos dramas do Led Zeppelin. Isso porque, embora fosse afável quando sóbrio e transcendente à bateria, era um bêbado raivoso e cruel, a quem os outros membros da banda se referiam, às vezes, como 'a Besta'".

Para o relações públicas B. P. Fallon, a má conduta ocasional da banda – em particular a de John – era uma extensão lógica do ideal criativo hedonista. "Se você surta de vez em quando e se comporta mal, isso te faz um monstro? Não necessariamente." Para Fallon, tinha a ver com o território. "Bonzo era o cara que conduzia o trem, noite após noite, não só por alguns minutos, mas, às vezes, por quatro horas... Se ele fosse pintor ou escultor, todos diriam: 'Que grande artista'. Mas não – ele tocava bateria, como ninguém no mundo."

"Apesar dos ocasionais momentos doces, a atmosfera era, em geral, de tensão, agravada pelos volumes enormes de cocaína", Goldberg se recordaria das turnês posteriores. "Embora eu nunca tenha testemunhado violência, a ameaça parecia estar a apenas um acesso de mau humor de distância."

* * *

Nada parecia preencher o vazio no coração de John quando estava separado da família. Assim que surgiu o menor e mais apertado espaço de tempo permitido pelo status fiscal, ele embarcou no primeiro voo de volta para casa.

Em setembro daquele ano, Mick Bonham se casou com sua noiva, Lin. O irmão de John saiu do espaço que dividia com Jacko e logo foi para um apartamento próprio de dois quartos com a nova esposa, em Winyates. "Junto ao nascimento dos meus dois filhos, foi um dos três dias mais felizes da minha vida", Mick se recordaria. "Infelizmente, sempre acreditei que, no dia do meu casamento, meu irmão mais velho estaria ao meu lado." Embora os dois irmãos já estivessem se falando desde o desentendimento da noite do nascimento de Zoë, um segundo mal-entendido forçou John a ir ao casamento do irmão de Pat, Jeff, no mesmo dia que o de Mick. "Só muitos anos depois eu descobriria o quão chateado John ficou por não estar no nosso casamento", afirmou Mick, "algo que eu nunca quis que tivesse acontecido".

Certa tarde, muitos meses depois, Mick observava a rua pela varanda do apartamento. À distância, ouviu o ronco inconfundível de um carro esportivo veloz se aproximando.

"É o John!", exclamou Lin Bonham para o marido, sorrindo.

"Não pode ser", respondeu Mick. "Os jornais musicais disseram que ele teve de ir morar no exterior."

Mick rememoraria: "Sem esperar para descobrir, levantei-me e desci correndo os três lances de escada até o estacionamento para encontrar John vindo na minha direção com aquele sorriso acolhedor de orelha a orelha... Não trocamos nenhuma palavra; só nos abraçamos até que Lin se juntou a nós".

Num só fôlego, John atualizou o irmão dos triunfos e tragédias do ano anterior – do acidente de carro de Robert e Maureen ao otimismo que agora cercava a recuperação do vocalista, da retomada do filme ao progresso da banda nos ensaios para o próximo álbum. "John passou o ano de não-residência em quartos de hotel em Nova York, Jersey e no Sul da França, brigando com o tédio e com outras pessoas", lembrou Mick. "E, sem shows, o ano se arrastou pelo que pareceu uma eternidade. John também nos contou do ódio que sentia por ter de viver longe da família – e que já não tinha mais tempo para ficar no país, tendo de ir embora de novo no outro dia."

Cumprindo a palavra, John partiu para Coventry na manhã seguinte.

⁂

Os ensaios para o novo álbum, recém-intitulado *Presence*, continuaram no SIR Studios, em Hollywood. Apesar dos boatos de que estava numa condição enfraquecida, Jimmy tocou com o fogo de sempre, e o novo disco refletia sua paixão reacendida pelo hard rock pesado, conduzido pela guitarra. E embora John fosse mais feliz na companhia de Pat, de Jason e da pequena Zoë, poder extravasar na bateria sem amarras era o seu esteio. Ele e Jimmy queriam fazer de *Presence* o álbum mais pesado da banda até então.

Outra faceta do foco recém-encontrado da banda era a energia acumulada que todos os quatro sentiam. Mesmo relegado à cadeira de rodas, Robert transbordava um vigor que normalmente se encaixaria no palco. Com os planos para uma turnê de outono descartados, a banda abasteceu a música com a adrenalina que seria da estrada.

E então novas regulações fiscais entraram em vigor e arruinaram tudo, só que, desta vez, nos Estados Unidos. A banda não podia ficar na Inglaterra por muito tempo, ou arriscaria dificuldades financeiras; do mesmo modo, se permanecesse estagnada nos EUA por certo período, também estaria ferrada. Uma pedra rolante não cria musgo; nesse caso, eram os membros do Zeppelin.

Terminados os ensaios, o grupo decidiu gravar *Presence* no Musicland Studios, em Munique, na Alemanha.

Capítulo Vinte e Um

NOVEMBRO DE 1975–JANEIRO DE 1977

John, Jimmy e Robert fizeram um breve desvio para Nova York a caminho da Europa e então voaram separados pelo resto do trajeto. Jimmy foi o primeiro a chegar a Munique.

Como John detestava voar, insistiu em viajar com seu assistente pessoal, Mick Hinton, que agora atuava não só como técnico de bateria, mas também como uma espécie de secretário ou – como observado por Richard Cole – "servo contratado". No voo da British Airways para Munique, John foi de primeira classe, enquanto Hinton foi de econômica. Incapaz de lidar com outra volta ao mundo, John entornou duas garrafas de champanhe e adormeceu. Por insistência dos outros passageiros, a comissária não o acordou quando o jantar foi servido. Duas horas depois, John despertou sozinho e descobriu que tinha urinado nas calças. Ergueu o pescoço e berrou pela atenção do sempre fiel Hinton. O assistente cochilara lendo a *Sports Illustrated*, mas, ao comando de John, correu para a primeira classe e se apresentou para o serviço.

"Rápido – ande na minha frente!", sussurrou John, que então usou Hinton como escudo humano para se dirigir ao banheiro. Como a função de atender a todos os caprichos de Bonham geralmente envolvia as circunstâncias mais inesperadas, Hinton levava um par de calças extra na bagagem de mão, que então entregou ao chefe. Limpo, John fez Hinton trocar de lugar com ele e se acomodou na classe econômica para retornar ao sono induzido pelo álcool.

⁂

A BANDA COMEÇOU AS GRAVAÇÕES DO ÁLBUM NO DIA 12 DE NOVEMBRO, COM uma faixa *jazzy* para a qual Bonham e John Paul Jones haviam trazido a composição preliminar, "Royal Orleans". Nos primeiros *takes*, Robert fez jus ao gênero e cantou numa imitação profunda de Dr. John. Na marca de um minuto da versão final, John entra com um ritmo groovado, tocando semicolcheias afiadas no chimbal – entrelaçando com perfeição sua destreza sincopada de quatro vias, sempre enfatizando a mão esquerda e o pé direito, fechando os pratos como uma máquina bem lubrificada.

A banda concordou que as sessões já haviam começado bem.

O estúdio em Munique ficava diretamente embaixo do Arabella, onde Richard Cole hospedou a banda pela conveniência. Tanto o hotel quanto o estúdio estavam em alta demanda, já que muitos exilados fiscais britânicos usavam as instalações; os Rolling Stones, inclusive, gravariam imediatamente após as sessões do Zeppelin. Sob uma pressão severa para registrar as músicas enquanto a banda estivesse no momento mais enérgico – e com outro grupo pronto para entrar logo em seguida –, Jimmy afrouxou um pouco seu perfeccionismo mão-de-ferro e deixou as faixas de *Presence* naturalmente potentes e pesadas. Ao contrário dos trabalhos anteriores, não houve toques acústicos, nem o teclado que era a marca registrada de John Paul Jones. Apenas guitarras a todo volume e *overdubs*.

A faixa de abertura não só seria a mais longa do Led Zeppelin em estúdio, como também um dos momentos mais reverenciados de John. "Achilles Last Stand" firmou-se como o exemplo definitivo das diferentes camadas de harmonias de guitarra de Jimmy, somadas à tradicional paixão de Robert por mitos e fantasias – neste caso, imagens de guerra e da força de Atlas, acentuadas pelos gritos primais e dolorosos do vocalista.

Tratando-se do verdadeiro épico do álbum, demora mais de um minuto até a introdução teatral de John com uma batida feroz de velocidade estonteante, que se esgueira por entre contratempos rápidos. A todo vapor, John dispara um rufar de tercina pesado, inspirado por Buddy Rich, perto dos três minutos, que introduz mais uma nova virada de sua caixinha de surpresas, semicolcheias consecutivas, as três primeiras na caixa e a quarta e a quinta nos pratos de ataque esquerdo e direito, sublinhadas pelo bumbo – um molde para o rock mais pesado e grunge que tomaria forma nas décadas seguintes.

"Toquei um *riff* esparso em 'Achilles Last Stand', o que permitiu a John trabalhar muito rapidamente", diria John Paul Jones. "Mudamos o andamento dela – e a maioria das bandas de rock não sabe fazer isso... Não é fácil parar no meio de uma música, no ponto exato. Éramos capazes de fazer qualquer coisa com os andamentos."

Presence foi de fato um álbum montado sob circunstâncias lúgubres; a guitarra de Jimmy e as letras de Robert refletiam diretamente o desespero deles. Isso fica evidente em duas faixas chave: "For Your Life" e "Nobody's Fault But Mine". A primeira é uma balada triste sobre a cena cocainômana de Los Angeles, da qual os dois haviam acabado de escapar. No início, a guitarra de Jimmy e o baixo de Jones se casam como almas gêmeas num *riff*, enquanto Bonham dá liga à composição climática com pouco mais do que chimbal e meia-lua. Aos dois minutos, porém, ele sorrateiramente insere tercinas em alta velocidade na mix, com o pé, incorporando um novo *riff* à extensa faixa.

"Candy Store Rock", a mais descontraída do disco, era um chamado da banda à amada era de ouro do rockabilly, direto da fonte de Elvis. Na canção de substância leve, mas musicalidade pesada, Robert brilhou na gravação bem solta. Do mesmo modo, "Hots on for Nowhere" brinca com gêneros e permite que John toque o *shuffle* do rockabilly.

"Nobody's Fault But Mine" é a releitura climática de Robert e Jimmy para uma velha canção homônima de Blind Willie Johnson; foi a primeira aventura do grupo pelo blues pesado em anos. A letra, uma confissão de pecados consumados e de um arrependimento inalcançável, pinta imagens de amor perdido e vício sob o disfarce de uma *jam* suja. Posteriormente, os críticos chamariam a canção de exorcismo do Led Zeppelin, mas sem estipular qual demônio eles de fato estariam expulsando.

⁂ ⁂ ⁂

As sete músicas foram gravadas numa velocidade atordoante. Quando a banda acabou, no entanto, Jimmy ainda precisava acrescentar *overdubs* e finalizar a mix. Estimou que três dias seriam tempo extra suficiente e ligou para Mick Jagger para explicar a situação. Jagger concordou em esperar alguns dias até que os Stones entrassem para começar as sessões de *Black and Blue*.

No intuito de gravar as sete faixas iniciais, Jimmy já vinha trabalhando 18 horas por dia havia duas semanas; agora, também passava as noites em claro para concluir todo o trabalho. "Depois que terminamos de gravar todas as nossas partes, o engenheiro de som, Keith Harwood, e eu começamos a mixar, tarefa que fazíamos até pegarmos no sono", Jimmy explicou. "E, então, quem acordava primeiro chamava o outro, e nós continuávamos a trabalhar até apagar de novo." Jimmy considerou a finalização de *Presence* um teste de pura força de vontade e não tinha a intenção de ser reprovado. Em 18 dias, o álbum inteiro estava pronto. "Quando acabamos, os Stones chegaram e perguntaram como foi", contou ele a um repórter. "'Tudo certo', respondi. 'Terminei graças aos dias a mais que vocês nos deram.' 'As faixas?', eles perguntaram. 'Não, o disco todo.' E eles não conseguiam acreditar."

⁂

Após inacreditavelmente arrematar um álbum inteiro em menos de um mês, a banda retornou à ilha de Jersey na primeira semana de dezembro. Num estado de espírito bem melhor que o da estadia anterior, o Led Zeppelin – para todos os efeitos – recuperara o *mojo* criativo. No dia 10 de dezembro, surpreenderam mais uma vez os clientes do Behan's West Park & Anne Port Bay Folk Club, em St. Helier, com uma apresentação. "O Led Zeppelin, que não tocava junto em público desde a turnê pelos EUA na primavera, fez um retorno surpresa na semana passada, com um show improvisado de 45 minutos na maior casa noturna de Jersey", publicou o *NME*. "John Paul Jones e John Bonham haviam, na semana anterior, dado uma canja com o pianista de rock residente Norman Hale [que antes se apresentava com The Tornados] e prometeram voltar com os outros membros da banda. Cumpriram a palavra e fizeram uma performance que incluiu suas próprias músicas, além de 'Blue Suede Shoes' e vários outros clássicos do rock."

Na véspera de Natal, Jimmy foi a Nova York para mixar a trilha sonora do filme da banda, gestado por tanto tempo e enfim intitulado *The Song Remains the Same*[40].

Com isso, o ano de 1975 chegava ao fim, e banda estava oficialmente de folga. Tomado de alegria, John partiu para Old Hyde.

⁂

Obedecendo ao regulamento do exílio, a banda só teve alguns dias livres antes de embarcar para Nova York na primeira semana de 1976. Assim que se instalaram no luxuoso Park Lane Hotel, perto do Central Park South, os membros do Led Zeppelin começaram a expressar verbal-

---

40 O filme foi lançado no Brasil em 1978 sob o título *Rock é Rock Mesmo.* (N. do T.)

mente seu descontentamento. Robert, que tinha sido forçado a deixar a esposa convalescente no ano anterior, estava bastante enojado e reclamava com amargura sobre o fato de todos os artistas da Inglaterra estarem sendo punidos por fazer sucesso. Apontou a Bonham e John Paul que até Mick Jagger agora residia a poucas quadras dali, no West Side.

Mais para passar o tempo do que qualquer outra coisa, o grupo congregou no escritório do Swan Song, em Manhattan, para debater os detalhes de *The Song Remains the Same*. Peter Grant já tinha demitido o diretor original, Joe Massot, após acusá-lo de realizar "o filme caseiro mais caro já feito". O empresário o substituiu por um cineasta chamado Peter Clifton, cuja principal função era reunir as imagens de show e as vinhetas da banda (as "sequências oníricas") – conteúdo que já datava três anos – e criar um filme coerente com elas. Nada poderia ser feito para melhorar a qualidade do material – ou a trilha sonora medíocre –, mas, sem turnês em vista, o filme era a melhor carta na manga que o Led Zeppelin tinha para o novo ano.

Reunião concluída, eles saíram por Nova York. John, já inquieto, fez uma visita não-anunciada – e definitivamente nada bem-vinda – ao *backstage* de um show do Deep Purple no Nassau Coliseum, em Long Island. Os músicos do Purple comentariam mais tarde que John chegou muitíssimo bêbado, foi cambaleando pelas coxias e partiu para cima de um microfone vazio no meio da apresentação. O público aplaudiu essa "ponta" embriagada antes que os *roadies* da banda pudessem segurá-lo. "Meu nome é John Bonham, do Led Zeppelin", berrou ele ao microfone, "e só quero dizer que estamos pra lançar um novo álbum chamado *Presence*, que está do caralho!".

A plateia foi mais piedosa que o grupo – mas John ainda não tinha terminado. Ao girar para sair do palco, ele pegou o microfone mais uma vez e abriu um sorriso irônico para o guitarrista do Deep Purple. "Quanto ao Tommy Bolin, ele não toca merda nenhuma!"

Fosse a crença de John no valor criativo de *Presence* verdadeira ou não, os aplausos que recebeu previram o recorde nas vendas antecipadas do álbum. *Presence* se tornou o primeiro lançamento do Led Zeppelin a alcançar o status de platina antes mesmo de chegar às prateleiras das lojas, no dia 31 de março.

Jimmy declarou à imprensa: "[O álbum] foi gravado com o grupo em movimento, ciganos tecnológicos, sem base, sem lar. As únicas coisas com as quais podíamos nos identificar eram um novo horizonte e uma mala... Então há muito movimento e agressividade".

Para a capa, a banda mais uma vez contratou os serviços da Hipgnosis, empresa londrina de arte e design. Altamente conceitual, a imagem retrata uma família nuclear estilo Norman Rockwell à mesa de jantar, observando alegremente a misteriosa escultura de um obelisco preto ao centro. Danny Goldberg revelaria mais tarde que os telefones do Swan Song nos EUA não paravam de tocar com jornalistas querendo saber o significado por trás daquele objeto místico. Na Inglaterra, Richard Cole informou aos repórteres que nem os músicos sabiam o que era aquilo. Da forma como foi retratada, a pequena estátua lembrava um objeto doméstico normal, usado talvez para cura ou orientação espiritual. Como Robert contaria depois a Cameron Crowe, a ideia era que a capa de *Presence* deixasse abertura para interpretações, outro elemento da mística do Led Zeppelin. "Diz o que você quer que diga", explicou Plant. "'O Objeto' pode ser interpretado de muitas formas. Digamos apenas que adoramos soltar essas brincadeirinhas por aí. Usamos símbolos [espécie de hieróglifos cósmicos] no quarto álbum também. São divertidos e só somam à música... Mas não há muita diversão em saber tudo, não é mesmo?"

⁂ ⁂ ⁂

Naquela primavera, parecia que Birmingham estava tão feliz com o retorno de John quanto o próprio. "Quando ele voltou para casa, em maio de 1976, todos nos encontramos no Conservative Club, em Studley", afirmou Mick Bonham. "Embora já fizesse um ano da nossa última noitada, fiquei contente em ver que a tolice ainda era a ordem do dia... Ao jogar uma rodada de sinuca, John acertou a bola com tanta força que ela voou da mesa e destruiu uma das lâmpadas na parede. A punição? Gritos de 'boa tacada, John' dos outros membros do clube que assistiam à partida."

Jason Bonham tinha agora dez anos e não herdara somente as habilidades naturais do pai à bateria – o garoto também compartilhava da paixão de John por carros velozes e automobilismo. Enquanto John estava longe, o cunhado de Pat, Allan, apadrinhou o jovem Jason no Schoolboy Moto Cross Club, levando-o a encontros locais e a corridas apropriadas para a idade. Encantado de ver o filho aderir aos mesmos interesses, sempre que John podia ir às corridas de Jason e ajudar o clube infantil, colocava-se prontamente à disposição. Mick Bonham lembrou: "Lin e eu finalmente vimos Jason correr em junho de 1976, e, embora eu achasse que brincar de mocinho e bandido fosse mais seguro, ele não tinha medo e virou um piloto muito competente... Em pouco tempo, esse clube se tornaria grande parte da vida de John também".

Apesar de ter perdido interesse no selo havia muito tempo, John teve de comparecer naquele mês a algumas reuniões de última hora do Swan Song. Para o choque de todos, Danny Goldberg estava anunciando sua saída da companhia. Embora os detalhes em torno de sua partida sejam vagos, Richard Cole alegou que Goldberg foi despedido quando ousou questionar a ética de Peter Grant quanto à divulgação do Bad Company. "Danny foi demitido porque ninguém era autorizado a sair do Led Zeppelin", disse Cole. "Mas Peter Grant começou a chorar mesmo assim: 'Eu nunca achei que viveria para ver o dia', choramingou ele, 'que me ouviria dizer que Danny Goldberg está demitido'."

Posteriormente, Goldberg insistiria que, na verdade, saiu por causa de outra artista que ele tinha defendido pessoalmente para o Swan Song, uma cantora/compositora chamada apenas Mirabai. "Peter concordou em me deixar ser empresário dela e contratá-la para o selo", esclareceu Goldberg. "Fiquei apaixonado pelas suas canções espirituais, mas a gravação não empolgou os integrantes do Zeppelin. Peter convenceu a Atlantic a lançá-la, e eu os deixei doidos, esperando em vão que o departamento de RP ou de divulgação conseguissem, de algum modo, fazer o disco acontecer... Em maio de 1976, Peter me deu a opção de abandonar o gerenciamento de Mirabai ou sair... Fui tomado pela autoconfiança e o senso de justiça irracionais da juventude."

Ele acrescentou: "Por outro lado, pulei fora no momento certo. O abuso de drogas na banda havia saído do controle e criara um clima mais azedo e negativo do que quando eu comecei a trabalhar para eles... [Mas Peter] havia me transformado de um cara de RP num executivo do rock". Ao final de 2019, Goldberg continuava a se referir a Grant como seu "mentor".

Com um vazio enorme deixado para trás, Robert e Jimmy concentraram energias no único sucesso comprovado do selo, o Bad Company, cujo segundo álbum, *Straight Shooter*, foi quase tão bem recebido quanto o primeiro. Antes de voltar à Inglaterra, no final de maio, os dois surpreenderam o público do Bad Company ao fazerem uma participação no palco; cada detalhe ajudava.

De todo modo, a banda tinha de seguir em frente, e a Inglaterra não era uma opção. No dia 21 de junho, John esteve entre as celebridades classe A – que incluíam Ringo Starr, Diana Ross, Robbie Robertson e Elton John – presentes no show dos Wings, de Paul McCartney, num L.A. Forum lotado.

John ficou grato por poder passar o resto do verão com Pat, Jason e Zoë no Sul da França; depois, em setembro, a família Bonham voou para Montreux, onde John topou se encontrar com Jimmy. Os dois raramente ficavam juntos sozinhos e usaram o encontro para desopilar e fazer experimentos. "Eu havia recentemente comprado um equipamento inovador, o Harmonizer, da Eventide Clockworks", Jimmy se recordaria. "Descobri uma configuração na qual se obtinha um som de tambor de aço... Eu quis empregar essa coloração, se possível, na paleta do projeto de bateria orquestral de John Bonham."

O projeto em questão era uma composição extensa com um novo solo de bateria que John estava inquieto para terminar, algo que funcionaria como uma aguardada sequência de "Moby Dick". Sozinhos no estúdio em Montreux, Jimmy gravou a faixa solo de John com a intenção de distorcê-la sinteticamente em camadas – um negócio com o qual Bonham vinha brincando nas apresentações ao vivo havia anos. Quando a jornalista Lisa Robinson certa vez perguntou a ele como fazia aqueles barulhos eletrônicos estranhos usando o tímpano em "Moby Dick", John sorriu: "É tudo mágica... Você não me viu brincando com a varinhazinha preta?". Com o novo Harmonizer, Jimmy acreditava ter encontrado o equipamento perfeito para encorpar ainda mais a peça de John com efeitos sônicos.

Intitulada simplesmente "Bonzo's Montreux", a canção baseava-se num *groove* direto, sem floreios ou firulas. John e Jimmy concordaram em fazer juntos experimentos com *overdubs* e os outros recursos do Harmonizer. "Quando chegou a hora de mixar, usei o teclado do Harmonizer para construir as frases em glissando do final... As percussões empregadas nessa faixa junto ao kit de John Bonham foram *overdubs* de bumbos, caixas, tons, tímpanos, timbales, congas, ecos ao contrário e o Harmonizer... Tenho certeza de que a inspiração de John veio das escolas de samba do Brasil." Satisfeito com o produto final, Jimmy guardou a faixa mixada para uso futuro e voltou à Inglaterra para ficar com Charlotte.

Surpreendentemente, John mandou Pat e as crianças de volta à Inglaterra e partiu para Monte Carlo com Mick Hinton e Matthew. Richard Cole logo se juntou a eles, já que "alguém tinha de ficar de olho... na velha Besta". Os dois lados conflitantes de John, o amoroso homem de família e a bêbada e desordeira Besta, estavam em duelo mais do que nunca.

Cole acrescentou: "A questão é que Bonzo amava muito a esposa e a família e não queria ficar separado deles. Aí ficava bêbado, fazia coisas, para então, no dia seguinte, ficar muito emotivo e se arrepender demais".

Numa dessas noites, John e sua *entourage* foram a uma casa noturna cara no centro de Monte Carlo, chamada Jimmyz. Ele passara o dia bebendo e logo começou a usar Mick Hinton como saco de pancadas verbal. Contrariando o bom senso, levava uma arma de gás num coldre por dentro do terno branco extravagante. No cassino, John começou a provocar Hinton um pouco além da conta e, por fim, decidiu deixá-lo branco de susto ao sacar a arma.

"Ora, se você conhece o Jimmyz", Cole explicaria, "sabe que Onassis e todos aqueles sauditas frequentavam o lugar. Uns turcos ricos pra caralho e a máfia, gente barra pesada da Córsega, e todos eles andam com seguranças armados! Agora imagine um cabeludo de terno branco sacar uma arma, o lugar inteiro vai pirar pra caralho, e alguém será morto a tiros sem motivo".

Para a surpresa amedrontada do grupo, John começou a sacudir a arma no rosto de Hinton, chegando a golpeá-lo com ela, o que enfureceu Cole. "Eu falei: 'Deixe o cara em paz, porra'", recordou-se o *road manager*. "Ele retrucou: 'Cale a boca, seu babaca, ou vou dar em você também'."

Foi então que, pela segunda vez ao longo da relação dos dois, Cole deu um soco no rosto de John e quebrou de novo o nariz do baterista. A arma caiu no chão do cassino. Cole a pegou rapidamente e instruiu a namorada de Hinton a correr e escondê-la antes que a polícia chegasse. Quando a polícia de Monte Carlo entrou no recinto, John, com a mão no nariz ensanguentado, começou a discutir com Cole sobre onde esconder toda a cocaína que tinham.

O grupo todo acabou preso.

Por sorte, só ficaram detidos por três horas. Ao se examinar no espelho, John riu. Agradeceu a Cole pelo segundo nariz quebrado. "Eu precisava disso", disse, rindo. "Agora está reto de novo."

⁂

No final de outubro, a banda retornou a Nova York para as primeiras duas *premières* de *The Song Remains the Same* nos EUA. Como o filme só estava sendo lançado para satisfazer os fãs depois de um ano longe da estrada, Peter Grant insistiu que houvesse o máximo de publicidade possível. Para tal, organizou eventos idênticos em Los Angeles e, depois, em diversas localidades no Reino Unido. Em conjunto com a estreia do filme, o Swan Song lançou a trilha sonora como o segundo álbum duplo do Led Zeppelin.

A recepção da imprensa a ambos os lançamentos foi, no máximo, medíocre. Os críticos logo partiram para cima das imagens datadas e das confusas sequências oníricas e, num só respiro, consideraram o filme tão autoindulgente quanto violento em demasia. "Longe de ser um monumento ao estrelato do Zeppelin, *The Song Remains the Same* é um tributo à voracidade e à inconsideração da banda", destilou Dave Marsh na *Rolling Stone*. "Embora a música do Led Zeppelin permaneça digna de respeito (mesmo que as melhores canções já estejam no passado), seu senso de si só merece desprezo."

Apesar das críticas negativas, estima-se que o filme tenha rendido dez milhões de dólares nas bilheterias no período em que esteve em cartaz – e as plateias das sessões da meia-noite foram vistas aplaudindo John em "Moby Dick" de pé. Como esperado, o álbum da trilha sonora também foi disco de platina, garantindo mais um sucesso para o Swan Song perto do fim de 1976.

Após a viagem a Nova York, John ficou feliz por ter uma desculpa para voltar ao lar: a estreia do filme no Reino Unido. E embora não pudesse ter comparecido ao casamento de seu irmão Mick, conseguiu comemorar pessoalmente o nascimento da sobrinha, Emma Michelle Bonham, no dia 26 de outubro. "Depois de vários telefonemas para informar aos novos avós, fui até a casa de John e Pat para dar a boa nova", Mick Bonham relataria. "As celebrações foram realizadas com muito bom gosto, com algumas garrafas do bom e velho Dom Perignon... A festa prosseguiu e ficou mais barulhenta noite adentro, fechando com John e eu desmaiados ao mesmo tempo – e comigo sendo levado de carro para casa."

A primeira das diversas *premières* de *The Song Remains the Same* no Reino Unido estava marcada para o dia 4 de novembro, com exibições simultâneas no cinema Warner West End e no ABC, na Shaftsbury Avenue. Ainda que John e a banda fossem obrigados a comparecer no máximo de estreias possível, foi a *première* no Futurist Cinema, em sua cidade natal de Birmingham, no dia 21 de novembro, que teve uma significância especial para o baterista. Para essa ocasião única, John convidou todos os seus amigos e familiares a Old Hyde, onde serviu drinks pré-exibição em seu adorado *lounge* antes de conduzir o grupo ao teatro num ônibus que alugou para a noite. Depois do filme, John levou seus convidados a uma recepção no Opposite Lock, casa noturna ao lado do canal, na Gas Street.

A princípio, John ficou nervoso em exibir o filme à família; afinal, nenhum dos membros do Led Zeppelin estava particularmente encantado com o resultado. Na recepção, porém, ele baixou a guarda e curtiu a companhia dos familiares, trazendo até a bateria em miniatura de Jason para que o menino pudesse divertir os adultos. Como Mick Bonham mais tarde recontaria, uma rusga com o DJ do clube logo se tornou feia. "Jason era só um menino, então se sentou à bateria para tocar junto com os discos. O DJ estava numa cabine... Enquanto Jason tocava, o DJ de repente disse: 'Se você se acha tão bom, vamos ver você tocar isso aqui', e colocou 'Let There Be Drums', de Sandy Nelson. Ora, nenhum baterista é capaz de copiar outro baterista, então é claro que Jason ficou completamente desnorteado com isso, o que o aborreceu – ele parecia bastante envergonhado."

Testemunhar a reação frustrada do filho de dez anos ao comportamento insensível do DJ foi tudo o que John precisou para invocar a Besta. "Nosso John não ficou nada contente com tudo aquilo", recordou-se Mick. "O DJ meio que ria sarcasticamente sozinho quando, de repente, ouvimos um tapão alto! John o estapeou e, rapidamente, se encarregou de despejá-lo no canal com a ajuda de dois camaradas de aparência pesada."

Os convidados de John ficaram devidamente surpresos. "Ops!", disse ele, fingindo espanto. "Alguém deve ter caído de tonto!"

John sempre foi protetor em relação à família, especialmente quando se tratava do filho. À parte do problema principal do incidente, John tinha um orgulho genuíno de Jason e incentivava os talentos à bateria que desabrochavam no filho. Quando o menino tinha apenas dois anos, John lhe presenteou com uma bateria japonesa em miniatura, em escala correta, com um bumbo de 14 polegadas. Mais tarde, ele apontaria: "Jason parece a mãe, mas, na personalidade, é igual a mim – está sempre batucando. Até quando estamos no carro, ele pega as baquetas e manda ver nos assentos... Antes do Zeppelin acabar, vou colocá-lo no palco conosco no Royal Albert Hall".

O amigo Dave Pegg lembrou quando testemunhou pela primeira vez a próxima geração de talento Bonham durante uma visita memorável a Old Hyde. "Logo que entrei para o Fairport, gravamos um álbum chamado *Full House*, que levei até a fazenda para mostrar a Bonzo, pois ele havia me dado o álbum do Zeppelin, e eu pensei: 'Cheguei lá. Estou numa banda de verdade agora'. Ele me ligou algumas semanas depois e disse: 'É ótimo, meu amigo. Gostei muito'. Levei Dave Swarbrick comigo, e, quando chegamos, Bonham falou: 'Ouve só isso, Peggy'. Ele tinha comprado uma bateria em miniatura para o filho, Jason, e colocou *Full House* para tocar – e Jason tocou junto, já tinha pegado tudo."

O desentendimento com o DJ foi só o início dos desgostos na *première* do filme em Birmingham, já que, infelizmente, mais uma amizade seria cortada antes do fim da noite. Depois do comportamento execrável no show do Deep Purple meses antes, John tentou fazer as pazes com o amigo Glenn Hughes, baixista do grupo. "As coisas acabaram muito mal entre mim e John", comentou Hughes. "Quando *The Song Remains the Same* estreou em L.A., ele me ligou e disse que queria me encontrar no Rainbow... E então Robert me convidou para a *première* de Birmingham. Cheguei na festa e vi o pequeno Jason tocando bateria. Fui até o bar e, de canto de olho, notei – a quatro ou cinco metros de distância – a figura inconfundível de Bonzo no modo 'Bonzo' completo."

Embora fosse inocente, Hughes já fora interrogado por John a respeito de um boato maldoso que dizia que o baixista estava de olho em Pat Bonham. "Ele então pulou como um urso e me acertou bem no queixo", relatou Hughes. "Machucou bastante e lascou um dos meus dentes de baixo – e a mesma equipe de segurança que tinha trabalhado com o Deep Purple poucos meses antes agora me conduzia para fora do local."

Mesmo após expulsar Hughes do clube, John ainda não tinha acabado. "Havia seis Rolls-Royces enfileirados, e ele jogou um tijolo pela janela em cima de um deles, achando que era meu", contou o baixista. "Foi a última vez que o vi, e isso ainda me dói. Eu o amava tanto, isso me deixou de coração partido."

⁂

Ao completar quase dois anos desde o acidente de carro de Robert, o Led Zeppelin enfim considerava um retorno às turnês. Juntamente ao lançamento de *Presence*, eles começaram os ensaios no final de 1976, refinando uma versão ao vivo de "Achilles Last Stand" em Fulham, no Manticore, um antigo teatro transformado em estúdio pertencente ao Emerson, Lake & Palmer. "Acho que o Zeppelin ensaiou duas vezes lá", estimaria Benji LeFevre. "Robert e Jonesy apareciam ao meio-dia, e íamos para o Golden Lion... Jimmy e Bonzo chegavam mais tarde, e todos nós enchíamos a cara. Alguém dizia: 'Que tal irmos ensaiar?', e os demais respondiam: 'Ah, hoje não'."

A turnê proposta seria a 11ª do Led Zeppelin – e, com 51 shows por todos os EUA, a mais ambiciosa até então. Mas, no fim das contas, o tempo que ficaram afastados havia sido bem longo. Tão longo que os gostos por rock 'n' roll estavam mudados, aparentemente sem a banda perceber de fato.

Na Inglaterra (e mais tarde nos EUA), uma nova forma de rock cheia de raiva e deliberadamente desleixada chamada punk havia incendiado a contracultura jovem. Presumia-se que a dita cena punk seria uma resposta direta a dois elementos: fúria contra o governo britânico pré-Thatcher e uma notável ressaca do "rock de arena" grandioso e excessivo, o qual era capitaneado pelo Led Zeppelin. Visto como um dinossauro pelo público de rock mais jovem, o Zeppelin teria de lembrar a uma geração inteira por que sua marca registrada de blues-rock pesado fora tão popular na primeira metade da década, agora que era rivalizado por nomes rebeldes e resmungões, como Sex Pistols, The Clash, The Damned e Generation X.

Na tentativa de ver cara a cara e em primeira mão o que enfrentavam, John, Jimmy e Robert foram a shows punk em muquifos de Londres. Em janeiro, apareceram de surpresa para assistir ao The Damned ao vivo no Roxy – uma casa *underground* minúscula na Neal Street, em Covent Garden, que se tornara a cova dos leões da cena punk. Robert e Jimmy foram ao primeiro show, depois convenceram John a acompanhá-los duas noites depois, no dia 17 de janeiro. Imediatamente sentiram-se deslocados ao chegarem com B. P. Fallon e um pequeno grupo de *roadies* do Zeppelin em limousines; John, porém, ficou fascinado pelo nome do baterista do The Damned: Rat Scabies.

"De súbito, o lugar ficou em silêncio, e eu percebi que toda a *entourage* do Led Zeppelin fora recebida por perguntas como 'O que estes velhos hippies estão fazendo aqui?'", recordou-se Glen Matlock, baixista original dos Sex Pistols. "Depois de um tempo, pensamos: 'Espera aí. Esta é uma das maiores bandas do mundo, e os caras se deram ao trabalho de vir ver qual é a nossa', então fomos até eles e nos apresentamos."

Durante o primeiro *set* do The Damned, Matlock se aproximou do grupo do Zeppelin no bar e começou uma conversa a respeito das aventuras deles na estrada. "Eu estava batendo papo com Jimmy e Robert quando ouvimos um barulhão vindo do palco, e eu fui ver o que tinha acontecido", lembrou o baixista. "Fiquei surpreso ao ver John atrás da bateria, exibindo um sorriso raivoso e, com a espinha ereta, disparando uma saraivada de ofensas ao grupo. 'Onde está a porra da banda?', gritava ele. 'Só tocaram por 15 minutos! Nós tocamos por três horas, porra, porque somos homens de verdade e não um bando de fracotes! Onde está o tal do Mouse Scabies? Vou mostrar a ele como se toca. Ah, que se dane, ele que fique onde está. Vou tocar com a banda!', e continuou a chamá-los para voltar ao palco."

Jimmy e Robert correram para o palco e, com a ajuda de alguns dos *roadies*, levantaram John da bateria e o carregaram para fora. Segundo Matlock, "a coisa mais engraçada foi que, enquanto eles levantavam John do chão e começavam a carregá-lo pela escada, ele ainda berrava a plenos pulmões para que o 'Mouse' Scabies aparecesse. A essa altura, o público já tinha voltado ao clima de antes e berrava: 'Vai à merda, seu velho hippie!'".

Capítulo Vinte e Dois

MARÇO DE 1977–JULHO DE 1977

"TOUR '77" DO LED ZEPPELIN

"Regras de Convivência"

1. Nunca fale com ninguém da banda, a menos que eles falem com você primeiro;
    1a. Não faça nenhum tipo de contato visual com John Bonham. Isso é para sua própria segurança.
2. Nunca fale com Peter Grant ou Richard Cole, por nenhum motivo;
3. Mantenha seu toca-fitas sempre desligado, a menos durante a entrevista;
4. Nunca faça nenhuma pergunta não relacionada a música;
5. O mais importante, entenda o seguinte: a banda vai ler o que é escrito sobre ela. A banda não gosta da imprensa, tampouco confia nela.

A 11ª campanha do Led Zeppelin pelos Estados Unidos estava marcada para começar em março, após o grupo ter passado a maior parte do mês anterior em ensaios vigorosos. Já fazia anos daquela série de apresentações épicas em Earls Court, de modo que os novos shows tinham de rivalizar tal lembrança – e, ao mesmo tempo, incorporar o novo e pesado repertório de *Presence*.

A banda logo descobriu que, desta vez, as coisas seriam diferentes. Para começar, o estimado *Starship* estava oficialmente impedido de voar. Sem intenções de ser passado para trás, Peter Grant deu alguns telefonemas e reservou o luxuoso *Caesar's Chariot* diretamente dos donos do cassino de Las Vegas. E, mais uma vez, a Showco ficaria responsável pelo espetáculo de palco. A adrenalina corria a mil nos preparativos do Led Zeppelin para impressionar Dallas no primeiro show da turnê.

E então Robert teve amidalite, o que levou a turnê a ser adiada por um mês. A banda ficou de mãos atadas, sem sequer poder ensaiar devidamente, pois o equipamento já tinha sido enviado para os EUA. E, para John, não poderia haver concessões na etapa de ensaios; o novo kit que ele revelaria na turnê de 1977 era de última geração, teatral em todos os sentidos. Com parafusos de tensão de extensão total, seu *setup* Ludwig recém-adquirido soava diferente de todas as baterias anteriores – soava ainda mais alto.

Depois desse vaivém dos primeiros meses do ano, a turnê do Zeppelin enfim começou no dia 1º de abril, em Dallas. Usando os shows de Earls Court como novo padrão, as apresentações agora duravam um mínimo de três horas por noite – 15 músicas e dois bis. Embora as críticas fossem bem positivas e as vendas de ingresso maiores ainda, o moral entre o grupo e a equipe andava numa baixa recorde. A esposa de Peter Grant acabara de deixá-lo e, incapaz de lidar com a vergonha e as emoções, o imenso empresário usava mais cocaína do que nunca. A condição física de Jimmy ainda era fraca em comparação a anos anteriores, e Robert tinha de monitorar as cordas vocais como precaução. Sem o público saber, o Led Zeppelin se desmanchava.

"Acho que foi realmente ali a porra do fim de tudo", Richard Cole diria a respeito da turnê de 1977. "É curioso, mas eu detestei aquela última turnê. Dava para sentir... que algo estava bem ruim. Acho que era toda aquela droga... Não sei, mas havia algo de errado – não era mais a mesma coisa."

Foi durante essa turnê que John apresentou seu último e definitivo *setup* de bateria: um modelo da Ludwig de aço inoxidável, que contava com um tom-tom de 15 x 12.

John conheceu o fabricante de baterias californiano Jeff Ocheltree em 1975. Já tendo trabalhado para um dos bateristas favoritos de John, Billy Cobham, Ocheltree foi contratado por Bonham como consultor técnico de bateria para a turnê de 1977. Segundo ele, um fator importante que permitiu a John obter um som incrível e vistoso com o kit de aço inoxidável era sua prática de afinação, que dava atenção especial às peles inferiores, técnica usada mais frequentemente no jazz do que no rock. "John apertava as peles inferiores dos tons mais do que as superiores... Se a pele inferior estiver mais folgada, o som fica médio para quase grave. Ele não queria isso – queria que a bateria falasse, como a de Cobham." Dave Mattacks, baterista e velho amigo de John, também relembrou que Bonham afinava o bumbo do kit de aço "como o tom-tom".

A outra mudança bem perceptível na rotina da banda veio na forma dos recentes e questionáveis membros da *entourage* e da equipe de estrada, liderada por um dos novos seguranças de Grant, um lutador e ator de 34 anos chamado John Bindon. Ele participara de alguns filmes de gângster britânicos clássicos, como *Performance*, no qual interpretou um capanga, e *Carter – O Vingador*, como um chefe da máfia – papéis que ecoavam o que Bindon desempenhava na vida real. Paranoico quanto à segurança da banda, bem como cego pelo uso cada vez maior de drogas, Bindon era precisamente o que Peter Grant procurava como braço direito. Com frequência, a influência negativa da dupla Bindon e Richard Cole incitava os comportamentos mais voláteis de Bonham naquela turnê – que estava só começando.

Também estava a bordo o novo assistente de Peter Grant, outro tipo durão chamado Rex King. "Àquela altura, Bonzo não era exatamente responsável por si mesmo e precisava de alguém para fazer as malas, tirá-lo da cama e colocá-lo na limo", recordou-se Benji LeFevre.

"Rex foi considerado um bom candidato porque acharam que ele seria organizado e limpo. Do dia para a noite, ele passou de instalador de carpetes para acompanhar a turnê do Zeppelin pelos EUA no avião particular da banda."

O futuro *road manager* do Zeppelin, Phil Carlo, descreveu o trabalho de King como "basicamente ser um amiguinho para Bonzo brincar na estrada".

⁂ ⁂ ⁂

"Para aqueles que viram o show em Dallas e suspeitaram ter sido enganados devido às restrições impostas pelo departamento de bombeiros à pirotecnia do Zeppelin, não se preocupem", escreveu Pete Oppel, do *News*. "O único efeito especial no show de Fort Worth que não aconteceu na apresentação em Dallas foi um lança-chamas disparado durante o solo de bateria de John Bonham."

"Então veio o solo de bateria", prosseguiu Oppel. "Guerras foram travadas em menos tempo do que Bonham leva para terminar um solo."

Na primeira semana de abril, o Zeppelin fez quatro shows no Chicago Stadium, duas noites consecutivas seguidas de um dia de folga entre as próximas. "Nas últimas duas turnês, espaçados em intervalos de duas horas, os shows se tornaram eventos", escreveu Lynn Van Matre no *Chicago Tribune*, "fenômeno que, sem dúvida, parece incompreensível para alguns... Esta é uma banda, por exemplo, que toca por três horas seguidas com poucos momentos tediosos depois que pega embalo. Na quarta-feira, isso aconteceu depois de umas duas músicas; o grupo tende a criar um efeito cumulativo ao invés de lançar todo seu poder de fogo de uma só vez".

Van Matre prosseguiu: "Os efeitos especiais foram igualmente bons, embora não houvesse nada particularmente novo – lasers e fumaça, lança-chamas e flashes. Os lança-chamas trabalharam bem durante o solo de bateria de Bonham; assim como o próprio, que entregou uma performance divertida, ao invés dos solos apenas toleráveis que demais bateristas costumam fazer".

Depois de apenas uma semana de turnê, John já estava entediado e com saudades de casa. Sozinho numa suíte do Ambassador East Hotel, em Chicago, ele pegou o telefone e discou o quarto de Richard Cole. "O que tem para fazer, Cole? Não posso ficar aqui parado. Não tem nada empolgante para se fazer nessa porra de cidade?"

Cole já tinha feito o possível para entreter John. "Reservei uma suíte de dois quartos para Bonzo, exatamente como ele queria", explicou Cole, "com um deles sem mobília nenhuma, exceto por uma mesa de sinuca. Mas após horas de sinuca, a mesa perdeu a graça. 'Vamos fazer o *check-out* ainda hoje', disse a ele, 'acalme-se e estaremos longe daqui antes que você perceba'".

Segundo Cole, John frequentemente "tinha dificuldade em relaxar depois de um show" e "ficava hiperativo, inquieto e, às vezes, sentia a necessidade de batucar em alguma coisa muito tempo após sair da bateria". Nessa estadia no Ambassador, assim que Cole retornou ao quarto, John decidira "desopilar demolindo metodicamente a suíte do hotel". Cadeiras foram arrebentadas nas paredes, colchões foram virados ou arremessados da varanda e abajures e mesas foram despedaçados.

Ao ouvir a demolição no corredor, Cole correu até o quarto de John, que abriu um sorriso acanhado para o *road manager* quando este adentrou a zona de guerra. "Bem, não fique aí parado!", disse John, segurando uma ponta da mesa de sinuca. "Esta mesa pesa um elefante – me dê uma mãozinha!"

A turnê desbravou o Meio-Oeste americano. "Os 19 mil ou mais fãs acalorados gritavam e aplaudiam em concordância com a observação de Plant: 'Bem-vindos à sauna', e alguns dos homens tiraram a camisa, enquanto as garotas prendiam o cabelo", escreveu Alexandra Trozzolo, repórter da cena jovem para o *St. Louis Press*. "Lasers de diferentes cores cercavam o palco, formando uma pirâmide verde tridimensional atravessada por raios amarelos... John Bonham, 'Bonzo' para os fãs do

Zep, fez um solo fantástico, depois se voltou para tímpanos ligados a um sintetizador, criando um novo som nunca ouvido em nenhum dos álbuns do grupo. 'Isso aí, Bonzo!', os fãs perto de nós berravam enquanto o homem que alguns dizem ser o melhor baterista do mundo fazia o que sabe fazer." Mais tarde naquela semana, Angie Czelusniak fez uma resenha a respeito do show da banda em Cincinnati. "Cinco limousines escoltadas pela polícia passaram lentamente pelas centenas de carros lotados de fãs nervosos para ver o grupo de heavy metal definitivo se apresentar... A limo transporta o guitarrista número um do mundo, Jimmy Page. Os fãs se reúnem ao redor dela e tiram fotos. Ele sorri e acena para eles. Em seguida, surgem o impressionante baterista John Bonham e o baixista John Paul Jones." Sobre o show, Czelusniak apontou: "Bonham fez um solo de bateria acachapante, um tantinho quanto longo. Perto do final, a plataforma sobre a qual ele estava veio à frente enquanto as luzes piscavam".

No show em Detroit, o repórter Stephen Ford observou: "O Led Zeppelin, volátil grupo de rock inglês, atraiu 80,4 mil fãs pacíficos ao Pontiac Silverdome no sábado, dia 30 de abril – o que se acredita ser o maior público já reunido num show fechado nos EUA... A polícia registrou mais de 40 prisões, sendo a maioria por posse de drogas; dois dos presentes receberam atendimento médico por queimaduras de fogos de artifício jogados no palco e cerca de outros seis por aparentes *overdoses* de drogas... Quatro noites antes, um fã foi morto na apresentação do Led Zeppelin no Coliseum, em Cincinnati, quando uma multidão desordeira o empurrou do terceiro piso do estádio. Ele caiu com força na rua e foi atingido por um carro".

Richard Cole relatou a Ford: "Esse foi um dos shows mais tranquilos que já fizemos... Pela quantidade de gente, foi uma surpresa positiva. Honestamente, nós esperávamos encrenca".

Enquanto Cole e John Bindon se alternavam para ameaçar os funcionários do hotel e do restaurante para que ficassem calados quanto ao comportamento e à destruição causada pela banda – ocasionalmente pagando os mais dispostos com bolos de dinheiro –, o Zeppelin era forçado a fazer vista grossa para a própria espiral descendente. Com exceção de John Paul Jones, os membros do grupo estavam numa condição física ruim. "Quando faziam o *set* acústico na frente do palco, Bonzo às vezes dava umas pescadas enquanto tocava meia-lua", Benji LeFevre mencionou. "Acho que devia haver uma frustração pessoal enorme tanto para ele quanto para Jimmy, pois eles não conseguiam entender por que não eram mais capazes de tocar direito."

⁂

A BANDA TIROU AS DUAS PRIMEIRAS SEMANAS DE MAIO DE FOLGA. MESMO naquela condição enfraquecida, Jimmy considerou seguir a sombra tardia de Aleister Crowley e viajar para o Cairo. Certa noite, sozinho na suíte, assistiu a um documentário na TV sobre os mistérios das pirâmides. Numa tomada das imagens de arquivo, um zepelim podia ser visto surgindo sobre as construções enormes e antiquíssimas, o que Jimmy interpretou como um sinal. Pegou um voo para o Egito, onde ficou uma semana, e voltou para a família na Inglaterra.

Surpreendentemente, Jimmy convidou o assistente de John, Mick Hinton, para acompanhá-lo na viagem, algo inédito para ambos. Richard Cole estranhou ter sido Hinton o convidado e não ele – para o divertimento de John. No voo de volta à Inglaterra, John alfinetou a insegurança de Cole. "Na volta para casa, Bonzo me disse: 'Sabe por que Jimmy levou Mick e não você para o Egito?'", recordou-se o *road manager*. "Ele sabe que, se decidir sacrificar alguém, seria muito mais difícil dar cabo de você do que de Mick!" Curiosamente, a piada de John fez Cole se sentir um pouco melhor.

Depois de algumas horas de voo, John, que já estava quieto havia algum tempo, observava o mundo lá embaixo pela janela. Por fim, cutucou Cole mais uma vez. "Quanto mais você viaja e maior e mais bem-sucedido se torna, mais as turnês se parecem com uma obrigação do caralho... É trabalho. Ganhamos muito dinheiro, mas não temos vida. Com os guarda-costas, somos prisioneiros do nosso próprio sucesso", admitiu John.

Cole olhou intrigado para ele, e o baterista completou: "Às vezes, parece uma porra de um pesadelo".

⁂ ⁂ ⁂

"Com a responsabilidade de uma nova família, enfim arrumei um emprego propriamente dito como vendedor na Viscount Furniture", Mick Bonham se recordaria. "Então, foi uma grande surpresa quando, em maio, durante uma pausa no ataque do Zeppelin sobre os EUA, John e Pat chegaram na loja para dar um empurrãozinho na minha carreira."

John queria surpreender o irmão mais novo. Os dois se abraçaram no meio da loja de móveis – e então John e Pat gastaram uma fortuna comprando itens de Mick, engordando sua comissão. "O gerente ficou tão impressionado que me incentivou a ir almoçar com eles", riu Mick, "e lá fomos nós, na mais recente aquisição de John, uma limo Mercedes de seis portas. Ele dirigiu, e Pat e eu fomos na traseira, assistindo à TV e bebendo champanhe".

John não estava inclinado a deixar o irmão voltar ao trabalho, não quando só tinha permissão para passar tão pouco tempo no Reino Unido. Ao invés disso, os irmãos Bonham e Pat surpreenderam Robert em sua fazenda. Os quatro passaram a tarde bebendo bons vinhos e brandy e contando histórias da turnê. Em pouco tempo, os homens passaram a relembrar a juventude em Birmingham e a velha cena de Brum.

"John também estava muito empolgado, pois enfim tinha sido escolhido o baterista número um tanto no *NME* quanto na *Sounds*", lembrou Mick.

A turnê do Zeppelin ainda teria mais uma pausa estendida em julho. John prometeu a Mick que voltaria para casa também naquele momento.

⁂

No dia 12 de maio, os integrantes do Zeppelin se encontraram em Londres, no hotel Grosvenor House, para receber um prêmio honorário pela sua "contribuição colorida e enérgica à música britânica". Um reconhecimento apropriado da parte do *establishment* a um grupo de rock pesado cuja postura, dentro e fora do palco, agora parecia quase aceitável diante da cena punk ofensiva e irreverente. Uma semana depois, estariam de volta aos EUA.

O segundo braço da turnê recomeçou no Alabama, no dia 18 de maio, e dali a banda desbravou o Sul do país. Na primeira semana de junho, voltaram a Nova York para uma semana inteira de shows com ingressos esgotados.

A confiável aliada na mídia Lisa Robinson cobriu extensivamente as performances. "Quando o Led Zeppelin apresentou seis shows lotados no Madison Square Garden, Mick Jagger, Faye Dunaway e Keith Richards estavam no *backstage*, e Carol Channing na plateia... Toda vez que o Zeppelin vem aos Estados Unidos, toma o país de assalto com uma *entourage* relativamente pequena (20 pessoas), faz três horas de rock ininterrupto e ensurdecedor várias noites por semana, além de lançar algumas surpresas musicais... O empresário Peter Grant me disse certa vez que o rock 'n' roll se mantém vital ao não tocar por tempo demais no mesmo lugar, e, ao final da semana no Madison Square Garden, o Led Zep já estava se coçando para seguir em frente... Assim, enquanto 20 mil fãs ainda pediam outro bis, no sexto e último show no Garden, o Zep disparou em quatro carros rumo ao aeroporto JFK, onde seu jato 707 particular esperava para levá-los a Los Angeles."

Ao chegar a L.A., o grupo não se arrependeu de abandonar seu velho refúgio, o Riot House. A cena estava cada vez mais decadente – as *groupies*, mais jovens; e as drogas, mais pesadas. Ao invés disso, Richard Cole os hospedou no Beverly Hilton, de nível mais alto, onde John havia ficado durante os ensaios de *Presence*. Numa demonstração de boa fé, Jimmy concordou em dar algumas entrevistas, assim como Robert, cuja perna estava quase curada.

No entanto, a banda continuou seletiva quanto aos veículos de imprensa com os quais estaria aberta a conversar. Insistindo para que as perguntas se ativessem primordialmente à musicalidade, Jimmy disse à revista *Guitar Player:* "Na verdade, minha vocação está mais na composição do que em qualquer outra coisa... Construir harmonias usando a guitarra, orquestrá-la como um exército – um exército de guitarras. Estou falando de orquestrações de verdade, do mesmo tipo usado em peças eruditas". Ele então discorreu sobre Stravinsky, seu amado violão Gibson modelo Everly Brothers e uma Les Paul 1959 dada a ele pelo guitarrista dos Eagles, Joe Walsh. Depois que o jornalista foi embora, Jimmy admitiu para o fotógrafo do Zeppelin, Neal Preston, que se ressentia de sua aparência envelhecida e enfraquecida nas fotos.

Já John não conseguia se manter longe da Sunset Strip, sobretudo do Rainbow. Como ele era figurinha carimbada no renomado bar havia quase uma década, até os frequentadores notaram uma mudança no baterista desta vez. "Eu adorava Bonzo", afirmou a ex-paixão de Jimmy, Lori Maddox. "Quando ele estava sóbrio, era o cara mais legal do mundo, mas, quando bêbado, era um maníaco. A Besta, sem dúvida, mas ainda se preocupava com as pessoas e me dava umas lições quando estava na cidade. Certa noite, no Rainbow, em 1977, ele falou: 'Lori, eu venho aqui faz sete anos... Há sete anos, vejo os mesmos rostos'. E completou: 'Não quero voltar daqui a sete anos e te ver aqui'. E foi um bom conselho, sabe? Naquela noite, Bonzo mudou minha vida de muitas maneiras."

Espelhando a temporada bem-sucedida de Nova York, o Zeppelin fez um show em San Diego no final de junho, depois outros seis no L.A. Forum. "Uma galáxia âmbar de chamas lançou um brilho fraco sobre a Sports Arena abarrotada enquanto o Led Zeppelin tomava posse do palco ontem à noite", relatou Robert P. Laurence sobre a performance de 19 de junho. "Em seu melhor momento, o show capturou o que há de melhor no rock 'n' roll, o poder de atiçar os fluidos humanos e inspirar sentimentos de uma alienação jubilosa."

Com duas semanas e meia de folga, John voou de L.A. direto para casa e deu uma festa de aniversário suntuosa para o irmão e o filho. Também se presenteou com um novo brinquedo – um AC Cobra COB 1 que pertenceu a Duncan Hamilton, corredor campeão em Le Mans. Para celebrar sua volta ao lar em Birmingham, John juntou uma equipe de *pit-stop* na frente de seu pub favorito, o Chequers, e deu um show para os frequentadores e admiradores.

Mick Bonham comentaria: "John voltou para os EUA ainda feliz, sem saber que encrenca e tristeza o aguardavam a poucos passos".

⁂ ⁂ ⁂

No dia 17 de julho, o terceiro e último braço da turnê de 1977 do Led Zeppelin teve início no Seattle Kingdome. Lá, John apresentou seu agora lendário solo de meia-hora em "Moby Dick" sem saber que seria a última performance nos EUA dessa sua marca registrada.

"Num espaço grande o bastante para acomodar 67 mil pessoas, de qualquer ponto de visão todo artista vai inevitavelmente parecer ridículo", escreveu Jeani Read sobre o show em Seattle, "como réplicas minúsculas de brinquedos, incapazes de competir com suas próprias imagens gigantes nos telões. Numa banda como o Led Zeppelin, esse tipo de oposição visual entre verdade e ilusão aponta para uma discrepância paralela entre verdade e ilusão artísticas... A performance do Zeppelin foi impressionante sobretudo por ser um triunfo imenso dos efeitos superficiais sobre um conteúdo musical rotineiro".

Uma semana depois, a banda tocou duas noites no Oakland Coliseum, mais uma vez sob a organização de Bill Graham, um dos *promoters* mais irritantes do grupo. Como foi o caso dos shows no Kezar Stadium, em 1973, as equipes de segurança e de estrada da banda se digladiaram com o pessoal de Graham quase que de imediato. Desta vez, porém, o Zeppelin tinha seu pitbull, John Bindon, no comando do exército. A tensão era alta. Para piorar, Graham – que sempre se ressentia do tanto de dinheiro que Peter Grant demandava para marcar um show do Zeppelin – descobriu que o adiantamento exigido de 25 mil dólares que teve de desembolsar fora usado para reabastecer o estoque de narcóticos da banda.

Na primeira noite, 23 de julho, foi declarada guerra.

Começou inocentemente quando, durante o show, o filho adolescente de Peter Grant, Warren, passou a remover os cartazes que diziam "Led Zeppelin" das portas dos trailers da banda, na esperança de guardá-los como *souvenirs* da viagem. Sem saber que se tratava do filho do empresário, um dos seguranças de Graham, Jim Matzorkis, correu para pegá-los de volta e repreendeu o garoto pelo roubo. No fim das contas, Matzorkis estava apenas no lugar errado na hora errada: John saíra para fumar um cigarro e viu a confusão acontecer. Como o jovem Warren era bem amigo de Jason Bonham – os dois adolescentes andavam sempre juntos no escritório do Swan Song em Londres –, o baterista ficou furioso. Disparou uma sequência de insultos contra o segurança e, então, deu-lhe um chute certeiro na barriga. Enquanto Matzorkis tombava ao chão, John deu meia-volta e retornou para a bateria.

O incidente rapidamente atraiu atenções. Bill Graham ficou possesso com a forma como seu empregado foi tratado, e Peter Grant ficou mais ainda por seu filho ter sido acossado por um estranho. Um duelo se seguiu, com Grant exigindo que o *promoter* obrigasse Matzorkis a fazer um pedido de desculpas. Embora viesse a se arrepender depois, Graham apontou para Grant – agora acompanhado de Richard Cole e John Bindon – o trailer onde o segurança se recuperava do chute perverso que tomou de Bonham na barriga. "Num só movimento – eu estava atrás dele –, Grant agarrou a mão de Matzorkis, puxou-o em sua direção", recontaria Bill Graham, "fechou o punho com os dedos cobertos de anéis e desferiu-lhe um soco na cara. Pulei em cima de Grant, que me pegou como se eu fosse uma mosca e me empurrou na direção dos outros caras na escada, que simplesmente me botaram para fora, me jogaram pelos degraus e fecharam a porta. Agora eu estava do lado de fora do trailer... Não conseguia abrir a porta; não havia como entrar".

Grant socou Matzorkis primeiro, então foi a vez de Bindon fazê-lo. Trancado para fora do trailer, Bill Graham começou a gritar por ajuda, sendo atendido por mais seguranças, os quais Richard Cole passou a golpear com uma vara de metal. Depois que Bindon tentou arrancar os olhos de Matzorkis, Grant o mandou parar, e o grupo recuou. Porém, já era tarde demais: o trailer estava coberto de sangue. Matzorkis foi levado às pressas ao hospital.

Milagrosamente, o Led Zeppelin apareceu para o show da segunda noite – só depois que Graham recebeu um termo que absolvia a equipe da banda de qualquer infração. Coagido, ele sabia que o documento não se sustentaria e concordou em assiná-lo. Passou o resto da noite evitando o grupo e se esquivando das desculpas chocadas e sinceras de Robert Plant. Na manhã seguinte, enquanto a banda e a *entourage* preparavam-se para fazer o *check-out* e partir para New Orleans, Richard Cole olhou pela janela da suíte e viu uma equipe da SWAT chegando ao hotel. Instintivamente, ele entrou em ação, alertando o grupo e indo de quarto em quarto para jogar a cocaína pelos vasos sanitários. Porém, em questão de minutos, foi preso – junto com John, Grant e Bindon. Adicionando insulto à injúria, Bill Graham notificou deliberadamente a mídia local sobre as prisões iminentes e garantiu que as câmeras de TV registrassem os quatro *hooligans* do rock 'n' roll saindo do hotel algemados.

Na cadeia, Grant estava ultrajado. "Que grande baboseira", declarou ele sobre as prisões. "O que Graham está tentando provar?"

John balançou a cabeça. "Você notou que ele esperou o show acabar para chamar a polícia? Não queria perder dinheiro nos prendendo tão cedo."

Os quatro foram acusados de agressão, e uma ação de dois milhões de dólares foi aberta em nome de Jim Matzorkis. John e os demais foram liberados mediante uma fiança de 250 dólares para cada e, por fim, tiveram as sentenças suspensas, ficando em liberdade condicional.

E dessa forma, John encerrava sua relação com os EUA.

⁂ ⁂ ⁂

Depois da soltura dos quatro, o grupo todo optou por seguir cada um seu caminho por um tempo. Enojado, John Paul Jones reuniu a família e partiu, literalmente, para as colinas – era hora de uma viagem de *camping* estendida. Jimmy ficou em São Francisco para pensar nos próximos passos da banda, enquanto Robert, Grant, Cole e John foram para New Orleans. Richard Cole rememorou: "Depois que saímos da cadeia, deixamos nossos pilotos de sobreaviso e demos no pé para outro estado". Foram em silêncio no avião.

Assim que fizeram o *check-in* de madrugada no hotel Maison Dupuy, no French Quarter, logo ficou tragicamente evidente que o Zeppelin não conseguia deixar os tormentos para trás. "Lembro que entramos no *lobby*", Cole diria, "e, enquanto eu fazia o *check-in* do grupo, recebemos uma ligação da esposa de Robert. 'Sua patroa está ao telefone', falei, e ele disse: 'Tudo bem, eu atendo'."

Cada um foi para sua respectiva suíte, sem ninguém ter mais notícias de Robert por horas. Quando ele enfim ligou para o quarto de Cole, explicou que ficara sozinho em choque. Seu filho de cinco anos, Karac, estava morto.

Os detalhes da morte chocante do pequeno Karac chegaram em recortes vagos. No dia 24 de julho, Karac teria passado mal com uma virose estomacal violenta. Quando ele piorou no dia seguinte, Maureen chamou uma ambulância – mas a criança morreu antes mesmo de chegar ao hospital de Kidderminster. A notícia já corria na imprensa, e, junto às manchetes sobre as prisões de John e Peter Grant, circularam boatos insensíveis de uma "maldição do Led Zeppelin" relacionada ao interesse de Jimmy em magia maléfica.

Robert estava inconsolável. Pediu a John e Cole que retornassem à Inglaterra com ele imediatamente, assim como seu assistente, Dennis Sheehan. O *Caesar's Chariot* não tinha certificação para sair do país, então pegaram um voo comercial; de Heathrow, Cole conseguiu fretar um avião particular para levar Robert de volta à família.

Um pequeno funeral para Karac Pendragon Plant foi realizado em Birmingham alguns dias depois. Em seguida à cerimônia, Robert sentou-se no gramado do crematório com John e Cole, os três em silêncio. Durante o funeral, porém, Robert envolveu John num abraço de urso e falou em seu ouvido: "Você é o meu amigo mais antigo, Bonzo. Posso contar com você para estar sempre ao meu lado, não é?".

Robert relembraria desse momento anos depois. "Bonzo me salvou", diria. "E, enquanto me salvava, perdia a si mesmo."

O baterista do Bad Company, Simon Kirke, se recordaria de outra coisa que ouviu no funeral. "Quando Karac morreu, ouvi Bonzo dizer um negócio estranho: 'Jimmy e aquelas merdas de magia...'"

Capítulo Vinte e Três

JULHO DE 1977–MAIO DE 1979

Os membros do Led Zeppelin compartilhavam uma desconfiança inaudita de que a morte de Karac Plant talvez significasse o fim da banda. Robert, taciturno e melancólico, abandonou por completo a *persona* de estrela do rock 'n' roll. Segundo o amigo Roy Harper, "foi uma época obscura. Ele chegou a culpar o Zeppelin por isso. Ninguém em particular, só o Zeppelin como entidade... Acho que ele provavelmente colocou um fim na banda muito antes dos outros".

John Paul Jones não retornou ao Reino Unido para o funeral, ficando com a família nos EUA. "Eu estava no Oregon e liguei para New Orleans", lembrou. "Enfim, Robert foi para casa com Bonzo, e eu segui para Seattle. Foi um período muito estranho... Sabíamos que precisávamos dar tempo a ele." Da mesma forma, Jimmy manteve certa distância, enquanto Peter Grant, recém-divorciado, levou os filhos para uma viagem extensa de férias em Nova York.

John escondeu-se em Old Hyde, perdido. Em setembro, depois de beber muito no Chequers, estava voltando para casa à meia-noite quando perdeu o controle do Jensen e bateu com tudo numa árvore. Logo que a fumaça baixou, John sentiu dores no abdome e dificuldade para respirar. Conseguiu sair dos destroços e andar até a cabine telefônica mais próxima. Mas, ao invés de chamar uma ambulância, ligou para um chofer e deixou o carro esportivo destroçado para ser guinchado no dia seguinte. John havia quebrado duas costelas – e ganhou um lembrete de sua própria mortalidade.

"Ao retornar à fazenda, John mergulhou na vida familiar", relatou Mick Bonham. Sem planos em vista para o Led Zeppelin num futuro próximo – se é que ainda haveria algum –, John se lançou na rotina pacata e humilde da fazenda com a qual tanto sonhara durante as turnês tumultuadas da banda. Passava todo o tempo livre com a família e começou a se envolver ativamente nas competições de corrida do pequeno Jason.

Certo dia, enquanto trabalhava na loja de móveis, Mick Bonham ficou completamente estupefato quando o irmão mais velho lhe telefonou para falar de um novo e estranho projeto que tinha em mente, por paixão.

"Mick, tive uma ideia", disse John ao telefone. "Que tal juntarmos os caras que trabalharam em Old Hyde e voltarmos para o ramo da construção?"

"O que vamos fazer?", perguntou Mick, sem entender muito bem se John estava falando realmente sério.

"Renovar fazendas antigas."

"De quem?"

"Minhas", respondeu John. "Acabei de comprar uma."

Mick pensou por um momento. "Quais os salários?"

E assim, num piscar de olhos, a J. H. Bonham & Son voltou à vida. John contratou o irmão e o pai, Jacko, como carpinteiros; Stan e Peter Blick como pedreiros; e mais o restante da antiga equipe de obras. No dia 5 de setembro, a firma começou a buscar projetos.

Mais de uma década depois de ter prometido favorecer a música em detrimento da segurança de uma carreira estável em construções e obras, John Bonham fechava um ciclo.

Como primeiro projeto, John e a equipe escolheram uma casa decrépita adjacente a Old Hyde, conhecida como Beech Elm Farm. Ao chegar ao local, Mick imediatamente questionou a seriedade do irmão quanto àquela segunda carreira. "O que vimos nos fez indagar se John de fato sabia o que estava fazendo", recordou-se Mick. "A palavra *abandonada* não chega nem perto de descrever o estado em que a casa se encontrava – o lugar havia desabado... Uma inspeção mais minuciosa revelou que os estábulos e outras instalações tinham melhores condições, então, foi por onde começamos para, primeiramente, garantir uma choupana para nós e um boa sala para o mestre de obras."

Mick acrescentou: "Ao longo dos três anos seguintes, renovaríamos três fazendas, com muito trabalho pesado e diversas incursões em tolices".

⁂ ⁂ ⁂

Em fevereiro de 1978, a equipe jurídica de John Bonham, Peter Grant, Richard Cole e John Bindon declarou que os réus aceitavam a culpa das acusações de agressão no Oakland Coliseum. Os quatro foram considerados culpados, mas receberam multas lenientes e tiveram as sentenças suspensas. Ao ficar sabendo, o atormentado Bill Graham observou: "Assim nunca vão aprender".

Grato pela contenda estar enfim resolvida e terminada, John investiu seu tempo e energia em causas solidárias. Naquele mesmo mês, um jornal de Birmingham publicou: "O baterista John Bonham, 29, da banda de rock Led Zeppelin, doou quatro mil [libras] para uma série de corridas automotivas 'Superkids', a primeira das quais será no circuito Hawkstone Park, em Salop. O objetivo é arrecadar dez mil [libras] para um hospital infantil nacional".

"Com todas as pausas na carreira musical de John", recordou-se Mick Bonham, "ele passava bastante tempo trabalhando com Jason e o Kawasaki Schoolboy Team nos muitos encontros organizados pelo West Mercia Schoolboy Scrambling Club[41]. Ele também ajudou a patro-

41 Clubes de *motocross* infanto-juvenis locais. (N. do T.)

cinar algumas das atividades para auxiliar na arrecadação de dinheiro para diversas causas".

John também deu uma força para lançar a Superkids, organização para arrecadar dinheiro em eventos automobilísticos para crianças com deficiência. Numa dessas ocasiões, John fez uma rifa da moto que usou em *The Song Remains the Same,* cujo lucro total seria destinado à caridade. Além disso, no dia 24 de novembro, ele sentou-se à bateria e tocou com uma banda local no jantar anual do Scramble Club. Antes de ir embora, deu conselhos sobre o ofício aos músicos mais jovens e encantados com sua presença, incentivando-os a continuar tocando, custasse o que custasse.

"Ele era um grande apoiador de todo tipo de evento e instituições de caridade locais", diria Robert Plant mais tarde. "Você sabe como é, ele veio de Worcestershire, do interior. É uma outra mentalidade, de forma que a reação que você tem a suas próprias coisas é muito diferente do que seria se você morasse em Nova York, Londres ou São Francisco. Você volta para uma cidade interiorana..."

Muita gente na vida de John percebeu que, pela primeira vez, ele parecia verdadeiramente em paz consigo mesmo. "Meu pai nunca tocava bateria em casa, na verdade", Jason Bonham lembraria. "A única bateria montada em casa era a minha... Ele só tocava em dia de festa, quando estava bebendo e as pessoas o persuadiam a tocar. Mas isso era bem raro."

"Com todo seu envolvimento nas construções e nas corridas de Jason, John parecia mais relaxado do que estivera em muito tempo", confirmaria Mick Bonham. "Porém, ainda havia algumas questões que o preocupavam. O que seria da banda? E se eles não tocassem por um tempo, seriam esquecidos?"

⁂ ⁂ ⁂

Ao longo de todo o inverno, ninguém teve muitas notícias de Robert. Ele e Maureen haviam passado por duas tragédias consecutivas, o acidente de carro deles e a morte do filho, e, embora isso ainda não tivesse trazido consequências drásticas ao casamento, ele ficara ausente durante a longa recuperação dela por causa da vida na estrada. Portanto, segundo todos os relatos, ele não tinha pressa de retomar a carreira musical. Ainda assim, seus amigos não desistiram. John e Pat o surpreendiam em casa com garrafas de vinho e tentativas sinceras de tirá-lo daquela depressão desesperadora. Quando Maureen Plant engravidou naquela primavera, Robert renovou os ânimos, e os membros do Led Zeppelin acharam que poderia ser a hora certa de lembrá-lo de suas outras paixões: o amor pela música e a performance. Mais como terapia do que qualquer outra coisa, John incentivou Robert a pelo menos considerar encontrar-se com o grupo para *jams*, quem sabe ensaiar um repertório novo como meio de catarse. No fim, deu certo. Em março, a banda inteira se reuniu por três dias no escritório do Swan Song em Londres. Após muita deliberação, os quatro enfim chegaram a um acordo: pela primeira vez em dez meses, o Led Zeppelin tocaria junto no castelo Clearwell, alugado, na floresta de Dean, fronteira com o País de Gales, no dia 2 de maio de 1978.

Durante o verão, Robert foi voltando lentamente aos holofotes. Em julho, fez uma *jam* com um grupo de R&B de Worcestershire e, um mês depois, deu uma palhinha com o Dr. Feelgood num clube na badalada ilha de Ibiza. Com o ânimo e o moral renovados, John levou um segundo cutucão sobre sua própria mortalidade em setembro – Keith Moon morreu subitamente de uma *overdose* de clometiazol, droga receitada para desmamar alcóolatras da dependência. John ficou chocado e muito triste – seu jovem amigo tinha apenas 32 anos.

Em outubro, John cercou-se de amigos músicos, um lembrete positivo de que, assim como para Robert, fazer música era mais do que um trabalho – era uma vocação. Ele e John Paul Jones foram convidados por Paul McCartney para participar de uma grandiosa sessão de gravação repleta de estrelas para o novo álbum dos Wings, em Abbey Road. As duas faixas gravadas naquele dia, "Glad to See You Here" e

"The Rockestra Theme", contaram com os dois veteranos do Zeppelin, bem como com Pete Townshend, do The Who, e David Gilmour, do Pink Floyd.

Revigorados pela *jam* com os Wings, Bonham e Jones logo se juntaram a Robert e Jimmy em novembro para os primeiros ensaios oficiais do Zeppelin em anos. Depois do período de luto de Robert, Jimmy sentia que era o momento certo para começar a considerar uma espécie de álbum "de retorno" – e, possivelmente, uma turnê.

⁂ ⁂ ⁂

O ÁLBUM SEGUINTE FOI GRAVADO EM ESTOCOLMO, NA SUÉCIA. O ABBA, superastros da disco-pop – e um dos prazeres culposos favoritos de John –, deixou o Zeppelin usar sua base de gravação particular, o Polar Studios.

Da mesma forma que o projeto anterior da banda, este contou com mudanças significativas na abordagem e no fluxo de trabalho. Com as coisas ainda difíceis para Robert, e Jimmy e John ainda enfrentando suas respectivas dependências ocultas, o grosso da composição e produção ficou a cargo de John Paul Jones. Totalmente descansado do ano anterior, ele fez jus ao desafio e apresentou ao grupo várias composições baseadas nos teclados a serem encorpadas. Embora Jimmy não fosse afeito à ideia de um álbum do Led Zeppelin que dispensasse a sonoridade puxada pela guitarra, ele não estava em condições de brigar por isso; no fim, mais do que tudo, todos se sentiam aliviados só por estar funcionando mais uma vez como uma unidade.

"Robert e eu começamos a nos aproximar – e provavelmente nos afastar dos outros dois, de certa forma", John Paul Jones se recordaria. "Sempre era possível nos encontrar tomando uns *pints* em algum lugar, pensando no que iríamos fazer. E isso entrou em *In Through the Out Door.* Basicamente compusemos o álbum só nós dois... Eu tinha comprado um instrumento novíssimo, o [sintetizador] Yamaha GX1 – a

"Máquina de Sonhos" –, que foi inspirador para mim. Mas, de repente, não havia com quem tocá-lo. Bonzo chegou na sequência, e aí já tínhamos resolvido tudo quando Page apareceu."

Com Jones no comando desta vez, a música saiu especialmente elaborada e sofisticada, algo que logo revigorou a veia competitiva de John. Ele também andara afastado da bateria ao passar a maior parte do ano anterior trabalhando na firma de construção e doando as energias que lhe restassem aos eventos beneficentes relacionados às corridas de Jason. Porém, nunca colocou as baquetas de lado por completo, e, nos ensaios em novembro, ficou bem aparente que os quatro estavam inquietos para tocar.

"No quarto andar do Sheraton, tínhamos quatro suítes, uma em cada canto, para cada um dos membros", explicou Benji LeFevre. "E aí havíamos eu, Rex King e Andy Leadbetter, que cuidava da 'Máquina de Sonhos'. No fim, nossa conta era de dezenas de milhares de libras! Fui até Robert e disse: 'Olha só, temos comprado droga para Jimmy e Bonzo e coisa e tal. [O Swan Song] vai querer saber onde foi parar todo o dinheiro'. 'Ah, não se preocupe, só invente alguma coisa como se tivéssemos gastado com *fish and chips*', respondeu ele. Então peguei uma folha de papel e escrevi: 'Giggle and Spend, Ltd.: Fish and Chips, US$ 25.000'. E Robert assinou."

No entanto, reformar o Led Zeppelin vinha com um adendo, no qual os três "homens de família" do grupo – John, Robert e Jones – insistiram firmemente em estipular que nunca mais a banda viria antes da família na lista de prioridades. Com isso em mente, foi decidido que, ao longo das sessões de gravação, eles poderiam transitar entre a Suécia e seus lares na Inglaterra. Durante os dois meses seguintes, os integrantes do Zeppelin embarcavam para Estocolmo de Heathrow toda manhã de segunda-feira e retornavam para as respectivas famílias toda quinta.

Numa dessas pausas de final de semana, John foi visitar velhos amigos, os irmãos Reg e Chris Jones, que tinham lançado a própria banda, Grit. John nunca se esquecera de toda a ajuda e amizade que os irmãos haviam concedido a ele quando tinha apenas 17 anos; além de ter recebido o posto de baterista do A Way of Life lá em 1966, ele dormiu muitas vezes no chão da casa deles em noites nas quais Jacko, furioso, o botava pra rua. O novo grupo dos irmãos Jones ainda contava com outro velho amigo, o baixista Ace Kefford, e John aproveitou a oportunidade de ver um show deles no Shenstone College. Por coincidência, outro ex-integrante do A Way of Life, Johnny Hill, também estava presente, e, para emoção do público, a banda completa subiu ao palco e fez uma *jam*. Por apenas uma noite, o A Way of Life retornou.

Sob o olhar rígido de John Paul Jones, o Led Zeppelin produziu novas músicas feito uma máquina durante todo o mês de dezembro. Na sala de ensaios ao lado, uma banda punk chamada Generation X preparava-se para uma turnê. Certa noite, quando o Zeppelin estava saindo, o vocalista de cabelo espetado chamou a atenção deles e, fiel à insolência punk, disparou insultos contra os "dinossauros" envelhecidos. Sentindo um misto de divertimento e irritação, John perguntou o nome do garoto a um *roadie*. "É Billy Idol."

* * *

Durante as sessões de gravação, o Zeppelin entornou galões de cerveja sueca incrivelmente potente para se aquecer do frio cortante do inverno, determinado a ter uma mix preliminar pronta em semanas. Mais do que tudo, Robert queria estar com Maureen no parto previsto para janeiro.

"A técnica ficava no meio de um semicírculo de vidro, com as salas isoladas ao redor", recordou-se Benji LeFevre, "então todos podiam se ver... O engenheiro de som tinha nos alertado que, às vezes, o alarme de incêndio disparava sem motivo. A primeira sala à esquerda da técnica era onde Bonzo ficava. Certa noite, lá estava ele, sonolento, mas ainda segurando o *groove*. O alarme de incêndio disparou, então chegaram uns bombeiros com extintores. Bonzo só olhou para cima e continuou a tocar".

Embora a maior parte do repertório se baseasse nas ideias de teclado de Jones, Jimmy acrescentou seus próprios temas e aberturas intranquilos e turbulentos de guitarra na sonoridade como um todo. Depois de não ter conseguido concluir a trilha sonora prometida a Kenneth Anger, produzindo apenas meia hora de um conteúdo que foi rechaçado publicamente pelo cineasta, o guitarrista ficou com algumas composições atmosféricas sem lar. Em "In the Evening", um dos temas mais arrepiantes do Zeppelin, Jimmy pegou parte do material subsequente de *Lucifer Rising* e o combinou à extensa composição de Jones e à letra de Robert. Nessa faixa, o uso que John faz de contenção e minimalismo é magistral, e a tecnologia avançada do equipamento de gravação do Abba replicou cada um de seus sons sutis com perfeição – fazendo até o mais minucioso ruído do kit, como o das baquetas se chocando contra as peles, ressoar como um tiro de espingarda.

Na divertida "South Bound Saurez", Jones e Robert retornaram a uma das sonoridades com a qual a banda mais gostava de experimentar – o rock 'n' roll de New Orleans –, que transparece na influência de Bo Diddley na bateria de John. Após uma base instrumental simples e bem ensaiada ser concluída, Jimmy apenas registrou um solo experimental na mix, e a faixa estava pronta. Aconteceu parecido com "Hot Dog", paródia da música country de quadrilha que, surpreendentemente, foi destinada a ser lançada em compacto nos EUA.

Se houve um "*hit*" legítimo a emergir das sessões em Estocolmo, é muito provável que tenha sido a pretensamente complexa "Fool in the Rain". Uma das canções mais atípicas e incomuns do Zeppelin, ela veio de uma inspiração de Jones depois de ouvir um *riff* percussivo parecido durante a transmissão televisiva da Copa do Mundo da Argentina, meses antes. Na música, Bonham teve a oportunidade de alternar estilos e fórmulas de compasso, com carta branca para dobrar o tempo, com o contratempo no três. Nesse *groove* traiçoeiro, a mão direita dele faz um *shuffle* num andamento padrão, ao passo que a mão esquerda marca *ghost notes* mais suaves nos intervalos. Mas John brilha mesmo é na ponte, ao mudar todo o ritmo para uma *vibe* afro-cubana em 6/4, na qual a figura do prato cruza o *groove*. E então, numa vitória da paixão de John Paul Jones pela complexidade, a composição é mais uma vez transformada na metade da faixa, o que força a banda a dobrar o tempo e metamorfoseá-la num samba. John usou um rufar de caixa frenético, ainda que controlado, em tercina, como se fossem timbales, e caiu precisamente no tempo um no retorno ao *groove* e ao andamento originais. De maneira ainda mais surpreendente, apesar de toda a destreza sofisticada na execução, a canção era, sem dúvidas, propícia para o rádio.

Controversa entre os fãs do Led Zeppelin, "Carouselambra" traz John Paul Jones em seus momentos mais elaborados. Vasta e episódica, com todas as nuances e reviravoltas de um carrossel oscilante, a faixa carregada de sintetizadores foi originalmente intitulada "The Epic". Entre as três seções distintas que dividiam a canção, Jimmy trocou de guitarra para a segunda, na qual empunhou sua Gibson EDS-1275 de dois braços, normalmente reservada para as performances ao vivo, utilizando ainda um Gizmotron[42] para o solo e enfim capturando uma sensação fascinante de "orquestra" de cordas. A letra reflexiva de Robert, mesclada às sugestões tenebrosas de um passeio de carrossel sob efeito de LSD, tornou a canção um experimento próprio. Sabendo que seria muito difícil reproduzi-la no palco, a banda mesmo assim estabeleceu um objetivo de usar a longa faixa como peça central dos shows no futuro.

Apesar dos protestos de Jimmy, a ode sentimental de Robert ao filho falecido, "All My Love", que se chamaria simplesmente "The Hook", tornou-se a canção mais amplamente reconhecida do álbum. Na letra da balada, Robert unia os temas que o vinham assombrando desde julho de 1977 – morte e mortalidade, renascimento e ressurrei-

42 Inventado em 1969 e patenteado em 1975 pelos músicos Kevin Godley e Lol Creme, da banda 10cc, o Gizmotron é um apetrecho que funciona acoplado ao tampo da guitarra e consiste em seis pequenas rodinhas de plástico ou borracha que giram mecanicamente sobre as cordas do instrumento, criando um som contínuo como o de um sintetizador ou de instrumentos de corda tocados com arco. (N. do T.)

ção, e a natureza eterna do amor em si. Para fechar o disco, a banda revisitou uma das suas maiores forças, com um blues sujo e uivado, "I'm Gonna Crawl".

Com o Led Zeppelin gravando um repertório sólido numa velocidade impressionante, quando as sessões terminaram, semanas depois, três músicas chegaram a sobrar – e nenhuma exatamente fraca. "Darlene" era um *boogie-woogie* transbordando da persona rock 'n' roll clássica e divertida de Robert, à la Elvis, que permitia a Jones e Bonham se divertirem com o estilo. As outras duas, "Ozone Baby" e "Wearing and Tearing" eram rocks tão da pesada e apresentavam o Zeppelin chegando tão mais perto do que nunca do território do punk que foram imediatamente consideradas para lançamento avulso em compacto, ou talvez num EP independente do álbum. É claro que John atacou a bateria com tudo em ambas, reassegurando o grupo de que, se tocadas ao vivo, as duas levariam a casa abaixo.

As sessões do álbum, que logo receberia o título de *In Through the Out Door*, terminaram no início de dezembro, e a mixagem começou alguns dias antes do Natal; todos os membros da banda concordaram em finalizar a mix até fevereiro. Satisfeitos e exaustos, embarcaram imediatamente de volta para as famílias. Pouco antes de partir da Suécia, receberam uma notícia que não pareceu chocar muito a ninguém: John Bindon fora preso por matar um homem a facadas numa casa noturna. Ele seria absolvido das acusações de homicídio, mas, numa espécie de resolução de Ano-Novo, o grupo enfim se livrou dele.

Robert, aliás, tinha coisas melhores a pensar no início de 1979. No dia 21 de janeiro, Maureen deu à luz o novo filho do casal, Logan Romero Plant.

⁂

John também começou o novo ano num ritmo relaxado. Depois de arrematar mais um álbum do Zeppelin em cerca de um mês – a terceira vez que esse feito era alcançado na história da banda –, o baterista estava satisfeito pelo grupo não ter perdido a mão. Agora, com a mixagem de *In Through the Out Door* encaminhada, ele poderia desfrutar do lar e da família sem preocupações, passando os dias, como se recordaria Mick Bonham, "trabalhando na fazenda, indo a corridas e bebendo no Chequers". No dia 4 de janeiro, John comprou ingressos para ir com Jacko e Mick ao torneio de sinuca State Express e ficou particularmente feliz por apresentar o pai ao seis vezes campeão mundial Ray Reardon, à lenda da comédia britânica Arthur Askey e à personalidade televisiva Leslie Crowther – todos adorados por Jacko.

Com a carreira e a vida pessoal quase sempre num estado de comoção, John não fora capaz de passar tanto tempo quanto gostaria com sua irmã mais nova, Debbie. Enquanto Mick e ele eram mais próximos em idade, Debbie era quase sempre deixada de fora das estripulias dos irmãos Bonham. Uma pena, já que ela idolatrava o irmão mais velho e foi mais de uma vez ao escritório do Swan Song em Londres na esperança de que ele estivesse por lá. John nunca estava e, ao ser contatado por telefone pelos funcionários, acabava tendo de mandar a irmã de volta para a casa de Joan num dos carros de luxo do Led Zeppelin. Mas Debbie agora tinha 16 anos, e John, finalmente com tempo disponível, planejava fazer algo especial para ela.

Sabia que ela adorava andar a cavalo, e, em Old Hyde, havia um trailer capaz de acomodar os animais – embora fosse geralmente usado para as motos de Jason. Nos finais de semana que passava com Jacko, Debbie quase sempre queria ir a exposições de cavalos, o que deu a John a ideia para a grande surpresa. Mick Bonham contou: "John pediu a ela para ir conosco ver um cavalo que ele queria comprar. Depois de inspecioná-lo, Debbie disse a John que se tratava de um animal perfeito, então o levamos para casa".

No caminho de volta a Old Hyde, John ligou o rádio e sintonizou o mais recente sucesso dos roqueiros britânicos do The Police, "Roxanne". Ele, Mick e Debbie cantaram juntos, e John comentou que adorava o baterista, Stewart Copeland, e que o grupo seria "a próxima grande banda – a que vai tirar o Zep do trono". Irmã fiel que era, Debbie garantiu a John que banda nenhuma faria isso com o Led Zeppelin. Ele então, sorrindo, lhe deu a grande notícia: o cavalo que ele acabara de comprar era, na verdade, para ela. Lágrimas de alegria escorreram pelo rosto da garota enquanto se debruçava para abraçar o irmão mais velho. "Vou chamá-lo de Achilles!", anunciou Debbie.

"Embora John adorasse esse período da vida, era um baterista até o osso", Mick Bonham diria mais tarde. "Quando ficou sabendo que o Zeppelin tinha um grande show marcado em Knebworth, ficou radiante... Mas, à medida que a data de 4 de agosto se aproximava, dúvidas começaram a invadir seus pensamentos. Depois de dois anos sem tocar ao vivo, será que o Led Zeppelin ainda seria capaz de dar conta de um público enorme?"

⁂

Fazia mais de um ano que Jimmy esperava por uma turnê do Led Zeppelin, já que considerava a abortada campanha pelos EUA em 1977 como um negócio inacabado. Conversou primeiro com Peter Grant, que obviamente transbordou de alegria ao ouvir que a banda consideraria outra turnê; depois, confirmou com Robert e Jones. John foi o último a ser consultado, mas ficou tão entusiasmado quanto os demais. Em maio, então, veio o anúncio formal de que o Led Zeppelin se reorganizaria para fazer dois grandes shows a céu aberto no anfiteatro do Knebworth Park, ao norte de Londres. *In Through the Out Door* seria lançado em conjunto com uma turnê em potencial e viria numa embalagem elaborada, com seis variações da capa.

Demorou muito tempo, mas o Led Zeppelin estava de volta.

Capítulo Vinte e Quatro

MAIO DE 1979–MARÇO DE 1980

No dia 28 de maio, John pendurou as roupas de trabalho, guardou as ferramentas de pedreiro e partiu para seu emprego regular: ensaiar com o Led Zeppelin. Sentia-se nervoso como sempre quanto ao primeiro grande show do grupo em muitos anos, mas os quatro estavam confiantes no álbum que haviam completado – e o fato de terem sido eleitos a melhor banda na revista *Circus* provava que os americanos ainda ansiavam por seu som.

No dia 1º de julho, John esteve presente para o nascimento de seu sobrinho, James Colin Bonham. Mick afirmou ter escolhido um nome com essas iniciais para honrar o irmão mais velho, garantindo que sempre houvesse um "J. B." na família. Algumas semanas depois, Mick levou John e Robert ao aeroporto de Birmingham e os assistiu embarcar num jato particular para Copenhague, na Dinamarca, onde o Zeppelin tocaria no Falkoner Theater pela primeira vez em uma década.

⁂

Em Copenhague, a banda encontrou-se com um Richard Cole muito grato. Durante a aparente eternidade na qual o Zeppelin não fez turnês, Cole estivera relegado a comandar o escritório do Swan Song em Chelsea – um antro de inatividade desde o término dos Pretty Things e do Detective. Com Peter Grant fechado em seu próprio mundo, Cole passou a maior parte do ano usando drogas e bebendo sozinho no escritório. Não pensou duas vezes antes de voar rumo à Dinamarca para os shows de aquecimento para Knebworth, preparando-se mais uma vez para uma nova turnê do Zeppelin. Sua primeira tarefa foi providenciar o dinheiro necessário para os narcóticos e a inevitável destruição de quartos de hotel – embora, desta vez, Robert e John Paul Jones não quisessem se envolver com os excessos de sempre. "Eu levei o dinheiro para as drogas, porque Jimmy, Bonzo e eu precisávamos daquela merda", Cole admitiria mais tarde. "Meu traficante ficava no quarto ao lado no hotel, e quando fui confrontado a respeito disso numa grande reunião convocada por Robert, Jimmy disse que não sabia de nada. Mas Bonzo assumiu: 'Não sejam estúpidos, porra. Se não tiver droga, não tem show...'. Peter sabia o que estava rolando. Ele meio que piscou para mim, como se dissesse: 'Não se preocupe'."

As duas noites em Copenhague funcionaram como ensaios ao vivo para o grande retorno da banda na Inglaterra. Numa tentativa de manter as coisas relativamente simples, eles decidiram usar o *setlist* de 1977 como base, com o acréscimo de "In the Evening" e "Hot Dog", de *In Through the Out Door*, que estava prestes a ser lançado. Para encaixá-las, "Dazed and Confused" foi excluída, mas Jimmy incorporou a marca registrada dela, a performance com arco, no prelúdio de "In the Evening". John, por sua vez, se ateve ao kit Ludwig de aço inoxidável da turnê anterior.

A banda encarou as duas apresentações de forma cautelosamente otimista, e, depois que ambas ocorreram sem problemas, os quatro músicos tiveram certeza de que Knebworth os colocaria de volta no topo. Tinham 11 dias para se preparar. Ao retornarem a Londres, alugaram o Bray Film Studio com o intuito de aperfeiçoar a intrincada exibição de lasers em total segredo. Satisfeitos com o show completo, os membros do Zeppelin se separaram e só voltariam a se encontrar na passagem de som em Knebworth.

Na manhã do dia 2 de agosto, cada um chegou separadamente. Concordaram em passar quatro músicas como preparação para o final de semana – a boa e velha "Rock and Roll", as novas "Hot Dog" e "In the Evening" e uma das favoritas dos fãs da cataclísmica turnê de 1975, "Trampled Under Foot", do *Physical Graffiti*. John também levou Jason, que agora tinha 13 anos e já era tão dedicado quanto o querido pai às corridas e à bateria. Quando foram tocar "Trampled Under Foot", John brincou com os companheiros de banda, dizendo que ia correr até o meio do campo para ouvir como eles soavam à distância. Numa pegadinha divertida, colocou Jason na bateria e lhe entregou suas baquetas enormes de nogueira, sua marca registrada – e instruiu à banda que tocasse. Para surpresa de todos, o pequeno Bonham se tornou a imagem cuspida e escarrada do pai – e arrebentou na música.

Em seguida, o pai voltou orgulhoso e radiante até Jason e a banda. "Esta foi a primeira vez que eu vi o Led Zeppelin", riu John.

⁂ ⁂ ⁂

Dois dias depois, John acordou cedo para o grande evento. Como fazia rotineiramente, queria chegar com antecedência ao palco para a passagem de som final. Mesmo após uma década, ninguém notava que Jimmy Page não era o único perfeccionista do Led Zeppelin. Danny Goldberg, porém, já havia apontado a grande preocupação de cada um em relação às suas qualidades individuais nas apresentações. "Eles eram impiedosamente críticos sobre suas próprias atuações. Bonham era o mais obsessivo. Chegava uma hora antes dos outros para customizar o som da bateria em cada local de show."

Sem o conhecimento dos demais, cada um deles estava apavorado por voltar ao palco. "Da minha parte, só depois da metade da primeira noite foi que superei o fato de que estava ali e tudo o que estava acontecendo", Robert viria a admitir. "Minha voz tinha sido tomada por nervosismo."

Naquele dia, Mick Bonham ofereceu-se para buscar Matthew, o assistente de John, e de jeito nenhum perderia o grande retorno do irmão. A caminho de Old Hyde, exatamente como havia feito em cada uma das vezes que o Led Zeppelin tocou na região desde 1968, Mick parou numa banca e comprou o jornal do dia para examinar as manchetes em busca de notícias a respeito do grupo. Achou uma matéria de uma página inteira no *Birmingham Record Mirror*: "O Sol Brilha Novamente", com uma foto da banda. "Quando a mostrei para John, ele ganhou o dia." Por volta da hora do almoço, Mick e Matthew seguiram para o local do show num só carro, com John, Pat e Jason logo atrás deles. Ao chegarem, o Zeppelin ficou comovido com o apoio de seus compatriotas; a multidão era imensa, exibindo faixas com o nome do grupo, enquanto os símbolos do quarto álbum relativos a cada um dos integrantes flamulavam alto sobre um mar de rostos erguidos.

Após o clã Bonham reunir-se num trailer montado para o Zeppelin e suas famílias, John foi se encontrar com a banda. Naquele dia, antes de sair, havia decepcionado Debbie ao proibi-la de ir ao evento; ele já vira tumultos, atos de violência, ferimentos e ofertas de drogas demais em shows do Zeppelin para concluir que não era seguro uma adolescente ficar no meio do público. Ele prometeu-lhe que haveria shows de sobra no futuro, eventos em locais fechados onde a segurança seria rígida para mantê-la protegida. Suplicou que ela esperasse, porém, esqueceu-se de que Debbie também era uma Bonham. "Ela não engolia sapo nenhum", Mick relembrou. "Com uma determinação de ferro – e para o desespero da nossa mãe –, Debbie comprou um ingresso e viajou com amigas. Elas estavam em algum lugar na multidão", contou ele.

Avisado de que Debbie tinha desobedecido ao seu pedido, John ficou alucinado. Faltando pouco tempo para a banda entrar, ele instruiu Mick e Matthew a vasculharem a multidão com binóculos em busca de algum sinal dela. Quanto mais os minutos passavam, mais ficava óbvio que procurar uma garota adolescente num público do Led Zeppelin era como procurar uma agulha num palheiro. John encontrou um bom lugar para Mick ao lado do palco para fotografar a performance e, então, contrariando seus instintos, tentou se concentrar no show que estava para começar.

Às 20h em ponto, Mick preparou a câmera e se posicionou ao lado do palco. "Depois de uma espera longa", recordou-se, "o Led Zeppelin surgiu e foi recebido por urros efusivos".

O grupo abriu com "The Song Remains the Same" e "Celebration Day", duas canções escolhidas para simbolizar a alegria em retornar ao palco. Daí em diante, percorreram um histórico inteiro dos maiores sucessos, tocando as favoritas dos fãs, bem como as deles próprios – "Out on the Tiles" deu a John um momento para brilhar, compensando a ausência de "Moby Dick". "Nobody's Fault But Mine" e "Achilles Last Stand" foram as representantes de *Presence,* e os destaques de John em *Physical Graffiti*, "Kashmir" e "Trampled Under Foot" foram executadas em sequência. Jimmy apresentou a performance com arco enquanto a banda se lançava na sinfonia sinistra de "In the Evening". Depois de fecharem com "Stairway to Heaven", voltaram para um bis que evocou os primeiros álbuns – "Rock and Roll", "Whole Lotta Love", "Heartbreaker" e "Communication Breakdown".

Passadas três horas, o Led Zeppelin saiu do palco ensopado de suor e banhado por um oceano de aplausos. Valhala! Os quatro transbordavam de contentamento por estar de volta.

O alívio de John foi por água abaixo logo que ele chegou ao *backstage.* "Enquanto todos relaxavam, veio a notícia de que havia uma comoção ali fora com uma jovem", disse Mick Bonham. "Aparentemente, um dos seguranças tinha a empurrado contra a grade depois que ela o infernizou com insistência para que a deixasse entrar na área fechada, alegando ser irmã de Bonzo."

"Cheguei e tentei ir para o *backstage*", Deborah Bonham explicaria posteriormente. "Falei para o cara que era irmã de John Bonham, e ele: 'Ah, é? Onde está a sua credencial?'. E aí a coisa ficou bem tumultuada, porque eu não arredei pé, e ele me empurrou contra a grade."

Antes do show, John estava morrendo de preocupação com Debbie perdida no meio daquela massa, mal tendo conseguido se concentrar no início da apresentação. Agora, agarrou Mick e Richard Cole de imediato e correu para encontrá-la, preparando-se para mais uma vez punir um segurança se ele tivesse, de fato, agredido a garota.

"Nessa altura, Richard Cole apareceu e confirmou: 'É a irmã do Bonzo! Deixe ela entrar!'", recordou-se Deborah. "John apareceu logo em seguida e, assim que me viu, correu até mim e me ergueu num abraço, e eu desatei a chorar. Ele me abraçou e me segurou por uma eternidade, então me pôs no chão e falou: 'O que eu te falei sobre não vir?'."

Segundo Mick, anos depois ela viria a dizer que "nunca teria ido contra a vontade dele, mas foi teimosa porque teve uma sensação estranha de que, se não fosse vê-lo naquele show, nunca mais o veria".

John, por sua vez, ficou duplamente aliviado: a irmã estava bem e o show havia sido um tremendo sucesso, o que indicava que a segunda apresentação, na semana seguinte, também seria boa. Anos antes, ele teria saído de bom grado para comemorar à moda antiga – bebendo, fumando e cheirando. Mas não naquela noite.

Ao invés disso, John e Pat voltaram a Old Hyde e foram direto para a cama. Tinham de acordar cedo para uma competição de Jason pela manhã.

⁂

INICIALMENTE, *IN THROUGH THE OUT DOOR* SERIA LANÇADO PARA COINCIDIR com os shows de Knebworth, mas, como de costume, uma série de fatores atrapalhou a chegada do álbum, sendo o principal deles a embalagem sofisticada. Cada LP vinha embalado em papel pardo para ocultar qual das seis variações da capa era comprada. Atrasado por essa jogada promocional, o disco saiu em meados de agosto, cerca de uma semana depois do segundo show em Knebworth.

A maioria dos críticos britânicos desprezou o nono álbum da banda, citando mais uma vez a idade dos músicos e a autoindulgência das canções longas e cheias de sintetizadores, consideradas pretensiosas ou, pior, chatas. O disco chegou brevemente ao topo das paradas do Reino Unido, mas logo caiu. Nos EUA, porém, a história foi diferente. Uma década antes, havia sido o país que abraçou o Zeppelin antes de qualquer outro; agora, os americanos compravam em massa o último lançamento do grupo. Só lá, *In Through the Out Door* vendeu acachapantes quatro milhões de cópias em apenas três meses, inspirando um interesse renovado nos trabalhos anteriores da banda; em outubro, todos os nove álbuns do Zeppelin estavam no Top 200 da *Billboard*.

Embora o álbum e os shows tenham sido amplamente bem-sucedidos, não havia planos imediatos para uma grande turnê mundial ou mais um disco. Em muitos aspectos, o impacto curto e grosso das sessões de gravação de *In Through the Out Door* e dos shows em Knebworth havia servido para provar um ponto: o Led Zeppelin podia voar novamente, se quisesse. Contudo, a centelha havia se abrandado visivelmente para os quatro músicos, e uma falta de ímpeto apaziguou rumores de uma turnê pelos EUA naquele momento.

Mais tarde, Richard Cole afirmaria que o maior inimigo enfrentado pelo Led Zeppelin foi o uso desenfreado de drogas, que havia escalonado aos poucos ao longo do tempo. "[Knebworth] foi meu último trabalho com eles. Eu estava absolutamente alucinado de heroína. Nem consegui lidar com o dinheiro, nada." Depois que um "amigo da banda" de 19 anos[43] morreu misteriosamente de *overdose* de uma droga não especificada na casa de Jimmy, em Sussex, o guitarrista não só foi procurar outro lugar para morar, como também desapareceu de férias em Barbados, sem dizer quando voltava.

Com isso, os outros três membros tiveram de agir como o rosto público do Led Zeppelin. Durante o resto do ano, John, Robert e Jones doaram tempo e energia a eventos beneficentes da Unicef e, no dia 29

43 Trata-se de Philip Churchill-Hale, fotógrafo, que outras fontes mencionam que teria 23 ou 26 anos quando houve a *overdose*. (*N. do T.*)

de novembro, foram a uma premiação da *Melody Maker*, na qual o grupo foi contemplado diversas vezes. Na recepção, John bebeu um pouco além da conta e terminou a noite proclamando que o The Police deveria ter recebido mais prêmios naquele ano. Enquanto Robert e Jones conduziam Bonham para fora do recinto, ele começou a cantar "Message in a Bottle" bem alto pelo corredor.

Era notório o fato de John ser um crítico das bandas de que não gostava, mas igualmente passional quando tratava-se daquelas que o impressionavam. Perto do final da década, ele afirmou mais de uma vez que o The Police era seu favorito dentre os novos grupos emergentes – e admirava particularmente o baterista Stewart Copeland. Poucos meses antes, ele levara Jason e Debbie – ambos grandes fãs do The Police – para ver o trio no Birmingham Odeon, no dia 13 de setembro. "Lembro-me de pensar como era ótimo que John ainda quisesse ver bandas novatas e promissoras, mesmo o Zeppelin sendo gigantesco e o The Police certamente não", diria Deborah Bonham. "Eles foram fantásticos, e, ao saírem do palco, John parabenizou todos os integrantes. Então fomos chamados ao *backstage* para encontrá-los... John foi muito elogioso! Conheceu Stewart Copeland, que estava discretamente impressionado com ele, e Andy Summers – ambos excelentes caras. Pareciam incrédulos por John Bonham, do Led Zeppelin, ter ido assisti-los e, mais importante, considerá-los ótimos."

O único músico que aparentemente não se impressionou com o superastro da bateria foi o vocalista e baixista Sting. Deborah relembrou: "John lhes contou que ia tocar no Albert Hall[44], em Londres, num dos shows do 'Rock for Kampuchea' com Paul McCartney e um monte de convidados, e perguntou se eles gostariam de aparecer para uma *jam*. A reação de Sting foi: 'Paul quem?'. E então, quando John se aproximou, ele [Sting] disse: 'Ei, não pise nos meus sapatos de camurça azuis'".

44 A série de shows aconteceu, na verdade, no Hammersmith Odeon. (N. do T.)

Jason Bonham lembraria, anos mais tarde, que a noite teria tomado um rumo um pouco mais tenso, segundo o que contou numa entrevista. "[Meu pai] conseguiu me levar ao *backstage* e ameaçou dar um soco no Sting – foi hilário. Meu pai pisou no pé dele, e o Sting era muito arrogante naquela época... Lembro de ele dizer: 'Ei, cara, não pise nos meus sapatos de camurça azuis'. E meu pai: 'Vou pisar na sua cabeça já, já'."

Em defesa de John, Debbie passou todo o trajeto de volta para casa reclamando da postura insolente de Sting – para o divertimento do irmão. "No carro, na volta para casa, soltei o verbo sobre como eu tinha achado aquilo péssimo, quem ele pensava que era diante de tamanha grandeza. John se virou e disse: 'Quer saber, todos nós somos assim quando chegamos ao sucesso. É natural... Aquele cara vai longe. Ele tem um talento incrível'."

Mesmo assim, quando chegou em casa, Debbie arrancou o pôster de Sting da parede do quarto.

⁂ ⁂ ⁂

Como John havia mencionado ao The Police, já tinham começado os primeiros ensaios para os shows beneficentes Rock for Kampuchea, organizados por McCartney. Além de tocar com os Wings, o ex-Beatle estava capitaneando o evento e tinha ajudado a reunir um elenco de peso no grandioso Hammersmith Odeon, em Londres, na semana do Natal. Os artistas doaram seu tempo para arrecadar fundos para o Camboja devastado pela guerra. O show do dia 26 de dezembro contou com o Queen, e, no restante da semana, The Clash, Pretenders, The Who, Elvis Costello e Robert Plant subiram ao palco. Robert se apresentou no dia 29 de dezembro, assim como McCartney e Bonham, apesar de separadamente; os Wings foram a penúltima atração da série, enquanto a "Rockestra" estelar de McCartney fez o *grand finale*.

John era próximo de três ex-Beatles: George Harrison e Ringo Starr estavam entre seus melhores amigos, e ele se dava bem com McCartney desde "Beware My Love", colaboração para *Wings at the Speed of Sound*, de 1976. Eles trabalharam juntos de novo dois anos depois para o álbum seguinte da banda, *Back to the Egg*. "Bonham sempre foi um dos meus cinco bateristas favoritos, é um grande amigo e um baterista da pesada", diria McCartney.

Os ensaios para a performance do dia 29 de dezembro da Rockestra, em Londres, foram bons. Em retribuição, McCartney convidou John e a família para o show dos Wings no dia 12 de dezembro no Birmingham Odeon. Cara a cara com um de seus ídolos de infância, Mick ficou sem palavras. "Eu senti que aquilo estava muito e verdadeiramente fora do meu alcance", se recordaria ele. "Cresci com os Beatles e era um grande admirador do trabalho de Paul. Depois que John me apresentou aos membros dos Wings, me encolhi no meu canto de novo." Mick tentou timidamente manter a compostura quando a esposa de McCartney, Linda, se aproximou para ver se ele estava bem.

Um dia antes do espetáculo, John, Robert e Jones se hospedaram no Blake Hotel, em Londres. Em 29 de dezembro, Mick levou Pat e Matthew de Old Hyde ao luxuoso teatro, onde o grupo estava na companhia de nomes como Elvis Costello, Pete Townshend e Chrissie Hynde, além do apresentador, o comediante Billy Connolly. Sem o conhecimento da plateia, a noite também marcaria o show de "despedida" dos Wings. Em seguida à reverência final, a "Rockestra" tomou o palco; em meio aos outros músicos, John podia ser visto à bateria de cartola prateada. Ele tocou magistralmente no curto *set* que incluiu "The Rockestra Theme", de 1978, "Let It Be", dos Beatles, e uma versão incendiária de "Lucille", de Little Richard.

Embora dividissem os holofotes, naquela noite, foi a primeira vez em meses que três membros do Led Zeppelin se juntavam num palco. Já fazia meio ano desde Knebworth. O que eles estavam esperando? Juntos no Blake Hotel, era inevitável que o assunto fosse discutido. Jimmy e Peter Grant logo retornaram de suas respectivas viagens e foram convocados ao quartel general do Swan Song. Nenhuma das famílias ficou muito surpresa quando recebeu a notícia: o Led Zeppelin sairia em turnê pela Europa no verão de 1980.

John e o comediante Billy Connolly compartilharam muitas risadas nos ensaios para o Rock for Kampuchea. Depois do show, Connolly convidou John para ir ao seu programa de variedades, *Alright Now,* embora ele nunca ficasse muito confortável em entrevistas filmadas. Quando sentou-se com Connolly no dia 4 de março, sem a presença de outro parceiro de Zeppelin, parecia visivelmente desajeitado – mesmo cercado de fãs que o adoravam. B. P. Fallon observou certa vez: "Bonzo tinha um coração muito caloroso. Não era necessariamente preparado para ser tratado como divindade o tempo todo".

Talvez por humor, mas mais provavelmente por estar fora de sua zona de conforto, John só assentia para Connolly e dava respostas lacônicas. Todas pareciam vagas. Tudo parecia aéreo. Seria a última aparição de John na TV.

PARTE QUATRO

CINZAS

1980

Bungelosenstrasse: "A Rua Sem Tambores"

Capítulo Vinte e Cinco

ABRIL DE 1980–SETEMBRO DE 1980

Os ensaios para a turnê europeia "Cut the Waffle" começaram em abril no Rainbow, em Finsbury Park, Londres, passando para o New Victoria Theatre na semana seguinte. A turnê em si seria curta – um único braço que viajaria pela Alemanha, Bélgica, Holanda, Áustria e Suíça. Dependendo da repercussão desses shows, a banda consideraria uma turnê semelhante pelos Estados Unidos mais adiante no ano.

Não só as datas foram mantidas num mínimo confortável, como também os shows de lasers, o gelo seco, os efeitos visuais, a potência em excesso e os solos estendidos estavam entre os "*waffles*" cortados. A exclusão mais surpreendente foi Richard Cole, cujo uso excessivo de drogas o tornara, aos olhos de Peter Grant, disfuncional em larga escala. Para Cole, as drogas sempre fizeram parte da experiência com o Zeppelin, mas ele admitiu que sua dependência escancarada havia comprometido a habilidade de gerenciar uma turnê de retorno. "As drogas do grupo eram frequentemente dadas a mim por fãs, por amigos", afirmou ele, "que batiam no meu quarto no hotel e diziam: 'Temos um presente para você'. A banda raramente recusava alguma coisa".

Grant substituiu Cole como *road manager* primeiramente por Rex King, depois por Phil Carlo.

Cole viu John pela última vez num pub na King's Road, numa das pausas dos ensaios. Graças à generosidade – e à insistência – de Grant,

Cole daria entrada numa cara clínica de reabilitação mais tarde naquela semana. "Enquanto John e eu bebíamos Brandy Alexanders, eu resmungava sobre Peter Grant", recordou-se ele.

"Não se preocupe", respondeu John ao ex-*road manager*, "você vai largar essa merda e estará conosco de novo antes do fim do verão". Depois de levar Cole para um passeio rápido em sua nova Ferrari Daytona Spider conversível, John o deixou de volta no pub. "Espero que vocês sintam minha falta, seus filhos da mãe", disse Cole ao fechar a porta do carro.

Mais tarde, ele afirmaria: "Comecei a ver um lado muito feio de John às vezes, uma raiva calcada numa frustração que vinha dos sentimentos mistos que ele próprio tinha em relação ao Led Zeppelin... Assim como o resto da banda, Bonham não precisava mais tocar por dinheiro". Segundo Cole, John teria reconhecido: "Está cada vez mais difícil estar em algum lugar onde não quero estar", e planejava se aposentar num futuro próximo. Alguns dias depois, Cole hospedou-se no hotel Excelsior, em Roma, onde, na manhã seguinte, agentes de contraterrorismo arrombaram sua porta e encontraram cocaína suficiente para mandá-lo a uma prisão de segurança máxima por seis meses.

⁂

EM MAIO, JOHN ESTAVA NO *BACKSTAGE* DE UMA APRESENTAÇÃO DO BLACK Sabbath no Hammersmith Odeon, no qual, segundo Tony Iommi, ele teria ficado irritado com o novo vocalista, Ronnie James Dio. "John estava ao lado do palco, se divertindo e bebendo Guinness, cada vez mais mamado à medida que o show avançava. Saímos do palco, e ele disse: 'Pra uma porra de um anão, este cara tem uma voz ótima!'... É claro que Ronnie ouviu. Bonham falou aquilo como um elogio, na verdade, mas não pareceu. Ronnie se voltou para John e respondeu: 'Seu cuzão do caralho!'."

Iommi prosseguiu: "Eles quase saíram na mão. Teria sido uma luta desigual, porque John era meio *hooligan*, então eu pedi a ele, por favor, não... Ele se afastou, mas, nossa, poderia ter sido bem feio".

"Quando bebíamos além da conta, ele ficava mesmo bem agressivo e começava a arrumar briga", admitiu Bev Bevan. "Não era um bêbado amigável – ia para o lado oposto, o que era uma pena."

Uma das últimas vezes que Bevan viu John foi numa semana que tanto o Zeppelin quanto o Electric Light Orchestra estavam em Los Angeles. O Zeppelin ainda não tinha abandonado o posto de costume no Riot House àquela altura, e Bevan subiu ao palco com a banda da casa do hotel para uma *jam* improvisada. "Eles foram muito gentis e disseram: 'Você é um grande músico'", lembrou Bevan. "Respondi: 'Bem, muito obrigado, mas vocês deviam ver meu camarada John tocar, se quiserem ver um baterista de verdade'. Então ele apareceu e foi muito generoso, pagou drinks para todos nós... Porém, para cada drink que ele pagava para a banda e para mim, tomava outros seis sozinho. Eu bebia um brandy com Coca, e ele bebia seis Brandy Alexanders. Pedia uma bandejinha e entornava como se fossem refrigerantes."

Na estimativa de Bevan, John bebeu cerca de 24 drinks em uma hora. "Estava todo zoado, não conseguia segurar o tempo. Foi a última vez que o vi."

Na opinião de Bevan, "ele era meio parecido com Keith Moon... os dois sentiam que tinham de fazer valer a reputação".

⁂

Na segunda semana de junho, o Zeppelin continuou os ensaios no palco "L" do estúdio Shepperton, em Londres, enfim pronto para o primeiro show, em Dortmund, no dia 17 daquele mês. Todos notaram de imediato o quanto John tinha engordado após ter descuidado de si mesmo nos últimos meses. De barba cheia e sempre se escondendo atrás de óculos escuros estilo aviador, parecia dez anos mais velho que alguém que acabara de completar 32 anos.

A turnê europeia contava com algumas variações, pequenas mudanças feitas primordialmente por conveniência. A banda agora abria com um tributo à primeira canção que tocou junta em 1968, "Train Kept a-Rollin'", que, mais de uma década depois, soava mais sofisticada e sólida do que nunca. À medida que os shows prosseguiam por Colônia, Bruxelas e Roterdã, o Zeppelin alternava "Rock and Roll", "Communication Breakdown" e "Whole Lotta Love" nos bis. Tanto John quanto Jimmy dispensaram os solos extensos.

No dia 27 de junho, John parecia mal antes de entrar no palco para o oitavo show da turnê. Na terceira música, desmaiou à bateria e teve de ser carregado para o *backstage*. Para a imprensa, o Zeppelin disse que a causa era "exaustão". Embora a banda estivesse preocupada com a saúde dele, John seguiu até as últimas datas da turnê, que terminou no dia 7 de julho, em Berlim.

Em seguida, Jimmy cancelou uma série de shows marcados na França. John reassegurou um repórter: "No geral, todo mundo está empolgadíssimo com o resultado da turnê... Há tantas coisas que poderiam ter dado errado. Queremos continuar trabalhando, e é claro que queremos tocar na Inglaterra".

Mesmo assim, John ficou muito aliviado ao voltar a Old Hyde no dia 9 de julho. Todo o conceito de deixar a família por períodos tão longos já não fazia quase nenhum sentido para ele àquela altura, mas, ainda assim, topou viajar com a banda para Montreal, no Canadá, no dia 17 de outubro, o que seria o pontapé inicial da primeira turnê norte-americana da nova década. Os ensaios aconteceriam ao longo do mês de setembro na casa de Jimmy, em Windsor, bem como no Bray Studios. Ao final de julho, John surpreendeu Jacko ao lhe oferecer um dos chalés da fazenda, garantindo-lhe que sempre haveria alguém para cuidar dele. Enquanto seu pai se mudava, em agosto, John levou Pat e as crianças ao Sul da França para férias há muito aguardadas. Mick os buscou no aeroporto de Birmingham no dia 9 de setembro e, mais tarde, apontaria que a viagem parecia exatamente o que o médico receitara para o irmão, que estava com um humor radiante e ansioso pela próxima turnê pelos EUA.

Naquela semana, os irmãos Bonham continuaram a ajudar Jacko com a mudança para o novo chalé. Na quarta-feira, 24 de setembro, John chegou com alguns itens de decoração adicionais. De acordo com Mick, "ele apareceu cedo e de muito bom humor, achando que seria uma boa ideia encerar e polir todos os carros... Na hora do almoço, o assistente pessoal de John, Rex King, chegou à fazenda para levá-lo a Londres. Enquanto eles sumiam pela longa estrada, eu acenava".

No carro, John insistiu para que King parasse no pub mais próximo antes de partirem para o ensaio. Lá, John pediu e bebeu quatro vodcas quádruplas, o que equivalia a cerca de 40 doses individuais, com suco de laranja, e comeu alguns sanduíches de presunto de almoço.

No Bray Studios, em Berkshire, John continuou bebendo ao longo de todo o ensaio até, no final, estar intoxicado demais para seguir o trabalho. "Montamos o equipamento no Bray", explicou Mick Hinton, "e, na hora do primeiro ensaio, Bonzo chegou parecendo, bom, bastante esgotado... Sentou-se na banqueta da bateria, caiu duas ou três vezes, e acho que Robert disse para encerrarmos e resolvermos o que fazer no dia seguinte. Na verdade, acho que nada chegou a ser ensaiado".

Todos então foram para a casa de Jimmy, na Old Mill Lane, em Windsor, onde John entornou mais três vodcas duplas. Relatos contam que, durante esse encontro, seu comportamento "se tornou errático, barulhento e abrasivo" e que ele passou a maior parte da noite se queixando da infelicidade de ter de estar longe de casa ao longo da turnê que se aproximava. Pouco antes da meia-noite, John adormeceu no sofá da sala, e o assistente de Jimmy, Rick Hobbs, o carregou pela escada em espiral. Achou uma cama vazia num dos muitos quartos com vista para o castelo da rainha Elizabeth e o deitou de lado, encostado em alguns travesseiros. Hobbs então apagou a luz e fechou a porta.

Na manhã seguinte, Benji LeFevre levou Robert e John Paul Jones de carro do Blake Hotel, em Londres, até o Bray. Sabendo que Bonham e Jimmy tinham, muito provavelmente, ficado acordados até bem tarde, Robert e Jones decidiram passar na casa em Windsor para garantir que todos estivessem acordados e prontos para se apresentar ao trabalho. Quando chegaram à propriedade às margens do rio, Jimmy estava acordado e caminhando pelo andar térreo, mas não havia sinal de John.

"Bonzo já acordou?", perguntou LeFevre.

Jimmy não o tinha visto.

"Onde ele está dormindo?"

"Só subir a escada em espiral."

LeFevre cutucou John Paul Jones. "Beleza, vou tirá-lo da cama", disse ao seguir para a escada. Jones foi atrás dele.

Os dois entraram na ponta dos pés no quarto onde John se encontrava. LeFevre o chamou pelo nome e começou a sacudi-lo gentilmente. Quando não houve resposta, o chacoalhou com um pouco mais de força. Nada funcionava. LeFevre virou o baterista de lado e viu que seu rosto estava pálido e azulado. Em pânico, os dois homens checaram os sinais vitais de John: ele não respirava – e não tinha pulso. O corpo estava frio ao toque. LeFevre e Jones se entreolharam, incapazes de falar.

Jones se recordaria: "Lembro-me de que, depois que o encontramos, eu desci, e Jimmy e Robert estavam rindo de alguma coisa... Tive de interromper e dizer: 'Esperem'. E lhes contei o que havia acontecido".

Uma ambulância foi chamada, mas estava óbvio que John havia morrido em algum momento daquela manhã.

LeFevre desceu pouco depois. "Jonesy tinha ido para o jardim, e Robert estava imóvel. Ele fez menção de subir, e eu o impedi: 'Por favor, não'. Liguei para [o assistente de Grant] Ray Washburn e disse que precisava falar com G."

Grant estava em sua mansão, em Sussex, quando Washburn entrou no quarto e entregou ao homenzarrão alguns comprimidos de Valium. Então disse a ele para se sentar na beirada da cama.

"Tem alguém no telefone querendo falar com você", avisou Ray.

"Quem é?", perguntou Peter. "O que aconteceu?"

"É sobre John Bonham."

Grant soube que havia algo errado. "Bem, o que aconteceu com ele?"

"Ele está morto."

O chefe de segurança do Led Zeppelin, Don Murfet, logo foi chamado e instruído a ir imediatamente à casa de Jimmy. "Cabia a mim conter a situação, limitar os danos", Murfet afirmaria mais tarde. "Profissionais até o fim, Benji, Rex King e Rick Hobbs já haviam feito a limpeza, ou seja, já tinham se livrado de qualquer coisa que pudesse ser incriminadora ou constrangedora para a banda ou a família de John. Assim que Peter e Ray chegaram... debatemos todos os ângulos. Com isso resolvido, foram consolar os rapazes da banda."

O grupo decidiu que Robert seria enviado a Old Hyde para contar a Pat sobre a morte de John antes que a notícia vazasse para a imprensa. Benji LeFevre se recordou de que Robert não queria que ela ficasse sabendo "por terceiros". Assim como John o apoiara em seguida à morte de Karac, Robert queria "estar lá para segurar a mão dela". Jason Bonham, agora com 14 anos, foi quem atendeu a porta quando Robert e Maureen chegaram, surpreso ao encontrar os amigos do pai, mas não John. "'A sua mãe está?', ele perguntou", Jason se lembraria. "E eu respondi: 'Sim. Esperem aí'. 'Robert está aqui? O que ele está fazendo aqui? Onde está seu pai?' Lembro-me de ver familiares chegando, de canto de olho, e de ficar incomodado, e eu não entendia por que estava incomodado, mas sabia que alguma coisa havia acontecido."

Momentos depois, Pat Bonham, tomada pelo luto, saiu da sala e chamou Jason. "Minha mãe entrou no meu quarto e disse: 'Seu pai faleceu'... Eu me lembro de não saber muito bem que raios estava acontecendo. Quando você não sabe nada sobre a morte e ninguém próximo de você morreu... Consigo reproduzir aquele dia perfeitamente na minha cabeça".

Mick Bonham estava em casa assistindo a Diana Ross no *Top of the Pops* quando recebeu o telefonema de Jacko. "As únicas palavras que ouvi foram: 'Venha já para a fazenda'", contaria Mick. "Meu pai tentava falar, mas mal conseguia proferir as palavras de tanto chorar... Nunca vou me esquecer daquele momento. Ele ficou congelado no tempo, como uma cena de um filme, e é tão claro hoje quanto foi naquela época. Em todos aqueles anos, eu nunca tinha ouvido ou visto meu pai chorar, então sabia que isso significava que havia acontecido algo com um membro da família muito próximo."

Mick manteve a compostura e partiu imediatamente para Old Hyde para encontrar a cunhada, Jason e Zoë. Ao chegar, deparou-se com guardas de ambos os lados do portão da fazenda e com Robert à sua espera. "Ele me disse para deixar o carro e caminhar com ele pela estrada. No trajeto, me deu com muita delicadeza a notícia de que John tinha morrido em algum momento da noite anterior. Não sei como explicar o impacto das palavras dele naquela fração de segundo, nem como eu me senti em seguida. Mas, ao me sentar com a família, eu só sabia que o irmão que eu tanto amava, meu herói de uma vida inteira, se fora... O único alívio daquele pesadelo vinha, como sempre, de Lin, que me abraçou forte por todo o resto da noite enquanto eu tentava encontrar algum sentido naquilo tudo."

Jonesy voltou para casa para ficar com a esposa e os filhos. "Aquilo me fez sentir muita raiva", diria ele sobre a morte de John. "O desperdício dele."

Jimmy permaneceu em Windsor. A morte chocante de John já tinha chegado às manchetes do mundo todo, e o Led Zeppelin tocou a todo volume por 24h nas rádios britânicas e americanas. Naquela noite, da janela do quarto, Jimmy pôde ver fãs enlutados reunidos em frente à casa.

Amigos especularam que o comportamento de John teria sido uma combinação de nervosismo em relação à turnê que se aproximava e um desdém genuíno por se afastar de casa mais uma vez. "Tínhamos acabado de começar a ensaiar para uma turnê norte-americana quando Bonzo morreu", afirmou John Paul Jones, "e foi exatamente naquele momento no qual todos nós tínhamos nos reencontrado... Bonzo andava meio errático, e não posso dizer que ele estava em boa forma, porque não estava. Houve alguns bons momentos nos últimos ensaios... mas então ele começou com a vodca".

Mais tarde, Robert se recordaria de que os modos de John estavam obscuros e autodepreciativos no trajeto de carro até a última *jam* do Zeppelin. "No último dia da vida dele... ele não estava tão feliz quanto poderia estar", rememorou Robert. "'Estou farto de tocar bateria. Todo mundo toca melhor do que eu', disse ele. 'É o seguinte, quando chegarmos ao ensaio, você toca bateria e eu canto.' Aquele foi o nosso último ensaio."

Em 1980, John já tinha parado com a heroína, mas começara a beber com muito mais frequência e numa quantidade muito maior. Ao mesmo tempo, passara a se automedicar com um ansiolítico chamado Motival para os nervos abalados, bem como para a profunda depressão que enfrentava desde as acusações e os processos criminais de Oakland.

Na prisão de segurança máxima de Regina Coeli, em Roma, Richard Cole ficou sabendo da morte de John por meio de um outro detento que lera o obituário no jornal. Ao ouvir que um membro do Led Zeppelin havia sido encontrado morto, Cole primeiro presumiu que fosse Jimmy. Então lhe disseram que não – John Bonham tinha bebido até morrer. "Eu mal me lembro de caminhar de volta para a cela", ele afirmaria. "Arrastei-me até o meu beliche e fiquei encarando em silêncio o teto de cinco metros de altura."

"Você está bem?", perguntou o colega de cela.

"Não tenho certeza", respondeu Cole. "Um dos meus amigos morreu."

⁂ ⁂ ⁂

Em 8 de outubro, foi aberto um inquérito em East Berkshire. O médico legista Robert Wilson determinou que John sofreu um edema pulmonar – o inchaço dos vasos sanguíneos pulmonares devido ao excesso de fluidos – ao inalar o próprio vômito durante o sono. Com efeito, disse Wilson, foi um acidente.

Um artigo informava que Jimmy estava "fraco demais para se sentar no banco das testemunhas" ao prestar depoimento. O guitarrista afirmou que John estava "bem alegre", no sentido de embriagado, ao chegar para o ensaio do dia 24 de setembro, acrescentando que era difícil dizer o quão bêbado o baterista estava naquele dia em particular, já que ele bebia o tempo todo. O *road manager* Rex King falou da bebedeira de John a caminho do ensaio saindo de Old Hyde e de sua condição ao longo do dia – tal como o assistente de Jimmy, Rick Hobbs, e Benji LeFevre. O dr. Wilson apontou que a polícia visitou a casa de Jimmy após a ambulância chegar e não encontrou nada suspeito no local.

A causa do óbito foi registrada oficialmente como devida a "consumo de álcool" e sob o rótulo dúbio de "morte por infortúnio" – uma morte acidental e sem sentido, uma vítima do rock 'n' roll: sucesso, excesso, tristeza e ruína. A bênção e a maldição.

Quando seu corpo foi encontrado, as marcas que mais o identificavam eram os calos perpétuos nas mãos: anos tocando bateria, anos trabalhando em obras, anos laçando touros. De um jeito ou de outro, parecia predestinado que John morreria com as mãos calejadas. As mãos de um trabalhador.

Cada elemento de seu ser demonstrava trabalho duro.

John Henry Bonham III, que morreu ao nascer e foi revivido.

Morto novamente aos 32 anos.

⁕ ⁕ ⁕

Todos os planos da turnê do Led Zeppelin pelos EUA foram imediatamente cancelados.

À medida que as notícias ao redor do mundo atualizavam os detalhes sobre a morte e o funeral de John, homenagens inundavam o *establishment* musical. Na cerimônia do dia 10 de outubro, mais de 250 colegas músicos e fãs se reuniram a alguns quilômetros de Old Hyde, junto à família Bonham, na igreja da paróquia de Rushock, em Worcestershire. Alguns observavam na chuva do lado de fora do cemitério, em silêncio. Flores e notas de condolências chegaram da parte de Carmine Appice, Phil Collins, Cozy Powell e praticamente todo músico que trabalhou com John ou o admirava à distância. Uma coroa de flores gigante foi enviada por Paul e Linda McCartney. Após a cerimônia, a procissão funeral seguiu para o Crematório de Worcestershire.

"Fui ao funeral", mencionou Bev Bevan, que compareceu com os companheiros de ELO Jeff Lynne e Roy Wood. "Eu nunca havia me sentido tão mal, porque John era jovem demais. A esposa, os filhos e os familiares dele estavam absolutamente perturbados... Houve muitas lágrimas. A igreja estava lotada e havia muita gente do lado de fora."

As especulações da mídia quanto ao futuro do Led Zeppelin começaram a circular, bem como rumores de que Carmine Appice, Phil Collins ou o próprio Bevan estariam entre os bateristas considerados para substituir John. Uma breve nota do Swan Song, publicada na *Melody Maker* no dia 4 de dezembro, encerrou abruptamente a discussão:

> *Gostaríamos de informar que a perda de nosso querido amigo e o senso profundo de harmonia inseparável sentido por nós e nosso empresário nos levaram a decidir que não poderíamos continuar como éramos.*
>
> — *Led Zeppelin*

Epílogo

ALÉM

Antes de a carta do Swan Song ser publicada, Robert, Jimmy e John Paul se juntaram a Peter Grant, enlutado, e a alguns dos membros mais próximos da equipe para uma última reunião da banda, no hotel Savoy, em Jersey. Lá, foi concordado silenciosa e unanimemente que o Led Zeppelin, a banda, chegava ao fim. Grant, que logo se aposentou da indústria musical em definitivo, declarou sobre a decisão do grupo: "Nunca foi questionada... nem se cogitou".

Robert, mais tarde, acrescentaria: "Eu sabia o quanto Bonzo amava o que fazia... Achei que seria terrível simplesmente nos enganarmos e dizermos: 'Bem, é isso. É melhor arrumar outra pessoa para que a gente possa então continuar com esse jogo de carnificina amébica'".

"A compreensão foi a de que o Led Zeppelin não continuaria, o que acho que foi um alívio para todos nós", recordou-se Deborah Bonham. Ela só tinha 18 anos na época da morte do irmão, mas já planejava continuar a tradição musical da família. No ano anterior, Robert produzira algumas demos para ela, que culminaram no primeiro contrato de gravação de Deborah, em 1985. Ao longo dos anos, ela fez turnês extensas pela Europa e o Reino Unido, abrindo para artistas como Van Halen, Donovan e até para os velhos amigos de John, Tim Rose e Paul Rodgers. Nos anos 1990, sua banda abriria para o sobrinho Jason no mesmo clube que lançou John ao sucesso nos EUA – o Whisky a Go Go, em Los Angeles. Em 2016, numa apresentação no Left Bank, em Hereford, na Inglaterra, Robert se juntou à banda para cantar "When the Levee Breaks" e fez um dueto com Deborah em "Shakin' All Over". Como ele se manteve próximo à família Bonham, até participou de um álbum de Deborah de 2014, *Spirit*.

Nas palavras de Deborah, John "tinha um grande coração, era um homem do povo, da família... Tem sido bem emotivo... mas recordar John é sempre assim".

⁂ ⁂ ⁂

No 23º Grammy Awards, em fevereiro de 1981, John Bonham tornou-se o primeiro membro do Led Zeppelin a ganhar o prêmio, pela gravação da "Rockestra" de Paul McCartney. Ele estava entre os músicos reconhecidos pela Melhor Performance Instrumental de Rock. Décadas depois, seus parceiros de Zeppelin receberiam Grammys honorários pelo conjunto da obra, mas a premiação de John o deixava como único beneficiário de tal honra enquanto a banda ainda estava na ativa – só não tinha vivido o suficiente para recebê-la.

Embora nem Phil Collins nem Cozy Powell tenham acabado assumindo o posto de John no Led Zeppelin, ambos contribuíram para o primeiro álbum solo de Robert Plant, *Pictures at Eleven*, em junho do ano seguinte. Esse seria o único disco de Robert para o Swan Song antes de o selo acabar, em 1983.

Antes do último suspiro da companhia, Jimmy compilou *Coda*, o álbum derradeiro do Zeppelin no cânone oficial do grupo. Lançado em novembro de 1982, o disco reunia anos de sobras de estúdio, algumas das quais contavam com grandes destaques da bateria de John. Como álbum, os críticos o consideraram fraco. Tomadas individualmente, no entanto, faixas como "Bonzo's Montreux", "Ozone Baby" e "Wearing and Tearing" receberam elogios por destacar a feitiçaria técnica tardia de John. O próprio Jimmy passaria a primeira metade da década entre acertos e erros como artista solo. Primeiro, ao fazer a trilha sonora do filme *Desejo de Matar II*, em 1982, ao mesmo tempo que concluía *Coda*, e, mais adiante, ao trabalhar com o velho amigo Paul Rodgers, do Bad Company, num novo supergrupo chamado The Firm, dois anos depois. Lançaram dois álbuns, um dos quais incluía uma variação da obra-prima que ele vinha trabalhando há muito tempo, "Swan Song", agora refeita como "Midnight Moonlight". Com o polimento típico da década de 1980, uma letra acrescentada por Rodgers e o baixo *fretless* notoriamente contemporâneo de Tony Franklin, a faixa de nove minutos era só um mero fantasma do épico que fora durante as sessões de 1973 em Headley Grange. Após uma turnê pela Europa e os EUA, o The Firm misteriosamente se separou quando a primeira das três "reuniões" do Led Zeppelin incitou rumores de que a mais pesada de todas as bandas de rock talvez voltasse a voar.

De início, Robert Plant e John Paul Jones se distanciaram das *personas* do rock pesado. Robert, em particular, se reinventou com sua estreia solo – mais ainda com um EP de clássicos do R&B reimaginados sob o nome The Honeydrippers[45]. Sua nova música era bem diferente do rock pesado do Zeppelin. Do mesmo modo, em 1985, John Paul Jones praticamente retornara à vida tranquila pré-Zeppelin de John Baldwin, contente em sua casa no interior inglês, mantendo deliberadamente um perfil discreto, com projetos solo menores ou como produtor de outros artistas.

E então veio o Live Aid.

No dia 13 de julho de 1985, os organizadores Bob Geldof e Midge Ure realizaram o maior festival beneficente da história da música moderna, com dois palcos simultâneos no Wembley Stadium, em Londres, e no John F. Kennedy Stadium, na Filadélfia, ambos para arrecadar fundos para o combate à fome na Etiópia. Combinados, os dois eventos

45 Jimmy Page toca guitarra em duas das cinco faixas do EP de 1984. (N. do T.)

receberam um público recorde de 160 mil pessoas – sem contar os milhões de telespectadores que assistiram pela TV às apresentações de 20 minutos de dezenas de superastros como Queen, U2, Dire Straits, The Who, David Bowie, Elton John e Paul McCartney. Quando Robert Plant foi convidado, foi sugerida uma *jam* com Eric Clapton, que também iria participar – mas Robert alertou aos organizadores que Jimmy Page e o The Firm estavam disponíveis, então por que não juntar os dois?

Em êxtase por metade do Led Zeppelin pelo menos considerar tal reunião, os organizadores pediram aos dois para convidar John Paul Jones. "Bem, se vocês vão tocar uma música do Zeppelin", brincou Jones com os antigos companheiros de banda, "eu conheço o baixista do Zeppelin". Com Phil Collins e Tony Thompson numa dupla de baterias – afinal ninguém seria capaz de substituir John Bonham sozinho –, o Led Zeppelin retornou diante do mundo todo. Às 20h, o grupo entrou ao vivo, tocando "Rock and Roll", "Whole Lotta Love" e "Stairway to Heaven" – na qual Jones tocou teclado e o baixista de turnê de Robert, Paul Martinez, assumiu seu posto –, levando o público à loucura e trazendo a uma geração mais nova um primeiro lampejo dos lendários geradores do heavy metal.

Rumores de uma nova turnê ou um novo álbum foram rapidamente dispersados. Robert insistiu que a apresentação foi um acontecimento único por uma causa solidária, enquanto para John Paul, tanto fazia. Jimmy, porém, sentiu falta da energia e da empolgação que o breve retorno aos holofotes trouxera. Ainda que o mundo estivesse sedento pelo retorno do Zeppelin, o trio se reuniria publicamente só dali a três anos para fazer música de novo.

No dia 14 de maio de 1988, eles se reagruparam para o 40º aniversário da Atlantic Records, fechando uma maratona de shows – com Jason Bonham no lugar do pai pela primeira vez. Numa demonstração de unidade familiar e reconhecimento ao brilhantismo do próprio jovem, Jimmy convidou Jason para tocar bateria tanto em seu álbum solo de 1988, *Outrider*, quanto na turnê promocional subsequente. Mais de meia década depois, em 12 de janeiro de 1995, Jimmy, Robert e John Paul se encontraram no Grand Ballroom do hotel Waldorf Astoria, em Nova York, de *black-tie*, para a introdução do Led Zeppelin ao Rock and Roll Hall of Fame. Embora os músicos estivessem em ótima companhia – Allman Brothers, Martha and the Vandellas, The Orioles, Neil Young e, postumamente, Frank Zappa e Janis Joplin –, foi o ressurgimento do Led Zeppelin que fez valer os 1,5 mil dólares por cabeça do público exclusivo.

Num golpe soturno do destino, Peter Grant morreu de ataque cardíaco dois meses antes, aos 60 anos, perdendo a chance de ver seus três protegidos vivos de volta ao topo.

Embora Robert e Jimmy viessem a colaborar num especial acústico para a MTV e lançar dois álbuns de rock como dupla – *No Quarter: Jimmy Page & Robert Plant Unledded*, de 1994, e *Walking Into Clarksdale*, de 1998, ambos sem a participação de Jones –, levaria mais uma década até um Led Zeppelin reformado pisar num palco novamente. No dia 10 de dezembro de 2007, foi realizado um grande show na O2 Arena, em Londres, em memória de Ahmet Ertegun, cofundador e presidente da Atlantic Records, que, aos 83 anos, morreu tragicamente depois de cair e bater a cabeça no *backstage* de um show dos Rolling Stones em Nova York. O concerto beneficente teve diversas atrações, mas foi o anúncio da primeira apresentação completa do Led Zeppelin em quase três décadas que deixou a mídia em polvorosa. Como foi o caso em 1995, só havia um único homem verdadeiramente aceito como substituto de John Bonham – seu filho, Jason, que agora tinha um currículo de décadas tocando com diversas bandas de rock.

Lá em 1982, quando Robert Plant começou as gravações de *Pictures at Eleven*, Jason, então com 15 anos, pegava carona na garupa da lambreta de um amigo até o estúdio caseiro do cantor. Compartilhando a dor da perda, Robert convidou Jason para ajudar na bateria em algumas faixas; "Fat Lip", inclusive, havia sido escrita como uma homenagem a John. Ficou aparente para o vocalista que o adolescente já tocava para bem além da sua faixa etária – o garoto tinha agora a mesma idade que o pai quando este foi convocado para o Blue Star Trio, no início dos anos 1960. Após Jason assumir o posto de John para o show de 1988 da Atlantic Records e fazer a turnê com Jimmy Page no mesmo ano, seus talentos próprios – bem como seu sobrenome famoso – lhe garantiram uma série de trabalhos de alto gabarito. Entre eles, foi convidado do Moscow Music Peace Festival, em 1989, ano em que também começou a banda de rock que levava seu nome. Tocou ainda com o grupo de Paul Rodgers num álbum tributo a Muddy Waters, e, por fim, juntou-se ao guitarrista do Guns N' Roses, Slash, no festival de Woodstock de 1994, nos EUA. Em 2010, Jason investiu em sua própria turnê, na qual recriou os maiores sucessos do pai com o show Led Zeppelin Evening. Em 2014, reuniu-se com o supergrupo The Circle, de Sammy Hagar, e, em 2016, tornou-se membro do Black Country Communion[46]. Em várias ocasiões, Jason recebeu no palco sua irmã, Zoë, que seguiu a linhagem da família como cantora e compositora.

Bem requisitado, Jason Bonham, assim como o pai, se tornou o baterista de rock 'n' roll definitivo.

* * *

Para sempre orgulhoso dos filhos, Jacko Bonham morreu de causas naturais em Old Hyde em 1989, e seu funeral aconteceu na mesma igreja que recebeu o de seu filho mais velho quase uma década antes. Anos mais tarde, Mick Bonham se recordaria de que o pai "nunca superou" a morte prematura de John, assim como a mãe deles, Joan. Depois de uma longa e popular carreira de DJ no Reino Unido, Michael "Mick" Bonham sofreu um ataque cardíaco fatal no dia 14 de janeiro de 2000. Tinha apenas 49 anos. Na época, Mick vinha

46 Capitaneada por um velho amigo de John Bonham, o baixista e vocalista Glenn Hughes. (N. do T.)

trabalhando num livro de memórias focado em John, que sua esposa, Lin, publicou postumamente.

A integrante mais antiga da família Bonham, Joan Isobel, deixaria os filhos e o ex-marido orgulhosos em seus últimos anos, quando se tornou cantora de sua própria banda de rock 'n' roll, The Zimmers, formada por membros de idade pela BBC para um documentário a respeito do tratamento recebido pelos idosos no Reino Unido. Joan participou do álbum da banda, *Lust for Life*, lançado em 2008. Ela faleceu em 2011, aos 81 anos.

⁂ ⁂ ⁂

De todos os membros do Led Zeppelin, Robert Plant foi quem provavelmente teve a carreira mais bem-sucedida, com uma bagagem de álbuns aclamados pela crítica com diversas bandas novas. Jimmy, como produtor original do grupo e detentor das fitas master, supervisionou os lançamentos da compilação *BBC Sessions*, de 1997, do álbum ao vivo *How the West Was Won* e do *Led Zeppelin DVD*, ambos de 2003, além de remasterizações e relançamentos; contudo, o ápice de sua carreira pessoal foi mesmo no auge do Zeppelin.

O projeto de John Paul Jones de maior destaque pós-Zeppelin veio em 2009 com o supergrupo Them Crooked Vultures. Como o porta-voz do rock mais experiente da banda, Jones supervisionou o trio completado por colegas mais jovens, ambos devotos declarados do Zeppelin: Dave Grohl, do Nirvana e Foo Fighters, e Josh Homme, do Queens of the Stone Age. Após quase três décadas, a banda se tornou o maior sucesso de Jones fora do Led Zeppelin.

Quanto à memória de John Henry Bonham – com o passar do tempo, o reconhecimento póstumo só aumentou.

Começou com uma peça erudita de percussão comovente e cerebral do compositor americano Christopher Rouse, em 1988. Intitulada *Bonham*, a composição celebrava a "abordagem orquestral" que o baterista tinha do instrumento e abria com um ostinato de bateria com referências a clássicos do Zeppelin como "When the Levee Breaks", "Custard Pie" e "Royal Orleans". Rouse, que mais tarde ganharia o Prêmio Pulitzer de Música e o Grammy de Melhor Composição Erudita[47], além de se tornar compositor residente da Filarmônica de Nova York em 2012, estreou *Bonham* em Boston com reconhecimento nacional, em 1989, executada pelo New England Conservatory of Music. Para essa peça, Rouse aconselhava os músicos a sempre usar as baquetas mais grossas possíveis.

Em 2005, John apareceu em primeiro lugar na lista dos "50 Maiores Bateristas de Rock" da revista *Classic Rock*, ultrapassando os amigos Keith Moon e Ringo Starr, bem como Ginger Baker e Mitch Mitchell, duas de suas primeiras influências. Em 2007, a *Stylus* também o elegeu o melhor baterista na mesma categoria. Foi descrito pela *Modern Drummer* como "o maior baterista da história do rock 'n' roll", e, no ano seguinte, o site *Blabbermouth* apontou John como o músico de rock que "os fãs [do estilo] querem trazer de volta à vida", superando até mesmo Elvis Presley e Jimi Hendrix na competição hipotética. John encabeçou mais uma enquete de leitores como o maior baterista da história do rock 'n' roll em 2009, a da revista *Rhythm*.

Em 2016, o mais antigo nêmesis do Led Zeppelin na mídia, a *Rolling Stone*, nomeou Bonham o maior baterista de todos os tempos dentre uma lista de 100 candidatos.

Enquanto os fãs de rock 'n' roll elegiam John como o artista que mais gostariam de ver levantar do túmulo e retornar ao mundo da música, seu legado e discografia prosseguiram por décadas depois de sua morte. À medida que a música mudava drasticamente depois do fim do Led Zeppelin, o hip hop sampleou os padrões exuberantes e retumbantes de John em mais faixas do que qualquer outro músico; os Beastie

47 Por *Concerto para Trombone* (1993) e *Concerto de Gaudí* (composto em 1999 e premiado em 2002 com a gravação da violonista Sharon Isbin), respectivamente. (N. do T.)

Boys usaram baterias de John em três músicas de seu álbum de estreia, *Licensed to Ill*; em 1988, o artista Schoolly D utilizou "Kashmir" na faixa "Signifying Rapper", inspirando a ira jurídica de Jimmy Page e Robert Plant; e Jimmy até se juntou ao rapper Sean "P. Diddy" Combs numa parceria intitulada "Come with Me", com elementos pesados também de "Kashmir". E mesmo fora da esfera do hip hop, a música de John foi referência em sampler: o grupo alemão Enigma usou "When the Levee Breaks" no sucesso mundial "Return to Innocence".

Ao longo da segunda metade do século, não houve como escapar do som do trovão sincopado de John Bonham e dos padrões de seu domínio.

"Os cabeças duras simplesmente não entendiam e, em certa medida, nunca entenderiam", recordou-se Jon Hiseman, que substituiu Ginger Baker no Graham Bond Organisation e, mais tarde, se juntou aos Bluesbreakers de John Mayall. "Porém, os *musos* do blues-rock que eu conheci eram todos grandes fãs do Led Zeppelin e do som grande e aberto de John."

"Por trás da aparência caótica e quase brutal, ele era um homem encantador", relembrou Bill Ward, do Black Sabbath. "Estudioso e irremediavelmente fascinado pela bateria e por bateristas... Transbordava de conhecimento de bateria, esse foi o Bonham que conheci."

"Ouvia-se falar de coisas monstruosas que Bonzo teria feito, abusado de pessoas e coisas desse tipo", Dave Pegg se recordaria. "Pessoalmente, enquanto conheci John, nunca vi esse lado dele. Sempre foi um verdadeiro cavalheiro e se esforçava ao máximo para ajudar os outros."

O amigo e parceiro no crime de longa data Carmine Appice continuaria a louvar John por décadas. "Ele tinha um frescor, tinha agressividade e energia de sobra... Ótimas mãos, pés e pegada."

Num contexto contemporâneo, gerações de bateristas de rock continuam a citar John Bonham como a inspiração definitiva e, com efeito, uma força responsável pela evolução do som do rock 'n' roll em si. "O som de Bonzo vinha de uma combinação de força bruta, *finesse* sutil e um *groove* impecável", afirmou Mike Portnoy, do Dream Theater.

"John Bonham foi o único capaz de soar verdadeiramente como John Bonham. Aquele som era ele – não necessariamente a bateria."

Dave Grohl, discípulo devoto de John Bonham ao longo de décadas de carreira como baterista do Nirvana e comandante do Foo Fighters, foi talvez o mais expressivo de todos os fãs de alto gabarito. "John Bonham é o maior baterista de rock de todos os tempos", declarou Grohl. "Bonham tocava diretamente do coração... Quando mandava um *groove*, era profundo como batimentos cardíacos e tinha uma pegada definitiva. Sabia suingar, sabia tocar na cabeça e sabia segurar."

Grohl acrescentou: "Não conheço ninguém que pense que há um baterista de rock melhor do que John Bonham – é inegável!".

Stewart Copeland, do The Police, também opinou sobre a influência do baterista. "John Bonham – a montanha! Tinha à frente dele um tom-tom que estilhaçava a Terra ao falar, um tom-tom à direita que trovejava até o cosmos e tirava o planeta do eixo com uma batida de caixa!... Foi o Santo Graal dos bateristas."

⁂ ⁂ ⁂

Para marcar para sempre o lugar onde o raio caiu pela primeira vez, a casa da infância de John, em Hunt End, Birmingham, ganhou uma placa azul que exibe sua significância cultural e histórica. No dia que John teria completado 70 anos, em 31 de maio de 2018, foi inaugurada uma estátua na Mercian Square, em Redditch. É uma imagem de John golpeando os tímpanos em seu aniversário de 1973 no L.A. Forum, reproduzida meticulosamente pelo escultor Mark Richards, que imortaliza o baterista em sua pose mais famosa – agora em quase três toneladas de bronze. O memorial traz as palavras: "A popularidade e a influência de John Bonham, o baterista mais extraordinário e original de seu tempo, continuam a ressoar no mundo da música e além". Todos os anos, durante a semana do aniversário de John, os fãs se reúnem ao redor da estátua para um festival de música em sua homenagem.

* * *

Para alguém de fora, não é fácil achar o túmulo de John, e foi assim que os locais desejaram.

Uma lápide se ergue da terra. É perpetuamente adornada com baquetas grandes de nogueira fincadas no solo ao redor, enquanto a pedra é repleta de desenhos em miniatura de três círculos entrelaçados. São os símbolos deixados pelos poucos peregrinos, os forasteiros mais devotados, que conseguiram chegar ao pequeno cemitério da igreja de St. Michael, na paróquia de Rushock.

> "Lembranças queridas de um marido e pai amoroso, John
> Henry Bonham, que faleceu no dia 25 de setembro de 1980,
> aos 32 anos...
> Ele para sempre será lembrado em nossos corações.
> Boa noite, meu Amor, Deus o Abençoe."

Sob as árvores, sob o céu – há silêncio ali.

A tempestade passou e a poeira baixou. Ali, o mensageiro do trovão e dos elementos terrenos agora descansa – um golem feito de ritmo primal e do próprio som, agora de volta à terra.

Um deus de fogo ardeu sem chama, seu fogo se tornou cinzas.

AGRADECIMENTOS

John Bonham pode ser lembrado alternadamente como um dos maiores bateristas, se não o maior, da história do rock 'n' roll e "o destruidor de quartos definitivo", como pelo menos um obituário de 1980 o rotulou. Porém, foram as histórias de seu amor pela família e pelas raízes em Birmingham – demonstrado em seus atos de caridade imensamente generosos – e a devoção de uma vida inteira à sua arte que deram o verdadeiro peso à minha pesquisa e revelações pessoais.

Dessa forma, é com o maior e mais profundo respeito que dedico este produto final à família que John estimava tão profundamente – sua esposa, Pat; seus filhos, Jason e Zoë; e seus irmãos, Deborah e o falecido Michael "Mick" Bonham – que passaram, cada um, as décadas desde a morte extemporânea de John garantindo que seu legado permanecesse duradouro.

Tenho um débito enorme de gratidão com as seguintes pessoas, por seu tempo e esforços sem preço, pelos conselhos e pistas cruciais e por compartilharem anedotas e lembranças particulares: Garry Allcock, Stephen Averill, Bev Bevan, Chris Charlesworth, Stewart Copeland, Cameron Crowe, Danny Goldberg, Anthony Green, David Hadley, Mark Kiel, Dave Pegg, Neal Preston, Dina Regine, Ellen Sander, Jim Simpson e Chris Welch. Uma nota muito especial de agradecimento a quatro biógrafos do Led Zeppelin que foram, individualmente, fontes de inspiração, já que estão entre os melhores jornalistas musicais em atividade e que forneceram, cada um, contexto e consultoria enquanto eu fazia meu próprio trabalho: Mark Blake, Barney Hoskyns, Paul Rees e Chris Salewicz – todos cavalheiros e *rockstars*.

Assim como em meu livro anterior, gostaria de agradecer à minha falecida mãe, Linda Kushins, que incentivou o meu amor pela leitura, arte e espiritualidade; e ao meu pai, Eric Kushins, pelo apoio e por uma vida inteira de música. Também aos meus irmãos, Sean e Brandon, e à minha irmã, Leyla; minhas sobrinhas, Sera e Kylah; e minhas segundas famílias, tia Deedee e tio Bill, Megan, Michael e Stephanie e sua pequena Ava Jo Maggi; e tia Robin e tio Joe, Joseph, Molly e Edward. Este livro não poderia ter sido escrito sem o amor e a paciência de Kristine e do filho canino, Jackson Browne Villa, bem como dos pais dela, George e Marilene Villa, e irmãos Kevin, Chynna e Pio. Na minha vida, há dois *rockstars* que agiram como meus maiores defensores e heróis. Então, para mim, é sempre uma honra distinta apresentar um trabalho concluído para o meu agente e amigo, o insubstituível William Clark, e para o editor dos meus sonhos, Ben Schafer. Não tenho como agradecer o suficiente também para a Hachette Book Group e a Da Capo Press pela fé e confiança nos meus projetos. Um muito obrigado daqueles a Carrie Napolitano, com quem também foi incrível trabalhar, bem como a Amber Morris, John Pelosi e Annette Wenda por toda a árdua tarefa e apoio.

Aos meus amigos mais próximos e companheiros de banda – Allen Boulos, Ben Owens, Dan Leo, Derek Muro, James Heinz, Ric Chavez, Joshua Diolosa, Ricky Cardoza, Robert Edwin Currie, Tom Rizzuto – e a tanta gente no meu vilarejo particular que me inspirou, ajudou e encorajou: Kevin Avery, Scott M. Burnstein, Rick Canny, Rich Clark, Doug Collette, Anita Gevinson, Arlene Marie Giudice, Max Greenspan, George Gruel, Jeff Guinn, Raymond Harrington, Eugene Hunt, Gabino Iglesias, Gregg Jakobson, Malcolm Jones, Jon Langmead, Tommy Lee, Tom Lehmann, Art Lyzak, Brian MacDonald, Lou Mavroudis, Jay McInerney, Parrish McKittrick, Mauricio Meleiro, Carrie Napolitano,

Neil Nathan, Russell Papia, Ryan Rayston, Barry Richards, John Silva, Charlie Silvestri, Gary Snyder, Gregg Sutter, Carrie Thornton, Neil VanEerde, Cathy Vu, Ross Warner, Mark Watts, Mikhal Weiner, Patrick Zaw e Jordan Zevon.

Boa parte deste livro foi escrita durante um período de reflexão pessoal e estudos no histórico Instituto Nyingma, em Berkeley, Califórnia, e sou grato a muitos ali que me inspiraram por meio de sua amizade e ideias: Michelle Groy, Cas Verde, Pauline Yu, Deans Pema Gellek e Lama Palzang, Sangjin Park, Clay Smith, Angelo, Chase, Sophia, Eddie, Tony e Rhonda. Na Universidade da Carolina do Sul, em particular no Departamento Irvin de Livros Raros e Acervos Especiais, devo gratidão a Tom McNally, Robert P. Smith e Elizabeth Sudduth – que passam dias e noites curando as obras dos maiores escritores dos EUA para a posteridade da história; para mim, são tão heróis quanto os autores cujas obras eles protegem.

Dois dos mais influentes artistas da minha juventude faleceram durante a escrita deste livro, ambos supernovas em suas próprias órbitas e para quem sempre olhei como lembretes da inovação e da excelência: Nick Tosches e Edward Van Halen – obrigado a ambos por nos darem as sempre necessárias luz e sombra. E aos finados heróis que incutiram em mim um amor pelas palavras e uma persistência contínua pelo meu melhor: Elmore "Dutch" Leonard e Warren Zevon. Do berço ao além, eles inventaram o meu trabalho.

Foi uma honra distinta que um dos meus heróis pessoais tenha oferecido seu tempo e energia para contribuir, de forma bastante generosa, como uma estimadíssima "atração de abertura" para este volume: o fantástico Dave Grohl, cujo prefácio para esta obra demonstra não só seu amor profundo por John Bonham, como também a vasta influência que a vida e o legado de Bonzo continuam a exercer sobre cada nova geração do rock 'n' roll – e que a inspiração da música nunca morre...

Sou eternamente grato a todos.

Depois de cinco anos de esforços do John Bonham Memorial Fund para conseguir arrecadações, no dia 31 de maio de 2018, data em que John Bonham completaria 79 anos, foi erguida uma estátua com sua imagem na Mercian Square, em sua cidade natal de Redditch, Worcestershire. Assinada pelo escultor britânico Mark Richards e construída com três toneladas de bronze, a obra imortaliza o baterista em um dos momentos dos quais ele mais tinha orgulho – atacando os tímpanos na celebração de seu aniversário no L.A. Forum, em 1973.

(Cortesia de Elliott Brown / Domínio público)

Decorado com o símbolo do baterista, os "três anéis" do quarto álbum do Led Zeppelin, e com uma miniatura do Hindenburg – referência inequívoca ao álbum de estreia da banda, de 1969 –, o memorial em Redditch traz a inscrição: *"A popularidade e a influência de John Bonham, o baterista mais extraordinário e original de seu tempo, continuam a ressoar no mundo da música e além".*

(Cortesia de Elliott Brown / Domínio público)

Em 6 de março de 1971, o Led Zeppelin se apresentou pela primeira vez em Dublin, na Irlanda. Convidado para subir ao palco por Bonham em pessoa, o jovem crítico de música local Stephen Averill sentou-se atrás da bateria e do estimado gongo inspirado por Carmine Appice para aproveitar a rara oportunidade de ver o mundo do ponto de vista de John.

Com esse início auspicioso de uma longa carreira na fotografia e no design gráfico de rock, Averill viria a trabalhar com o Depeche Mode e Elvis Costello. E ele não apenas elaboraria a maioria das capas dos álbuns do U2, como também foi quem deu nome à banda em 1978.

(Cortesia de Stephen Averill)

John na etapa inglesa do Campeonato Mundial de Motocross de 500cc, no castelo de Farleigh, em julho de 1979. Para arrecadar dinheiro para a liga juvenil de motocross, John colocou a leilão sua estimada moto Triumph, bem como o paletó que usou no filme *The Song Remains the Same* – e também o disco de ouro que recebera pelo álbum da trilha sonora.

(Cortesia de Mark Kiel)

John e Jason no Campeonato Mundial de Motocross, 1979.

Jason Bonham, com 12 anos, filho de peixe, peixinho é.

(Cortesia de Mark Kiel)

John foi amigo por toda a vida de Dave Pegg, multi-instrumentista do Fairport Convention e com quem ele tocara anteriormente no A Way of Life. Aqui os dois estão em Barmouth, no País de Gales, durante o verão de 1968.

John bancando o anfitrião na primeira casa em que morou com Pat, em West Hagley, recebendo os amigos Dave Swarbrick e Dave Pegg, ambos do Fairport Convention, e a namorada de Swarbrick, Vivienne, por volta de 1969.

(Cortesia de Dave Pegg)

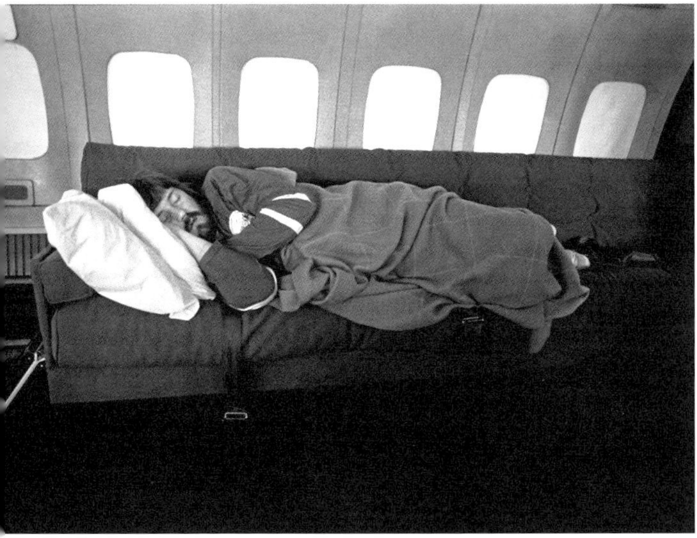

Por nunca ter superado por completo o medo de avião, John quase sempre bebia até dormir durante as turnês internacionais e ficava aliviado quando a banda chegava ilesa ao destino. Aqui ele dorme profundamente a bordo do Starship, em 1975.

O famoso avião particular do Led Zeppelin, o Starship, sempre teve o intuito de trazer os confortos de uma suíte de hotel para os ares. Com espaço para se movimentar de forma livre, Bonzo emerge alegremente sobre Robert Plant e Jimmy Page. Ao fundo, o empresário Peter Grant move a cabeça em direção à divertida conversa, 1975.

Um momento mais relaxado no *backstage* mostra John no melhor estilo *Laranja Mecânica*. Da esquerda para a direita: Robert Plant, Peter Grant e John Bonham, 1975.

(Cortesia de Neal Preston)

Com o Led Zeppelin em Nova York, em julho de 1973 – na primeira turnê em que usou o kit Vistalite âmbar.

(Cortesia de Dina Regine)

AS BANDAS DE JOHN BONHAM

The Blue Star Trio

Terry Webb and the Spiders

The Senators (gravaram "She's a Mod")

The Nicky James Movement

Locomotive

Pat Wayne and the Beachcombers

Steve Brett and the Mavericks

Danny King and the Mayfair Set

A Way of Life

The Crawling King Snakes (com Robert Plant)

A Way of Life (mais uma vez)

Band of Joy (com Robert Plant)

Tim Rose

The New Yardbirds / Led Zeppelin

DISCOGRAFIA SELECIONADA

ÁLBUNS

Brum Beat, vários artistas, Dial, 1964.
Gravado no estúdio Hollick & Taylor, Birmingham, Reino Unido, 1964; lançado em 1º de fevereiro de 1964.

Led Zeppelin, *Led Zeppelin*, Atlantic, 1969.
Gravado no estúdio Olympic, Londres, setembro-outubro de 1968; lançado em 12 de janeiro de 1969.

Led Zeppelin, *Led Zeppelin II*, Atlantic, 1969.
Gravado nos estúdios A&M, Quantum, Mirror Sound e Mystic, Los Angeles; A&R, Juggy Sound, Groove e Mayfair, Nova York; Ardent, Memphis; e Olympic e Morgan, Londres; gravações adicionais em Vancouver, 1969; lançado em 22 de outubro de 1969.

The Family Dogg, *A Way of Life*, Bell Records, 1969.
Gravado nos estúdios Chappell, IBC e Landsdowne, Londres, abril-maio de 1969; lançado em 1º de novembro de 1969.

Screaming Lord Sutch, *Lord Sutch and Heavy Friends*, Cotillion Records, 1970.

Gravado no estúdio Mystic, Hollywood, maio-setembro de 1969; lançado em 25 de maio, 1970.

Led Zeppelin, *Led Zeppelin III*, Atlantic, 1970.
Gravado nos estúdios Island e Olympic, Londres; e Rolling Stones Mobile Studio, Headley Grange, Hampshire, novembro de 1969-agosto de 1970; lançado em 5 de outubro de 1970.

Led Zeppelin, sem título (*Led Zeppelin IV*), Atlantic, 1971.
Gravado nos estúdios Island, Londres; e Rolling Stones Mobile Studio, Headley Grange, Hampshire, dezembro de 1970-fevereiro de 1971 e julho de 1971; mixado em julho de 1971; lançado em 8 de novembro, 1971.

Led Zeppelin, *Houses of the Holy*, Atlantic, 1973.
Gravado nos estúdios Island, Londres; e Rolling Stones Mobile Studio, Stargroves e Headley Grange, Hampshire, dezembro de 1971-agosto de 1972; lançado em 28 de março de 1973.

Led Zeppelin, *Physical Graffiti*, Swan Song, 1975.
Gravado em diversos estúdios, Reino Unido, julho e dezembro de 1970, janeiro-março de 1971, maio de 1972, janeiro-fevereiro de 1974; lançado em 24 de fevereiro de 1975.

Maggie Bell, *Suicide Sal*, Swan Song, 1975.
Gravado no estúdio Startling, Ascot, Reino Unido, 1974; lançado em 15 de março de 1975.

Led Zeppelin, *Presence*, Swan Song, 1976.
Gravado no estúdio Musicland, Munique, Alemanha Ocidental, novembro-dezembro de 1975; lançado em 31 de março de 1976.

Led Zeppelin, *The Song Remains the Same*, Swan Song, 1976.
Gravado ao vivo no Madison Square Garden, Nova York, 27 a 29 de julho de 1973; lançado em 28 de setembro de 1976.

Wings, *Back to the Egg*, Parlophone, 1979.
Gravado nos estúdios Abbey Road e Replica, Londres; Castelo de Lympne, Kent; e estúdio Spirit of Ranachan, Campbeltown, junho de 1978-fevereiro de 1979; lançado em 8 de junho de 1979.

Roy Wood, *On the Road Again*, Warner Bros. Records, 1979.
Gravado nos estúdios AIR e DJM, Londres; Lea Sound, Pelsall; Music Centre, Wembley; e Rockfield, Monmouthshire, 1978; lançado em agosto de 1979.

Led Zeppelin, *In Through the Out Door*, Swan Song, 1979.
Gravado no estúdio Polar, Estocolmo, Suécia, novembro-dezembro de 1978; lançado em 15 de agosto de 1979.

Led Zeppelin, *Coda*, Swan Song, 1982.
Gravado no estúdio Sol, Cookham, Berkshire, Inglaterra, 9 de janeiro de 1970-21 de novembro de 1978; *overdubs* gravados em 1982; lançado em 19 de novembro de 1982.

Led Zeppelin, *BBC Sessions*, Atlantic, 1997.
Gravado ao vivo em diversas casas de shows, Londres, março e junho de 1969, 1º de abril de 1971; lançado em 11 de novembro de 1997.

Led Zeppelin, *How the West Was Won*, Atlantic, 2003.
Gravado ao vivo no LA Forum, Los Angeles, 25 de junho de 1972, e na Long Beach Arena, Los Angeles, 27 de junho de 1972; lançado em 27 de maio de 2003.

COMPACTOS

(Nota: os compactos do Led Zeppelin indicam apenas os lançados nos EUA)

"She's a Mod" / "Lot About You" (The Senators) (1964)
DSP 7001

"Good Times Bad Times" / "Communication Breakdown" (Led Zeppelin) (1969)
Atlantic 45-2613

"A Way of Life" / "Throw It Away" (The Family Dogg) (1969)
BLL 1055

"Arizona" / "The House in the Heather" (The Family Dogg) (1969)
BLL 1077

"Whole Lotta Love" / "Living Loving Maid (She's Just a Woman)" (Led Zeppelin) (1969)
Atlantic 45-2690

"Immigrant Song" / "Hey, Hey What Can I Do" (Led Zeppelin) (1970)
Atlantic 45-2777

"Everybody Clap" / "After the Feeling Is Gone" (Lulu) (1971)
Atlantic/Polydor 2091-083

"Black Dog" / "Misty Mountain Hop" (Led Zeppelin) (1971)
Atlantic 45-2849

"Rock and Roll" / "Four Sticks" (Led Zeppelin) (1972)
Atlantic 45-2865

"Over the Hills and Far Away" / "Dancing Days" (Led Zeppelin) (1973)
Atlantic 45-2970

"D'yer Mak'er" / "The Crunge" (Led Zeppelin) (1973)
Atlantic 45-2986

"Trampled Under Foot" / "Black Country Woman" (Led Zeppelin) (1975)
Swan Song
SS70102

"Candy Store Rock" / "Royal Orleans" (Led Zeppelin) (1976)
Swan Song
SS70110

"Keep Your Hands on the Wheel (Said Marie to the Driver)" / "Giant Footsteps" (Roy Wood) (1978)
Warner Bros. Records K17248

"Rockestra Theme" / "Old Siam, Sir" (Wings) (1979)
Parlophone 1A 006-63366

"Fool in the Rain" / "Hot Dog" (Led Zeppelin) (1979)
Swan Song
SS71003

FONTES

ARTIGOS

Alterman, Loraine. "Led Zeppelin: Swan Song Is a Beginning." *Rolling Stone*, 20 de junho de 1974.

Arenschield, Steve. "Led Zeppelin in Concert—Novelty, Poignancy, and Holocaust." *Greensboro (NC) Chronicle*, 5 de fevereiro de 1975.

Armstrong, Don. "The Roots of Rock Music Instrumentation in Jazz." *Music Journalism History*, 22 de março de 2019.

Atkinson, Rick. "Zeppelin Still Tops." *New York Times*, 1º de agosto de 1973.

Beech, Mark. "When Led Zep Met the Damned: Punk's Roxy Celebrated After 40 Years." *DanteMag.com*, 23 junho de 2017.

Black, Johnny. "Screaming Lord Sutch: Loony Institution." *MOJO*, agosto de 1999.

Blanchard, Wayne. "Bonham: From the Perspective of His Peers." *Drum! Magazine*, 23 de maio de 2012.

Brack, Ray. "Led Zeppelin Fans Sour Out of Sight . . . Together." *Charleston (SC) News*, 3 de abril de 1970.

Brown, Mick. "Led Zeppelin: Zeppelin Drummer Found Dead." *Guardian*, 26 de setembro de 1980.

Calta, Louis. "Led Zeppelin Ticket Sales Stir Crowds and Disorder." *New York Times*, 8 de janeiro de 1975.

Charlesworth, Chris. "Bad Company: Led Zep Join the Company." *Melody Maker*, 29 de maio de 1976.

———. "Led Zeppelin: Whole Lotta Zeppelin!" *Melody Maker*, 1º de fevereiro de 1975.

———. "Review: Led Zeppelin." *Melody Maker*, 1º de janeiro de 1973.

Chong, Florence. "The Likeable Boys." *Hong Kong Standard*, 8 de outubro de 1972.

"Confident, but Oh So Brash and Brutal." *Hong Kong Standard*, 8 de outubro de 1972.

"Cops Move in—and Zeppelin Walk Off to Stop a 'Police Riot.'" *Disc and Music Echo*, 18 de abril de 1970.

"Coroner Rules Bonham Death an Accident." United Press International, 7 de outubro de 1980.

Crites, Michael. "The Apex of Rock and Roll Attendance." *Watcher*, 21-27 de maio de 1973.

Crouse, Timothy. "First There Was the Hindenburg..." *Boston Herald*, 15 de setembro de 1970.

Crowe, Cameron. "The Durable Led Zeppelin: A Conversation with Jimmy Page and Robert Plant." *Rolling Stone*, 13 de março de 1975.

———. "Led Zep Conquers States, 'Beast' Prowls to the Din of Hordes." *Rolling Stone*, 22 de maio de 1975.

———. "Led Zep Won't Stop Touring." *Circus*, novembro de 1973.

———. "Zeppelin Alchemy: Transmuting." *Los Angeles Times*, 7 de outubro de 1973.

———. "Zeppelin Rising . . . Slowly." *Rolling Stone*, 12 de agosto de 1976.

———. "Zeppelin's *Presence*: Secrets of the Object Concealed." *Rolling Stone*, 3 de junho de 1976.

Demorest, Stephen. "Maggie Bell, Led Zeppelin: Led Zeppelin Erect a Kingdom." *Circus*, março de 1974.

Dennis, Felix. "Led Zeppelin: *Led Zeppelin*." *Oz*, março de 1969.

Dunkin, Zach. "Led Zeppelin Gives 10,000 a Big Night." *Indianapolis Times*, 5 de abril de 1970.

Elwood, Philip. "Led Zeppelin Zooms High at Kezar." *San Francisco Examiner*, 3 de junho de 1973.

Ganin, Brian "Rat". "Zeppelin at the Garden." *Load*, 7 de fevereiro de 1975.

"Giving Out That Old Group Therapy." *Birmingham Observer*, 8 de janeiro de 1970.

Gray, Bill. "Zeppelin Soars with 'Neon' Rock." *Detroit News*, 1º de fevereiro de 1975.

Grow, Kory. "The Damned Talk 40 Years of Shapeshifting Punk." *Rolling Stone*, 14 de abril de 2017.

Hafferkamp, Jack. "Led Zeppelin a Downer." *Chicago Daily Herald*, 6 de setembro de 1971.

———. "Zeppelin: Nobility of British Kink." *Chicago Daily News*, 9 de julho de 1973.

Hall, James. "Led Zeppelin's 'Wounded Pit Bull': The Terrifying, Tragic Talent of John Bonham." *Telegraph*, 7 de julho de 2020.

Hall, Russell. "John Bonham Once Threatened to Beat Up Sting." *Gibson.com*, 24 de janeiro de 2011.

Henderson, B., e C. Yarbrough. "Stadium Rocks: Led Zeppelin Plays to 50,000." *Atlanta Constitution*, 5 de maio de 1973.

Herbst, Peter. "Zeppelin Fans the Real Show." *Boston Herald American*, 23 de julho de 1973.

Hilburn, Robert. "Case For and Against Led Zeppelin." *Los Angeles Times*, 1º junho de 1973.

Hill, R. J. "Crowd Doesn't Hamper Zeppelin's Good Sounds." *Spectrum*, 11 de junho de 1972.

Hollingworth, Roy. "Peter Grant Shuns MSG." *Melody Maker*, 15 de junho de 1972.

Holloway, Danny. "Zeppelin." *NME*, 26 de junho de 1972.

Hoskyns, Barney. "Let's Get Physical: The Story of Led Zeppelin's *Physical Graffiti.* " *Classic Rock*, setembro de 2010.

Houghton, Mike. "Led Zeppelin: Interview with Jimmy Page." *Sounds*, 10 de julho de 1976.

Hughes, Mike. "The Led Zeppelin: My! My!—Groovy." *Memphis Press-Scimitar*, 18 de abril de 1970.

Ingham, John. "Led Zeppelin: *The Song Remains the Same.*" *Sounds*, 16 de outubro de 1976.

Jahn, Mike. "Led Zeppelin: Madison Square Garden, New York." *New York Times*, 21 de setembro de 1970.

———. "Led Zeppelin Brings Driving Style Here." *New York Times*, 21 de setembro de 1970.

Kent, Nick. "Jeff Beck: Beck Looks Back." *NME*, 28 de outubro de 1972.

———. "Jimmy Page: Shy Rock Star Almost Unburdens Himself." *Creem*, abril de 1977.

Klein, John. "Led Zeppelin Concert Wows Cleveland Crowd." *Chronicle Telegram*, 27 de agosto de 1970.

Kubernick, Harvey, e Justin Pierce. "Stairway to Heaven." *Melody Maker*, 28 de março de 1975.

La Rose, Phil. "Zeppelin Decibel Rate Deafening." *Advocate*, 29 de fevereiro de 1975.

Laurence, Robert P. "Led Zeppelin Puts Extra Roll in Its Rock." *San Diego Union*, 20 de junho de 1977.

Laycock, John. "Zeppelin Are Sexy." *Windsor Star*, 1º de fevereiro de 1975.

"Led Zeppelin: *Led Zeppelin*." *Melody Maker*, 29 de março de 1969.

"Led Zeppelin: *Led Zeppelin*." *Record Mirror*, 12 de abril de 1969.

"Led Zeppelin: Review." *Record Mirror*, 10 de janeiro de 1970.

"Led Zeppelin: Review." *Variety*, 4 de setembro de 1971.

"Led Zeppelin at the Odeon." *Birmingham Post*, 17 de dezembro de 1972.

"Led Zeppelin Breaks Attendance Record as Well as an Old Barrier of Silence." Associated Press, 6 de maio de 1973.

"Led Zeppelin Drummer John Bonham Found Dead at London Home." Associated Press, 26 de setembro de 1980.

"Led Zeppelin Shows Distinctive Style." *Baltimore Sun*, 12 de junho de 1972.

"Led Zeppelin Tour: Great Expectations." *Rolling Stone*, 24 de maio de 1973.

"Led Zeppelin Wraps Up U.S. Tour with Record Gates and $4-Million Gross." *Variety*, 1º de agosto de 1973.

Lloyd, Jack. "Good, Bad Mixed by Led Zeppelin." *Philadelphia Inquirer*, 14 de junho de 1972.

Loder, Kurt. "John Bonham, Ultimate Room Destroyer: 1948–1980." *Rolling Stone*, 30 de outubro de 1980.

MacCluskey, Thomas. "Led Zeppelin Has Arrived." *Rocky Mountain News*, 26 de março de 1970.

———. "'Rock' Concert Is Real Groovy." *Rocky Mountain News*, 28 de dezembro de 1968.

MacDonald, Patrick. "Led Zeppelin—Rock as Extravaganza." *Seattle Times*, 18 de julho de 1973.

Makowski, Pete. "Led Zeppelin: Earls Court, London." *Sounds*, 24 de maio de 1975.

"Massive Tour for Zeppelin." *Record Mirror*, 3 de janeiro de 1973.

McKee, Margaret. "A Zeppelin That Didn't Go Down." *Memphis Press-Scimitar*, 17 de abril de 1970.

Melichar, Jill. "Heavy Hung over Led Zeppelin Show." *Houston Chronicle*, 30 de março de 1970.

Mendelsohn, John. "Led Zeppelin: *Led Zeppelin*." *Rolling Stone*, 15 de março de 1969.

———. "Led Zeppelin: *Led Zeppelin II*." *Rolling Stone*, 13 de dezembro de 1969.

———. "Led Zeppelin Plays for Forum Audience." *Los Angeles Times*, 7 de setembro de 1970.

"*MM* Pollwinners Rock the Party of 1970." *Melody Maker*, 26 de setembro de 1970.

Morley, Paul. "Ghosts of Progressive Rock Past: Led Zeppelin at Knebworth." *NME*, 11 de agosto de 1979.

Morton, James. "John Bonham in Retrospect." *Modern Drummer*, fevereiro-março de 1981.

Murray, Charles Shaar. "But Can They Kiss You Goodnight?" *NME*, 24 de maio de 1975.

———. "Led Zeppelin: Zeppin' Out." *NME*, 16 de junho de 1973.

Nash, Robert. "Led Zeppelin Breaks One Record Too Many." *Record World*, 11 de agosto de 1973.

Natelli, John. "10 Ways to Sound Like John Bonham." *Drum! Magazine*, 9 de janeiro de 2013.

Nicholson, M. "Zeps Slap Hub with Plenty of Inertia." *Boston Globe*, 23 de julho de 1973.

Norcross, Rick. "Led Zeppelin No Lead Balloon in Tampa." *Tampa Bay Times*, 6 de maio de 1973.

Oppel, Pete. "Led Zeppelin Exceeds Limits of Endurance." *Dallas News*, 2 de abril de 1977.

Osgood, Charles. "The Grateful Led: A Tale of a Lark." *Chicago Tribune*, 11 de abril de 1977.

Peacock, Steve. "John Bonham in the Talkin'." *Sounds*, 27 de julho de 1974.

Power, N. "Zeppelin Fever." *Dublin New Spotlight*, 7 de março de 1971.

Raba, Tony. "Led Zeppelin and the Lovely Strangled Cat Sound." *Express and Star*, 8 de janeiro de 1970.

Radel, Cliff. "Zeppelin Justifies 29-Hour Wait." *Cincinnati Enquirer*, 22 de abril de 1977.

Read, Bill. "Review: Led Zeppelin." *River City Review*, 5 de maio de 1973.

Reschke, Andrew. "Britain Rock Music Kings Heralded." *Syracuse Journal*, 11 de setembro de 1971.

Richmond, Dick. "Unusual, Maddening Performance by the Led Zeppelin at Arena." *St. Louis Post-Dispatch*, 12 de maio de 1973.

Robbins, Dennis. "Led Zeppelin: Review." *University of Southampton-Wessex Scene*, 12 de março de 1971.

Robinson, Lisa. "Stairway to Excess." *Vanity Fair*, 18 de fevereiro de 2014.

———. "Stairway to Excess." *Vanity Fair*, 13 de maio de 2017.

"Rock Drummer Died After Drinking 40 Measures of Vodka." *Guardian*, 8 de outubro de 1980.

Rose, Cynthia. "Led Zeppelin: Bonzo's Last Bash—Is It the End for Zeppelin Too?" *NME*, 4 de outubro de 1980.

Rosen, Steven. "Jimmy Page." *Guitar Player*, julho de 1977.

———. "Led Zeppelin: Chris Huston, Eddie Kramer's Co-engineer on *Led Zeppelin II*." *Guitar World*, julho de 1986.

———. "Led Zeppelin: Danny Goldberg's Hideaway." *Guitar World*, julho de 1986.

———. "Steel Driven Led." *Phonograph*, 1º de junho de 1973.

Rudis, Al. "Everything You Always Wanted to Know About Led Zeppelin." *Chicago Sunday Sun-Times*, 1º de junho de 1973.

Rukeyser, Louis. "A Night with Led Zeppelin." *Delta Times*, 14 de junho de 1977.

Salewicz, Chris. "Led Zeppelin." *Let It Rock*, maio de 1975.

———. "Led Zeppelin: Smiling Men with Bad Reputations." *NME*, 4 de agosto de 1979.

Saunders, Metal Mike. "Led Zeppelin: *Houses of the Holy*." *Phonograph Record*, maio de 1973.

Schulps, Dave. "Jimmy Page: The Trouser Press Interview." *Trouser Press*, outubro de 1977.

Scott, Robert. "Led Zeppelin Metal Destroys Indianapolis." *Indianapolis Star*, 26 de janeiro de 1975.

"Screaming Lord Sutch." *Beat Instrumental*, junho de 1970.

Sherman, Bill. "Rock Band Led Zeppelin Is Fire of Supergroups." *Times-Picayune/New Orleans Advocate*, 15 de maio de 1973.

Siefring, Ana. "Led Zeppelin 'Turns on' for Crowd at Coliseum." *Virginia Daily Press–Newport News*, 16 de agosto de 1970.

Simson, Maxine. "Led Zeppelin Plays at Boston Garden." *Boston Herald*, 8 de setembro de 1971.

Sloan, Jordan Taylor. "Science Shows How Drummers' Brains Are Actually Different than Everyone Else's." *Mic Magazine*, 14 de maio de 2014.

Starr, Michelle. "Acoustic Levitation Is Science Wizardry at Its Best." *cNet*, 16 de setembro de 2012.

Strong, Keith. "Zeppelin Descends on the City Hall." Sheffield Star, 3 de janeiro de 1973.

Sullivan, Colleen. "Coliseum Plays This One Safe." *Newsday*, 15 de junho de 1972.

Sutcliffe, Phil. "Getting It Together at Bron-Yr-Aur: The Story of *Led Zeppelin III*." *MOJO*, abril de 2000.

Taylor, Peter Joseph. "A Redditch Childhood, 1937–46." *Peter Joseph Taylor WW2 People's War*, 5 de setembro de 2005.

Telford, Raymond. "Led Zeppelin: Review." *Melody Maker*, 10 de janeiro de 1970.

Terebelo, Sheri. "The Big Time Rock of Led Zeppelin." *Fifth Estate*, 12-19 de fevereiro de 1975.

Tobler, John. "Jimmy Page: The Life and Times of a Guitar Prophet." *Musician*, janeiro de 1984.

Upton, Pat. "Hit-Packed Zeppelin Throbs at Myriad." *Daily Oklahoman*, 4 de abril de 1977.

Van Matre, Lynn, e William S. Welt. "The Band That Beat the Beatles." *Miami Herald*, 29 de julho de 1973.

Wang, K. S. "A VelociRaptor, Ferrari, and Range Rover Share Jason Bonham's Incredible Garage." *Motor Trend*, 16 de agosto de 2019.

Wasserman, John. "Before and After with Led Zeppelin." *San Francisco Chronicle*, 14 de setembro de 1971.

Welch, Chris. "Beck, Bogert and Appice: Heavyweight Champions of the World." *Melody Maker*, 29 de setembro de 1973.

———. "Hard and Fast: John Bonham's Dark Road Down." *Louder*, 25 de setembro de 2005.

———. "Ireland Unites Under Zeppelin." *Melody Maker*, 6 de março de 1971.

———. "Led Zeppelin: Carnegie Hall, New York." *Melody Maker*, 25 de outubro de 1969.

———. "Led Zeppelin: John Bonham, Over the Hills and Far Away." *Melody Maker*, 21 de junho de 1975.

———. "Led Zeppelin: *Led Zeppelin III*." *Melody Maker*, 10 de outubro de 1970.

———. "Led Zeppelin: Page on *Zeppelin III*." *Melody Maker*, 24 de outubro de 1970.

———. "Led Zeppelin: *Presence*." *Melody Maker*, 10 de abril de 1976.

———. "Led Zeppelin: Sounds Like Another Platinum!" *Melody Maker*, 6 de junho de 1970.

———. "The Yardbirds: Only Jimmy Left to Form the New Yardbirds." *Melody Maker*, 12 de outubro de 1968.

Welch, Chris, com Andy Doerschuk, Jon Cohan, Jared Cobb e Karen Stackpole. "City Man, Country Boy: The John Bonham Story." *Traps*, outono de 2007.

Wendeborn, John. "Zeppelin Spews Musical Energy." *Oregonian*, 18 de março de 1975.

Whitall, Susan. "Led Zeppelin: A Psychobiograph." *Creem*, fevereiro de 1979.

Williams, Mark. "Plant." *International Times*, 11 de abril de 1969.

Williams, Richard. "Robert Plant: Down to the Roots." *Melody Maker*, 12 de setembro de 1970.

Wittet, T. Bruce. "John Bonham." *Modern Drummer*, julho de 1984.

Worthington, J. "Zeppelin Concert a Golden Memory for All." *Greensboro (NC) News and Record*, 1º de fevereiro de 1975.

Wright, Ian. "The Cars of Led Zeppelin Legend John Bonham." *6Speedonline.com*, 26 de março de 2018.

Wuntch, Philip. "Led Zeppelin Hasn't Bombed Yet." *Dallas After Dark*, 25 de agosto de 1971.

"Yardbirds to Make Changes." *Billboard*, 29 de junho de 1968.

"A Zeppelin Hits the City Hall." Sheffield Star, 17 de janeiro de 1970.

"Zuper Zeppelin." *Edinburgh Press*, 10 de janeiro de 1970.

LIVROS

Appice, Carmine. *Stick It! My Life of Sex, Drums, and Rock 'n' Roll*. Chicago Review Press, 2018.

Bonham, Mick. *John Bonham: The Powerhouse Behind Led Zeppelin*. Southbank, 2005.

Bradford, Anne. *The Haunted Midlands*. Hunt End Books, 2006.

———. *Old Redditch Voices*. Hunt End Books, 2005.

Bradford, Anne, e Barrie Roberts. *Midland Ghosts and Hauntings*. Quercus, 1994.

———. *Midland Spirits and Spectres*. Walkways/Quercus, 1998.

Childress, David Hatcher. *Anti-gravity and the World Grid*. Adventures Unlimited Press, 1987.

Cole, Richard. *Stairway to Heaven: Led Zeppelin sem Censura*. Belas Letras, 2021.

Davis, Stephen. *Hammer of the Gods: The Led Zeppelin Saga*. It Books, 2008.

Evans-Wentz, W. Y. *The Tibetan Book of the Dead; or, The After-Death Experiences on the Bardo Plane, According to Lama Kazi Dawa-Samdup's English Rendering*. Oxford University Press, 2000.

Fremantle, Francesca, e Chogyam Trungpa. *The Tibetan Book of the Dead: The Great Liberation Through Hearing in the Bardo by Guru Rinpoche According to Karma Lingpa*. Shambhala, 1975.

Hoskyns, Barney. *Led Zeppelin: The Oral History of the World's Greatest Rock Band*. Wiley Books, 2012.

Minahan, John. *The Torment of Buddy Rich*. iUniverse, 2000.

Nicholls, Jeff, e Chris Welsh. *John Bonham: A Thunder of Drums*. Backbeat Books, 2001.

Popoff, Martin. *Led Zeppelin: All the Albums, All the Songs*. Voyageur Press, 2017.

———. *No Quarter: The Three Lives of Jimmy Page*. Omnibus Press, 2016.

Rees, Paul. *Robert Plant: Uma Vida*. Leya, 2014.

Salewicz, Chris. *Jimmy Page: The Definitive Biography*. HarperCollins, 2018.

Shadwick, Keith. *Led Zeppelin: 1968–1980*. Backbeat Books, 2005.

Thompson, Dave. *Robert Plant: The Voice That Sailed the Zeppelin*. Backbeat Books, 2014.

Tolinski, Brad. *Luz & Sombra: Conversas com Jimmy Page*. Editora Globo, 2012.

Tormé, Mel. *Traps, the Drum Wonder: The Life of Buddy Rich*. Oxford University Press, 1991.

Wall, Mick. *Led Zeppelin: Quando os gigantes caminhavam sobre a Terra*. Editora Globo, 2013 (2ª. edição 2017).

Welsh, Chris. *Led Zeppelin: The Stories Behind Every Led Zeppelin Song*. Carlton Books, 2016.

MISCELÂNEA

www.exploreredditch.org.uk

www.johnbonham.co.uk

www.johnbonhammemorial.com

www.ledzeppelin.com

www.redditchhistory.org.uk

Este livro foi composto em Gyre Pagella e impresso em pólen natural 70 g pela gráfica Viena, em fevereiro de 2023.